# गंगा

संस्कृति का सनातन प्रवाह

पं. विद्यानिवास मिश्र स्मृति ग्रन्थमाला

# गंगा

## संस्कृति का सनातन प्रवाह

विद्यानिवास मिश्र

सम्पादन संचयन

दयानिधि मिश्र

वाणी प्रकाशन

**वाणी प्रकाशन**

*4695, 21-ए, दरियागंज, नयी दिल्ली 110 002*

फ़ोन : +91 11 23273167 फ़ैक्स : +91 11 23275710

**शाखाएँ**

*अशोक राजपथ, पटना 800 004, बिहार*

*कॉफ़ी हाउस कैम्पस, महात्मा गांधी मार्ग, इलाहाबाद 211 001, उत्तर प्रदेश*

*महात्मा गांधी अन्तरराष्ट्रीय हिन्दी विश्वविद्यालय, वर्धा 442 001, महाराष्ट्र*

*36/ए, शेक्सपीयर सरणी, रानी बिरला गर्ल्स कॉलेज के पास, कोलकाता 700 017, प. बंगाल*

www.vaniprakashan.com
marketing@vaniprakashan.in
sales@vaniprakashan.in

Ganga : Sanskriti Ka Sanatan Pravah
*by* Vidyanivas Mishra
*Edited $ Collected by* Dayanidhi Mishra

ISBN : 978-93-5518-458-0
Criticism



प्रथम संस्करण 2023

मूल्य : ₹ 395



*आर.के. ऑफ़सेट, शाहदरा, दिल्ली-110 032 में मुद्रित*

*वाणी प्रकाशन का लोगो मक़बूल फ़िदा हुसेन की कूची से*

# सम्पादकीय

भारतवर्ष में हज़ारों वर्षों पुरानी संस्कृति की जीवन–यात्रा में नदियों की केन्द्रीय भूमिका रही है। उनका अमृततुल्य जल खेती–किसानी, व्यापार जगत और पूरे जीवन चक्र के लिए प्राणदायी होता है। इसीलिए नदियों को लोक द्वारा 'माता' और 'देवी' का दर्जा दिया गया। प्रकृति की नैसर्गिक व्यवस्था के अन्तर्गत पर्वतों–से निःसृत होने वाली नदियाँ पूरे देश में आस्था और विश्वास के साथ पूजित होती हीं और उनके निकट अनेक धार्मिक तीर्थ और नगर भी विकसित होते रहे। इन नदियों में पुण्यतोया गंगा का नाम सबसे पहले आता है। गंगा समस्त चराचर जगत के सार तत्त्व जैसी हैं और उनकी संकल्पना पर्वतराज हिमालय, जन–जन के आराध्य भगवान शिव और प्राचीन पुण्य नगरी काशी के साथ अभिन्न रूप–से जुड़ी हुई है। वस्तुतः गंगा के आविर्भाव और अवतरण की गाथा भारत की पूरी संस्कृति–यात्रा को रूपायित करती है।

'गंगा' शब्द मात्र सुन कर मन में दिव्य शुचिता और पावनता का भाव उमड़ने लगता है। वे देव लोक और पृथ्वी दोनों जगह सबको आप्यायित करती हैं। गंगा की महिमा का गान भारत के इतिहास, पुराण और साहित्य में ही नहीं, बल्कि लोक मानस में भी निरन्तर गूँजता रहा है। जहाँ गंगा के तट पर सदियों–से जाने कितने ध्यानी, ज्ञानी, सन्त और महात्मा साधना करते आये हैं वहीं गंगा की तरंग ने कवियों की कल्पना को भी तरंगायित कर काव्य सृजन को जन्म दिया है। निर्मल गंगा–जल अपनी पवित्रता और औषधीय गुण से युक्त होने के कारण तन–मन के स्वास्थ्य सम्वर्धन का साधक भी है। अतः गंगा असंख्य भारतीयों के लिए माँ है और भारतीय मन अपनी माता का सान्निध्य पाने के लिए मचलता रहता है।

हममें–से बहुतों के लिए गंगा–स्नान सदैव एक तृप्तिदायी अनुभव होता है। गाँवों में 'नहान' जीवन का एक दुर्लभ अवसर माना जाता है, जब अमीरी, गरीबी, ऊँची और नीची जाति आदि के सारे भेदों को धता बताते हुए सब के सब गंगा में डुबकी लगा कर अपने को धन्य मानते हैं। इसका एक विशेष रूप 'कुम्भ' पर्व के विराट आयोजन के अवसर पर दिखता है, जो बारह वर्ष के अन्तराल पर सदियों–से होता आ रहा है। कुम्भ के पुण्य अवसर पर प्रयाग में गंगा, यमुना और सरस्वती के संगम पर स्नान के अवसर की कामना लिए लोग सालों साल तैयारी करते रहते हैं। साथ ही उपयुक्त मुहूर्त में हरिद्वार, नासिक और उज्जैन की धर्म नगरियों में भी कुम्भ का स्नान सम्पन्न होता है, जहाँ लोग जुटते हैं। कुम्भ का पर्व धार्मिक उत्सव होने के साथ ही देश की भावनात्मक और सांस्कृतिक एकता का भी एक प्रमुख आधार है।

काल क्रम में हो रहे परिवर्तनों के बीच नदी और संस्कृति के बीच के रिश्तों में उतार–चढ़ाव आते रहे हैं। आज अविरल और निर्मल गंगा की रक्षा स्वयं में एक बड़ा प्रश्न बन गया है। 'नमामि गंगे' की राष्ट्रीय महा योजना संचालित किये जाने के बावजूद गंगा की पूरी तरह रक्षा नहीं हो पा रही है। मनुष्य के लोभ और लिप्सा के आगे गंगा में मल प्रवाह और उससे प्रदूषण के साथ–साथ जलवायु और पारिस्थितिकी की चुनौतियाँ भी पैदा हो रही हैं। उल्लेखनीय है कि विगत वर्षों में गंगा धीरे–धीरे अपने उद्गम स्थल गोमुख गंगोत्री–से दूर होती गयी हैं। कुछ वर्ष पूर्व केदारनाथ में भयानक त्रासदी हुई थी जिसकी पीड़ादायक स्मृति सभी के मानस पटल पर छाई हुई है। जोशी मठ के निकट हिमस्खलन की भयानक विपदा भी आयी थी। यह सब पूरे राष्ट्र के मानस को उद्वेलित करता है। हिमालय और गंगा पूरे देश की जलवायु और जन–जीवन को प्रभावित करते हैं और उनका संरक्षण सबका दायित्व है।

मन–से आस्तिक और गंगा के साथ भावनात्मक रूप–से गहनता–से जुड़े हुए पंडित विद्यानिवास मिश्र के लिए गंगा की सत्ता और उनके विविध रूप सदैव आकर्षित करते रहे हैं। मिश्र जी ने शिक्षा और उसके बाद अध्यापन कार्य के दौरान दीर्घ अवधि तक प्रयाग और काशी में जीवन व्यतीत किया था। ऐसे में यह स्वाभाविक था कि उनके निजी जीवन और रचना–कर्म में गंगा की सतत उपस्थिति देश–काल की संवेदना के अभिन्न अंग के रूप में दिखे। वे गंगा के जल में संस्कृति का उत्सव

देखते हैं और उसके प्रवाह में भारत की सनातन चिन्तन धारा का दर्शन करते हैं। वे भारत की भारतीयता के निर्माण और विकास में गंगा को एक अनिवार्य आधार के रूप में ग्रहण करते हैं। मिश्र जी ने गंगा और हिमालय को भारतीय जीवन के केन्द्र में रख कर अनेक लेख लिखे हैं और पाठकों को तीर्थों और उत्सवों–से रूबरू कराया है। अपनी अनूठी शैली में वे पाठक–से सीधा संवाद स्थापित करते हैं और सोचने विचारने के लिए उकसाते हैं। आज के महानगरों के कोलाहल भरे जीवन में गंगा, हिमालय, तीर्थ–यात्रा और स्नान–ध्यान का महत्त्व कुछ कम हो सकता है परन्तु भारत के कोटि–कोटि आम जन जो ग्रामीण क्षेत्रों, कस्बों और नगरों में रहते हैं, ये अभी भी जीवंत हैं। प्रयाग का माघ मेला सदियों–से चला आ रहा विश्व का एक अनूठा सांस्कृतिक आयोजन है जिसकी ओर लोगों के पैर बरबस मचल पड़ते हैं। अभी भी गंगा जल की पवित्रता में लोगों का भरोसा और अगाध विश्वास है और कुम्भ के अवसर पर मानों सारा विश्व ही उमड़ पड़ता है।

गंगा में अवगाहन, गंगा जल के स्पर्श और गंगा के विविध रूपों के स्मरण–से सुवासित मिश्र जी के निबंध प्रेरणादायी हैं और अपनी संस्कृति से जुड़ने जोड़ने के अनेक व्याज प्रस्तुत करते हैं। इस दृष्टि–से इन्हें पढ़ना सांस्कृतिक आत्म बोध का अवसर बनता है। डॉ. गिरीश्वर मिश्र ने इस संकलन के लिए भूमिका लिखकर एक पृष्ठभूमि प्रस्तुत की है। उन्हें शुभाशीष। वाणी प्रकाशन ने इन लेखों को प्रकाशित करने में रुचि ली। इस हेतु श्री अरुण माहेश्वरी के प्रति हम आभार प्रकट करते हैं। आशा है 'गंगा : संस्कृति का सनातन प्रवाह' पाठकों को रुचेगा।

**–दयानिधि मिश्र**

# भूमिका

कभी आस्था थी कि 'गंगाजू को नाम काममरु तें सरस है' आज उसी गंगा को लेकर सभी चिन्तित हैं। कुछ समय पूर्व खबर थी कि काशी में गंगा का जल हरा हो गया है, प्रदूषण खतरनाक स्तर पर है और उस जल का स्पर्श, स्नान, और पीना स्वास्थ्य के लिए हानिकर होने से वर्जित कर दिया गया। युगों–युगों से काशी और वहाँ पर गंगा उपस्थिति दोनों मिल कर भारत के गौरव की श्रीवृद्धि करते आये हैं। गंगा भारतीय संस्कृति की जीवित स्मृति है जो युगों–युगों से भौतिक जीवन को सँभालने के साथ आध्यात्मिक जीवन को भी रससिक्त करती आ रही है। हिमालय से चल कर तमाम नदियों का जल समेटते हुए बंगाल की खाड़ी से होते हुए समुद्र तक पहुँचने की भौगोलिक यात्रा एक तथ्य है, परन्तु लोक मानस में गंगा नदी से ज्यादा एक माँ, पापनाशिनी, और मोक्षदायिनी जाने कितने रूपों में बसी हुई है। गंगा–स्नान की लालसा सबको गंगा की और लौटने के लिए आमन्त्रित और उन्मथित करती रहती है। गंगा नाम लेना और उनका दर्शन मन को पवित्र करता है। गंगा जल लोग आदर से घर ले जाते हैं और प्रेमपूर्वक सहेज कर रखते हैं।

गंगा भारत की सनातन संस्कृति का अविरल प्रवाह है और साक्षी है उसकी जीवन्तता का। कहते हैं भागीरथ ने बड़े श्रम से गंगा को धरती पर अवतरित किया था इसीलिए वह 'भागीरथी' भी कहलाती हैं। कथा के अनुसार राजा सगर के वंशज भगीरथ ने बड़ा तप किया तब कहीं भगवान विष्णु के चरणों से बिन्दु–बिदु निकलीं जिसे ब्रह्मा ने झट से अपने कमण्डलु में रख लिया। ब्रह्मा को भी भगीरथ ने तप से प्रसन्न किया और तब गंगा का प्रवाह निकला जिसे भगवान शिव ने अपनी जटा में धारण कर लिया। भगीरथ ने फिर तप किया और तब जाकर गंगा का पृथ्वी पर अवतरण हुआ।

गंगा प्रतीक है शुभ्रता का, पवित्रता का, ऊष्मा का और स्वास्थ्य तथा कल्याण का। भौगोलिक रूप–से मध्य हिमालय के अन्दर ऊँचाई पर स्थित कई ग्लेशियरों से जल उपलब्ध होता है। फिर वह गोमुख में एकत्र होता है और वहाँ से आगे की यात्रा पर निकलता है। आगे चल कर वनों से होते हुए कई प्रवाह समेट कर भागीरथी प्रकट होती है। इसी में केदारनाथ में मन्दाकिनी मिलती है जो फिर अलकनन्दा से देवप्रयाग में मिलती है। ऋषीकेश से होकर भागीरथी हरद्वार पहुँचती है और फिर गंगा का रूप लेती है। आगे राम गंगा, यमुना से मिलती है। प्रयाग में संगम है जहाँ गंगा तट पर प्रतिवर्ष विश्व का अद्‌भुत मेला लगता है। बारह वर्ष पर कुम्भ होता है। फिर गंगा प्रसिद्ध शिव नगरी काशी पहुँचती है जिसे वाराणसी भी कहते हैं। यह अत्यन्त प्राचीन नगर अर्ध चन्द्र की तरह गंगा से घिरा है। मानों शिव अपने कपाल पर अर्ध चन्द्र धारण किये हों। यहाँ से आगे चल कर गंगा घाघरा, सोन, गंडक, वागमती, कोशी तीस्ता आदि नदियों से मिलती है। इसकी दो धाराएँ भी बनती हैं–हुबली और पद्‌मा। हुबली कोलकाता होकर गंगा सागर में बंगाल की खाड़ी में मिल कर समुद्र तक यात्रा पूरी होती है।

गंगा ने राजनैतिक इतिहास के उतार–चढ़ाव भी देखे हैं। इसके तट पर तपस्वी और साधु सन्त बसते रहे हैं और आध्यात्म की साधना भी होती आ रही है। गंगा के निकट साल भर उत्सव की झड़ी लगी रहती है। माँ गंगा दुःख और पीड़ा में सान्त्वना देने का काम करती है। वह जीवन और मरण दोनों से जुड़ी हैं। वह पतित पावनी गंगा मृत्यु लोक में जीवनदायिनी माँ है। गंगा का नाम लेकर उनका आवाहन कर जिस जल का स्पर्श करते हैं वह भी गंगा भाव से भर उठता है। पर गंगा की कृपा से निकटवर्ती क्षेत्र में खेती भी उपजाऊ है। कभी गंगा में जल मार्ग से व्यापार भी होता था जिसकी ओर फिर ध्यान दिया जा रहा है। इन सबके बावजूद नगरों का सारा कचरा और उद्योगों की दूषित सामग्री के अनियन्त्रित मेल से गंगा अनेक स्थानों पर विषाक्त सी हो रही है। यह स्वास्थ्य और जीवन के लिए खतरे का संकेत है।

आज मनुष्य भूल गया है कि वह धरती का सहजीवी है, स्वामी नहीं है। उसने धरती, हवा, पानी सब पर अधिकार जमा लिया है। जीवन के विकास की कथा की माने तो मनुष्य ने धरती, पशु, वनस्पति, खनिज पदार्थ आदि प्रकृति के विभिन्न अवयवों पर कब्जा कर अपने उपनिवेश का

विस्तार किया और प्रकृति की जीवन–संहिता का उल्लंघन करना शुरू किया। मनुष्य ने प्रकृति के साथ द्रोह की जो ठानी उसके दुष्परिणाम आ रहे हैं और वे हमें चेताते हैं कि सँभल जाओ पर अहंकार और आलस्य में हम उन संकेतों की उपेक्षा करते रहते हैं। मनुष्य केन्द्रित दृष्टि में शेष जगत उपभोग की वस्तु हो जाता है और फिर हम उसका अन्धाधुन्ध शोषण करते हैं जो जीवन की कीमत पर होता है। हमारी भोगवादी विकास दृष्टि ने भागीरथी और गंगा का दोहन, शोषण और प्रदूषण करने में कोई कसर नहीं छोड़ी। गंगा की जीवनी शक्ति पर लगातार प्रहार हो रहे हैं। गंगा जीवन का प्रतीक है और भारत की सांस्कृतिक पहचान बनाने में उसकी प्रमुख भूमिका है। काशी ही नहीं अनेक तीर्थ गंगा से ही अपनी तेजस्विता ग्रहण करते हैं। कभी रीति काल के प्रमुख कवि पद्माकर ने कहा था :

**छेम की लहर, गंगा रावरी लहरः**
**कलिकाल को कहर, जम जाल को जहर है।**

अब स्थिति ऐसी पल्टा खा रही है कि गंगा का स्वयं का क्षेम ही खतरे में है। काशी प्रधान मन्त्री जी का क्षेत्र है और काशी में गंगा को प्रदूषण मुक्त करने का सघन यत्न जरूरी है। गंगाविहीन देश भारत देश कहलाने का अधिकार खो बैठेगा। पुण्यतोया गंगा के महत्त्व को पहचान कर 'नमामि गंगे' परियोजना भी कई हजार करोड़ की लागत से शुरू हुई। इन सब के बावजूद वाराणसी शहर के पास हर तरह के प्रदूषण की वृद्धि ने गंगा को बड़ी क्षति पहुँचाई है। गंगा के प्रवाह को प्रदूषण मुक्त कर स्वच्छ बनाना राष्ट्रीय कर्तव्य है। गंगा–प्रदूषण की मात्रा में निरन्तर बढ़ोत्तरी हो रही है और इसके लिए तत्काल प्रभावी कदम उठाना चाहिए।

प्रस्तुत पुस्तक हिन्दी के प्रख्यात लेखक पंडित विद्यानिवास मिश्र द्वारा पतितपावनी गंगा से जुड़े विभिन्न पक्षों पर लिखे निबन्धों का संग्रह है। इनमें भारतीय संस्कृति के स्रोत और अविरल प्रवाह के रूप में गंगा की उपस्थिति और उससे जुड़े विभिन्न अभिप्रायों को व्यक्त किया गया है। साहित्यिक, पौराणिक और लोक मानस में व्याप्त आख्यानों, प्रसंगों और प्रतीकों की व्याख्या करते हुए मिश्र जी ने हिमालय भोले बाबा, शिव शंकर और माँ गंगे को केन्द्र में रखकर अनेक सांस्कृतिक चित्रों को उकेरा है। कई लेखों में काशी की सांस्कृतिक विशिष्टता को भी उद्घाटित किया गया है। में भारतीय दृष्टि की विशालता, उदारता और सहज जीवन्तता से साक्षात्कार

कराते हुए मिश्र जी पाठकों को विचार हेतु आमन्त्रित करते हैं और चेताते हैं। गंगा भारतीय साहित्य और भारतीय मानस दोनों में गहरे भिनी हुई हैं और आज भी करोड़ों भारतीयों के अखंड विश्वास का आधार बनी हुई हैं। ये निबन्ध लोक और परलोक के बीच सेतु बनी गंगा को लोक–जीवन की अदम्य आकांक्षा के रूप में प्रस्तुत करते हैं और याद दिलाते हैं कि भागीरथी गंगा को नये भगीरथ की प्रतीक्षा है जो पावन गंगा की रक्षा कर सके। माँ गंगा के प्रति प्रतिबद्धता भारत की सभ्यता और संस्कृति की रक्षा और उन्नयन का मार्ग प्रशस्त करती है। आशा है ये लेख पाठकों के मन में उद्वेलन पैदा करेंगे और उत्साहित करेंगे कि वे गंगा और उनके बहाने भारतीय संस्कृति और अपनी अस्मिता की पहचान कर सकें।

**–गिरीश्वर मिश्र**

# अनुक्रम

# नगाधिराज हिमालय

प्रलय के अंक में जाने कोई नयी सृष्टि निकल रही है। सागर पीछे हट रहा है, हिम की आँधी थम गयी, पर अभी वैसी ही धुन्ध है, अपना हाथ भी दिखाई नहीं पड़ता। क्या सन्नाटा है! क्या सारा जीवन आक्रोश के कोलाहल में एकदम घुल गया? इन मन्त्र का पाठ करते हुए एक चरवाहे की ध्वनि दूर–से आ रही है। आँधी–पानी–से निकलकर यह सनातन चरवाहा काली कमली डाले पूषन्–से आर्त विनय कर रहा है। कोई गाय मरी न हो, गिरी न हो, घायल न हुई हो, यह मनाता हुआ बेचारा इधर ही आ रहा है। साथ में दूसरा वृद्ध ओजस्वी पुरुष भी है। वह शायद विंध्य है। विंध्य भारत का बड़ा–बूढ़ा कुल–पर्वत है, जिसने भू–गर्भ के कितने परिवर्तन देखे हैं, जिसके सामने ही नयी धरती का सागर में–से अभ्युदय हो रहा है।

कितने हिम–प्रलय आये और गुजर गये। पृथ्वी पर कितने प्रयोग हुए, स्लेट के अभ्यास की तरह धो दिये गये। शेषनाग की एक हुंकार ने विंध्य की कमर तोड़ दी, कल का तरुण आज बूढ़ा हो गया। उत्तर में महानील खिसक रहा है, पृथ्वी का मुकुट किसी दूसरे भाग्यशाली के भाल पर रखा जा रहा है।

सागर पंक बन गया, पंक सूखकर दलदल हुआ, दलदल भी पथराने लगा, जोती भूमि में लहलहाई खेती मुरझाने लगी पर नये नगाधिराज का हिम–हृदय नहीं पिघला। नयी धरती के नये सपूत ने हिमालय की आराधना की, हिम–नदियों की प्रतारणा की, जटाजूट में अमरवाहिनी को बाँधने वाले हर की वंदना की, तब जाके उसके भगीरथ–प्रयत्न के पीछे–पीछे सखियों–सहेलियों के साथ, गाजे–बाजे के साथ गंगा दौड़ी आयीं।

गंगा के पीछे गंगाधर दौड़े आये। नया जीवन उमड़ा, नयी सभ्यता उमड़ी और नगाधिराज के घर में नया मंगल उमड़ा।

शिव–पार्वती–विवाह की तैयारी होने लगी। ये शिव वही हैं, जिन्होंने सितम ढाया है, प्रलय मचाई है और जिन्होंने कितनी सभ्यताओं के श्मशान में धूनी रमाई है। आज इन भूतनाथ के भी गले में सुनहली डोर पड़ने जा रही है। आज हिमालय इनको घर–जमाई बनाने जा रहा है, क्यों? जब उसकी वह बावली कन्या दूर समुद्र के किनारे अन्तरीप के मुहाने पर इन भोलानाथ के लिए तपस्या करने लगी, तब हिमालय का माथा ठनका और यह ज्ञान हुआ कि पृथ्वी लम्बी–चौड़ी है। नगाधिराज बनने का मतलब महल में रहकर किन्नरियों का गीत सुनना नहीं है। मानव–मात्र के शिव की चाहना उसे करनी पड़ेगी। हिमालय के घराती न्यौते में भी न जाने कितने सागर अपनी–अपनी प्रेमिकाओं सरिताओं के साथ, तरंगों का मुकुट बाँधे, नीलांबर डाले और कितने पर्वत सह्य, महेंद्र, नील, पारियात्र, षटपुत्र, चित्रकूट, अरे रे, विंध्य दादा भी सभी वनौषधियों के शृंगार साजे, अपने–अपने गीत–नृत्य के साज–बाज समेत उमड़े चले आ रहे हैं?

कभी वह समय था कि समस्त पर्वतों ने मिलकर जब कामधेनु पृथ्वी को दुहकर अपने रत्न पाने चाहे थे, तब हिमालय को बछड़ा बनाया था। आज उसी हिमालय के प्रांगण में विश्व के ऐश्वर्य, सौन्दर्य और आनन्द बिछला रहे हैं। सुर, असुर, मानव, सभी जातियाँ और किन्नर, गन्धर्व, विद्याधर, नाग आदि उपजातियों की कलाएँ थिरक रही हैं। पृथ्वी का पुत्र हिमालय आज बूढ़े ब्रह्मा–से समधी का नाता जोड़कर परिहास कर रहा है। धरती का देवता महेश्वर मानकर पूजा जा रहा है, उसके भूत–प्रेत, बेताल, सर्प–नाग, देवताओं–से आगेवाली पाँती में खड़े होकर परिछन की बेला में विकट नृत्य मचाए हुए हैं। आँगन में प्रसन्न मुद्रा में बैठे हुए सदाशिव, गौरी का पाणिग्रहण कर रहे हैं। धरती की मधुर गालियों में आकाश की देवियाँ परितृप्ति पा रही हैं। कन्यादान के उछाह में हिमालय अपना घर–बार तक लुटाने को तैयार है पर मैना इतने सर्वस्व–समर्पण के लिए प्रस्तुत नहीं, वह टोकती है–'तुम सचमुच कितने जड़ आदमी हो। एक तो खूसट बुड्ढों की बात मानकर तुमने कुलहीन, धनहीन, शीलहीन और बौराह वर के साथ मेरी बेटी ब्याह दी, लड़का था वह सनककर पहले ही लंका के पास जा डूबा है।

अब बेटी ब्याहकर सारी सम्पदा जन्म–जन्म के भिखारी दिगम्बर को दे देना चाहते हो। वह भला इसकी रक्षा करेगा? कहीं मेरी बेटी को इसने कुछ कष्ट दिया तो मैं कहाँ–से फिर द्रव्य लाऊँगी?''

—तुम बहुत नासमझ हो, नहीं तो तुम यह नहीं सोचतीं कि कभी इन्हीं देवताओं–से हमारी अभिवृद्धि देखी न जा सकी और इनके राजा इन्द्र ने हमारे कितने भाई–बन्धुओं को पंखहीन कर दिया, उनमें–से कितने फड़फड़ाकर समुद्र–तल में जा गिरे, परन्तु आज अब वह अवसर है कि हमारे यहाँ याचक बनकर आये हैं। कितना गौरव मिल रहा है हमें, तुम्हें इसका भान नहीं है। आज यह पुरखिन धरित्री कितनी गौरवान्वित हो रही है, तुम नहीं समझ सकतीं।

—पर्वतराज तुम्हारी बाँह तो बड़ी लम्बी है ही, तुम्हारा मुँह भी बहुत बड़ा है। नहीं तो तुम मेरी सुकुमारी बच्ची की सुधि भूलकर, बड़बोले देवताओं के फेर में क्यों पड़ते? उस घरफोरन नासपीटे नारद ने मेरे घर भर की मति हर ली है।

—धिक्, तुमने अपने दामाद को साँप लपेटे देखकर ही अपरूप समझ लिया, तुमने उनकी गौर कांति नहीं देखी? उनके गले में विष की घूंट देखकर डर गयीं, पर उनके भाल में लिखी अमृतवर्षिणी चन्द्रकला पर तुम्हारी दीठि नहीं जा सकी? धन्य है रानी तुम्हारा भाग्य कि तुम बेटा जनमा कर नहीं तरीं, बेटी जनमाकर तर गयीं। तुम्हारी बेटी जगज्जननी हो गयी और उसका सोहाग सोहागिनी के लिए अर्चना का विषय बन गया, इसे तुम अब भी नहीं समझ पा रही हो।

—क्षमा करो नगाधिराज, मैं अज्ञ हूँ; पर क्या मुझे अपने दामाद के साथ दो बात करने की मुहलत न दोगे?

—अवश्य दूँगा। तुम जाओ। पर मुझे डर यही है कि कहीं ये आशुतोष तुम लोगों की ममता में ढरके, तो कोहबर–घर में ही छमासा बिता देंगे...।

उपनिषदों के अन्तिम छोर पर लगभग श्वेताश्वतर उपनिषद् में हेमवती उमा का शिव–से गठबन्धन हुआ और यजुर्वेद के महारौद्र देवता रुद्र जगन्मंगल–मंगल बने। हिमालय की गोद कैलाश उनका स्थायी निवास बना और योगेश्वर ने उपासना की पद–धूलि माथे पर चढ़ाई। हिमालय के आँगन में योग–साधकों की धूनी रमी तो कला–साधकों का पवित्र तीर्थ भी स्थापित हुआ और कविता मुक्त–कंठ–से इस पुण्य निवास के गीत गाने लगी।

कैलाश के शिखर–से उतरकर नदी पर सवार होकर शिव–पार्वती पृथ्वी का पर्यटन करने निकले हैं। अलका तक पहुँचते दिन डूब जाता है और एक निकुंज के झुरमुट में दम्पति विश्राम ले रहे हैं। पार्वती एक चर्चा छेड़ रही हैं–नाथ, मैं अब एक पग भी आगे न बढ़ूँगी। मुझे दुलारने वाले हिमशिखर जाने किंतने पीछे छूट गये, अभी तो खैर है कि उनकी आभा आँखों के सामने है, आगे बढ़ने पर न जाने कैसी जमीन मिले।

–तुम नीचे मैदान में उतरे बिना अपने कुल की महिमा आँक नहीं सकतीं। इतने शीघ्र क्या तुम अपनी प्रचंड तपस्या की भूमि कन्याकुमारी को भुला चुकीं? जानती हो, मेरे आराध्य राम की स्मृति ने मुझे वहीं समुद्र के बीच में भारत सिंहल के सेतु पर बुलाया है। बिना वहाँ गये मुझे विश्राम नहीं।

–देव, तुम भारत के मुकुटमणि, पदपद्मों के मधुप बनने क्यों जा रहे हो? समझ में बात नहीं आती।

–प्रिये, उन पदपद्मों को पखारनेवाला सागर यदि न हो, तो इस मुकुटमणि की शोभा अपार्थ हो जाये और इस अलकापुरी में घर–घर में गूँजनेवाला कालिदास का श्लोक अर्थहीन लगने लगे।

–पूर्वापरौ तोयनिधीवगाह्य...कुछ सुना तुमने? समुद्रों का अवगाहन बिना किये हिमालय भी पृथ्वी का मानदण्ड नहीं बन सकते। हिमालय की गोद में बसी हुई यह अलका अनगाई रह जाती,यदि उसके यक्ष को रामगिरि का प्रवास न मिला होता और उस प्रवास को कालिदास की आत्मीयता न मिली होती।

–नटराज, तुम कालिदास की जाने क्यों इतनी बड़ाई करते हो, मुझे तो वह कुछ बहुत ही उद्दण्ड और उद्भ्रान्त–सा युवक लगा। मांसल सौन्दर्य की भक्ति में उसने लोक–परलोक दोनों नसा दिया है। बड़ा शैव बना फिरता है पर शील उसे छू नहीं गया है।

–भवानी, तुम अन्याय न करो, तुम कालिदास के लिए तरसोगी, उसने भारत की समदृष्टि पायी है। शील में घुलने वाले बहुतेरे आयेंगे, पर भारत के एक–एक तृण में एक शिव और एक शक्ति का व्यापार पाने वाला केवल कालिदास है। उसका 'मेघदूत' युगों–युगों तक न केवल विरही यक्ष की प्रेम–कहानी बनकर अमर रहेगा, बल्कि जब–जब भारत अपने स्वरूप–से बिछुड़ जायेगा, अपने महत्त्व–से गिर जायेगा, तब–तब उसकी ग्राम्य प्रकृति के पास सन्देश पहुँचाने का एकमात्र साधन बनकर चिरंजीवी रहेगा।

हिमालय की तरह भारतीय इतिहास मैदानों में द्रवित होकर दौड़ा। कैलाश के शिखर–से शिव विश्वनाथ बनने के लिए ज्ञानधाम काशी आये। शिल्पी की छेनी–से खिंचकर एलुरा और काँची तक दौड़े आये और हिमालय की आराधना उसकी दुहिताओं में विकीर्ण होने लगी, जिनमें–से प्रत्येक के तट ने एक–एक महान सभ्यता को जन्म देकर बड़ा कर दिया।

सिन्धु, रावी, यमुना, गंगा, सरयू और नारायणी, वाग्मती, कौशिकी और लौहित्य के किनारे न जाने कितने राज्यों का निर्माण हुआ और वाणी ने किनकी–किनकी लहरियाँ गायीं। इन नयी हरियालियों में और इन अभ्रलिह प्रासादों में हिमशिखरों की स्वर्णिम ज्वाला बिसर जाना बिल्कुल स्वाभाविक था। तभी तो बाणभट्ट या राजशेखर आलंकारिक साधन के सिवा हिमालय की कुछ उपयोगिता नहीं मानते। उनके लिए हिमालय जीवित सत्य–से अधिक उपमान और प्रतीक है। राजशेखर के लिए पृथ्वी का दर्पण चन्द्रमा है और चन्द्रमा का भी दर्पण हिमालय है और बाण के लिए अन्योक्ति का एक सहारा मात्र, क्योंकि भारत की चेतना खण्डों में टूट गयी। देश की विशाल एकता के बोध और गरिमामयी संस्कृति के उत्थान का प्रतीक हिमालय हासयुग में अनालोकित होने लगा। अन्धकार घिर आया, रात भींगने लगी, कुज्झटिका का कुहक छाने लगा और भोर के लिए चकई के मन में कितनी हूक उठने लगी।

पर हिमालय जगा और उसके साथ जुड़ी हुई भारत की राष्ट्रीयता भी हुंकार करके उठी, तब रवि ठाकुर, प्रसाद, पंत और दिनकर की वाणी में उसका गौरव उतरा, कालिदास की सोई आत्मा ने करवट ली और नगाधिराज हिमालय ने फिर एक बार भारत के कुल–पर्वतों और भारत की रसवती कुल–कन्याओं को एक मण्डप में आमन्त्रित कर मंगल मनाया। देश के गौरव के साक्षी ने देशवासियों की अपार शक्ति की साखी भरी और इस पृथ्वी के मानदण्ड कहे जाने की सार्थकता एक बार पुनः प्रतिभासित हो उठी।

*–तुम चन्दन हम पानी (1957)*

# हिमालय

हिमालय कहने–से भारतवर्ष की भौगोलिक सीमा का ही केवल स्मरण नहीं होता, भारत की पवित्रता का, ऊँचाई का बोध भी होता है। वह पूर्व और पश्चिम समुद्र का थहानेवाला पृथ्वी का मानदण्ड मात्र नहीं है, वह है देवतात्मा। उसकी आत्मा देवता हैं और वह देवताओं की आत्मा है।

हिमालय इस वसुंधरा का प्रिय वत्स है। पुराणों में कहानी आती है कि–पृथ्वी बंजर होने लगी थी, प्रजा दुःख–से पीड़ित होने लगी थी, देवताओं को यज्ञ–भाग मिलना कठिन होने लगा था–तब पृथु राजा ने पृथ्वी को डराया–धमकाया। पृथ्वी ने कहा–मैंने अनाचार बढ़ता हुआ देखकर रत्न, ओषधियाँ और हरियाली अपने भीतर छिपा ली है। मैं गाय का रूप धारण करूँगी और तुम मेरे लिए उपयुक्त बछड़ा ढूँढ़ो। मैं यह सारी सामग्री दूध के रूप में प्रस्तुत कर दूँगी। पृथु ने पर्वतों में नये पर्वत हिमालय को बछड़ा बनाया और हिमालय के वात्सल्य–से पिन्हाकर धरती ने रस, ओषधियों और रत्नों–से मटके–के–मटक भर दिये। सृष्टि की यह कहानी हिमालय के आविर्भाव के बाद एक नये देश और एक नयी संस्कृति के उत्थान की कहानी है। हिमालय उस संस्कृति का अग्रदूत है, जो आत्मदान में विश्वास करती है, जो देवशक्तियों को संचालित करने के लिए तप और एकनिष्ठ प्रेम में विश्वास करती है–

**गौर्भूमिरचलाः सर्वे कर्तारोऽत्रपयांसि च।**
**ओषधयश्चैव भास्वन्ति रत्नानि विविधानि च।।**
**वत्सश्च हिमवानासीद्दोग्धा मेरुर्महागिरिः।**

हिमालय का बड़प्पन केवल नगाधिराज होने के कारण नहीं है। ऊँची चोटियों के ऊपर पड़ने वाली प्रकाश की आभा के कारण नहीं है,

उसका बड़प्पन गंगा–जैसी नदियों को जन्म देने के कारण है। इन नदियों के माध्यम–से हिमालय अपनी उदारता, शुचिता और समृद्धि मुक्तहस्त लुटा रहा है। ऋग्वेद में इसीलिए स्रष्टा के महत्त्व (महिमा)–से हिमवान् को उद्भूत बतलाया गया है–

**यस्येमे हिमवन्तो महित्वा यस्य समुद्रं रसया यमाहुः।**
**यस्येमाः प्रदिशो यस्य बाहू कस्मै देवाय हविषा विधेम।।**

विष्णुपुराण में विष्णु ने स्वयं कहा है कि मैंने पर्वतराज हिमालय की सृष्टि यज्ञ के साधन के लिए की है। हिमालय भौतिक रूप में ही नहीं है, आध्यात्मिक रूप में भी यज्ञ की अंगभूत सामग्री प्रस्तुत करने वाला एकमात्र स्रोत है। सोमलता जैसी ओषधि तो प्रतीकमात्र है। अपने को निष्पीड़ित करके, ममता को उत्सर्ग करके एक व्यापक भारत के चक्र में अपने को स्थापित करने का यत्न ही तो यज्ञ है और हिमालय साक्षात् यज्ञ–रूप है। वह इसीलिए इस जगत का प्रतिनिधि है। जैसा कि भारवि ने कहा है–

**क्षितिनभः सुरलोकनिवासिभिः कृतनिकेतमदृष्टपरस्परैः।**
**प्रथयितुं विभुतामभिनिर्मितं प्रतिनिधिर्जगतामिव भाम्भुता।।**

हिमालय पार्थिव समृद्धि का दर्पोन्नत किरीट है, उसका मस्तक ऊँचा है, ललाट आभा–से दीप्त है, हृदय रस–से आप्यायित है और गैरिक रागों–से अनुरंजित है। भुजाएँ देवदारुओं को सिहरानेवाली गंगा के जलकणों–से शीतल बयार के संस्पर्श–से पुलकित हैं, उसकी नाभि में हंसों का प्रिय मानसरोवर है, उसकी करधनी में घंटियों की तरह झरनों के कलरव हैं, चरणों में मृगी के उच्छल और विश्वस्त विहार करने वाले तपोवन हैं। उसमें देवता रहते हैं, क्योंकि देवताओं के देवता शंकर के तप का क्षेत्र उसी का कोना कैलाश है, उसमें यक्ष, गन्धर्व बसते हैं, क्योंकि हिमालय की गुफाओं में निभृत विलास का सुख उन्हें प्राप्त है। इन गुफाओं के ऊपर अपने–आप बादलों के परदे टँगे हुए हैं, गन्धर्वों के गीत को दान देने के लिए ही हिमालय की इन गुफाओं–से आने वाली बयार है, जो बाँसों के वन में शब्द भरती चली जाती है। सिद्ध और साधक दोनों को यहाँ प्रेरणा समान रूप–से मिलती है। सिद्धों को प्रेरणा मिलती है नर–नारायण–से जो भारतवर्ष के अधिष्ठाता के रूप में बदरिकाश्रमों में तप कर रहे हैं। नर और नारायण दोनों को तप करना है, ईश्वर होकर कोई इस कर्मभूमि

में कर्म–से विलग नहीं होता। ईश्वर की सार्थकता है लोकभावित होकर स्वेच्छा–से कर्म करने में। साधक के लिए प्रेरणा है पवित्र वातावरण में, विराटता के बोध में, शिखरों की शुभ्रता के प्रकाश में, वन्य किरातों की सहज और ऋजु दृष्टि में। हिमालय इतना उदार है कि वह अन्धकार को भी शरण देता है। आज भी अन्धकार की एक बहुत बड़ी शक्ति को शरण दिये हुए है। पर यह स्मरण रखना चाहिए कि उसके कमल को खिलाने वाली किरणें भी ऊर्ध्वमुखी होती हैं। उसके सौन्दर्य और सौरभ को पाने की क्षमता उसी में होती है जो ऊर्ध्वमुख है और जिसके आदर्श ऊँचे हैं। उसके कमल केवल सप्तर्षियों के ही हाथों चुने जा सकते हैं–

**सप्तर्शिहस्तावचितावशेशाण्यधो विवस्वान्परिवर्तमानः।**
**पद्मानि यस्याग्रसरोरुहाणि प्रबोधयत्यूर्ध्वमुखैर्मयूखैः।।**

हिमालय इस देश की जगद्धात्री शक्ति का पिता है, इसीलिए इस देश का वह कुलगुरु है। ज्ञान, योग और तप के प्रतिमान शिव को ऐश्वर्य जिस शक्ति के कारण मिला है, वह शक्ति हिमालय की दुहिता है, पार्थिव शक्ति का ही दूसरा पर्याय है पार्वती, और उस पार्वती–से अविभक्त होकर ही शिव इस देश के जीवन–दर्शन के साक्षात् प्रतीक बन गये हैं। यह जीवन–दर्शन न केवल देवताओं के सेनानी कुमार को जन्म देता है, असुरों को शक्ति संहत करने वाली अग्नि को जन्म देता है बल्कि समस्त विधाओं, कलाओं और संस्कृति की विभिन्न धाराओं को जन्म देता है। भारतीय संस्कृति अखण्ड जीवन में विश्वास करती है, उसमें निषेध नहीं है, उसमें गजाजिन भी दुकूल बन जाता है, भस्म भी चन्दन बन जाता है। हिमालय का स्मरण भारत की इस समग्र दृष्टि का स्मरण है, क्योंकि यह दृष्टि हिमालय के वात्सल्य–से उभरी हुई दृष्टि है।

भारतीय साहित्य में जहाँ कहीं विभिन्न गुणों के लिए उपमान ढूँढ़े गये हैं वहाँ गम्भीरता के लिए समुद्र और धैर्य के लिए हिमवान उपमान के रूप में बार–बार दोहराए गये हैं। वाल्मीकि रामायण में राम का वर्णन करते समय कवि ने कहा है--

**स च सर्वगुणोपेतः कौशल्यानन्दवर्धनः।**
**समुद्र इव गाम्भीर्ये धैर्येण हिमवानिव।।**

कालिदास ने ऋषियों के मुख–से हिमालय की स्तुति करते समय हिमालय की विनम्रता का यह चित्र खींचा है कि तुमने स्थावरकाय में कठिनता पर जंगमकाय में नम्रता धारण करके अद्‌भुत विवेक का परिचय दिया है–

**काठिन्यं स्थावरे काये भवता सर्वमर्पितम्।**
**इदं तु ते भक्तिनम्रं सतामाराधनं वपुः।।**

आखिर मूर्तिमती सेवा गंगा जंगम तनु ही तो है हिमालय की!

इस भक्तिविगलित भाव को जिन लोगों ने भारतवर्ष की दुर्बलता समझा है और जिन्होंने किरातों को आश्रय देने वाले हिमालय को विजेय समझा है, वे भूल जाते हैं कि भारतवर्ष का शौर्य रक्त–पिपासा नहीं है, वह भेड़िए की भूख नहीं है, वह झूठ–मूठ बादल को गरजते देखकर शेर के गरज उठने का उत्साह भी नहीं है; वह उदात्त गुणों की कसौटी है, दूसरों को पराजित करने में नहीं। पराजित करके भी वह उसका नाश नहीं करता। उन्हें उखाड़कर फिर–से नयी जमीन पर आरोपित करने में विश्वास करता है, जिससे उनके फल खट्‌टे न होकर मीठे हों, वह शान्त और धैर्यशाली चित्र का उन्नयन है जो अपना प्रदर्शन नहीं करता, समय आने पर अत्यन्त सहज भाव–से पराक्रम का परिचय देता है, वह ऐसी शक्ति है जो शिव के साथ जुड़ी हुई है। हिमालय में अन्धकार ने डेरा डाला है, उसकी उज्ज्वलता पर रक्त की धाराएँ उभरी हैं, उसके तपोवन में किरातों की हिंसा मदमत्त जंगली हाथी की तरह पैठी है, पर हिमालय भौगोलिक सीमामात्र नहीं है, वह इस देश की वैचारिक धारा का राशिभूत स्रोत है, उसे कोई पराजित नहीं कर सकता। जिस हिमालय ने तारकासुर–से आक्रांत देवताओं को आश्वासन दिया था वही हिमालय आज भी हमें आश्वस्त कर सकता है बशर्ते हम उस शक्ति को वहन करने में समर्थ हो सकें, जो कठिन संकल्प, ग्लानि के प्रखरबोध और सर्वस्व त्याग–से ही पूर्णकाम हो सकती है।

हिमालय वही है, गंगा के प्रवाह–से परिक्षिप्त, दहकनेवाली ओषधियों–से प्राकारित, मणियों की सहज शालाओं–से मण्डित। उसके अधर वैसे ही लाल हैं, उसकी बाँहें देवदारु–सी लम्बी हैं, उसकी छाती चट्‌टान–सी कड़ी है।

**गंगास्रोतः परिक्षिप्तो वप्रान्तर्ज्वलितौशधिः।**
**बृहन्मणिशिलां सालः गुप्तावपि मनोहरः।।**

× × ×

**धातुताम्राधरःप्रांशुर्देवदारुबृहद्भुजः।**
**प्रकृत्येव शिलोरस्कः सुव्यक्तो हिमवानिति।।**

पर हम कुछ छोटे हो गये हैं। अपने आदर्शों के नारे लगाते–लगाते हम उनके अयोग्य हो गये हैं। हिमालय उन आदर्शो का देवता है, उसको अपने जीवन में जगाकर ही हम पराजय की ग्लानि धो सकेंगे।

*–मैंने सिल पहुँचाई (7966)*

# अस्ति की पुकार-हिमालय

कितना विचित्र है, हिमालय का नाम लेते ही मुझे–

**अस्त्युत्तरस्यां दिशि देवतात्मा, हिमालयो नाम नगाधिराजः।**
**पूर्वापरौ तोयनिधीवगाह्य, स्थितः पृथिव्या इव मानदण्डः।।**

इस श्लोक का अस्ति उद्‌भासित होने लगता है। संस्कृत भाषा में वैसे अस्ति क्रिया के बिना वाक्य पूरा हो जाता है, हिन्दी या अंगरेजी की तरह अस्ति की समानार्थक क्रिया देने की विवशता नहीं है। तब क्यों यह अपार्थ अस्ति का आग्रह? वह भी कालिदास के द्वारा? कालिदास शब्दों के मितव्ययी, इस तरह शब्द बिखेरते नहीं और अभी अपने अन्तिम ग्रन्थ का पहला श्लोक लिखने जा रहे हैं और बिना जरूरत अस्ति की झक सिर पर सवार हो गयी? तो कहीं कुछ गड़बड़ है, कहाँ, हिमालय में या कालिदास में, या शायद हिमालय और कालिदास की धरती में इसका अनुसंधान करना चाहिए।

बरसों हुए स्व. राहुलजी के साथ रहने का सुयोग प्राप्त हुआ था, यकायक उन्हें बीच में कभी बेकली होने लगती थी–विद्यानिवासजी, हिमालय मुझे बुला रहा है, काम समेटिए, अब यहाँ काम नहीं होगा। ऐसे वज्र नास्तिक आदमी को यह बुलावा, बात क्या है? आखिर हिमालय "देवतात्मा है, गीता के अनुसार साक्षात् भगवान वासुदेव का विग्रह है ('स्थावराणां हिमालयः'), उस हिमालय को बुलावा ही भेजना हुआ तो पहले राहुलजी को ही भेजना था? पर नहीं, शायद हिमालय को अपने देवत्व–से अधिक अस्ति पर श्रद्धा रखने वाले का खयाल है और राहुलजी इस अस्ति में विश्वास करते थे, क्योंकि वे हिमालय को भारतीय जीवन–प्रवाह का स्रोत मानते थे,

इस जीवन–प्रवाह में भाषा, संस्कृति, समाज–चेतना, ऐसा सभी कुछ शामिल है जिसका समष्टि चैतन्य–से सम्बन्ध हो। राहुलजी के लिए जीवनभर हिमालय भूत नहीं, भविष्यत नहीं, केवल अस्ति रहा, केवल हिमालय ही नहीं, हिमालय की प्रतिकृति संस्कृत भाषा भी उनके लिए अस्ति रूप थी, उस भाषा के मूर्धन्य कवि कालिदास अस्ति रूप थे, हिमालय की छाया में बसी हुई सामान्य जनता शक्ति का अजस्र स्रोत थी। मैं समझता हूँ इसीलिए हमारे जैसे बहुत–से आस्तिकों–से वे कहीं ज्यादा आस्तिक थे।

मैंने भी कुमारसम्भव पढ़ा है, हिमालय की कथाएँ पढ़ी हैं, 'हेमाली' राजा की 'कहानी' (लोककथा) सुनी है, पर मुझे यह बुलावा नहीं मिलता या शायद मिलता है, मुझे सुनाई नहीं पड़ता, सुनाई न पड़े इसके लिए शहरों में काफी सरंजाम है, पर पान की दूकानों पर अहर्निश बजते रेडियो, यान्त्रिक वाहनों की चिल्ल–पों, जुलूसों की अर्थहीन नारेबाजी, ध्वनिविस्तारक यन्त्रों के द्वारा प्रसारित हरिनाम संकीर्तन और संगीत का बुखार उतारनेवाली फिल्मी धुनों का वृंदगान और बच्चों के स्कूलों–से उठती हुई मछली हट्टे की शोरगुल। या शायद जैनेंद्री भाषा में मुझे ही कुछ हो गया है या न–कुछ हो गया है। मुझे ही क्यों मेरे अड़ोसी–पड़ोसी सबको ही तो यह हो गया है कि हिमालय या किसी भी अस्ति की पुकार नहीं सुनाई पड़ती। वैसे अपनी ओर–से हम सब आस्तिकता का पूरा निर्वाह करते हैं, अपने को अत्याधुनिक लगाने वाले भी कुंडली दिखाते हैं, ग्रहों को प्रसन्न रखने के लिए रत्न धारण करते हैं, और किसी मन्दिर में जायें न जायें, पर हनुमानजी के यहाँ लड्डू चढ़ाने मंगलवार को जरूर पहुँच जाते हैं, हम गाहे–बेगाहे देवताओं का दरबार करते हैं, मनौती मानते हैं, इंडियन कल्चर की बात करते हैं, अशोका, कालिदासा को भी कृतकृत्य करते रहते हैं, पर यह सब भुलावा है। छल है। हम देवताओं को अफसर या नेता और अफसर या नेता को देवता मानते हैं। हम थान पूजते हैं, माई का हो, ब्रह्म का हो, तेलिया मसान का हो, अगियाबीर का हो, लंगोटी वाले का हो, या नंगे का हो। हम देवता नहीं पूजते, क्योंकि देवता की महिमा उसके थान को पाकर है, जैसे नेता या अफसर की महिमा उसकी कुरसी को पाकर है। हम जानते हैं कि अभी कल जिसके सात पुरुखों को हमने एक साँस में तारा था, उसी के कुरसी पर बैठते ही जब आरती उतार रहे हैं, तो वह भी हमारे भक्तिभाव का मर्म जानता होगा। पर साथ ही हम दोनों भली–भाँति समझते हैं, यही जनतन्त्र है,

ऐसे ही सब चलता है, हमारी नजरों में एकनिष्ठ श्रद्धा कोई मूल्य नहीं रखती, क्षण–क्षण नया–नया रूप धारण करने वाली श्रद्धा ही वास्तविक युगश्रद्धा है। इसी पैमाने–से हम देवता को भी नापते हैं, हर देवता का एक स्थान होता है, भारतवर्ष की राष्ट्रीय एकता की बात करनी होगी, तो वहाँ नगाधिराज हिमालय का नाम जरूर लेना चाहिए, दो–चार सूखे, अनधुले और अनरंगे रस्मी अच्छत चढ़ाने ही होंगे या पहले के चढ़ाएं अच्छत ही फिर चढ़ाएँ, कोई हर्ज नहीं। अगर हिन्दुस्तान की जनता–से त्याग के लिए अपील करनी होगी तो श्रीमद्भगवद्गीता–से उद्धरण देना ही होगा, उस थान के नाते भगवान् कृष्ण को भी पान–सुपारी भेंट की जायेगी। अगर हिन्दुस्तान की नारी को भुलावा देना होगा, तो शक्ति की आराधना के बोल निकालने ही होंगे। पर थान या परोजन (प्रयोजन) के बाहर देवता न–कुछ हो जाते हैं, फिर कोई उनमें रस नहीं रह जाता।

तो हिमालय में भी रस नहीं रहा। फिर उसने इतना धोखा दिया, हम उसके आसरे सोते रहे और लाल चींटियों का दल रेंगकर आया, हमारे सीमांत का श्यामल प्रसार चट कर गया। आखिर उसे हमने पासवाँ मानकर ही तो इतना सम्मान दिया था, हमने उसे भाल कहा, अपनी किस्मत का लेखा–जोखा उसमें अंकित कराया और उसने कुछ नहीं किया, हमारी सुख–नींद नष्ट हो गयी और लगा कि एक बड़ा तिलिस्म टूट गया। कैसा नगपति, कैसा विशाल? यह तो कहिए उन चींटियों की मेहरबानी कि उन्होंने दो–चार अंडे भर इधर जरूर लुढ़का दिये, पर खुद जायका लेकर वापस रेंग गयीं, बस आतंक जमा गयीं, हमने करवट बदली और फिर नींद आ गयी, लगा एक दुःस्वप्न था, गुजर गया, उसका असर कम करने के लिए हमने ढेर–सी कविताएँ लिखीं और असर कम होना था, कम हो गया। धुँधली–सी याद रह गयी है, ऐसी याद जिसमें हार और जीत में अब कोई फर्क नहीं दिखाई पड़ता, बहुत करके हमारी ही जीत हुई, क्योंकि हमारी नींद टूटकर फिर अपने सनातन क्रम–से जुड़ गयी। अब तो खैर हिमालय के विश्वासघात का भी गम नहीं रहा और सच पूछिए तो गम रहा ही नहीं, गम की बात भर है, क्योंकि गम की बात न रहे, तो बड़ी ऊब होने लगे। फिर काफी बदमजा हो जाये, उबासियों के मारे काफी घर उजाड़ होने लगे और फिर टुटपुँजिये संस्कृतिबाज बुद्धिजीवी के कोई–कोई ठौर न रह जाये। गम गलत करने के दूसरे साधन तो पहुँच के बाहर हैं, बस ले–देकर काफी है, और काफी की जान है गम

की बात, या ठीक कहें, बात की झाग, अधिक जली झाग जिसके नीचे समस्त स्वादों को झुठलानेवाला एक स्वाद है, कसैला।

हम वस्तुतः सिद्धावस्था में पहुँच चुके हैं, इसीलिए हमें वर्तमान नहीं छूता, हमें केवल भूत पकड़ता है या भविष्य खींचता है, वर्तमान हमें लेशमात्र भी नहीं प्रभावित करता। इसीलिए हम अस्ति की अटपटी भाषा समझ नहीं पाते। कैसा अस्ति, कौन अस्ति, किसके लिए अस्ति? हिमालय था, रहा होगा, हमसे क्या? हम अपने आपमें खुद हिमालय हैं, ऐसे हिम (बर्फ) के आलय, जो पिघलती नहीं, बस जमी रहती है या और जमती चली जाती है, जिससे कुछ निकलता नहीं, जिसमें चीजें यथावत् पड़ी रह जाती हैं, जैविक व्यापार जहाँ आकर समाप्त हो जाता है। तुम याद दिलाते हो, हिमालय कुलपर्वत है, कुल पर्वत ही नहीं कुल का कर्ता है, यद्यपि उम्र में विंध्य आदि–से कुछ नया ही पड़ता है। यह कैसी बेपर की बात करते हो? कहाँ का कुल, कहाँ का कर्ता? कुल के नाम पर अगणित तनाव हैं, सास–बहू के बीच, पिता–पुत्र के बीच, भाई–भाई के बीच, ननद–भौजाई के बीच, भाई–बहन के बीच, देवरानी–जेठानी के बीच और हर तनाव के बाद एक टूटन है। कर्ता के नाम पर एक कर्म रह गया है, एक मरा हुआ व्यक्तित्व रह गया है, जो सामंजस्य स्थापित करते–करते इतने असमंजस में पड़ गया है कि उसे मरने की भी स्वतन्त्रता नहीं रह गयी है। धर्म, अर्थ, काम, मोक्ष सब बेमानी हो गये हैं, पुरुषार्थ व्यर्थ है। जिन्दगी बस एक ठहराव रह गयी है, जिसमें कुछ चीजें अटक गयी हैं बर्फ के दबाव से, यही क्या कम है कि सड़ीं नहीं? जो चीजें अटक गयी हैं, वे न देशी हैं, न विदेशी, वे बस जिन्दगी के ठहराव की शिकार हैं। इसीलिए हर जिन्दगी, अपने शिकार पर अलग अधिकार जताती है और दूसरे के शिकार को अशुद्ध बतलाती है। हर आदमी भारतीयता की अपने ढंग–से परिभाषा करता है, क्योंकि हर आदमी ने एक परिभाषा कहीं–से फँसाकर कैद कर ली है और उसी को पारदर्शी बर्फ की दीवार के अन्दर–से वह दिखलाता रहता है, यह परिभाषा असली है, यह मछली हमारे धनपोखर की है, तुम जो दिखा रहे हो, वह गड़ही की है। लोग कहते हैं यह युग अर्थप्रधान है, रुपये की महिमा अपरम्पार है, पर मैं समझता हूँ यह शब्द–युग है, शुद्ध शब्द–युग, शब्द जिसमें अर्थ एकदम असम्पृक्त हो, निरा केवलीभूत शब्द हो, अर्थ के मोहपाश–से मुक्त हो, शब्द की महिमा

के आगे किसी की महिमा नहीं। शब्द की महिमा न होती तो हिन्दुस्तान के सम्पादक हिमालय जैसे अर्थशून्य विषय पर लेख लिखने के लिए इतना आग्रह क्यों करते? हिमालय एक शब्द है। हिन्दुस्तान एक दूसरा शब्द है और हिन्दुस्तान का हिमालयपरस्त लेखक एक तीसरा, पाठक एक चौथा। चारों शब्द हैं, इसलिए एक–दूसरे–से जुड़े हुए हैं, अगर ये अर्थ होते तो इनमें आपस में लगाव होता, टकराव होता, झगड़े होते, कोई टूटता, कोई तोड़ता। पर इन शब्दों की यही तो खसूसियत है कि ये बड़े मासूम हैं, ये एकता में विश्वास करते हैं, एकरसता में विश्वास करते हैं, इनमें आपस में कभी कोई तनाव होने की सम्भावना ही नहीं।

अब तुम पूछोगे, और अस्ति? अस्ति भी निरा शब्द है या नहीं? तो क्या कहूँ, यही तो एक काँटा हे. जो बराबर चुभता रहता है, लाख कोशिश करने पर भी निकलता नहीं। मैं भूलना चाहता हूँ कि कुछ हूँ, क या ख, या ग, क्योंकि क हूँ, तब भी दारुण विपत्ति, ख या ग हूँ, तब भी संकट। कुछ कहा जाये, इससे तबीयत बड़ी घबराती है, क्योंकि कुछ कहे जाने का मतलब होता है और कुछ न कहा जाना और इसके लिए आज का संशयालु चित्त तैयार नहीं है, क्योंकि उसमें साहस नहीं है कि कह सके, मैं यह नहीं हूँ। परन्तु कितना भी कतराऊँ कुछ हुए बिना रह भी तो नहीं सकता, इसलिए कोशिश करता हूँ कि जितना अधिक अपने अस्ति को धुँधले रूप में प्रस्तुत कर सकूँ, उतनी अधिक बचाव की सम्भावना रहेगी। पर अस्ति है कि हिमालय की तरह उज्ज्वल, उदात्त और मूर्धन्य बनकर जीवन पर छाना चाहता है और यही चीज करकती रहती है। अस्ति यदि पीछा करता तो उससे आगे दौड़कर, लुक–छिपकर त्राण पाया जा सकता, आगे–से आक्रमण करता तो पीछे जुड़कर, भागकर, अपनी रक्षा की जा सकती है, पर जो निरन्तर सिर पर सवार हो, उससे बचाव का फिर क्या रास्ता?

हिमालय भूगोल रहता तो उसे भूलना आसान था, कमरे–से नक्शे हटा देने–से इस समस्या का समाधान हो जाता और अगर यह इतिहास होता तो भी प्रगतिशील होकर इससे मुक्ति मिल जाती, यह अगर केवल चौकीदार होता, तो नींद की गोली–से इसके पुकार–से छुट्टी मिल जाती, पर यह न भूगोल है, न इतिहास है, न भूगोल या इतिहास का प्रहरी, यह तो बस है, मात्र अस्ति है, न भूत, न भविष्यत्। हिमालय का यह अस्ति

रूप हमारी सिसृक्षा का ही मूर्तीकरण है। हिमालय के अस्ति का स्मरण कालिदास ने कुमारसम्भव के बीज के रूप में किया है, हिमालय गौरी–गुरु ही नहीं देवसेनानी स्कंद की जननी के पिता भी हैं, हमारी वर्चस्विनी शक्ति के स्रोत हैं और इस सिसृक्षा का स्मरण सचमुच बहुत ही कष्टकर है। हमारा समूचा जीवन–क्रम असन्तुलित हो जाता है। इस अस्ति की छुअन मात्र–से हमारे विजड़ित चित्र में सँजोई वस्तुएँ सड़ाँध–से ग्रस्त हो जाती हैं, हम एकदम निःस्व होने लगते हैं, अनरचे रचयिता बनने की समस्त सुविधाएँ एकदम नष्ट होने लगती हैं, बैठे–बैठे प्रगतिशील कहलाने का गौरव पानी–पानी होने लगता है और विश्वभावनशीलता की बर्फीली खोल यकायक कीच–कांदों में रूपान्तरित होने लगती है।

शायद इसीलिए हम हिमालय और उसके अस्ति–से इतनी तटस्थता आज दिखला रहे हैं और यह जतला रहे हैं कि इस अस्ति की पुकार हम तक नहीं आती, हम क्या करें? हमें देश का दर्द नहीं होता, हम क्या करें? पर यही क्या कम दर्द है कि दर्द नहीं होता? 'दर्द नहीं होता' का दर्द भी तो एक प्रकार का अस्ति है, प्रकाशवान न सही, सिलहटी सही, पर अस्ति तो है। तीखे निषेध के प्रकाश में यह अस्ति स्याह पड़ा दिखता है, बड़ा डरावना दिखता है, पर न दिखे, ऐसा तो नहीं होता। उसकी पुकार उलटी दिशा में जा रही हो, पर उसकी डरावनी प्रतिध्वनि न सुनाई पड़े, ऐसा तो नहीं होता।

याद आता है, किसी "कहनी में सुना था कि शिव की बारात ऐसी जमी कि खिलाने–पिलाने में ही अनन्त रत्नप्रभव हिमालय की धन–दौलत चुक गयी, दहेज देने को बस बावनहंडा सुहाग बचा और पार्वती यह बावनहंडा सुहाग लेकर पतिगृह चलीं, जहाँ कोई सास–ससुर नहीं, ननद–भौजाई नहीं, एक बैल वाहन, भँगेड़ी पति और अपने साथ का बावनहंडा सुहाग और सुहाग पतिव्रताओं ने मारे घमण्ड के नहीं भोगा। भोगा निचली जातियों की स्त्रियों ने और पार्वती ने मुक्तभाव–से उन्हें सुहाग दिया। लगता है हमारी निःस्व संस्कृति का सुहाग अहम्मन्य अभिजात वर्ग में न होकर, हैसियतदारी में पैमाल मध्यम वर्ग में न होकर, उसी अकिंचन वर्ग में सुरक्षित है, जहाँ देश का अस्ति है, भूगोल या इतिहास या जाति के रूप में नहीं, बल्कि एक ऊँचे, उदात्त, उज्ज्वल सत्यरेखा के रूप में। वह सत्यरेखा जड़ नहीं, निरन्तर तप–से द्रवित हो रही है और निरन्तर

पुराने स्रोतों को नवजीवन दे रही है, नये स्रोतों को मोड़ दे रही है। वह सत्यरेखा मेगावाटों या प्रति सेकंड घनफुटों में नापी जानेवाली शक्तिपिंड नहीं, अपरिमेय ऊर्जा है, जिसका ऊर्जात्व निरन्तर खर्च होने–से ही कायम रहता है। तथाकथित अज्ञान में प्रकाशमान यह सत्य हमारे झूठे ज्ञान के अभिमान को एक चुनौती है, हमारे सांस्कृतिक वैभव को एक चुनौती है। यह स्याह पड़ा हिमालय बाहर नहीं, भीतर है। हमने अपने को उतरनों के बल पर जो अधनंगे–अकिंचन लोगों–से अलग स्तर पर स्थापित मान रखा है, उसी का यह वैरूप्य है कि हिमालय स्याह पड़ा दिखता है।

क्या इस विरूप अस्ति की पुकार हमारी निःस्वता को उघाड़ सकेगी और हमारी चेतना पार्वती–से सुहाग भोगने की अधिकारिणी तो रही नहीं, क्या तुरकिन, खटकिन, धोबिन–से ही सुहाग के लिए निस्संकोच हाथ पसार सकेगी?

*–वसन्त आ गया पर कोई उत्कंठा नहीं (1968)*

# हम और हमारी नदियाँ

नदी का हमारी संस्कृति में महत्त्व कई कारणों–से रहा। एक तो अधिकांश कृषिजीवी क्षेत्र नदी पर अवलम्बित था, अधिकांश व्यापार प्राचीन काल में नौकाओं–से नदियों के मार्ग होता था, अधिकतर मुख्य नगर नदी के किनारे बसे थे, दुर्गों के लिए नदी और नदी–संगम सुरक्षा की अतिरिक्त व्यवस्था करते थे। दूसरे, नदियों के किनारे ही तप, स्वाध्याय और यज्ञ होते रहे, जिससे नदी अपने आप आध्यात्मिक ऊर्जा की वाहिका बनती गयी। एक प्रकार–से नदी हमारी पूरी जीवन–प्रणाली बनती गयी। यह आकस्मिक संयोग नहीं था कि पुराणों में नदियों को विराट पुरुष की नाड़ी कहा गया। नदियाँ हर माने में नाड़ी हैं, उनसे ही देश की भौगोलिक एकता का आकार बनता है, वे ही ऐतिहासिक बलिदानों की साक्षी हैं। सरस्वती के किनारे ज्ञान–सत्र हुए, कालान्तर में ज्ञान की अधिष्ठात्री देवता ही सरस्वती कहलायी। ऐतरेय और शांख्यायन ब्राह्मणों में बड़े विस्तार में बारह–बारह वर्षों तक चलनेवाले ऐसे सत्रों की चर्चा है, इन सत्रों में मन्त्रों के परोक्ष अर्थों को समझने के प्रयत्न हुए, दृश्य संसार के झरोखे–से अदृश्य संसार को देखने के लिए प्रयत्न हुए। इन सत्रों–से सरस्वती के जल में कई तेज मिले, पृथ्वी का तेज मिला, यज्ञधूम की पवित्र गन्ध के सूक्ष्म कणों के द्वारा, साधु चरित्र वालों का तेज मिला, उनकी वाणी की ध्वनितरंगों के स्पर्श से, स्वयं सरस्वती की अव्यक्त शक्ति यकायक व्यक्त हुई, उसमें पावक अग्नि की छाया पड़ी, सविता की छाया पड़ी, सरस्वती का जल सुनहला हुआ, पवित्र हुआ, ऐसा लगा कि सरस्वती ने अग्नि को और सविता को गर्भ में धारण किया है। व्यक्त तो अव्यक्त में रहता ही है। परा वाक् जल रूप ही तो है, तभी तो वह व्यक्त सृष्टि का बीज है।

हमारे लिए जल रहस्य और समष्टि चेतना का अविच्छिन्न प्रवाह है। हमारे नारायण जल में ही रहते हैं। हमारे विष्णु के पैरों की धोवन–से गंगा निकलती है। हमारे शिव अपनी जटाओं में गंगा को धारण करते हैं और हमारे प्रजापति के कमण्डलु में गंगा रहती है। गंगावतरण एक साथ आध्यात्मिक चेतना और लौकिक परिश्रम की गाथा कहता है। सही माने में हमारा देश नदीमातृक है, नदियाँ ही हमारे जीवन–स्रोत हैं। कुछ लोग कहते हैं कि हिन्दुस्तान का नाम सिन्धु के नाम पर पड़ा। विदेशी आक्रामकों ने सिन्धु को पार करके भारत में प्रवेश किया और सप्त नदियों के देश के रूप में या पंचनदियों के देश के रूप में ही इस देश का साक्षात्कार किया। सिन्धु का ही नाम सरस्वान् या सरस्वती था। बाद में व्यास के बाद की विशाल नदी भी सरस्वती कहलाई। यह सरस्वती कालान्तर में मरुभूमि में खो गयी, आज की घग्घर उसी की छोड़न है। सरस्वती और आगे बढ़ी, खो गयी। सरस्वती का खोना, उसे फिर तलाशना, उसे बिसराना, उसे फिर जगाना उसे बिसूरना और उसे सिरजना यह सब हमारी सांस्कृतिक यात्रा में बराबर घटता रहा, पर वैदिक सरस्वती का भास्वर और विशद रूप बहुत दूर होता गया। उस रूप में एक आँच थी, जिसे सहा नहीं जा सकता था, इसलिए ऋषि कहते थे।

**हिरण्यवर्णाः शुचयः पावका यासु जातः सविता यास्वग्निः।**<br>
**या अग्नि गर्भं दधिरे सुवर्णास्ता न आपः शंस्योना भवन्तु।**

'ये झलमल सुनहली जलधारा कितनी पवित्र, कितनी तेजस्वनी, कितना दूसरे को पवित्र करनेवाली, इन्हीं में–से संध्या समय यज्ञानल झलकता है तो लगता है अग्निदेवता जन्म ले रहा है। इन्हीं में प्रातः सविता प्रतिबिम्बित होता है तो लगता है सबको प्रेरित करनेवाला सविता जन्म ले रहा है। इन्हीं जलधाराओं में पृथ्वी का, पार्थिव मनुष्य का तेज, उसकी ऊर्जा निहित है। ये धाराएँ हमारा कल्याण करें'। बाद का इतिहास कुछ दूसरे प्रकार का है। उसमें पंचनद का गरम लहू उतना महत्त्व नहीं रखता, जितना भगीरथ का तप, जितना तप–से अधिक दूसरों को तारने का भाव। वह इतिहास गंगा का इतिहास है। भाषाविज्ञान के कुछ पंडित कहते हैं 'गंगा' शब्द आर्यभाषा का शब्द नहीं, यह कोलों का या किरातों का शब्द है। आज भी दक्षिण पूर्व एशिया में एक विशाल नदी है मेकाड्, पंडित लोग गाङ्ग या काङू–से गंगा की व्युत्पत्ति मानते हैं, गाङू या काङू

का अर्थ है जल का विस्तार; गंगा जल का विस्तार है। ब्राह्मण ग्रन्थों में कहानी आती है, अग्नि देवता पूरब की ओर भागते गये, ऋषि उनके पीछे–पीछे दौड़े, सदानीरा जो शायद गंडकी है या कौशिकी अर्थात् आज की गंडक या कोसी है, अग्निदेवता का टिकाव बनी। जहाँ सदा जल रहे, वहाँ अग्नि को बड़ा आश्वासन मिलता है। अग्नि आदमी की भूख है, हर तरह की भूख। पेट की भी, मन की भी, बुद्धि की भी। गंगा अग्नि की परितृप्ति है, उसी में सभी धाराएँ समाती हैं, वह हिमालय और विंध्य दोनों का रस लेती है, वह पूर्व और पश्चिम को जोड़ती है। उसने यदि गिरिजनों और वनजातियों की भाषा–से अपना नाम लिया और उनके लिए एक भाव रखा तो यह विस्तार भारतीय संस्कृति की नदी–विशेष बना। यह भाव आक्रामक नहीं। इसमें उत्ताल तरंगें नहीं, खौलती हुई लहर नहीं, पर यह अधिक छूनेवाला है, अधिक को छूनेवाला है। तभी भारत–से बाहर जन्मे रहीम के मन में गंगा के लिए ऐसी भक्ति उमड़ी कि उन्होंने मरकर भी गंगा को सिर पर धारण करने का ही वरदान माँगा।

**अच्युतचरणतरंगिणि शशिशेखरमौलिमालतीमाले।**
**मम तनुवितरणमये हरता देया न मे हरिता।**

उन्होंने स्वयं इसका हिन्दी रूपान्तर किया,

**अच्युत चरन तरंगिनी शिव सिर मालति माल।**
**हरि नहीं कीजै सुरसरी कीजै इंदव भाल।**

रहीम की गंगा–से यह विनती किसी मजहब की श्रेष्ठता को प्रमाणित करने के लिए नहीं, बल्कि उस भाव में भीगने के लिए है जो सबका है, जो सबको सब बना देता है, सबको निर्मल बना देता है, जो पानी को गंगाजल बना देता है, अपने भीतर डुबकी लगानेवाले को गंगाजल बना देता है।

गंगा की यात्रा इस देश की वह यात्रा है, जिसने निषादराज गुह को मैत्री का सम्मान दिया, जिसने अर्जुन को बभ्रुवाहन जैसा तेजस्वी पुत्र दिया, जिसने एक ऐसी मातृशक्ति को प्रतिष्ठा दी, जो एक ओर श्रीकृष्ण की दुलारी बहन बनी, दूसरी ओर शबरों की देवी, पर कालान्तर में गंगा सूखने लगी कनखल, कन्नौज, प्रयाग, काशी, पाटलिपुत्र खण्डहर होते गये, देश छोटा होता गया। स्वीकारने वाला वर्जनाओं में घिरने लगा।

पवित्र होने का भाव चला गया, पवित्र करने का अभिमान गरजता रहा। इस गंगा के इतिहास में कई इतिहास मिले। एक इतिहास यमुना का है। यम की बहन बड़ी अगम, मृत्यु जैसी अगम, पर बड़ी गहरी, श्रीकृष्ण के प्यार से जैसी गहरी, वह जहर में खौली, अमृत सौन्दर्य के साथ उसने विहार किया, वंशी की टेर में वह एकदम निश्चल हुई, महारास की गति के साथ थिरकी, उस यमुना ने सारे भेद पी लिए, श्यामा और श्याम के बीच भी भेद नहीं रहने दिया। एक इतिहास सरयू का है, जिसका जल राम के यश की तरह निर्मल और जिसका पाट बड़ा चौड़ा, जिसमें रिश्तों के निर्वाह की असीम शक्ति उस नदी में राम का भी पानी है, बुद्ध का भी पानी है। गंगा में एक इतिहास नारायणी या गंडकी का भी है। गंडकी एक क्वारी नदी है, क्वारी है, इसलिए प्रबल है, अनियन्त्रित है, पर इसके बावजूद वह नारायण को प्रिय है। नारायण उसकी धार की तोड़–से बने पत्थरों में रहते हैं, तब वे 'शालिग्राम' कहलाते हैं। नदी का एक नाम इसी–से शालिग्रामी भी पड़ गया है। गंगा में एक इतिहास जुड़ता है क्वारे सोन का, जो बारात लेकर नर्मदा को ब्याहने गया और छोटी–सी बात पर नाराज होकर बारात के साथ वापिस लौटा। बात बस इतनी थी कि किसी ने कहा कन्या का कुल कुछ छोटा है। सोन का वह मद बड़ा महँगा पड़ा। नर्मदा सीधे समुद्र तक पहुँची। सोन सीधे–टेढ़े दौड़ते–भागते बस विंध्याचल ही में उलझा रहा। उसको वह गंगा मिली, जो पहले–से परम परितृप्त थीं, उसमें सरयू मिल चुकी थीं। सोन को बस पठार–ही–पठार मिले, चौरस जमीन बहुत कम मिली। सोन का यह पलायन हमारी जातीय चेतना में भी प्रतिबिम्बित हुआ, कुलीनता का दंभ बहुत अवरोधक बना।

इसके बावजूद गंगा की यात्रा थोड़ी मन्द, पर अनथक गति–से सागर तक, चलती रही। गंगा ने अपने को अनेक धाराओं में बाँटा। गंगा ने असंख्य असंख्य मृतात्माओं को तारा, असंख्य तीर्थ बनाये और कभी नहीं सोचा कि मैं तो शिव की सिरचढ़ी हूँ, हिमालय की कन्या हूँ, भगीरथ के तप–से प्रसन्न होकर भगवान् विष्णु के चरण मैंने छोड़े हैं, ब्रह्मा के ज्ञान–कमण्डलु की सुरक्षा मैंने त्यागी है। वही गंगा अब कितनी लाचार है, कितनी जगह उसे बाँधा गया, कितना कचरा उसमें डाला जा रहा है और उसे मनुष्य कितना अपने मन की मैल–से गँदला कर रहा है। गंगा सिमटती जा रही है।

गंगा–से विपरीत दिशा में बहनेवाली नदियाँ हैं नर्मदा और तापीय दोनों विक्षोभ की धाराएँ हैं, वह विक्षोभ ऐसे टकरावों–से आया, जहाँ तप और क्षमा एक–दूसरे के विरोधी हो गये। नर्मदा का इतिहास परशुराम और कार्त्तवीर्य सहस्रार्जुन के टकराव के इतिहास–से जुड़ा है। ऐसे टकराव–से एक ओर तप की साधना और गहरी हुई, इतनी गहरी कि नर्मदा की चोट–से पत्थर शंकर हो गया, नर्मदा–के रोड़ों–से ओंकारेश्वर रचे गये। दूसरी ओर नर्मदा की घाटी–से विक्रम का पराक्रम देखा, मालवों की, परमारों की कलचुरियों को और राष्ट्रकूटों की विकास यात्रा देखी। नर्मदा के तापी के दक्षिण में तीन बड़ी नदियाँ हैं, गोदावरी कृष्णा और कावेरी, ये तीनों फिर गंगा के बहाव की दिशा में जाती हैं। इन तीनों ने भारतीय संस्कृति को भव्य बनाया है। गोदावरी के किनारे राम की पंचवटी है, कृष्णा ने वेदों का पुनरुत्थापन देखा है और कावेरी के किनारे तो वह भक्ति उपजी जो दक्षिण–से उठकर गंगा के मैदान में छा गयी। सारी नदियाँ दक्षिण की ओर जाती हैं, पर कावेरी सीधे उत्तर को गयी और उसके साथ आलवार भक्तों का समर्पण–भाव गया।

नदी अनेक घाट बहुतेरे, पर सब नदियों का रस जिन सात नदियों को मिलता है जिनके सम्मिलित रस–से भारतीय जनता का महासागर उमड़ता है, वे ये सात हैं :

**गंगे च यमुने चैव गोदावरि सरस्वति।**
**नर्मदे सिन्धु कावेरी जलेऽस्मिन् सन्निधिं कुरु।।**

यह प्रतिदिन के स्नान का मन्त्र है, इसमें सभी मुख्य नदियों का आह्वान किया जाता है, जिस जल में नहा रहा हूँ, उसमें आ जाओ जिससे मैं स्नान करके अनुभव करूँ कि नह स्नान तप की दीक्षा है, यह स्नान सन्तरण है, यह स्नान रस में निमज्जन है। नदियों के जल के बिना न यज्ञ होता है, न पूजा, न कोई भी मांगलिक अनुष्ठान। जल नहीं सुलभ रहता तो उसकी भावना की जाती है, उसी भावना के द्वारा तीर्थ बनाया जाता है। जल के बिना कोई संकल्प नहीं होता, क्योंकि जल भीतर की अव्यक्त शक्ति है, उस शक्ति के स्मरण के बिना संकल्प कैसा? नदी जीवन की निरन्तर साधना है, इसी–से शरीर छूट जाये तो उसकी भस्मी नदी में डाली जाती है, जिससे नश्वर अंश सततप्रवाही अनश्वर जीवन–धारा में विसर्जित होकर सनातन जीवन की धारा बन जाये।

मृत्यु भी जीवन का एक रूप है, क्योंकि इसी में अवभृथ स्नान करके, ब्रत–समाप्ति का स्नान करके जीवन नये वस्त्र धारण करता है। नदी इसीलिए भास्वर भी है, गहन भी है, उच्छल भी है, गम्भीर भी है। वह हमारी बहुआयामी संस्कृति का साकार रूप है।

अत्यन्त दुःख की बात है कि हमारा मन इतना बीमार हो गया है कि वह नदियों की उपेक्षा कर रहा है, प्रवाहधर्मी संस्कृति के मूल्यों की उपेक्षा कर रहा है, उसे यह आभास ही नहीं कि नदियाँ गँदली होती हैं तो संस्कृति गँदली होती है, नदियों की धार मन्द होती है तो संस्कृति की गति शिथिल होती है और हम नदियों को केवल अपनी अशुचिता देते हैं तो संस्कृति अशौचग्रस्त होती है। हम कब स्वस्थ होंगे और नदी की पवित्रता की पूरी तरह रक्षा करने के लिए संकल्प लेंगे!

*–संचारिणी (1982)*

# गंगायां घोषः

सिद्धान्त कौमुदी के कारक प्रकरण में एक फक्किका आती है– 'तमब्ग्रहणम् किम्, गंगायां घोषः'। साहित्य–शास्त्र में शब्द–शक्ति पर विचार करते समय भी प्रयोजनवती लक्षणा के उदाहरणरूप में यह पंक्ति दुहराई जाती है–'गंगायां घोषः'। न्याय और मीमांसा में यह पंक्ति आती है। इससे स्पष्ट है कि यह पंक्ति बहुत ही अर्थवती है, वैसे इसका सीधा–सादा अर्थ है कि गंगा के तीर पर छाई हुई कुटिया; पर इसे लाक्षणिक भाषा में इस तरह कहा गया है जैसे कि यह कुटिया गंगा ही में हो। गंगा ही में कुटिया छाने का यह उत्साह क्यों ? संस्कृत अनुश्रुति के पंडित बतलायेंगे कि गंगा की धारा में जो पवित्रता है, शीतलता है और शिवमयता है, वह इस कुटिया में गंगा के अतिशय सान्निध्य की निरन्तर भावना के सहज परिणामवश समग्रतः आ गयी है। सीधे–सीधे कहें तो गंगातीर पर छाई हुई होने के कारण यह कुटिया गंगा के ही समान पवित्र, शीतल और शिवमय है, तादात्म्य–बोध नहीं हो पाता और गंगा के साथ अपनी राममड़ैया का तादात्म्य स्थापित करना हमारा चरम अभीष्ट है, क्योंकि गंगा हमारे जातीय जीवन के क्रमिक विकास की प्रवहमान कथा है; हमारी सांस्कृतिक मुक्ति–यात्रा के लिए एकमात्र जल–पथ है, हमारे पार्थिव रूप की अन्तिम गति है, हमारे अशेष व्यापारों को प्रेरित करनेवाली साकार क्रिया है, हमारे शिव–संकल्पों की वेग–धारा है, हमारी तितिक्षा और उदारता की शुभ्र परिभाषा है, हमारी ग्रहणशीलता के लिए परिमाप है, हम 'गंगायां घोषः' का अर्थ जब लगाने बैठते हैं, तब हमें अपने घोष की घास–फूस भूल जाती है, हम तो उस जीवंत धारा के साथ बहने लगते हैं, जो सगर–पुत्रों को तारने के बाद कोटि–कोटि मानवता को तारती चली आ रही है। शायद इसीलिए अन्धड़–पानी में भी हमारी राममड़ैया सुरक्षित बनी रही और

हमारा वह भोला विश्वास अडिग बना रहा, जिसने अपने जीवन को गंगा–से एकाकार माना तथा मरने पर पंचभौतिक शरीर का भस्मशेष गंगा में फूल की तरह प्रवाहित करने में ही जीवन की निरन्तरता मानी।

इसी–से हमारी पवित्रतम कल्पनाओं ने गंगा के वक्ष पर लक्ष–लक्ष दीप दान किये। विश्व की स्थिति के अधिष्ठाता विष्णु के पदपद्मों की रज प्रक्षालित करनेवाली जलधारा भक्ति की पयस्विनी बनी। गंगा ने सतत जागरूक और सतत लोकसेवापरायण नारायण के चरणों–से अपना उद्भव पाया, इसी–से वे नारायण के लीलाधाम देश की मोक्षदायिनी धारा बनी। सेवा के इस ब्रह्मद्रव ने स्रष्टा के ज्ञान–कमण्डलु को आपूरित किया; पर ब्रह्मा का अपार ज्ञान भी इस वेग को बाँध न सका, संहर्त्ता शिव को भी रसप्लावित करने के लिए यह उमड़ पड़ा। साधकों के परमगुरु ने इस संजीवनी शक्ति को अपने जटाजूट में निबद्ध करना चाहा, अपने निजी तपोदुर्ग की परिखा बनाकर रखना चाहा; पर लोक–कल्याण के लिए उमड़ी हुई शक्ति उस जटा–जूट में रुँध न सकी। पृथ्वीपुत्र भगीरथ के लोकोद्दिष्ट तप ने जटाओं को खोल दिया, गंगा पत्थरों को फोड़कर मैदान में दौड़ पड़ीं। हिमालय के गौरव का लाभ जन–साधारण को कराने के लिए और ज्ञान, भक्ति और कर्म का समवेत सन्देश एक करुण और साकांक्ष महाप्राण जाति के जन–जन तक पहुँचाने के लिए देवताओं की नदी भागीरथी बनकर बाहर निकलीं। न जाने कितनी पर्ण–कुटियाँ तृषित और तप्त भाव–से इस धारा की बाट जोह रही थीं, न जाने कितने सहस्र अभिशप्त सगर–पुत्र सागर के खिसक जाने के बाद अपने जीवन के उद्धार के लिए तड़प रहे थे। न जाने कितनी सीताएँ अपने अहिवात के लिए मनौती मना रही थीं, न जाने कितने खेत जुतकर रस–सिंचन के लिए प्रस्तुत थे। गंगा को सब का ध्यान था, रविकुल की कुलदेवता बनने–से लेकर जन–जन की और जड़–चेतन की संचारिणी शक्ति बनने तक का कर्तव्यज्ञान ही उन्हें भगीरथ के रथ के पीछे–पीछे दौड़ा रहा था। कपिल के शाप–से दग्ध सगर–पुत्रों को तारने में उन्हे क्या देरी लगती? वे तर ही गये; पर गंगा के उस परम पावन संकल्प का वेग कम नहीं हुआ। एक प्रकार–से गंगा की गति के साथ वह संकल्प एकरूप हो गया। गंगा ने भारतीय जीवन का संभार अपने ऊपर ले लिया; यज्ञ, तप, त्याग, दान, उपासना, भक्ति, सेवा, ब्रत, योग, क्षेम इन सबके लिए गंगा–तट ही मंगल–आधान बन गया। गंगा के कल्लोल में भारतीयों की अन्तरात्मा मुखरित हो उठी। गंगा के जल में भारतीय मनीषियों की सत्यानुसन्धित्सा लहरा उठी।

गंगा की बालू में धरती का तेज चमक उठा। गंगा के प्रवाह में विभिन्न प्रदेशों की संस्कृति यमुना, चर्मण्वती, वेत्रवती, दशार्ण, तमसा, शोणभद्र, गोमती, सरयू, नारायणी, कौशिकी, ब्रह्मपुत्र प्रभृति नदी–नदों के द्वारा घुल–मिलकर एकरूपता पा सकी और गंगा के अभिधान में नदीमातृक देश की प्रत्येक शुचिता, प्रत्येक गति, प्रत्येक शक्ति, प्रत्येक मंगल–भावना, प्रत्येक रचना, प्रत्येक स्थिति और प्रत्येक अभिवृद्धि अभिव्यक्त होने लगी।

गंगा धीरे–धीरे प्रत्येक नदी का पर्याय बन गयी। प्रत्येक दुःखी और सन्तप्त प्राणी के लिए आश्वासन बन गयीं, प्रत्येक बलिदान की साक्षी बन गयीं, प्रत्येक मन्दिर की द्वारदेवता बन गयी, प्रत्येक यात्रा की प्रेरणा बन गयी और प्रत्येक जीवन की अन्तिम लक्ष्य बन गयी। बदरीनाथ का चरणोदक रामेश्वर को चढ़ने लगा। कैलाश के मालिक काशी में बसने आये। कृष्ण और राम को अपने स्तन्यपान–से महान बनाने वाली यमुना और सरयू ने भी गंगा के द्वारा ही अपने को अभिन्न पाया। हस्तिनापुर, कान्यकुब्ज, कौशाम्बी और पाटलिपुत्र का इतिहास गंगा के ही द्वारा जुड़ा। भरद्वाज, वाल्मीकि, व्यास, शुक्र, भृगु, वशिष्ठ प्रभृति ऋषि–मुनियों की साधनाएँ गंगा की बाहें फैलाकर ही परस्पर स्नेहालिंगन करती रहीं। शंकर और तुलसी, युगों के अन्तराय होते हुए भी गंगातट ही पर मिले; हरिहर ने भी अद्वैतसिद्धि गंगा के द्वार पर पायी।

गंगा के प्रति यह आदरभावना अकस्मात् नहीं पैदा हुई। किसी एक व्यक्ति को इस भावना का इलहाम नहीं हुआ। सदियों के सन्तरण के बाद यह कृतज्ञता उमड़ी कि हमने अपनी आन्तरिक शुचिता और उच्छल मंगलशीलता को गंगा का आकार दिया, मन के चंगेपन को हमने गंगा के उल्लास–से अपृथक् देखना शुरू किया और अपनी राममड़ैया को गंगा में अवस्थित पाने का परमानन्द पाया। 'गंगायां घोषः'–से वस्तुतः जो लक्षित होता है, वह मात्र गंगा या गंगातीर पर छाई हुई झोपड़ी नहीं है, वह एक महान प्राणवान्, गतिमान् और विश्वासवान् जाति की चरम उपलब्धि है, जिसे पाकर वह जाति भौतिक और आध्यात्मिक शक्तियों को बिम्बानुबिम्ब रूप में ग्रहण करने लगी, सूक्ष्म और स्थूल को अभिन्न देखने लगी, परोक्ष और अपरोक्ष अनुभव के बीच कड़ी जोड़ने लगी, बद्ध और पराधीन में मुक्त और स्वाधीन की धारणा करने लगी। उस गंगा के स्नेह के हम सब इसी–से समान रूप–से अधिकारी हुए, उस घोष के हम सभी अधिस्वामी हुए। हमारा यह अधिस्वामित्त्व ही हमें हीनता का बोध नहीं होने देता रहा है और आगे भी हमें यही जागरूक और विश्वभावनशील बनाता रहेगा।

*–तुम चन्दन हम पानी (1956)*

# सिव सिर मालति माल

गंगा शब्द में ही एक अद्भुत सौन्दर्य है। बच्चा पानी को देखते ही कहने लगता है, तर्पण या श्राद्ध करते हैं तो माँ के आगे गंगा–रूपा शब्द जरूर लगाते हैं। गंगा के लिए मन वैसे ही हुमकता है जैसे शाम को गाय के लिए उसके बछड़े का। गंगा कोटि–कोटि बछड़ों के लिए पिन्हाती है और उन्हें अमृत–स्तन्य पान कराती है। ऐसी वत्सल गंगा को इसी–से हम प्रत्यक्ष देवता कहते हैं, गंगा की मूर्ति की आवश्यकता नहीं, उसकी लहरें ही उसकी साकार बाँहें हैं जिनमें छिपाने के लिए बुलाती है, त्रयताप–से घबराए बच्चे, यहीं आकर ताप निवार लो। यहीं एक–एक बूँद में गोविन्द है, एक–एक डुबकी में शिव है और एक–एक कलरव में ब्रह्मा हैं, एक–एक मोड़ में प्रणव का आकार है।

इस गंगा की अनेक छवियाँ आँखों के आगे नाच रही हैं। हिमालय की जटिल पर्वत श्रृंखलाओं में अनेक गंगाएँ हैं, हिमालय की ऊँचाई को अपनी गहराई में और हिमालय की विशालता को अपनी तनुता में खींचती हुई, शिला–खण्डों को दुलराती हुई, उन्हें चिकनाती हुई उनको बहलाकर निकल जाती हुई, इठलाती हुई, मुस्काती हुई और कभी–कभी जंगलों की चुप्पी तोड़ने के लिए अट्टहास करती हुई उजले फेनों के और हरहर ध्वनि के ब्याज से। अलकनन्दा, मन्दाकिनी और भागीरथी ये गंगा की तीन प्रमुख वेणियाँ हैं। अलकनन्दा की कोर पकड़ के बदरीनाथ पहुँचते हैं। मन्दाकिनी की कोर पकड़े केदारनाथ पहुँचते हैं और भागीरथी के किनारे पकड़े उत्तर काशी और गंगोत्री पहुँचते हैं। मन्दाकिनी, अलकनन्दा में पहले मिलती है इसके बाद अलकनन्दा भागीरथी में, तब पूरी त्रिपथगा गंगा बन जाती है।

---

यह निबन्ध 'जीवन अलभ्य है, जीवन सौभाग्य है' में 'गंगा की छवि' शीर्षक–से है।

हिमालय की गोद में जाने कितने प्रयाग बनाती है गंगा। प्रत्येक प्रयाग का परिसर बस भाँति– भाँति के रत्नों–से जटित एक स्वप्नजाल–सा लगता है।

उस क्षेत्र में यात्रा ऊपर की ओर करते समय लगता है अपना अस्तित्व अपने–से आगे चला जा रहा हो, पीछे घूमकर देखने को न मन होता है, न अवकाश रहता है, बस ऊपर की ओर चलो, कहाँ–से यह धार आ रही है। खोजो उस कमण्डलु को, जिसमें से जल निकला है, खोजो उस चरणनखचंद्रिका को जिसको स्पर्श किया है किसी तपस्वी की उँगलियों ने और वह चंद्रिका पिघल गयी है, खोजो उस बौड़म को जिसने ये जटाएँ खोल दी हैं, या शायद उस बौड़म ने जटाएँ नहीं खोलीं, जैसा कि एक लोक कथानक है। शिव पार्वती के कठोर नियन्त्रण–से भागकर गंगा किनारे बाटी लगाने लगे और गंगा को फुसलाने लगे कि मेरे साथ आओ रहो, मुझसे यह भोजन नहीं बनता, दाढ़ी जटाजूट आग फूँकते–फूँकते फुँक उठते हैं। गंगा ने कहा तुम गौरी–पति हो तुम्हें क्यों दूसरी चाहिए। शिव कहते हैं गौरी तो मर गयी। गंगा शिव के साथ हो लेती है। नारद पार्वती के आगे आदत–से मजबूर शिव का यह छल बतला देते हैं, तब पार्वती दोनों की खबर लेने आती हैं, शिव गंगा को जटा में छिपा लेते हैं। पार्वती तो पार्वती, एक–एक जटा की गाँठे खोलती जाती है और गंगा खिसियाती हुई निकलती हैं, पार्वती–से कहती हैं कि इस बौड़म दिखनेवाले ने दोनों को छला, अब मैं तुम्हारे बच्चों को खिलाऊँगी, मुझे घर–से बाहर न निकालो। तो उस पार्वती को ढूँढ़ें जिसने ये लटें खोलीं और पार्वती के बच्चों को ढूँढ़ें, जिन्हें गंगा जाने कब–से खिला रही हैं, कालिदास ने देवदार को पार्वती का तनय कहा, है भी वह पार्वतीनन्दन कहलाने लायक। एक गंगा तो कुमाऊँ में विशाल देवदार की जड़ों–से ही निकल रही हैं, कहलाती हैं जटा–गंगा। सचमुच हिमालय का यह हिस्सा एक अलौकिक प्यार का, एक उन्मादी प्यार का प्रसार है, जिसमें मान–मनौवल, उद्‌दाम मिलन, उत्कट विरह सभी कुछ है, साथ ही माँ और धरती का दुलार भी। पार्वतीय प्रकृति और गंगा की धारा परस्पर सहेलियाँ भी हैं, सौतें भी हैं, सगी बहनें भी हैं, पार्वती का उपत्यका में वैभव और प्रभुत्व कुछ ज्यादा है, इसी–से वहाँ–से गंगा बिचारी दुबकी–सी निकलती है, पर मैदान आते ही हर की डेवढ़ी, पार्वती के विशाल शतखण्डी महल का पौर लाँघते ही गंगा स्वामिनी बन जाती है, धार चौड़ी हो जाती है, चाल कुछ गर्व में मन्द पड़ जाती है, पर शिव को विकल करने के लिए राह टेढ़ी ही रहती है।

शिव कैलास में टिक नहीं पाते, काशी में गंगा अपने ओंकार पाश में उत्तर जाने का भ्रम देकर बाँध लेती है और विश्वनाथ का साथ देने के लिए लाचार पार्वती अन्नपूर्णा बनकर गंगा के राज्य में बस जाती हैं।

प्रयाग में गंगा की एक दूसरी छवि है, राम की भक्ति की तरह उमड़ती आती है, कर्म को अपनी बाँहों में समेटकर तीव्र गति दे देती है, यमुना गहन कर्म की गति है, बड़ी गहरी पर बड़ी मन्द; लगता है चलती ही नहीं, गंगा–से भेंटकर यमुना भी गतिशील हो जाती है। कुछ दूर तक यमुना की श्यामलता अलग दिखना चाहती है, पर भक्ति रूप गंगा का स्वरूप ऐसा विवश करनेवाला होता है कि कोई उसमें पड़ जाये तो अपनी निजता रख नहीं पाता। जाति–पाँति, धन–धरम–बड़ाई–सब छूट जाते हैं।

गंगा आगे चलती है। विंध्याचल–से मिलती है। विनयी विंध्याचल अपना लगभग तीन चौथाई जल–स्रोत गंगा के हवाले कर देता है। अकेली एक नर्मदा है जो विंध्याचल का कुछ पानी जबर्दस्ती पश्चिमी जलधि की ओर ले जा पाती है, नहीं तो विंध्याचल अपने मन से गंगा को सब कुछ निवेदित कर देता है, अपनी देवी के स्थान, अपने सहज वनवासी, उनका सहज जीवन, झाड़–झंखाड़, रूखे पहाड़, सब गंगा को सौंप देता है और इसे पाकर ही गंगा मुक्तिदायिनी होती है। वे विंध्याचल की कन्या तमसा–से मिलकर ही सीता की व्यथा की साक्षी बनती है और राम की कुलदेवी होती हुई भी सीता की करुणा को अपने आँचर में लेकर कुलवधू मात्र की अधिदेवता हो जाती है, सन्तान–कामना के लिए कुलबधू गंगा–से ही एक लहर माँगती है। विंध्याचल के सोन का ही पानी पाकर गंगा साम्राज्ञी बनती है, पटना के पास गंगा का पाट विशाल हो जाता है। गंगा में बड़े–बड़े जहाज चलने लगते हैं, गंगा में बजरों पर संगीत–नृत्य का उत्सव मनने लगता है।

गंगा काशी में पहुँचती है तो जैसे टिक जाती है, घाट, घाटों के पास के मन्दिरों की घंटा–ध्वनि, घाटों पर तैराई जाती दीप–पंक्तियाँ, सब गंगा को रोक लेते हैं, ठहर जाओ, बड़ी दौड़ लगाई, काशी में आयी हो, बड़ी ज्ञान–गुरु नगरी है। तुम भी कुछ सीख लो, केवल शास्त्र के पंडित–से नहीं, शास्त्रों की उपेक्षा करनेवाले औघड़–से भी सीख लो, केवल मधुसूदन सरस्वती और तुलसीदास–से न सीखो, कबीर और कीनाराम बाबा–से भी सीखो, उस चंडाल–से भी सीखो जो शंकराचार्य की राह रोककर खड़ा हो गया और चुनौती देने लगा, क्यों मुझसे कतराते हो, कहाँ गया तुम्हारा तत्त्वमसि?

गंगा को काशी के पूरे फैलाव के साथ राजघाट पुल–से ही देखा जा सकता है, अन्यत्र तो गंगा बस आँख–मिचौनी खेलती रहती है। काशी का कौतुक देखने आयी गंगा काशी में कौतुक बन गयी है।

काशी के आगे गंगा सरयू–से मिलकर फिर सोन और नारायणी–से मिलकर एकदम बदल जाती है। वे भारत रूपी चक्र की धुरी बन जाती हैं। गंगा ही भारत है। भारत का अर्थ, भारत का काम, भारत का धर्म और भारत का मोक्ष चारों पुरुषार्थ गंगा है। यही नहीं, चारों पुरुषार्थ को अर्थ देनेवाला पंचम भक्ति रूप पुरुषार्थ भी गंगा है। सबको समेटो और चल पड़ो अनन्त की ओर, ऐसा बड़ा सन्तरण और ऐसा बड़ा संरक्षण और कौन है?

मुझे जब हवाई जहाज–से गंगा के मैदान में यात्रा करने का अवसर मिलता है तो मैं उस तरफ की खिड़की के पास बैठना चाहता हूँ जहाँ–से दूर तक गंगा की धार दिखती रहे, उसके मोड़, उसमें मिलनेवाली छोटी–बड़ी धाराएँ, उसके किनारे के खेत, पहाड़ दिखते रहें, गंगा को देखना सर्वेश्वर की, सर्वकामेश्वर की प्राणनाड़ी को स्पंदित होते देखना है, धूप में बस लगता है कि बिजली की कौंध हो, बादलों की छाया में लगता है दर्द की रेखा हो और चाँदनी रात में जैसे शिव की बाँकी अमृत–कला हो या फिर भारत माता के गले में पड़ी मोतियों की लड़ी हो। गंगा हमारे जीवन की धारा है, इसी–से मरकर भी, राख होकर भी हम इसमें प्रवाहित होना चाहते हैं कि गंगा में विलयन ही जीवन की चरम सार्थकता है, गंगा में विलयन ही परार्थ है। गंगा नहीं मिलती तो किसी भी नदी को गंगा कह लेते हैं, दूर कंबोज और चंपा के लोगों ने अपने देश की विशाल नदी को मे–काङः अर्थात् 'माँ गंगा' नाम दिया है। नदी भी नहीं मिलेगी तो किसी जल में स्नान करते समय जय गंगे कहकर गंगा का स्मरण कर लेते हैं, क्योंकि यह स्मरण ही जीने का प्रयोजन देता है, पर–दुःख–निवारण के लिए जियो, तरण–तारण बनने के लिए जियो और न रुकने के लिए सतत चलने के लिए जियो, यही लालसा पालते हुए जियो कि अन्तिम क्षण में गंगा ही दिखे, गंगा ही सुनाई पड़े, गंगा ही आस्वाद्य हो, गंगा ही देह को छुए और गंगा ही साँसों में भरे। यह जीवन पूरी तरह गंगा को वहन करके शिव हो जाये।

*–शेफाली झर रही है (1987)*

# नदी, नारी और संस्कृति

आज गंगा दशहरा हैं। हम इसे गंगा का जन्मोत्सव भी मानते हैं, गंगा के पृथ्वी पर अवतरण का दिन भी मानते हैं, साथ–ही–साथ तपस्या के सेवा के रूप में परिणत होने का भी दिन मानते हैं। हमारी संस्कृति के केन्द्र में है नदी और नदी भी नारी प्रतिमा के रूप में। पूरे देश में दो ही नद हैं : ब्रह्मपुत्र और शोणभद्र; और दोनों ऐसे अभिशप्त हैं कि भारत की सात कलनदियों की पवित्रता का पासंग भी नहीं छू पाते। ब्रह्मपुत्र में कुल एक दिन स्नान का पर्व है और शोणभद्र–गंगा संगम पर ही स्नान का महत्त्व है। ब्रह्मपुत्र को ऐसा शाप है कि वह नाश अधिक करता है, निर्माण कम। सोन (शोणभद्र) इसलिए अभिशप्त है कि वह नर्मदा–से ब्याह करने चला और छोटी–सी बात पर रूठकर विघ्न–बाधाओं को पार करते हुए, दाएँ–बाएँ तोड़ते हुए चला आया। नर्मदा माता का ऐसा तिरस्कार भला भारतीय जनता कैसे सहेगी? कुँवारी रहनेवाली नर्मदा साधनाओं की नदी है। सोन के साथ ऐसा कोई योग सुनाई नहीं पड़ता। हमारे यहाँ पुरुष–प्रधान समाज की आम धारणा के बावजूद माता ही सबसे ऊपर है, वह पिता–से बड़ी है। जहाँ कर्तव्य–अकर्तव्य के बारे में शास्त्र कोई मार्ग नहीं बता पाते, गुरु कोई मार्ग नहीं बता पाते, वहाँ माँ का बताया हुआ मार्ग हमारी धार्मिक परम्परा में सही मार्ग है।

जिस प्रकार नदी निरन्तर बहती रहती है और ऊँचाइयों के मोह को छोड़कर बहुत निचली ढलान की ओर बढ़ती है, उसी प्रकार माँ धीरे–धीरे अपने पिता, अपने पति–से सन्तान की ओर अधिक अभिमुख होती हुई, उसी के सुख के लिए जीती है और इसमें ही नारी अपनी पूर्ण सार्थकता पाती है। शकुन्तला को दुष्यन्त–से जो भी मिला हो, उससे सौ गुना भरत–से मिलता है।

सीता को राम जैसे पति का कितना भी अनन्य प्यार क्यों न मिला हो, लेकिन उसकी सार्थकता लव–कुश को पालने में और उन्हें राम की सेना के साथ लोहा लेने योग्य बनाने में ही होती है। भारतीय संस्कृति उसी तरह अतीत की ओर नहीं देखती, वह वर्तमान और भविष्यत् की ओर देखती है। लड़की जब अपने पिता के यहाँ रहती है, तो अपनी छोटी बहन के लिए, अपने भाई के लिए विशेष चिन्ता करती है। पति के यहाँ रहती है, तो पति के छोटे भाइयों के लिए विशेष चिन्ता करती है और इसके बाद धीरे–धीरे बच्चों की, फिर उनके बच्चों की चिन्ता करती जाती है। किसी भी संस्कृति में पुत्र–पुत्री के लिए सन्तान जैसा शब्द नहीं होगा, जिसका अर्थ है–सम्यक् विस्तार। पितरों के प्रति कृतज्ञता ज्ञापित करने के लिए श्राद्ध भी करते हैं तो जो अन्त में मंगलकामना के श्लोक हैं, उनमें प्रार्थना यही की जाती है कि हमारा गोत्र बढ़े, हमारा ज्ञान बढ़े, हमारी सन्तान बढ़े।

इस तरह यह संस्कृति नये–नये अवतरण की, नये–नये जन्म की, प्रत्येक उत्सव में नये होने की कामना की संस्कृति है। इसी अर्थ में नदी, नारी और संस्कृति तीनों एक–दूसरे में ओत–प्रोत हैं।

इसीलिए भारत के बारे में कोई समग्र अवधारणा बिना इन तीनों के जुड़ाव के सम्भव ही नहीं है। कोई यज्ञ या अनुष्ठान तब तक पूरा नहीं होता, जब तक पुरुष के साथ उसकी सह–धर्मचारिणी न हो। यज्ञ की आग गार्हस्थ्य अग्नि के बिना अधूरी रहती है। किसी देव–तत्त्व की आराधना करें, गुरु–तत्त्व की आराधना करें, उसकी शक्ति के स्मरण के बिना वह आराधना निष्फल होती है। इसी तरह नदी के बिना भारत का जीवन अकल्पनीय होता है। नदी लौकिक–अलौकिक के व्यापार का अधिष्ठान है। नदी ही उद्भव है, नदी ही परिणति है। नदी में स्नान हमारी सांस्कृतिक जीवनचर्या का महत्त्वपूर्ण अंग है। हम किसी नदी में स्नान करें, तो उसमें भावना गंगा की करते हैं। इसलिए करते हैं कि गंगा हिमालय जैसे पहाड़ की गोद छोड़कर एक विशेष उद्धार के आकर्षण में खिंची हुई आती है। वह शिव की जटा सरीखी लम्बी देवदारु की घाटियों को छोड़कर उनकी सुरभि, शीतलता और स्वच्छ छाया को छोड़कर आती है। और आती है विराट वृक्षहीन तपते मैदानों की ओर; क्योंकि उसे असंख्य–असंख्य लोगों को तारना है, असंख्य–असंख्य लोगों की प्यास बुझानी है, असंख्य–असंख्य लोगों को प्रेरणा देनी है कि केवल ऊपर की ओर मत ताकिए, नीचे की ओर देखिए, जमीन की ओर देखिए। जब तक आपके प्रयत्न के स्पर्श–से

नीचे की जमीन नहीं लहलहायेगी तब तक ऊर्ध्वगमन का संकल्प कोई अर्थ नहीं रखेगा।

गंगा सुरधुनी होने के कारण इतनी बड़ी नदी नहीं है, जितनी कि भागीरथी बनकर, कोटि–कोटि जनों की, लाख–लाख वर्षों में सन्तरण की नदी बनकर, तीर्थों का तीर्थ बनकर, और एक विशाल संस्कृति की ऐसी वाहिका बनकर जिसमें छोटी उपधाराएँ बिना किसी संकोच के बहुत गौरव के साथ मिलती हैं और गंगा बन जाती हैं। भारतीय नारी भी भारतीय परिवेश में इसलिए महत्त्व पाती है कि वह तीसों रिश्तों के केन्द्र में होती है। सास होती है, बहू होती है, बेटी होती है, बहन होती है, ननद होती है, भाभी होती है, जेठानी होती है, और भी न जाने क्या–क्या होती है। इन सबके साथ वह पत्नी भी होती है। इन सारे सम्बन्धों का जो शील के साथ निर्वाह कर पाती है, उसी का भारतीय परिवार में महत्त्व होता है। वह भरी–पूरी नारी होती है। भारतीय संस्कृति में सम्बन्धों के निर्वाह का एक लम्बा सिलसिला है, जिसमें कोई पराया नहीं होता और ऐसा कोई औपचारिक रूप–से अपना भी नहीं होता कि वह दो–तीन कोटियों में बाँटा जा सके। भारतीय संस्कृति के साथ जो लोग जुड़े रहें हैं वे अलग–अलग कारणों–से जुड़े हुए रहे हैं–कुछ भाषा के कारण, कुछ साहित्य के कारण, कुछ व्यापार के कारण, कुछ आक्रामक बनकर, कुछ शरणागत बनकर। पर सभी परिवार के ताने–बाने में ऐसे रच–पच गये कि भारत ने कोई उपनिवेश नहीं बनाया, पर भारत का प्रसार अब तक होता रहा है, उससे कहीं अधिक आगे होता रहेगा। भारतीय संस्कृति की उदारता का रहस्य इस सहज निरपेक्ष आत्मीयता के विस्तार में ही खुलता है।

यही कारण है दूर थाईलैंड, हिन्देशिया और कंबोडिया तक अयोध्या जयकृत जैसे नाम यात्रा करते हैं। नाम के साथ उनमें अन्तर्निहित भाव यात्रा करते हैं, 'रामायण', 'महाभारत' की कहानियाँ चली जाती हैं, जैसे कि अपने ही जातीय जीवन की कहानियाँ हों : संस्कृत भाषा, पालि भाषा मूल रूप में भी जाती है, अनूदित रूप में जाती है, लिपि नहीं पहुँचती तो वर्णमाला (बारहखड़ी समेत) चली जाती है, मांगलिक प्रतीक और अनुष्ठान यात्रा करते हैं। कुछ अजनबी या आयातित बनकर नहीं, बिल्कुल सगे बनकर। इसका कारण है हमारी संस्कृति की मातृभावप्रधानता। मातृभाव जीवमात्र के प्रति वत्सल होता है, केबल सदय नहीं होता है। मातृभूमि की अवधारणा पितृभूमि के अधिकार की माँग पर नहीं टिकी होती है।

जिन लोगों ने पितृभूमि की बात आरोपित की है वे भारतीय स्वभाव ही भूल गये हैं। नदी कहाँ–से निकलती है, किसकी–किसकी होती है, कोई अन्त नहीं। संस्कृति के मूल उद्‌भव की बात हमारे लिए उतना अर्थ नहीं रखती, जितनी यह बात कि संस्कृति कितनी वत्सल है, यह कितनी पुरानी होती हुई भी अपने निष्छल प्यार के कारण कितनी नयी है। अपनी माँ कभी बूढ़ी नहीं होती, क्योंकि वह है तो हम बच्चे हैं, हममें विकास की सम्भावना है, वह है तो हम उसकी उपस्थिति में सर्जनशील हैं, इसलिए माँ हमारी जमीन है। संस्कृति भी हमारी जमीन है, नदी भी हमारी जीवनधारा है। शायद ही किसी और ने जीवन शब्द में दो अर्थ देखे हैं। एक पानी का, दूसरा जीने का। जीवन का स्वभाव है बहना और अपने साथ उनको बहाना, जो स्वयं बह नहीं सकते या कम बह सकते हैं। जीवन का स्वभाव है प्रवाह की तीव्रता में अहुत कुछ कल्याण–कल्मष धोते रहना, निरन्तर नयी धाराओं को लेते रहना और कहीं रुकना नहीं, ठहरना नहीं।

आज के सन्दर्भ में जब हम इस त्रिपुटी की बात सोचते हैं तो लगता है, कहीं कुछ गड़बड़ हो रहा है। संस्कृति भी जीवनीय न होकर विक्रेय या भोग्य हो रही है, नारी भी सहधर्मचारिणी न रहकर केवल शयनीय मात्र होती जा रही है, उसके भीतर का मातृत्व अपनी महिमा खोता जा रहा है और नदी भी चैतन्य की राशि न रहकर, अनुष्ठान का पवित्र स्थल न होकर केवल सुविधा होती जा रही है। समस्त प्रदूषण के पीछे यह प्रदूषित दृष्टि ही मुख्यरूप–से काम कर रही है। यदि दृष्टि शुद्ध होती, यदि हम नारी के भीतर मातृत्व की सम्भावना देखकर कालिदास की तरह उस सौन्दर्य को पहचान पाते, जो सँवराई, पर वर्षा के लिए आतुर घनमाला का सौन्दर्य है या जो चन्द्रगर्भा संध्या का सौन्दर्य है, तो हमारा जीवन इतना पैशाचिक न होता। हमारे यहाँ जितनी साधनाएँ हैं, उन सबमें अपेक्षा की जाती है कि यह व्रत लो तो स्त्री का कभी भी निरादर न करो, क्योंकि उसके भीतर चैतन्य सबसे अधिक प्रकाशमान है। चैतन्य स्थिर पदार्थ नहीं होता, वह हिमानी नहीं होता, अभितृप्त होकर द्रवना चाहता है। यह द्रवण पुंभाव–से सम्भव नहीं होता, स्त्रीभाव–से सम्भव होता है। आदिसृष्टि वाणी है या जलदेवता है, विमर्शरूपा है। पुरुष के पुरुषार्थ की कसौटी है गृहस्थाश्रम और उस गृहस्थाश्रम में केन्द्रभूत गृहिणी। नदी के साथ सम्बन्ध भी जब इस रूप में होता है कि हम इसमें स्नान करते ही कुछ नये हो जाते हैं, यह नदी हमारे भीतर आ जाती है, तभी नदी की पवित्रता

का हम ध्यान पूरी तरह रख पाते हैं। संस्कृति को भी अपना आभरण न मानकर अपना सहज छंद मानते हैं, तभी वह संस्कृति हमें तो रचती ही है, हमसे रचवाती भी रहती है। कहीं रचने का भाव ही कम हो गया है, तभी हम इतने भोगवादी और निजवादी हो गये हैं। हम जीवन और कला को अलग करने जा रहे हैं, हम स्त्री की शिक्षा में सहकारिता समाप्त करते जा रहे हैं, स्त्री को शिक्षिका बनाने या पंचायत में कुछ प्रतिशत स्थान देने मात्र–से बात नहीं बनती। स्त्री को आप द्वितीय क्यों मानते हैं? स्त्री को आप आधी दुनिया क्यों मानते हैं?

स्त्री तो पूर्ति है, वह आधेपन को भरती है, वही आद्या, वह द्वितीया कहाँ है? नदी को आप उपभोग्यमात्र क्यों मानते हैं, क्या नदी अपने आपमें जीवन का सहज स्वभाव नहीं, नदी–से जुड़ना उस स्वभाव–से जुड़कर नये सिरे–से सहज होना नहीं? संस्कृति को शोभा के रूप में क्यों देखते हैं, धड़कन के रूप में क्यों नहीं अनुभव करते?

ये सारे प्रश्न हैं, जो भारत के सामने तो हैं ही, पूरे विश्व के सामने हैं। मनुष्य का भविष्य इन प्रश्नों का सही समाधान पाने के ऊपर और उसके अनुसार अपना अलग कार्यक्रम बनाने के ऊपर निर्भर करता है। गंगावतरण के पुण्यपर्व पर हम इस भावगंगा का अवतरण कराने का संकल्प लें, अभी भी सब कुछ वैसा ही सहज हो सकता है, क्योंकि मनुष्य और मनुष्य के भीतर, कभी–कभी ही सही, स्पन्दनमान कुछ और होने की, कुछ और में होने की आकांक्षा कहीं है, जो सृष्टि के आदि क्षण में रही होगी विराट के भीतर।

*–नदी, नारी और संस्कृति (1993)*

# गंगा की महिमा

गंगा के बारे में यह तो सब जानते हैं कि गंगा भगीरथ के तप से सगर के पुत्रों को, कपिल मुनि ने जो शाप दिया है, उससे उबारकर तारने के लिए पृथ्वी पर अवतीर्ण हुयीं; परन्तु यह कम लोग जानते हैं कि गंगा स्वयं पाप–से पीड़ित हुयीं। उनकी कहानी पुराणों में इस प्रकार है–गंगा विष्णु भगवान् की सेवा में निरन्तर वैकुंठ में रहती थीं। श्रीराधा को यह सहन नहीं हुआ। गंगा विष्णु भगवान् की नखचंद्रिका में समा गयीं। राधा विह्वल हो गयीं, खोजते–खोजते परेशान हो गयीं। अन्त में रोने लगीं। उनके आँसुओं की धार जब विष्णु के पैरों पर पड़ी तो नखों–से गंगा बाहर निकल आयीं। तब राधा ने शाप दिया–जाओ, तुम मनुष्य लोक में अवतीर्ण हो। भगवान् विष्णु की भी इच्छा रही होगी कि गंगा उनके भक्तों को सुख–शान्ति देने मनुष्य लोक में अवतीर्ण हों और वह मनुष्य लोक में शापवश उतरीं पर उन्होंने अभिशप्तों की व्यथा समझीं, इसी–से हरेक प्राणी का आश्रय बनीं।

गंगा के अवतरण की कहानी भी कम मोहक नहीं। विष्णु के चरणों को पखारते समय जो जल बहा, उसे कोई सँभालने को तैयार नहीं। उसका इतना आवेग, उसका इतना सम्भार, तो स्रष्टा ब्रह्मा ने अपने कमण्डलु में उसे ले लिया। अब जल वहाँ–से कैसे निकले। बहुत आराधना पर ब्रह्मा प्रसन्न  हुए, तनिक ही कमण्डलु टेढ़ा किया और प्रवाह उमड़ चला। अब कौन सँभाले। भगवान् शिव की आराधना हुई। उन्होंने जटाजूट फैलाया, गंगा जटाओं में समा गयीं। ऐसे सुख–से कौन अलग होना चाहता है! गंगा हटे नहीं, भगीरथ फिर परेशान। शिव को रिझाया। उन्होंने बस एक लट छोड़ी और अदम्य प्रवाह उमड़ आया। हिमालय के स्नेह ने कितना भी रोड़ा बनकर रोका, वह पत्थरों को चूर–चूर करता हुआ उमड़ा और

हरिद्वार में जाकर कुछ रुका। प्रवाह ने देखा, अब तो सब सपाट मैदान है, आराम–से सुस्ताते चलीं। भगीरथ आगे–आगे, भागीरथी पीछे–पीछे गंगासागर तक गयीं। सगर के पुत्र तरे–तो–तरे ही, असंख्य–असंख्य नर–नारी युगों–युगों तक निहाल होते रहे। कितने कोटि–कोटि लोगों की साथें पूरी हुयीं, कितने कोटि–कोटि लोगों का कष्ट हरा गया, कितनों की भवबाधा हरी गयी और कितने कोटि लोगों की भौतिक देह के अवशेष इस संकल्प–से गंगा को विसर्जित हुए कि इनका जीवन विशालतर जीवन का अंग बन जाये।

गंगा की इस महिमा का कारण क्या है, स्थूल रूप–से तो हिमालय की गरिमा ही द्रत होकर गंगा में आती है। हिमालय–से अधिक पवित्र और महान कौन है? वह समस्त देवताओं की आत्मा है, हिमालय का तीन–चौथाई रस–संचार तो गंगा की सहायक नदियों के द्वारा पूर्वोदधि में मिलता है। यही नहीं, विंध्य पर्वत–श्रेणियों और अरावली पर्वत–श्रेणियों का भी लगभग आधे–से अधिक जल गंगा को उसकी सहायक नदियों के माध्यम–से समर्पित होता है। इन तमाम पर्वत–श्रेणियों–से जो रस आता है उसमें कितनी संजीवन औषधियों का रस मिला रहता है, कितनी धातुओं का रस मिला होता है, इसका कोई हिसाब नहीं; परन्तु इन सभी रसों–से अधिक महिमाशाली है वह ऊर्जा–रस, जो गंगा के स्वभाव–से उद्‌भूत होता है। वह आवेग कि कब मनुष्यों के बीच चलें, कब उनके भीतर देवत्व जगाएँ, कब उनके लिए जीवन की ऊर्जा बनें। यह आवेग गुणित हो जाता है, जब इसमें भक्ति–भावना–से आकुल असंख्य नर–नारियों का आवेग मिल जाता है–'गंगा तू एक लहर मुझे देती', उस लहर में समाकर अपने को कुछ नया पा जाने का आवेग गंगा की महिमा को बढ़ाता रहता है, गंगा का मन भी बढ़ाता रहता है।

इसी की पुष्टि में पुराणों में भविष्य कथन है कि लोग जब भक्तिहीन हो जायेंगे, अपने छोटे–से स्व में सीमित होकर दूसरों की चिन्ता छोड़ देंगे तो गंगा पुनः स्वर्ग सिधार जायेगी। लगता है, लोग उसकी तैयारी में हैं क्योंकि कर्मकांड के रूप में बहुत कुछ हो रहा है। बहुत पर्व अपनाए जा रहे हैं; पर सच्ची आस्तिकता से, सच्ची श्रद्धा से, सच्ची गंगा की जानकारी–से गंगा की आराधना, गंगा की सेवा नहीं हो रही है। गंगा की सेवा पर्व है, उनकी सेवा गंगा के परिसर की सेवा–से ही पूरी होती है। आज हममें उनके पवित्र तटों को स्वच्छ और वनराजियों–से सुरक्षित रखने

का भाव कहाँ है? हम तो अपना कलुष–ही–कलुष गंगा को सौंप रहे हैं, अपनी स्वच्छता, अपनी पवित्रता अपने तक ही रख रहे हैं। कैसे रहेगी गंगा की महिमा इससे?

इन प्रश्नों पर विचार करने के लिए ही पर्व आते हैं। गंगा के किनारे भिन्न–भिन्न स्थान हैं, सब समय–समय पर इसीलिए जगते हैं कि कभी तो कुम्भ अमृत–से भरे। अमृत केवल रस नहीं है जो मरे को जिलाता है, वह मनुष्य के भीतर जीवन के स्वीकार और मृत्यु के नकार का संकल्प भी है। जो मनुष्य वास्तव में जीना चाहेगा वह सम्पूर्ण जीवन, प्राणि मात्र का जीवन, चराचर जगत् का जीवन अपना जीवन मानेगा और वही व्यक्ति गंगा की सेवा का वास्तविक अधिकारी होगा, वह कुम्भ के अमृत का अधिकारी होगा।

*–भारतीय संस्कृति के आधार, सम्पादक : गिरीश्वर मिश्र (2006)*

# गंगा : देश की प्राणनाड़ी

हमारे योजनाप्रेमी देश में पर्यावरण की रक्षा की योजना बहुत पहले ही बननी शुरू हो गयी, स्टाकहोम सम्मेलन में आज के दशक–से अधिक पूर्व भारत की तत्कालीन प्रधानमन्त्री ने पर्यावरण–रक्षा की चेतना की बात उठाई थी और विकसित देशों–से माँग की थी कि बे अपने बाहर के विश्व के पर्यावरण की भी चिन्ता करें। इसी क्रम में कई आन्दोलन हुए, चिपको आन्दोलन ने हिमालय के वनों की रक्षा की बात की, उसको अखबारी समर्थन मिला। केरल में शान्त घाटी (साइलेंट वैली) की रक्षा के लिए आन्दोलन चला, केन्द्रीय सरकार ने वहाँ हस्तक्षेप किया। प्रकृति में सन्तुलन बनाये रखने के लिए कितने अरण्य 'अभयारण्य' घोषित हुए। अन्त में गंगा की रक्षा के लिए एक समग्र योजना की घोषणा की गयी। कुछ महत्त्वपूर्ण स्थानों पर गंगा के जल की शुचिता बनाये रखने के लिए उसमें गिरने वाले दूषित पदार्थों के निस्तारण की वैकल्पिक व्यवस्था के लिए कुछ करोड़ में रुपये खर्च हुए, पर अभी तक मेरे जैसे साधारण आदमी की दृष्टि में गुणात्मक परिवर्तन दिखाई नहीं पड़ता।

मैंने इस समस्या पर गहराई–से सोचा, कई बार मन में यह भी संकल्प हुआ कि गंगा भारत की प्राणनाड़ी है। इसके लिए जीवन उत्सर्ग करना पड़े तो करना चाहिए, केवल कागजी चेतना–से काम नहीं चलेगा। एक समूह तैयार करना होगा जो गंगा के और उसमें मिलनेवाली नदियों के स्रोत–से ही मनुष्य की धन–लोलुपता और भविष्य के प्रति अचेतनता के कारण जो कुछ विनाशकारी कार्य हो रहे हैं, उनको रोकने के लिए

---

यह निबन्ध 'रथयात्रा' में 'गंगा योजना के लिए नयी राजनीति' नाम–से है।

धरने का कार्यक्रम चलाना चाहिए। यह भी सोचा कि कई ऐसे मुद्दे हैं जो वर्तमान पर्यावरण–विधियों के अधीन भी सर्वोच्च न्यायालय में सार्वजनिक हित में उठाए जा सकते हैं, इसके लिए स्वयं–सेवी विधि–विशेषज्ञों की टोली तैयार करनी चाहिए। काशी में एक संस्था है, उसको भी गतिशील बनाने की बात सोची, परन्तु अभी कुछ भी हो न सका। उसके कारण कई हैं, पर सबसे बड़ा कारण यह है कि हमारा जातीय मन कहीं मर रहा है, गंगा के लिए हम बौद्धिक स्तर पर सोचते हैं और तब ऋण–धन का हिसाब लगाते हैं, गंगा को निर्मल बनाने की बात सोचते हैं मानो गंगा केवल भौतिक पदार्थ हो, इतने बड़े देश की हजार–हजार वर्षों की साधना, तपस्या और भावना के सूक्ष्म कणों–से बनी हुयीं गंगा की सूक्ष्म शक्ति का जैसे कोई महत्त्व न हो। हम अपने मन को निर्मल बनाने की बात नहीं सोचते कि कहीं नदियों, पर्वतों, बनों, निर्झरों के प्रति हमारा भाव कुछ गंदला हो गया है, हम इन्हें अपनी ऊर्जा के स्रोत के रूप में या अपनी निरन्तरता, अपनी ऊर्ध्वगामिता और अपनी समष्टि चेतना का साकार शिखर न मानकर इन्हें सम्पदा के रूप में उपभोग्य वस्तु के रूप में विहार–साधन के रूप में देखने लगे हैं। ऐसा ही मन हिसाब लगाता है कि गंगा में दूषित जल रासायनिक प्रक्रिया से शुद्ध किया जाये और उसका कचरा औद्योगिक उपयोग में लाया जाये, जिससे कचरा भी एक कमाऊ उद्योग बन जाये। यह सोच बहुत ही खतरनाक है, क्योंकि तब फिर गंगा की चिन्ता भूल जायेगी, बस कचरे के उत्पादन की चिन्ता प्रमुख हो जायेगी। यह सब हम इसीलिए सोचते हैं कि हम बुद्धिवादी जाल में फँसे हुए हैं कि गंगा एक नदी है, जड़ पदार्थ है, संयोग–से उसमें हिमालय की औषधियों की जड़ों का कुछ रस जाता है, कुछ और रासायनिक प्रक्रियाएँ होती हैं, उसकी धारा में आत्मशोध शक्ति अनुपात में दूसरी नदियों–से ज्यादा है। वह सिंचाई का साधन है और पुरातत्त्व का ही प्रमाण लें तो कम–से–कम 8000 वर्षों–से वह बहुत बड़े भू–भाग की उर्वरता बनाये हुए है, अपने जल से, अपनी मिट्टी से, हम इतना सोच सकते हैं कि इस सम्पदा के दोहन पर ऐसा नियन्त्रण लगाएँ की सम्पदा चुक न पाये, पर हम यही नहीं सोच सकते कि गंगा सम्पदा ही नहीं कुछ और भी है।

वह गंगा क्या है, इसे समझने के लिए एक ऐसा मन चाहिए जो इतिहास–से अधिक पुराण को विश्वसनीय मानता है, वह समग्र दृष्टि–से मनुष्य और प्रकृति को एक–दूसरे में ओतप्रोत देखता है, वह मानवीय रिश्तों

में प्रकृति को आबद्ध करता है। वह रहीम की तरह कहीं पैदा हो, किसी मजहब में पैदा हो, सोचता है, गंगा तो विराट नारायण भाव की सेवा और तप का पिघलन है, जिसे ब्रहमा का ज्ञान कमण्डल नहीं सँभाल पाता, जिसे शिव का जटाजूट भी नहीं रोक पाता, सेवा और तप–से पिघला हुआ पदार्थ असंख्य–असंख्य चर–अचर जीवों को तारने और सन्तृप्त करने के लिए उमग पड़ता है। हिमालय की जटों की लट सरीखी पर्वत–श्रेणियाँ इस पिघली धारा को रोक नहीं पातीं, हिमालय की जमी हुई शीतलता और आकाश–चुंबी गरिमा नहीं रोक पाती, वह शिखरों की ऊँचाई का आकर्षण, देवदारु–वनों–से गुजरती हुई सुरभित बयार नहीं रोक पाती, वह देवताओं के बीच में जनमी, पली देवताओं के रोके नहीं रुकती, स्वयं एक महान देश की महादेवता बन जाती है, क्योंकि वह इस देश का सामान्य धर्म बन जाती है, जियो दूसरों के लिए जियो, दूसरों को लेकर जियो।

रहीम यह कह सकते थे–

**अच्युत चरण तरंगिनी हरसिर मालतिमाल।**
**हरि न बनायौ सुरसरी कीजै इंदव भाल।।**

तुम विष्णु के चरणों की द्रव हो, उन्हीं चरणों–से निकली हो, तुम शिव के सिर में गुँथी हुई मालती की माला हो, तुम्हारे किनारे शरीर छूटेगा तो एक न एक तो होना ही है, शिवरूप हों या विष्णुरूप, पर माँ तुम शिवरूप देना, विष्णुरूप नहीं। तुम सिर पर विराजना। ऐसे मन वाला आदमी गंगा में पैर रखने के पहले, जल माथे लगाता है, बड़े ही विनम्र समर्पित भाव–से जल में प्रवेश करता है, केलि के लिए नहीं, निमज्जन के लिए, अपने शरीर के मल छुड़ाने के लिए नहीं, स्नान के सुख के लिए नहीं, मन की पवित्रता के लिए, ऐसी पवित्रता के लिए, जिसमें सबका हित अपना हित होता है, 'सुरसरि सम सब कर हित होई'।

ऐसी पवित्रता–से एकाकार होना ही गंगा–स्नान का लक्ष्य है। गंगा के पास आदमी आता है अपनी आपूर्ति पाने के लिए, गंगा सब अधूरापन अपने बहाव–से पूरा कर देती है, गंगा एक अनविच्छन्न आहुति का आमन्त्रण है, यह जीवन लोक के लिए अर्पित होने के लिए, इसी में अधूरे जीवन की पूर्ति है, यही सबसे बड़ा साकल्य है।

ऐसा मन जीवन के अन्तिम क्षण में द्विजेंद्रलाल राय की तरह सोचता है कि उस क्षण में माँ तुम्हारे जल का कलरव कानों को भरे, तुम्हारे जल

के छीटें रोमांच बन जायें, तुम्हारा जल आँखों का जुड़ाव बन जाये, तुम्हारे स्पर्श–से पुलकित हवा मेरे प्राणों की प्राण बन जाये, बस वह क्षण जीवन का साकल्य बन जायेगा। ऐसा मन दुर्भाग्य–से मेरा भी है और असंख्य ऐसे लोगों का है जिनके पास तथाकथित समझदारी का भाव नहीं है।

ऐसे ही मन–से कुछ प्रश्न उठाना चाहता हूँ, इनका उत्तर हमें चाहिए। पहला प्रश्न यह है कि गंगा की मुख्य धारा इसलिए है कि उसमें संवहन–क्षमता (कैरीइंग पॉवर), यह क्षमता कम करने का अधिकार किसी को नहीं होना चाहिए, अतः जितना जलसम्भार मिलता रहा है, उतना लोगों को मिलते रहना चाहिए, पर ऐसा नहीं हो रहा है। विगत बीस वर्षों में गंगा का जलसम्भार प्रयाग और काशी जैसे स्थानों में काफी घटता रहा है। इस तटवासियों के जलाधिकार को कौन सुरक्षित करेगा? क्या इसके लिए सार्वजनिक हित का मुद्दा सर्वोच्च न्यायालय में नहीं उठाया जाना चाहिए?

दूसरा प्रश्न यह है कि औद्योगिक कचरा डालने वाले उपक्रमों पर कार्रवाई में शिथिलता क्यों है, पर्यावरण कानून इतना कड़ा क्यों नहीं है कि इसका उल्लंघन गम्भीर सार्वजनिक अपराध माना जाये। उद्योगपतियों की अभिसंधि का ही फल है कि कागज की आवश्यकता की वृद्धि के नाम पर रसशोषक पेड़ों की बढ़ती हो रही है जो पृथ्वी को कुछ देते नहीं और उलटे भूगर्भ का जल खींच लेते हैं और कागज बनाने के लिए उपर्युक्त रसायनों के कचरों–से नदियाँ दूषित हो रही हैं, तापी, सोन, नर्मदा का जल देखा नहीं जाता। इन्हीं उद्योगपतियों की लाभलोलुपता के कारण रासायनिक कचरे के निस्तारण की केवल कागजी कार्रवाई होती है, कोई प्रभावी कदम नहीं उठाया गया है। इस समस्या के समाधान के लिए सर्वोच्च न्यायालय ने नोटिसें जारी की हैं, पर अभी तक कोई प्रतिफल दिखाई नहीं पड़ा है।

तीसरा प्रश्न महानगरों की दूषित मल–प्रणालियों के निस्तारण–से सम्बद्ध है। वाराणसी में कहा गया है कि मलजल को अन्यत्र ले जाकर संशोधित किया जायेगा, पर अन्तरिम काल में पंप–से नालियों का जल निकालकर ऊपर फेंका जायेगा, नदी में जाने–से रोका जायेगा। वास्तविकता यह है कि न तो पंप बारहों महीने काम करते हैं, न दूषित जल का गिरना रुका है। एक समय था कि काशी के भीतर निपटते तक नहीं थे, अशुचि वस्त्र पहनकर जल में प्रवेश नहीं करते थे, गंगा के किनारे कहीं भी साबुन

लगाने वाले दिखते थे तो उनकी बड़ी फजीहत होती थी। आज घाट सभी धोबीघाट हो गये हैं और महानगरों के सीमा–से अधिक विस्तार–से पुरानी दूषित जलप्रणालियाँ अवरुद्ध होने लगी हैं, इतना प्रदूषण का संचार है और जल का संचार निरन्तर क्षीणप्राण है। नदी की गहराई पेड़ों के कटने से, सिल्ट के भराव–से कम होती जा रही है, जंगलों के नाश–से हिमालय की वनौषधियों के सर्वगाश के कारण औषधियों का शोधक रस भी नहीं मिल रहा है। हम यह अनुभव नहीं कर पा रहे हैं कि कैसी घुटन में है हमारी जातीय जीवन–धारा। हम सतही उपाय कर रहे हैं, उसमें भी विलम्ब लगा रहे हैं। अकेले शासन के भरोसे कैसे रहा जाये। शासन के लिए गंगा की समग्रता का कोई महत्त्व नहीं है, वह सांस्कृतिक स्मृति मात्र है। वह जीवन की प्रत्यक्ष अपरिहार्यता नहीं है। होगी भी नहीं जब तक शासन को चुननेवाला सचेत नहीं है।

गाँधीजी की राजनीति के उत्तराधिकारियों को तो अपनी पूरी आर्थिक–सांस्कृतिक नीति ही ऐसी रखनी चाहिए थी जो यूरोप की ग्रीन पार्टियों के समकक्ष होती, पर अब उपभोक्ता अपसंस्कृति के इस तरह फैल जाने के बाद आवश्यकता है कि एक ग्रीन पार्टी जैसी भारतीय आवश्यकताओं और भावनाओं के अनुरूप पार्टी बने, जो सत्तासीन होने के लिए नहीं सत्तासीनों की बड़ी सजगता–से खबर लेने के उद्देश्य–से बने और सम्पूर्ण जीवन की सुरक्षा का नारा उठाए, अलग–अलग टुकड़ों में अभयारण्य न बनाये, इस समय केवल गंगा ही नहीं, सम्पूर्ण जीवन विनाश के भय से ग्रस्त है। यह भाव लानेवाली राजनीतिक चेतना उत्पन्न करना जरूरी हो गया है। तभी कुछ कारगर कदम सरकारें उठायेंगी और लोग उठायेंगे।

*–देश, धर्म और साहित्य (1992)*

# गंगा, एक लहर हमें देइ तू

गंगा का नाम लेते ही स्मृतियों का एक रासमण्डल मन में थिरक उठता है। मेरा गंगा के किनारे तो जन्म नहीं हुआ, इसकी सहायक नदी के किनारे जन्म हुआ, पर भारतवर्ष में जो पैदा होता है, भारत ही नहीं भारत भाव के किसी भी देश में पैदा होता है तो वह गंगा की कामना करता है। जिन्हें गंगा नहीं मिलती, जिन्हें जल ही मिलता है, वे उसी में गंगा की भावना करके उसे तीर्थ बना देते हैं। हिन्दू धर्म की सबसे बड़ी साध यही होती है कि जन्म कहीं भी हो, वह गंगा के किनारे ही पूरा हो। गंगा जीवन की पूर्णता है, मृत्यु का निषेध है। गंगा के किनारे शरीर छोड़ने की इच्छा जीवन के निरन्तरता की इच्छा है। हम शरीर के साथ मरना नहीं चाहते, अपने शरीर के भस्म के माध्यम से गंगा में मिलकर सनातन प्रवाह ही बने रहना चाहते हैं। यही नहीं, गंगा के साथ एकाकार होना है और दूसरों के दुख और सन्ताप को हरने के लिए स्वयं निर्वासन भोगने के संकल्प के साथ एकाकार होना है। हमारे देश में पवित्रता कोई अपने आपमें निरपेक्ष धर्म नहीं है, वह चरितार्थ तब होती है, जब जिन्हें अपवित्र माना जाता है उन्हें भी पवित्र कर सके।

हमारे मानस में गंगा की छवि शापों से उद्धार करने वाली शक्ति की छवि है और इस उद्धार के लिए स्वयं जाने कितनी बार, कितने प्रकार के श्राप झेलनेवाली महाकरुणा की छवि है। श्रद्धेय स्व. बाबू सम्पूर्णानन्दजी ने अपने जीवन के दो अनुभव बातचीत के सिलसिले में मुझे सुनाए थे। पहला अनुभव तो यह था कि वे उस समय मुख्यमन्त्री थे और मंगोलिया से शिष्टमण्डल आया हुआ था। उस शिष्टमण्डल के लोग हरिद्वार गये और उस शिष्टमण्डल में से एक सदस्य अकेले स्व. बाबूजी (डॉ. सम्पूर्णानन्दजी) से मिला और

उसने कहा कि मैं गंगा–स्नान करना चाहता हूँ, क्या आप इसकी व्यवस्था करा देंगे? पर इसका पता किसी को न लगने पाये। बाबूजी ने उनके गंगा–स्नान की व्यवस्था करा दी और गंगा–स्नान करने के बाद उस राजपुरुष ने अपनी आँखों में आँसू भरकर अपनी कृतज्ञता ज्ञापित करते हुए कहा कि आज 24 पीढ़ी पूर्व के मेरे पुरखे का संकल्प पूरा हो गया और इतनी पीढ़ियाँ एक साथ तर गयीं। उस पुरखे ने मरने से पहले अपने लड़कों–से यह कहा था कि मैं गंगा–स्नान करना चाहता हूँ, पर मेरी यह इच्छा पूरी नहीं हो सकी। मेरी यह इच्छा मेरे कुल में जन्म लेनेवाला कोई मेरा वंशज पूरा कर दे और उनकी वह इच्छा आज पूरी हुई है। इस कहानी ने बार–बार उद्वेलित किया है कि यह अन्धविश्वास नहीं हो सकता कि हम गंगा को प्रत्यक्ष देवता के रूप में देखते हैं। इसके पीछे निश्चय ही गंगा की धारा में कोई असाधारण शक्ति और प्रवाह में असाधारण ऊँचाई होगी। उत्तर–वाहिनी गंगा की किनारे बसी काशी और शिव के भाल में स्थित अमृतचन्द्र कला के संदृश बंकिम आकार वाली गंगा के किनारे बसी काशी, ओंकार के आकार वाली गंगा के किनारे बसी काशी, वंशीधर श्रीष्ण की त्रिभंगी मुद्रा के रूप में रची हुई गंगा के किनारे बसी काशी, सच्चिदानन्द विग्रह श्रीकृष्ण की आह्लादिनी शक्ति श्रीराधा की नीली ओढ़नी के आकार में लहराती हुई गंगा के किनारे बसी हुई काशी कोई विशेष चिन्मयी सत्ता है। यहाँ मरना होता ही नहीं। यहाँ मरने की चाह लेकर प्राणी आते हैं, वे कहीं भीतर से निश्चय ही किसी चिन्मय प्रेरणा से प्रेरित होते हैं।

स्व. श्री दिलीपकुमार राय ने (जो श्री अरविन्द के शिष्य और प्रसिद्ध नाटककार श्री द्विजेंद्र लाल के पुत्र थे।) स्व. श्रीकृष्ण प्रेम–से (जिन्होंने दिव्य प्रेरणा–से संन्यास ले लिया था और जो अंग्रेजी के प्रोफेसर थे और जिन्होंने नगवा में गंगा के तट पर बहुत विशाल भवन लिया था) अपने मन की शंका व्यक्त की कि कुछ रासायनिक विशेषताओं के अलावा गंगा में और क्या है जिसके कारण गंगा को लोग इतना पवित्र मानते हैं। श्रीकृष्ण प्रेम ने उत्तर दिया था कि शक्ति का केवल स्थूल रूप नहीं होता, इसका सूक्ष्म रूप भी होता है और स्थूल आकार एवं सूक्ष्म आकार का परस्पर विनिमय होता रहता है। समस्त हिन्दू कर्मकांड इसी प्रकार के विनिमय का व्यापार है। मूर्तिपूजा सूक्ष्म रूप–से स्थूल रूप में जाने का मार्ग है। हजारों वर्षों–से जो अपने मन–से चाहे एक–आधे क्षण के लिए भी गंगा में डुबकी लगाते हैं,

गंगा का स्मरण करते हैं तो ऐसे कोटि–कोटि पवित्र संकल्पों की सूक्ष्म शक्ति का परिणमन अमृत–द्रव में क्यों नहीं होगा? अकेले एक मनुष्य शुद्ध भाव–से यदि कहीं आत्मीयता स्थापित करता है तो उस आत्मीय व्यक्ति का सन्देश उसे मिल जाता है और जहाँ करोड़ों व्यक्तियों ने पवित्र मन–से गंगा की भावना की है, वहाँ क्यों नहीं असाधारण ऊर्जा–पुंजित हो जायेगी। रासायनिक विशेषता का तर्क तो छोटा तर्क है।

मैं श्रीकृष्ण प्रेम के उत्तर के बारे में गहराई–से सोचता हूँ तो पुराणों की इस कहानी का अर्थ निकलता है कि गंगा भगवान् के हृदय में स्थान पायी हुई थी, इससे श्रीराधा को बड़ा क्रोध हुआ और उन्होंने शाप दिया कि तुम मर्त्यलोक में जाओ और गंगा भगवान् के चरणों के नखों–से निकलकर मर्त्यलोक में जाने के लिए उमड़ पड़ी। गंगा के बिना कैसा वैकुण्ठ और कैसा स्वर्ग! ब्रह्मा ने गंगा को कमण्डलु में भरना चाहा और बे कमण्डलु में भरी न जा सकीं। जगस्रष्टा का ज्ञान कमण्डलु भर गया और गंगा वहाँ–से भी उफन करके निकल पड़ीं। शिव ने अपने जटा–जूट में उन्हें बाँधना चाहा, बाँधा, पर वे वहाँ भी नहीं रुकीं और वे असंख्य–असंख्य मरण–धर्मा जीवों के भीतर जीवन का भाव जगाने के लिए, उनका सन्ताप निवारने के लिए बड़ी ऊँचाई–से नीचे चली आयीं। यह जो स्वेच्छया शाप का वरण है, वह, सेवा के द्रव–से गंगा की उत्पत्ति की कथा है। ब्रह्मा के सृष्टि–संकल्प का अतिक्रमण करके नयी भावनात्मक सृष्टि करने का, गंगा–से सम्बन्ध है और जिसकी तपस्या की परिपूर्ति करके भी साधारण–से–साधारण जीव की तपस्या को सार्थक करने का गंगा का जो संकल्प है वह एक विराट जनाकांक्षा का ही तो रूप है। छोटे–से–छोटा आदमी गंगा के साथ जुड़ता है तो एक क्षण के लिए सही, वह अपने भीतर बहुत उल्लास और स्फूर्ति का अनुभव करता है।

गंगा की वैज्ञानिक खोज करते–करते हमारी दृष्टि कुछ धुँधली हो गयी है, वह दूर देख नहीं सकती, इसलिए गंगा के स्थूल रूप में भी एक ऊपर–से दुखद परिवर्तन दिख रहा है। गंगा तो भीतर का विश्वास है, उपयोग में लाया जानेवाला पानी नहीं। वह भारतीय महाजाति का वह पानी है जो असंख्य दुर्दांत, बर्बर आक्रामकों के अत्याचारों–से भी मरा नहीं, वह पानी है जो केवल हिन्दू को ही नहीं, इस देश के भाव–से जुड़नेवाले गैर–हिन्दू का भी मन ऊँचा रखता है और अब्दुल रहीम खानखाना जैसा अकबर के शासन का स्तंभ भी यह कहता है कि 'मेरा शरीरपात गंगा

के किनारे हो और मुझे शिव–सायुज्य मिले, विष्णु सायुज्य नहीं, क्योंकि शिव–सायुज्य होने पर गंगा मेरे सिर पर विराजेगी और विष्णु सायुज्य होने पर गंगा चरणों में रहेगी और मैं यह स्थिति स्वीकार नहीं कर सकता कि गंगा चरणों में हों। इतना उदात्त श्रद्धाभाव विदेशी पिता–से भारतवर्ष की धरती पर जनमे हुए रहीम के मन में उपजा तो इसके पीछे कोई बहुत बड़ी आकर्षण–शक्ति होगी। वह आकर्षण शक्ति कल्पना है, मन का भ्रम है, यह वही कह सकता है जो मनुष्य की संवेदना–से शून्य हो।

बचपन में मैंने जन का मंगलगीत सोहर सुना था जिसमें सन्तानहीन एक नारी की व्यथा है–एक नारी के कोई सन्तान नहीं होती। उसे सास, ननद सब ताना मारती हैं और वह घर–से निकाल दी जाती है। कभी वह किसी फलदार वृक्ष–से कहती है कि–तुम मुझे छाया दो, तो वह वृक्ष कहता है कि दूर हो, तुम अगर मेरी छाया में आओगी तो मुझमें फल नहीं लगेंगे। कभी वह नारी सवत्सा गाय–से कहती है कि तुम मुझे शरण दो; गाय कहती है कि दूर हो, तुम्हें शरण देने का अर्थ होगा कि मेरे थनों में दूध नहीं उतरेगा कभी वह नारी धरती–से कहती है कि तुम फट जाओ और मैं तुममें समा जाऊँ। धरती कहती है कि दूर हो, तुम्हारे साथ–से मैं बंजर हो जाऊँगी और वह नारी चारों ओर–से निराश होकर गंगा के पास आती है और कहती है कि–गंगा मइया एक लहर देती, मैं तुममें समा जाती। इस असह्य दुख का अन्त तो हो जाता और गंगा लहर तो देती है पर सन्तान के आशीर्वाद की लहर देती है।

गंगा की एक लहर माँगना समस्त अभावों की प्रतिपूर्ति माँगना है, क्योंकि गंगा इस देश की संस्कृति की परिपूर्ति है। इस संस्कृति में धाराएँ मिलती हैं, उपधाराएँ मिलती हैं, मुख्य धारा को, चाहे वे जितनी भी छोटी क्यों न हों, एक बड़ा नाम देती है। गंगा की धारा में असंख्य यज्ञों के पवित्र धूम की गन्ध मिली हुई है। विदेशियों–से लड़ने वाले योद्धाओं का बलिदान मिला हुआ है। तपस्वियों की तपस्या का फल मिला हुआ है, शास्त्र विचारकों की कल्पनाओं का स्वाद मिला हुआ है। भारतीय संस्कृति और गंगा एक–दूसरे के पर्याय हैं। आज हम उस गंगा के प्रदूषण की बात करते हैं तो कहीं हमारे चित्त में ही कोई प्रदूषण है और कहीं हमें सोचने की जरूरत है कि गंगा के जीवंत रसधार को फिर–से उमड़ाने के लिए, उसकी अपरिमेय संवहन शक्ति को आवाहित करने के लिए हमारे भीतर महाजातीय संकल्प होना चाहिए। किसी गंगा एक्शन प्लान के भरोसे चुप नहीं बैठ जाना चाहिए।

गंगा के उद्धारक के रूप में नहीं, गंगा के सेवक के रूप में; क्योंकि गंगा स्वयं विराट पुरुष का सेवा द्रव हैं। हमें एक जागरण दल गठित करना चाहिए जो गंगा के स्रोत–से लेकर गंगासागर तक गंगा को, गंगा के जलग्रहण क्षेत्र की नदियों को और उसके किनारों को अपवित्रता के संसर्ग से दूर करने का बीड़ा उठाये, भूमिक्षरण को रोकने के लिए वृक्षारोपण का अभियान चलाए और गंगा की बालुका को फिर से पूजा की वेदी मानकर उसकी पवित्रता की रक्षा करे। यह सब गंगाभाव के द्वारा होगा और उस गंगा भाव की कमी ही सबसे अधिक सालनेवाला भाव है जो भाव उपर्युक्त गीत की कड़ी में है–

**'गंगा एक लहर हमें देइ तू'**

*–जीवन अलभ्य है, जीवन सौभाग्य है (1994)*

# गंगा का शाप कब उतरेगा?

आज गंगा दशहरा है। कल मुझे गंगा के दृश्य उद्गम गंगोत्री में रहना था। संयोगवश सम्भव नहीं हुआ, पर मैंने कभी गंगोत्री–से देवप्रयाग की यात्रा नहीं की। एक बार नरेंद्र नगर जाने का अवसर मिला था, उसके आगे नहीं जा सका था। मन्दाकिनी के किनारे–किनारे केदारनाथ तक और अलकनन्दा के किनारे–किनारे बदरीनाथ तक तो रोमांचक यात्रा अवश्य की, पर उस भागीरथी के उद्गम की ओर जाने की ललक अभी भी बनी हुई है। पहले मन्दाकिनी अलकनन्दा में मिलती है फिर अलकनन्दा भागीरथी में और देवप्रयाग–से ही नाम गंगा पड़ जाता है। इन तीनों धाराओं को सुरसरिता कहना सार्थक है, क्योंकि तीनों देवभूमि में होकर आती हैं। तीनों को देवताओं के वृक्ष देवदारु की जड़ों का पानी मिलता है, देवतात्मा हिमालय का द्रवित हृदय चन्द्रकांत शिलाओं जैसे हिमनदों के पिघलने के व्याज–से गंगा का सम्भरण बनता है। यह द्रुति असंख्य साधकों की तपस्या की परिणति है, यह सबसे उज्ज्वल और सात्त्विक प्रकाश का पानी है। यह हमारी ज्ञान–परम्परा का पिंडीभूत रूप नहीं, परम्परा का प्रवाही रूप है। यह जड़ ज्ञान नहीं, यह जड़ मुक्ति नहीं, यह नैरात्म्य नहीं, यह कैवल्य नहीं, यह सर्वात्मभाव है।

वही गंगा आज अभिशप्त है। सबको निर्विशेष भाव–से तारने का संकल्प ही गंगा का बैरी हो गया है। जगह–जगह उसके प्रवाह को रोककर ऊर्जा का दोहन हो रहा है। बात यहीं तक रहती, तो भी गनीमत थी। जो कुछ भी जल आवश्यकता–से अधिक दोहन–से मुख्यधारा में बचता भी है, उसे कचरे–से पाटकर पंगु बनाया जा रहा है। गंगा की पहचान थी उसका उच्छल रूप, उसकी तेज धारा। प्रयाग में गंगा में डुबकी लगाते ही लगता था, हम जहाँ हैं, वहाँ टिके नहीं रहेंगे। गंगा अपने–से अधिक जल

सम्भारवाली नदियों–यमुना, घाघरा, गंडकी, सोन, कमला और कोसी–को बलपूर्वक खींच लेती रही है, परन्तु अब प्रयाग–से क्या, कानपुर–से ही जो अनाचार गंगा के साथ किया जा रहा है उससे उसके जल की मात्रा तो कम कर ही दी गयी है, उसकी संवहनक्षमता भी कम हो गयी है, उसकी शोधनक्षमता भी क्षीणतर होती जा रही है। डर लगने लगा है, गंगा लुप्त होने तो नहीं जा रही है। गंगा के स्थान पर कुछ कुंड ही तो बीच–बीच में नहीं रह जायेंगे!

परन्तु गहराई में सोचें, अभिशप्त गंगा नहीं, अभिशप्त हम हैं। कभी हमारे भीतर गंगा प्रतिदिन भिनती थी, क्योंकि स्नान के समय जल में हम गंगा का आवाहन करते थे, गंगा को जन्म देते थे और जेठ शुदि दशहरा के दिन तो हम हर नदी के किनारे अनुभव करते थे कि नदी का नया जन्म हुआ है।

बचपन में सुनता था कि गंगा दशहरा आते–आते गंगाजी में दस हाथ पानी आ जाता है। उसमें नहाते ही दस पाप धुल जाते हैं, दस पीढ़ियाँ तर जाती हैं। गंगा दशहरा अद्‌भुत पर्व रहा है। काशी में पुतली पीटी जाती थी। पुतली छलना माया का ही रूप है। छलना का भाव गंगा के जन्म के समय कैसे रहेगा? गंगा तो निष्छल भाव का ही जीवंत रूप है।

गंगा के अवतरण की भगीरथ वाली कहानी तो बहुत लोगों को पता है। भगीरथ ने तप किया। लोग कहते हैं, इंजीनियरिंग का कोई चमत्कार किया कि पर्वतों के भरेपूरे घर–से घने जंगलों जैसे भाइयों के मोहछोह–से खींचकर गंगा को धरती पर लाए, मैदान में लाए, जहाँ वे निर्बाध रूप–से बहें और दूर सागर तक पहुँचें। अपने पुरुखे सगर के पुत्र अभिमानवश शाप–से भस्म की ढेरी बने पड़े हैं; गंगा की धार आये, उन्हें सन्तृप्त कर दे, सारा शापताप एक क्षण में निवर जाये। कई ड्योढ़ियों पर भगीरथ को माथा टेकना पड़ा।

भगवान् विष्णु के चरण पखारने की अनुमति मिली और उनकी नखचंद्रिका ऐसी ढुरी कि वेगवती धार बह निकली, रोके रुके न। सेवा का द्रव बड़ा दुर्निवार होता है। ब्रह्मा–से विनती की, उन्होंने कमण्डलु में भर लिया, वह ज्ञान की राशि बन गयी। अब कमण्डलु–से जल निकालने को तैयार नहीं। जैसे–तैसे पसीजे तो कमण्डलु टेढ़ा किया, फिर धार फूटी। अब कौन सँभाले? भगीरथ ने शिव–से विनती की। उन्होंने जटाजूट में गंगा को समो लिया। गंगा वहाँ–से निकले न। पार्वती को रिझाया, कैसे यह

दूसरी शिव के सिर चढ़ी हुई है? पार्वती ने जटाजूट की एक गाँठ खोली, गंगा दुबककर निकलीं तो बस पर्वतों को पीछे छोड़ दिया, पार्वतीय क्षेत्र से बाहर आ गयीं। भगीरथ की तपस्या सार्थक हुई। अकेले भगीरथ की नहीं, असंख्य–असंख्य कृषकों की आस पूजी, चरवाहों के चेहरे पर उजास आयी, जप–तप करनेवालों का चिरसंचित मनोरथ पूरा हुआ।

परन्तु आज हिमालय की कटावदार हिममण्डित चोटियाँ (जिन्हें हम विष्णु की नखचंद्रिका ही कह सकते हैं) उघरी पड़ी हैं, हिम की विरलता के कारण सँवरा गयी हैं। वैसे तो उन्हें छूने मात्र–से रसधार फूटे : ब्रह्मा का कमण्डलु लुढ़ककर गोमुख का क्षीरमय हिमनद बन गया है और घनी तथा एक–दूसरे–से गुँथी वनराजियाँ अब शिव की आबद्ध जटा नहीं रह गयी हैं, एक–एक लट खोलकर उन्हें जड़–से काट दिया गया है। ऐसा ही रहा तो शिव जटाधारी नहीं रहेंगे, पूरे खल्वाट हो जायेंगे। एक नहीं हजार भगीरथ गंगा का आवेग फिर कैसे लायेंगे?

यह तो गंगावतरण की बहुश्रुत गाथा हुई। एक दूसरी गाथा भी पुराणों में मिलती है, विशेष रूप–से ब्रह्माण्ड पुराण में। गंगा नदी नहीं थी, भगवान् श्रीकृष्ण के नित्य गोलोकधाम में भगवान् के धूलिधूसर पाँव पखारने की सेवा में लगी रहती थीं। श्रीकृष्ण के चरणों में देर तक झुकी रहती थीं। यह राधा से, नित्यप्रिया राधा–से सहन नहीं हुआ। उन्होंने शाप दे दिया कि जाओ, मर्त्यलोक में तुम नदी बन जाओ, हमेशा नीचे की ओर ही झुकी रहो।

गंगा ने शाप को सहर्ष स्वीकार किया पर उन्होंने भी राधा को शाप दे दिया, तुम इतनी कुनही हो, कृष्ण केवल तुम्हारे लिए ही रहें, यही चाहती हो। जाओ, तुम श्रीकृष्ण के साथ रहकर भी निरन्तर यही अनुभव करोगी कि कृष्ण–से बिछुड़ी हुई हूँ। तुम्हें कभी भी चैन नहीं पड़ेगी। राधा ने भी इसे वरदान के रूप में स्वीकार किया है।

इन शापों का तात्पर्य यही है (जैसा शाप के हर अभिप्राय का तात्पर्य होता है) कि गंगा और राधा दोनों अपनी सच्चाई को चरितार्थ करें। गंगा की सच्चाई है कि निःस्पृह भाव–से समस्त चर–अचर की आत्मा, इन्द्रिय रूपी गउओं के चरवाहे, सूर्य के केन्द्र में सघन प्रकाश के ओंकारात्मक रूप की त्रिभंगी मुद्रा में विराजमान निर्मोही श्रीकृष्ण की सेवा को ही विस्तार दें, समस्त प्राणियों की सेवा में लगें। श्रीकृष्ण की नरलीला का ध्यान करते हुए समस्त प्राणियों के लिए सन्तर्पण बनें। राधा की सच्चाई है एकनिष्ठ प्यार।

उनका पूरा विग्रह ही प्यार है, प्यार भी कैसा, असम्भव और दुरन्त प्यार। श्रीकृष्ण–से प्यार करने का अर्थ है अपने को खो देना और खोकर फिर अपने को तलाशने चलना। बाद में पता चले, अपना जो कुछ है कृष्ण हो चुका है, फिर कृष्ण में समा जाना, कृष्ण हो जाना, कुछ ही क्षणों में कृष्णणय राधा होकर राधा के लिए चिन्तित हो उठना, इसी प्रकार शाश्वत आकुलता के पेंगों–से आन्दोलित होते रहना, यही तो राधाभाव की चरम सार्थकता है, परन्तु आज पाता हूँ, गंगा को शाप झेलने की अनुमति नहीं है, राधा को शाप झेलने की अनुमति नहीं है। गंगा की सेवा पर लोगों का विश्वास कम हो गया है, लोग गंगा–से ही कुछ छीनकर गंगा होना चाहते हैं, जनसेवक बनना चाहते हैं, देश–उद्धारक होना चाहते हैं, गंगा को तिरोहित कर देना चाहते हैं। इसी प्रकार लोग राधा के अपार प्यार को भी छोटे–छोटे कुल्हड़ों में भरकर राधा–कन्हाई प्यार का सौदा करना चाहते हैं। कभी शीतगृहों में उस आवेगमय प्यार की समयबद्ध अभिनय प्रस्तुति का भोग लगाना चाहते हैं। कभी–कभी राधा–कन्हाई के मान–मनुहार, मिलन–बिछोह के उच्छल भाव–तरंगों की बारीक चित्रकारी का एल्बम आलमारी में बन्द करके, उसके आधिपत्य का प्रदर्शन करके उस प्यार के साक्षी होने का दावा करते हैं। कभी–कभी मेरी नयी बिरादरी के लोग साल में एक दिन चुनकर गंगा के मर्मी जानकार बन जाते हैं और अपना ज्ञान कुछ घिसे हुए अक्षरों में उतारकर नये गंगापुत्र बन जाते हैं। वैसे ही कभी–कभी हमारे भाई–बन्धु नया–नया वृन्दावन रचनेवाले नये ब्रह्मा बन जाते हैं, फिर साल–भर भूल जाते हैं कि गंगा क्या है, राधा क्या है? नहीं भूलते तो सालभर गंगा के प्रदूषण और राधा–कन्हाई के प्यार की कलुषता की ही चर्चा करते रहते हैं, इसलिए कि तर्कशील बुद्धिवादी प्राणी की उनकी मान्यता न छिन जाये।

आलंकारिक भाषा को किनारे रखें, सीधी–सपाट भाषा में कहें– कौन–सा शाप लगा है हमारे देश के पढ़े–लिखे जन पर, जिसके लिए अपनी संस्कृति की गति और अपनी संस्कृति की भावना दोनों ही अपने घर–से बाहर कर दी गयी हैं। तुम खुले में नहाने–से डरते हो, न नहाओ, नदी को केवल जल समझते हो, जरूर समझो, पर नदी को अपनी सम्पत्ति तो न समझो। सुना है, गंगा राष्ट्रीय सम्पदा घोषित की गयी है, पर सम्पदा भी किसकी? गुहावासी नौकरशाही की या उनके द्वारा परिचालित मन्त्रियों की या हवा में शब्दों में पुल बनाने वाले अर्थशास्त्रियों की या निरन्तर

प्राण–साधना करनेवाले एक महान देश की और उस देश के असंख्य–असंख्य वासियों की? प्रथम तो वह सम्पदा नहीं, वह अपनी सम्पन्न नेता की अनुभूति है, ऐसी सम्पन्नता की अनुभूति है, जो निरन्तर पर और परात्पर के लिए अर्पित होती रहती है और दूसरे, सम्पदा हो भी तो उसको बढ़ाते रहने का, उसे सँवारते रहने का दायित्व भी है।

हम सोचें, हम यह दायित्व निभा रहे हैं? गंगा को जड़ प्रकृति भी जो मानते हैं (उनकी बुद्धि पर तरस आता है, कहीं कलियुग की एकमात्र प्रत्यक्ष देवता, मनुष्य के लिए एकमात्र दिव्यता का जीवंत प्रमाण गंगा जड़ हो सकती है।) वे भी इस प्रकृति को रक्षा की बात सोच सकते हैं, इस प्रकृति का दोहन भी अधिक समय तक करने की बात सोच सकते हैं। ऐसा भी करें तो गंगा कार्यवाही–योजना का गैर–सरकारी रूप एक जबरदस्त विकल्प बनकर सामने आये और सरकारी योजना बौनी हो जाये। शर्त यही है कि कोई किसी का मुँह न जोहे, कोई किसी मदद की माँग न करे। निकल पड़े गंगा की पावन रज माथे पर लगाकर, हमें मरने के बाद गंगा में नहीं मिलना है, हमें जीते–जी गंगा के साथ चलना है, गंगा की गति के साथ चलना है, गंगा के प्रयोजन के साथ चलना है। शायद गंगा के नाम पर, जैसी कि मौजूदा हालत है, बलि भी होना पड़े; गंगा के कछारों पर दुर्दांत दस्युओं का शासन है। उन दस्युओं को ऊँचे राजप्रासादों में सुखसेज मिली हुई है। उनका मायाजाल हमारे हस्तक्षेप–से उघर सकता है, पर हमें उनसे भी कहना है, तुम्हें भी गंगा ही तारेगी। गंगा ने तुम्हारा जन्म भी सम्भव बनाया है, तुम्हारी रासलीला भी सम्भव बनायी है।

यह भी पूरी आशंका है कि गंगा के नाम पर कोई भी अभियान सिंहासन की कँपकँपी का कारण बने और सिंहासन गरज उठे कि यह क्या तमाशा है हमारी इजारेदारी में? यह बचकाना हस्तक्षेप! हर युग के वेन, रावंण और कंस सारे मांगलिक अनुष्ठानों का 'एकाधिकार अपने पास रखते आये हैं, कोई नयी बात नहीं। पर हर युग में उन्हें सामान्य लोगों के बीच–से उभरे लोगों ने चुनौती दी है। चुनौती देनेवाला अपने आप बड़ा हो जाता है और हम तो बौनों की बस्ती में रहते हैं, हमें क्यों भय हो? तो, यह अवश्य है, 'आ बैल मुझे मार' मुद्रा में आने की जरूरत नहीं। चुपचाप छोटी–छोटी टुकड़ियों में काम शुरू करना है, गंगा की पहचान का और गंगा के द्वारा अपनी पहचान का।

राधा की बात भी मैं भूला नहीं। राधा की बेचैनी भारत के नारी मन ने पहचानी है, जिसने पटरानी रुक्मिणी–से प्यार की प्रतिस्पर्धा में हार मनवा ली है–रुक्मिणी श्रीकृष्ण का स्मरण करके रेशमी केश के एक तार वाले पुल पर नदी पार कर जाती हैं, श्रीकृष्ण का दिया घड़ा नहीं सँभाल पातीं। राधा घड़ा उस पार पहुँचा देती हैं और कहती हैं–मैं तो पार गयी नहीं, प्रिय का दिया घड़ा ही मुझे ले गया। उसने प्यार के अभिशाप को वरदान के रूप में ग्रहण किया है। वह नारी–शक्ति यदि जगे और इस देश के भीतर पैठे कुशिक्षा के कलुष को धोने के लिए काछनी बाँधे, भोगलोलुपता की कड़ी नसीहत देने के लिए राधा के प्यार के नाम पर कपाल–भैरवी बन जाये तो इस देश के मनुष्य का विखण्डन, भोक्ता और भोग्य के रूप में विखण्डन–अखण्डता में रूपान्तरित हो जाये। मनुष्य–स्त्री के रूप में तने नहीं, तनकर टूटे नहीं। वह एक–दूसरे के लिए न्योछावर होने का भाव पाने के लिए विनम्र हो, राधाभाव सृष्टि के इतिहास में अब तक का, जीवन–की चरम सार्थकता का भाव है। उसका अभिप्राय ही है, विराट होकर पुनः लघु होना, लघु होकर विराट के अकेलेपन की पीड़ा को समझना और विराट होकर लघु के भीतर उफनते विराट को समझना।

राधाभाव महाभाव इसलिए है कि वह मुक्ति नहीं, वह स्थाई नहीं, वह क्षीरसिन्धु की अतल गहराई की व्याकुलता है, जो न भगवान् को सोने देती है, न भगवान् की नाभि में विराजमान विधाता को सोने देती है, न भगवान् के हृदय में विराजमान वनमाला को सोने देती है। वह नये युग–प्रभात में प्रवेश के लिए जागरण है।

राधा का शाप अकेले राधा–से नहीं उतरेगा, गंगा का शाप अकेले गंगा–से नहीं उतरेगा। इन पापों का अर्थ हम सबके भीतर उतरने–से और उसके लिए हमारी अपनी क्षुद्र अस्मिताओं के विसर्जन–से उतरेगा। विश्वास तो मुझे है कि उतरेगा, पर कब?

क्या विनाश के छोर तक पहुँचकर ही उतरेगा? या जैसे अब तक मनुष्य की अन्तश्चेतना ने असम्भव को सम्भव कर दिखाया है और अनजाने–से अनचाहे–से सामान्य मनुष्य के भीतर उदित होनेवाली अन्तश्चेतना ने ही यह कर दिखाया है, वैसे ही हमारे–आपके बीच–से ही कुछ घटित होने ही वाला है।

*–शिरीष की याद आयी (7995)*

# गंगा किसकी?

गंगा के बारे में कई तरह की दृष्टियाँ हैं। गंगा हमारी माता है, गंगा प्रत्यक्ष देवता है, गंगा भारत को एक करने वाला पवित्र भाव है। गंगा कम–से–कम पूरे उत्तर भारत और मध्य भारत का जल ग्रहण करके इतने पुराने क्षेत्र की उर्वरता बनाये रखनेवाली जीवनीशक्ति है। गंगा अनन्त तीर्थों की लम्बी शृंखला है। गंगा तपोवनों की स्मृति है। गंगा संस्कृति की यात्रा की साक्षी है। गंगा लोकजीवन की उत्सव–परम्परा है। बिना गंगा के कोई भी मांगलिक उत्सव पूरा नहीं होता। गंगा हमारी जीवन–यात्रा की पूर्णाहुति को वहन करनेवाली सम्पूर्ण जीवन की निरन्तरता है। गंगा सुरसरिता है, देवनदी है, क्योंकि देवताओं की आत्मा हिमालय की गंगा बेटी है, देवभूमि का इसे बचपन में प्यार मिला है। यह मानवता को तारने के लिए मैदान में उतरी है, यह अपने प्रवाह में आये हुए अशुचि–से अशुचि पदार्थ को शुचि बनाने की क्षमता रखती है। यह भारत की शुचिता का प्रवाह है।

पद्माकर ने यहाँ तक कहा कि गंगा के बिन्दु–बिन्दु में गोविंद हैं, यह विष्णुपदी है, विश्व में व्याप्त प्रकाश की किरणों का यह द्रव है। गंगा ब्रह्मा के कमण्डलु में सृष्टि का संकल्प बनकर बसी है, यह सृष्टि की नित्य नयी–नयी लीला है। गंगा शिव के जटाजूट को अलंकृत करनेवाली, उनके जटाजूटों को और उन जटाजूटों की प्रतियोगी पार्वत्य उपत्यकाओं की श्रंखलाओं में गुँथी हुई बेले की धम्मिल्ल रचना है और गंगा जाने क्या–क्या है।

इस गंगा पर सबका अधिकार है। सम्पूर्ण भारत का ही नहीं, भारत के बाहर रहने वाले भारत के सभी वैचारिक रूप–से साझीदार लोगों का भी अधिकार है। इसलिए तकनीकी विकास के मयासुरों का भी इस पर दावा बनता–ही–बनता है। इसे सीमित करने का, इसे मोड़ने का,

इसे रोकने का, इसे गँदला करने का, इसे बचाने के उपाय करने का और इसके नाम पर तरह–तरह के प्रपंच करने का सबको पूरा अधिकार है। अब गंगा कैसे कहे कि तुम सबका अधिकार नहीं? हाँ, महामना मालवीय जैसे व्यक्ति–गंगा के अधिकार की बात कर सकते थे। उन्होंने दो–दो बार गंगा के लिए सत्याग्रह किया। एक बार गंगा का पूरा जल नहरों में न चला जाये, इसके लिए और दूसरी बार प्रयाग संगम पर डुबकी लगाने पर कोई रोक न हो, इसके लिए। दूसरे सत्याग्रह में स्व. नेहरू भी उनके साथ थे। मालवीयजी महाराज गंगा के दावेदार नहीं थे, वे गंगा की उस भावना को अक्षुण्ण बनाना चाहते थे कि गंगा सबके कल्याण के लिए किसी एक जनपद के, किसी एक नगर के या किसी एक वर्ग या जाति के लिए नहीं। गंगा के इस अधिकार को, कि वह सबके कल्याण में तत्पर हो, छीनने का अधिकारी किसी को नहीं होना चाहिए। गंगा किस–किसकी है, इसका महत्त्व उतना नहीं, जितना इसका कि गंगा के कौन–कौन हैं?

गंगा भारत के नक्शे की आँकी–बाँकी रेखा मात्र नहीं, वह देश की सुषुम्ना नाड़ी है। वह नाड़ी ही देश के चैतन्य का प्रमाण है। गंगा के साथ हमारा जब पूरा लगाव था तो हमारे लिए गंगा, गंगा का तट, गंगा के आसपास की वनराजि, वनराजि के बीच बिछा औषधि–वितान, वनराजियों में बसनेवाले पशु–पक्षी और तप करनेवाले तपसी (अतीत के और आज के), गंगा के किनारे उत्सव के क्षण की कृतज्ञता के ज्ञापन में गंगा–पुजैया के लिए आयी सजी–धजी बहुएँ और कुल–कन्याएँ, उनके मांगलिक गीतों की लहरी गंगा के किनारे आश्रय पाने वाली सीता, उस सीता–से जुड़ी हुई असंख्य गाथाएँ, असंख्य कहानियाँ, गंगा में तैराई गयी असंख्य दीपमालाएँ, गंगा की सन्निधि का सुख पाने के लिए जुटी उल्लसित कितनी भीड़, यह सब थी। गंगा सम्पूर्ण जीवन का आश्रय थी, जीवन की समाप्ति पर जीवन की निरन्तरता का आश्वासन थी। आज गंगा केवल पंचमहाभूतों में–से एक महाभूत रह गयी है, जल। आशंका यह होती है, कल वह घटते–घटते पंक हो जायेगी, न जल रहेगी, न पृथ्वी उसके बाद भाप बनकर उड़ जायेगी। गंगा का होने का यही अभिप्राय है क्या?

आज गम्भीर विचार–विमर्श का बिन्दु यह है कि गंगा को कई जगह बाँधकर नहरें निकाली गयीं, जल ऊपर चढाया गया, गंगा के किनारे के जंगल काटे गये, गंगा में किनारे की मिट्टी भरती गयी, गंगा पटती गयी, छिछली होती गयी। इन सबका परिणाम क्या है? आज काशी में इतनी बड़ी नदियों का जल समेटने के बाद भी गरमियों में गंगा का पेट धँस

जाता है, पत्थर की सीढ़ियों के बहुत नीचे चली जाती है गंगा। गंगा में जितना जल आज–से चालीस वर्ष पूर्व था, उतने के आधा–से कुछ कम ही रह गया है। गंगा की संवहन–क्षमता, गंगा की शोधनक्षमता कम होती जा रही है।

गंगा के किनारे ऐशपरस्ती बढ़ती जा रही है, गंगा देह की मैल ही नहीं ढोती, वह देह को साफ करनेवाले साबुन के झाग भी ढोने को लाचार है। काशी में घाट के किनारे का जल साबुन की धोवन–से लदा रहता है। गंगा आनन्द कानन की छाया में नहीं है, वह आमोद की भूख की छाया में रहने को अभिशप्त है। गंगा के इतने दोहन–से सन्तोष नहीं हुआ तो टेहरी बाँध की योजना बनायी गयी। योजना बनी करोड़ों की तो इसमें निहित स्वार्थों की पूरी जमात जुड़ गयी। हिन्दुस्तान का आदमी बेखबर है। टेहरीवाले अपना हित–अनहित पहचानें, हमें क्या पड़ी है ऐसे महा निर्माण–कार्य के बारे में सोचने की, पर क्या समस्या टेहरी के आसपास के गरीबों की है, वहाँ के निवासियों को पुनर्वासित करने की है या उससे भी अधिक व्यापक है? क्या टेहरी बाँध–से भागीरथ की मुख्य धारा को और क्षीण नहीं बनाया जा रहा है? क्या उसका प्रभाव दूर कानपुर, प्रयाग और काशी तक नहीं पड़ेगा? प्रयाग में गंगा लुप्त हो जाये, यह दिन आने की आशंका क्या नहीं बनती? फिर पहाड़ों के बीच में बाँध बनाना क्या भूगर्भ में नयी हलचल नहीं पैदा करेगा? बार–बार आश्वासन के बावजूद सरकार चाहे केन्द्र की हो या राज्य की, अड़ी हुई है, विकास का कदम है न, पीछे कैसे हटे?

पूरा राष्ट्र जब मुख्यधारा को अपना एकाधिपत्य स्थापित करने के लिए संकीर्णतर बनाने में लगा हो या फिर बहुसंस्कृतिवाद के नशे में अमुख्य बनाने में लगा हो, उस समय देश की मुख्यधारा की साकार प्रतिष्ठा गंगा ही क्यों चिन्ता का विषय हो?

वैज्ञानिक, लेखक, कलाकार, भैषज्य विषारद और साधक सबका कर्तव्य है कि देश की शक्ति के इस महास्रोत को अक्षुण्ण बनाये रखने के लिए अभियान छेड़ें। इस वास्तविकता के विविध आयामों का परिचय कराएँ, गंगा के परिवेश–से जुड़ी औषधियों और फसलों का महत्त्व समझाएँ, गंगा के प्रति भक्तिभाव के लम्बे इतिहास का अर्थ समझाएँ और गंगासेवियों के स्वयंसेवी संगठन तैयार करें। ये संगठन कार्यक्षेत्र बाँटकर गंगा के विनाश के कार्यक्रमों का प्रतिरोध तो करें ही, ऐसे सकारात्मक कार्यक्रम रखें जो

गंगातट को पहले की तरह स्वच्छ, सुन्दर और सजीव बनानेवाले हों। मलनिस्तारण की बड़ी योजनाओं में देर लग सकती है, पर छोटी–छोटी योजनाएँ तो अलग–अलग नगरपालिकाओं द्वारा तैयार कराई जा सकती हैं। बड़ी योजनाओं का ऐसा रोग हमारे भीतर घुन की तरह लग गया है कि हम छोटी योजनाओं पर विश्वास ही खो बैठे हैं। बड़ी योजना जब सफल होती नहीं दिखती तो हम उसका एक कामचलाऊ विकल्प ढूँढ़ने लगते हैं। वाराणसी में मलनिस्तारण संयन्त्र तो बना नहीं, पम्पिंग सेट के द्वारा दूषित जल उलीचा जाने लगा, पर वह फिर वर्षा में गंगा में ही पहुँचा। अलग समस्या उससे जरूर खड़ी हो गयी। हमारा सरकारी तन्त्र भावहीन तन्त्र है, वह गंगामहोत्सव मनाकर कर्मकांड पूरा कर लेता है। गंगा की सेवा बड़े देश की बड़ी नदी, बड़ी शक्ति की सेवा है, इसकी उसे कोई ममता नहीं। यह इसलिए कहना पड़ता है कि उच्चतम न्यायालय के हस्तक्षेप के बाद भी गंगा में कचरा जाना अनेक नगरों में रुका नहीं। कारखाने चल रहे हैं। तात्कालिक लाभ दीर्घकालीन संकट की बात कब सोचता है? इसीलिए स्थान–स्थान पर क्षेत्र–क्षेत्र में गंगा–जागरण अभियान प्रारम्भ होना चाहिए और गंगा के बारे में वास्तविक सूचनाओं के प्रसारण का अलग तन्त्र होना चाहिए।'

जहाँ तक टेहरी बाँध का सवाल है, उसके लिए टेहरी में सत्याग्रह का अपना महत्त्व है। पर सत्याग्रह बड़े पैमाने पर दिल्ली और लखनऊ में होना चाहिए। राजनीति के लोग अपने दलीय संकोच से ऊपर उठकर इस राष्ट्रीय प्रश्न पर एक होकर खड़े होंगे, तभी आत्मविश्वास का यह संकट दूर होगा। अकेले टेहरी बाँध ही मुद्दा है, गंगा–क्षेत्र की वनस्पति की रक्षा भी प्रमुख मुद्दा है, उस क्षेत्र के लोगों की वैकल्पिक जीविका (पेड़ काटने या ढोने के विकल्प के रूपमें) की व्यवस्था भी गम्भीर मुद्दा है।

हिमालय के निवास की जीवन–समस्या गंगा की ही समस्या है, पर यह सब एक नये भाव–से आयेगा, जो गंगा पर अपना आधिपत्य नहीं जमायेगा, गंगा–से ऊर्जा–प्राप्ति का अभिमान नहीं पालेगा, गंगा को आमोद–स्थल बनाने के लिए उसके सुन्दरीकरण की योजना नहीं बनायेगा वह गंगा का ऋण उतारने का विनम्र प्रयत्न करेगा। माँ का ऋण जैसे नहीं उतरता, वैसे ही गंगा का ऋण भी उतरेगा नहीं, हाँ इस भाव–से हम गंगा के हो सकेंगे और वह होना ही राष्ट्रीय अर्थ में होना है।

*–शिरीष की याद आयी (1995)*

# माँ भागीरथि गंगे!

बीच–बीच में गंगा–दर्शन के लिए गंगातट पर जाता हूँ और अभ्यासवश 'माँ भागीरथि गंगे' पुकारना चाहता हूँ, पर स्मरण आता है कि सामने जो जल है उसमें भागीरथी नहीं हैं। भागीरथी आदमी की बनायी एक नहर में कैद है। भागीरथी नहीं हैं तो गंगा भी नहीं हैं, क्योंकि 'गंगा' का नाम भागीरथी की तीव्र प्रवाहशीलता और अपने साथ दूसरे अपने–से बड़े जल–संचारवाली नदियों को खींचकर ले जानेवाली भागीरथी की धारा के कारण मिलता है। 'गंगा' का अर्थ ही है–जो गतिशील है उसे और गतिशील बनाना, जो मन्द है उसे तीव्र करना। भगीरथ भी मनुष्य थे और उन्होंने ऐसी ही गंगा के लिए तपस्या की थी। मेरा अनुमान है कि उन्होंने ऐसे कौशल का प्रयोग किया था कि सारे–के–सारे हिमनद एक ओर मुड़े और गोमुख के द्वार–से गंगा में रूपान्तरित हुए। पहाड़ों में भागीरथी नाम ही चलता है। 'गंगा' और 'भागीरथी' एक–दूसरे के पर्याय हैं। भागीरथी का जल मिलता है तो गंगा जगत्तारिणी हो जाती हैं और उनकी तारक–शक्ति अबाध गति–से गंगासागर तक पहुँचती है–अनन्त महासागर में मिलने के लिए और वहाँ–से फिर बादल के रूप में उड़कर गंगा की नयी प्राणशक्ति बनने के लिए। 'गंगा'–यह नाम हिमालय की शुभ्रता, कैलासवासी का अट्टहास, अमोघवर्षी मेघ की दानशीलता, किनारे उगी वनस्पतियों, वृक्षों और पौधों की प्राणदायी गन्ध, गंगा के किनारे की जानेवाली साधना, गंगा के किनारे हुए आक्रमणकारियों के अत्याचारों के प्रतिरोध में बहाएं गये रक्त की ऊष्पा और गंगा के किनारे गंगा की घाटी में उगनेवाली फसलों की लहलहाहट–इन सबका संश्लेष है। संसार की किसी भी नदी की ऐसी घाटी नहीं है जो

तीन–तीन पर्वत–श्रेणियों का जल–संग्रहण उससे निकलनेवाली नदियों के माध्यम–से करती है। गंगा हिमालय की तीनों परतों–से निकलनेवाली नदियों और छोटी–छोटी जल–प्रणालियों का जल एक ओर अपने भीतर भरती है, दूसरी ओर विंध्य–से निकलनेवाली शोणभद्र, तमसा, केन, बेतवा, चंबल और अरावली–से निकलनेवाली कुछ और छोटी नदियों का जल अपने भीतर भरती है। उधर पूर्वांचल की पहाड़ियों–से निकलकर, ब्रह्मपुत्र के माध्यम–से निकलकर आनेवाली नदियों का जल–संग्रहण करती है। एक तरह–से भारत के बहुत बड़े भूभाग को अपने आश्रय में लेती है। यही नहीं, गंगा का ही जल रामेश्वरम, बैद्यनाथ, मल्लिकार्जुन, सोमनाथ के ज्योतिर्लिंगों पर चढ़ता है। गंगा का जल ही मुमूर्ष के कंठ में पड़कर मृत्यु के समय तारक बन जाता है। गंगा के जल में ही दूसरा जल मिलाकर पूजा का जल बन जाता है। प्रत्येक आस्तिक हिन्दू के घर में गंगाजल रखा रहता है और वह जल भागीरथी का ही होता है। लोग बड़े प्रेम–से गोमुख–गंगोत्तरी का जल लेकर विशेष पूजा का आयोजन करते हैं। लाखों लोग प्रतिवर्ष गंगा के मूल तक यात्रा करते हैं।

आज वह गंगाजल मनुष्य के लोभ और अतिशय केंद्रित भोग का शिकार हो गया है और भारत में लगभग किसी को भी इसका पता नहीं है कि बीस वर्ष–से अधिक हो गये गंगा के नाम पर जो जल आ रहा है उसमें भागीरथी की एक बूँद भी नहीं है। पहले यन्त्र–युग की आसुरी शक्ति का पेट भरे तो उससे जो बचेगा वह उच्छिष्ट के रूप में कृपा–भाव–से बहने के लिए छोड़ा जायेगा। क्या वह गंगाजल होगा? क्या उसमें भगीरथ के तप की तीक्ष्ण धारा होगी? क्या उसमें हिमालय के कैलासमुख–से पश्चिमुखी हिमनदों की आकुलता होगी? क्या उसमें हिमालय की औषधियों का रस होगा? देवदारु की जड़ों–से छनकर आये हुए वर्षा के जल की महक होगी? हिमालय की शुभ्र चोटियों पर सुबह–शाम गलाए सोने की आभा होगी? क्या पुराणों की भविष्यवाणी सच होने जा रही है कि कलियुग के अन्त में गंगा लुप्त हो जायेगी? पता नहीं यह कलियुग है या कलयुग? लुप्त होने के लक्षण तो दिखने लगे हैं और गंगा की जीवनी शक्ति–से अपने जीवन के परिणाम को जोड़नेवाली आस्तिकता भी क्या इसी के साथ लुप्त हो जायेगी? ये सारे प्रश्न मन में उठते हैं और पहले तो बड़ी पीड़ा पहुँचती है। क्या हम कलियुग की प्रत्यक्ष देवता गंगा को माँ कहने के अधिकारी हैं?

जीवन के पर्याय गंगा के लुप्त होने की बात घटित होने जा रही है तो क्या हम जीवित हैं? इसके बाद एक अहिंसक क्रोध भी उमड़ता है। सन् 1946 में ब्रिटिश शासन था और गंगा की धारा को निरुद्ध करने का प्रयल पहली बार हरिद्वार में हुआ। वह बहुत बड़ा षड्यन्त्र था। महामना मदनमोहन मालवीय ने हरिद्वार में गंगातट पर अनशन शुरू किया। बहुत लोग उनके साथ बैठे। अन्त में ब्रिटिश सरकार उनके साथ इस लिखित समझौते पर हस्ताक्षर करने को तैयार हुई कि गंगा की धारा अनिरुद्ध रहेगी। गंगा की अविच्छिन्नता सुनिश्चित रहेगी। आज क्या महामना मालवीय जैसे कोई सामने आयेंगे? क्या सच्चे मन–से वैसे सत्याग्रह और अनशन करने वाले आज भी ऐसा ब्रत लेंगे? हमारे देश में अनशन और सत्याग्रह का नाटक करनेवालों की, आत्मदाह की धमकी देनेवालों की कोई कमी नहीं है। परन्तु देश को जगानेवालों की कमी जरूर है। वे जाने कहाँ लुप्त हो गये! और अब कार्यपालिका ने छोटे–से–छोटा काम भी उच्चतम न्यायालय को सौंप दिया है कि वही सड़कों पर बुहारू लगाए तो बुहारू लगे, वही पानी पिलाए तो पानी मिले, खुली हवा में साँस लेने के लिए कानूनी हिदायत दे तो साँस लेने का अधिकार मिले, वह मुक्तिदायिनी गंगा को मुक्ति दिलाए तो उसे मुक्ति मिले। उसे मुक्ति मिले–इसका अर्थ केवल यही नहीं है कि मुक्ति की सम्भावना बनी रहे, इसका अर्थ यह भी है कि जीवन की निरन्तरता बनी रहे, क्योंकि गंगा जीवन की निरन्तरता का आश्वासन है। यह आश्वासन हमसे छिन रहा है। इसका कौन–सा कानूनी मुद्दा बनेगा, यह कानूनवेत्ता जानें। हम तो सर्वसाधारण आस्तिक हिन्दू के मन–से बात कर रहे हैं। ऐसे हिन्दू का, जिसका सम्बन्ध किसी संगठन–से है नहीं, किसी संस्था–से है नहीं (क्योंकि हिन्दू धर्म संस्था धर्म है नहीं। यह व्यक्ति धर्म भी नहीं है, यह जीवन धर्म है।) उसे जीने का अधिकार और निश्चिन्त जीने का अधिकार इस देश में है या नहीं?

ये सभी बड़े मर्मच्छेदी प्रश्न हैं। इनका उत्तर राजनीति के पास नहीं है और राजनीति के लिए राजनीति करनेवाली सत्ता के पास भी नहीं है। इसका उत्तर असंख्य–असंख्य लोगों की उस श्रद्धा के पास है, जिसके कारण बिना किसी घोषणा–पत्र के प्रयाग में, हरिद्वार में और कई स्थानों पर विभिन्न पर्वों पर–विशेषतः माघ के महीने में मकर संक्रान्ति के बाद, अपार भीड़, असुविधा की चिन्ता न करते हुएं, भयंकर गरमी हो या भयंकर जाड़ा, गंगा के बालू पर एकत्र होती है। इसी एकत्र होने को 'संगम' कहते हैं।

संगम केवल नदियों का संगम नहीं है, करोड़ों–करोड़ मनुष्यों के भीतर लाखों वर्षों–से उमड़ने वाले भाव–प्रवाहों का संगम है। क्यों प्रयाग, काशी जैसे विश्वप्रसिद्ध पवित्र तीर्थों का केवल नाम रह जायेगा? और क्या गंगा की वजह–से पहचान पानेवाले भारत का वह तेजोमय रूप रह जायेगा जिसके कारण भारत मंगोलिया–से लेकर अफ्रीका तक और फिजी–से लेकर अमेरिका तक के लोगों को आकृष्ट करता है। वह आकर्षण ऐसा है कि मॉरीशस में एक पूरा गंगा तालाब ही बन गया है शायद ही कोई आस्तिक घर हो जिसमें थोड़ा–सा गंगाजल न रखा हो, वह घर चाहे ब्रिटेन में हो, अमेरिका या ऑस्ट्रेलिया में। अगर घर में नहीं है तो मन्दिर में गंगाजल जरूर मिलेगा। वह गंगाजल, जो मृत्यु के क्षण को सुलभ था, अब जीवन को भी दुर्लभ हो जायेगा। समझ में नहीं आता कि इस आत्मग्लानि का क्या करें कि हम चुपचाप देख रहे हैं कि हमसे जीवन का पर्याय गंगाजल छीना जा रहा है और जुए के खेल में हारे हुए पांडवों की तरह हम चुपचाप बैठे हुए हैं और धर्मज्ञ भीष्म पितामह की तरह कुछ कर नहीं सकते।

क्या गंगा–विहीन, भागीरथ–विहीन देश रह जायेगा? जिस गंगा–भागीरथी के पानी के कारण आक्रमणकारियों को देश झेलता रहा, कभी भीतर–से टूटा नहीं वह देश एक बार ऊपर–से टूटा जब राजर्षि पुरुषोत्तम दास टंडन ने कांग्रेस पार्टी की बैठक में करुण पुकार लगाई थी कि अभी हमने वंदे मातरम् गान गाया है (तब वंदे मातरम्–से कांग्रेस की बैठक शुरू होती थी, अब 'मातरम्' के कारण पूरा वंदे मातरम् गीत सेकुलर सन्देह के दायरे में आ गया है), हमें क्या अधिकार है कि उसी माता का हम खण्ड–खण्ड करें। लगभग वही दशा आज है कि भागीरथी को शक्ति–लोलुपता के अथाह कुंड में रोककर, गंगा की अविच्छिन्नता को समाप्त करके सरकार कमेटियों के माथे पर ठीकरा 'फोड़ रही है और हम लोग चुपचाप यह सब बरदाश्त कर रहे हैं! क्या हम देश के जन हैं? क्या देश के जन का यह जनतन्त्र है? क्या इन कठिन प्रश्नों का उत्तर देनेवाला आज कोई नहीं? क्या इतिहास पर छोड़ दिया जायेगा कि वही इनके उत्तर और करुण उत्तर कभी, वर्षों बाद दे?

*–थोड़ी–सी जगह दें (2003)*

# गंगा : आविर्भाव और तिरोभाव

गंगा दशहरा के दिन गंगा का धरती पर आविर्भाव हुआ था। वे देवलोक–से मृत्युलोक में आयी थीं। शायद भू–विज्ञान की भाषा में इसी दिन गोमुख के रास्ते एक बड़ा हिमनद किसी आकस्मिक घटना के कारण द्रवित हुआ। हम उसीको भगीरथ का तप कहते हैं, उसीको हम असंख्य अभिशप्त मनुष्यों की आकांक्षा का ताप कहते हैं। उसने और भी द्वार बनाये। उन सबसे सहस्र गंगाएँ निकलीं और देवदारुओं के सघन जटाजूट में उलझते–सुलझते गोमुख–से निकली हुई धारा में मिलीं और 'भागीरथी' कहलाईं। मनुष्य का एक तप वह था जिसने धाराओं के द्वार खोले और उसकी लिप्सा का एक आयाम यह है कि उसके द्वार बन्द किये जा रहे हैं। जब हम किसी धारा को मुख्य धारा कहते हैं, जब किसी नदी को मुख्य नदी कहते हैं तो हम इस आधार पर नहीं कहते कि उसके पास जल का सँभार अधिक है, बल्कि इस आधार पर कहते हैं कि उसके पास दूसरों को साथ ले चलने की क्षमता है, उसमें संवहन सामर्थ्य है। पुराणों की एक कहानी है–गंगा को शाप मिला कि 'तुम विष्णु के चरणों की सेवा में निरन्तर लगी रहती हो, कभी दूसरों को मौका नहीं देतीं। जाओ, तुम मृत्युलोक के सामान्य मरणधर्मा असंख्य प्राणियों की सेवा में लगो।' और गंगा स्वयं अभिशप्त होकर असंख्य–असंख्य लोगों के लिए वरदान बनीं। भारत के भूगोल का परिवर्तन हुआ! आज पुरातात्त्विक साक्ष्य के आधार पर लगभग आठ हजार वर्ष–से गंगा और उसकी सहायक नदियों की गोद में जो धरती है, वह उर्वर बनी हुई हैं। दूसरी बड़ी नदियों ने रेगिस्तान बना दिया है, स्वयं रेगिस्तान बन गयीं। पर गंगा ने अविच्छिन्न उर्वरता भारत की धरती को दी। यह गंगा की न टूटनेवाली इस धारा के कारण है, जिसके बल पर

वह अपने–से अधिक जल सँभारवाली नदियों को अपनी पीठ पर लाद लेती है और उन्हें भी अनन्त महासागर तक पहुँचाती है, ताकि उनका जल सूर्य की किरणें उठा लें; ताप–से भाप के रूप में उठा लें और बादलों के माध्यम–से निखरे हुए रूप में फिर ढरका दें, ताकि जल संग्रहण की निरन्तरता टूटने न पाये।

गंगा किसी नदी का नाम नहीं है, जाग्रत देश की प्राण–नाड़ी का नाम है गंगा। ध्यान–से अगर हम नक्शा देखें तो हिमालय, हिमालय के बाएँ बाजू की पहाड़ियाँ, विंध्याचल, पारियात्र (अरावली) की पहाड़ियाँ–इन सबके ऊपर जो बर्फ गिरती है, जल बरसता है वह सब गंगा समेटती है। यमुना के जरिए चंबल, बेतवा, काली सिन्ध, पार्वती, केन, धसान नदियों काय सोन के जरिए मेकल पर्वतश्रेणी, कैमूर पर्वतश्रेणी, केहजुआ का जल बटोरती है। तमसा के माध्यम–से सतना की पहाड़ियों का जल बटोरती है और यमुना के जरिए ही मध्य हिमालय की छोटी–छोटी अनेक नदियों का जल बटोरती है और उत्तर–से आनेवाली रामगंगा, गोमती, घाघरा, नारायणी, कोसी, तिस्ता और सबसे बड़ी ब्रह्मपुत्र के जरिए पूरे हिमालय के रस को समेट लेती है। भारत का यह पूरा भूभाग 'नदीमातृक भूभाग' कहा जाता है, क्योंकि इस भूभाग की माता नदी है और वह नदी स्वर्ग का सुख छोड़कर आयी हुई, जड़ अमरत्व की नींद छोड़कर आयी हुई, मरणशील जीवों के जीने–मरने में साथ देनेवाली नदी बनकर आयी हुई गंगा है। वह मनुष्यता की पीड़ा है, मनुष्यता का उल्लास है, वह नदी नहीं है। पर उसका शरीर जल तो है ही, उस जल की शोभा बढ़ते रहने में है, उस जल की क्षमता धार बनने में है। उसको अवरुद्ध करना और ऐसे अवरुद्ध करना कि धार टूट जाये, गंगा के जीवन–प्रयोजन के साथ विश्वासघात है। यदि गंगा पर जीनेवाला आदमी गंगा की चिन्ता नहीं करता तो आत्मघात करता है।

गंगा दशहरा के दिन हम लोग काशी में गंगा नहाते हैं तो देखते हैं कि पानी कुछ बढ़ गया है। जेठ में हिम का पिघलना शुरू होता है और वह पिघला हुआ जल काशी तक भी पहुँचता है। शायद ज्येष्ठ शुक्ल की दशमी (गंगा दशहरा) प्रतीत करा देती है कि हिमालय अँजुरी में आ गया है। देश की गरिमा, देश की ऊँचाई हमारे पास आ गयी है।

ऐसा लगता है, गंगा आज के दिन हिमालय के घर जन्म ले रही है। इसी दिन में यह भी अनुभव कर रहे हैं कि बहुत बड़ा संकटासन्न है।

इस संकट का नाम है 'टिहरी बाँध'। तर्क दिया जाता है कि गंगा की धारा मोड़ी जायेगी और उसका लाभ भारत की राजधानी को मिलेगा, पर किस कीमत पर? कहीं धार रुक न जाये और असंख्य–असंख्य नदियों की आकारक्षाएँ सागर में मिलने की अधूरी न रह जायें, उन्हें ले जानेवाली धारा लुप्त होने के करीब न पहुँच जाये, बड़े भूभाग का प्राणतन्त्र टूट न जाये। क्या सम्भावित क्षति को रुपये में आँका जा सकेगा? हजारों–हजार वर्षों में करोड़ों–करोड़ आदमी जिसके नाम का स्मरण मात्र करके साधारण जल में नयी ताजगी पा जाते हैं, वह तिरोभाव की ओर जाये, यह मामूली नहीं, भयावह दुर्भाग्य की बात होगी। इस योजना को शुरू करना ही कहीं–न–कहीं गलत था। कहीं–न–कहीं एक बड़े शिल्पी भगीरथ के परिश्रम को व्यर्थ करना था, जो पहाड़ों के बीच में उन्होंने गंगा के लिए राह बनायी इसीलिए वह 'भागीरथी' कहलाईं। इसके पीछे बड़ी दूरदृष्टि थी। उसके पीछे संयोजन का भाव था। हरिद्वार में गंगा नहर बनी, दूसरी नहर बननी शुरू हुई तो महामना मालवीयजी ने सत्याग्रह किया था और गंगा के लिए एक अलग राह छोड़ी गयी थी, पर उस समय का जल–सम्भरण टिहरी बाँध के प्रायोजित जल–सम्भरण–से कहीं कम था। क्या इतनी बड़ी जलराशि को सुरक्षित रखते हुए जल के निकास की व्यवस्था की जा सकेगी? हम जल यांत्रिकी के जानकार नहीं, भूगर्भ विद्या के जानकर नहीं; गंगा की सहायक नदी राप्ती के किनारे छोटे–से गाँव में मैं जनमा–पला। मैंने अपने अनुभव–से देखा, जब पानी कहीं रोककर छोड़ा जाता है या पानी कभी मेंड में छोटे सुराख बना देता है तो सुराख पर इतना जोर पड़ता है और पानी इतने वेग–से निकलता है कि बाँध भी ढह जाता है और पानी फैल जाता है। उसका अभीष्ट उपयोग नहीं होता। मैं नहीं जानता कि कैसे यह व्यावहारिक होगा कि इतना ऊँचा बाँध बने और इतने पानी को सँभालने का कोई उपाय भी सोचा जाये, जो पानी की निकासी को भी सुनिश्चित करे। मुझे तो दोनों बातें विरोधी लगती हैं। इतना बेसँभाल संग्रहण और इतनी सावधानी–से जल के निकास की व्यवस्था। ऐसा सुनने में आया है कि कोई समिति इन सब मामलों के बारे में पुर्विचार कर रही है, पर रुपया– आना–पाई को सर्वस्व माननेवाले लोग हैं, जो आकाश, वायु, जल, पृथ्वी, बिजली सबको रुपये में परिवर्तित कर लेते हैं और सोचते हैं कि इससे अधिक कुछ नहीं! मनुष्य की कीमत पचास रुपये प्रतिदिन–से लेकर हद–से–हद एक हजार रुपये प्रतिदिन तक हो सकती है।

पानी की कीमत तो एक बोतल की बारह रुपये हो ही गयी है। आकाश की कीमत आकाशचुंबी इमारत बनानेवालों–से पता की जा सकती है। हवा की कीमत ऑक्सीजन की थैली की कीमत–से नपी है। क्या पवित्रता, पवित्र होने की आकांक्षा की भी कौमत नपी है? क्यों सबकुछ के बावजूद जीने की इच्छा नपी है? क्या दूसरे के लिए अपना विसर्जन करने की आकांक्षा की कीमत नपी है? यदि नहीं तो गंगा की कीमत भी नहीं आँकी जा सकती, जो तिरोभाव के आसन्न संकट से ग्रस्त है। किसी दूसरी नदी–से गंगा की तुलना नहीं हो सकती। भारत की ही नहीं, भारत के दूर–दूर के देशों की पीढ़ी–दर–पीड़ी की साध पूरी करनेवाली कोई दूसरी नदी नहीं है।

आज के दिन की अविश्वास की रेतीली आँधी में भी करोड़ों आदमी एक ही दिन में दस–बारह किलोमीटर के घेरे में स्नान कर लेते हैं और हर आदमी के मन में नयी स्फूर्ति होती है। विचित्र धन्यता का अनुभव होता है। कोई भी बीमार नहीं पड़ता और माघ के कड़ाके के जाड़े में कष्ट का अनुभव भी नहीं करता। यह कौन–सी शक्ति है?

गंगा के जल मात्र की शक्ति है या गंगा के जल–से जुड़ी हुई असंख्य–असंख्य लोगों की शुचिता के संकल्प की शक्ति है? इस सच्चाई को कौन अर्थतन्त्र है जो झुठला देगा! गंगा का आविर्भाव दिवस मनाते समय यह विचार स्वभावतः आता ही है कि तिरोभाव की मनुष्यजनित सम्भावनाओं पर भी हम विचार करें और शुद्ध हृदय–से विचार करें, रुपये–पैसे की दृष्टि–से न विचार करें। मुझे स्मरण है कि एक बार किसी अमेरिकी मित्र ने कहा कि 'तुम शुद्ध बौद्धिक स्तर पर विचार करने के लिए तैयार हो?' मैंने कहा, 'अवश्य।' उन्होंने पूछा कि 'गोमांस खाने में दोष क्या है? पाप क्या है? इससे ठाँठ गाय–बैलों के पालन का खर्च बचेगा और आपके ही पुरखे गोमांस भक्षण करते थे। खाद्य की कमी की समस्या की भी पूर्ति होगी।' मैंने कहा, 'आपकी सभी बातें सही हैं, मुझे भी एक प्रश्न करने की अनुमति दीजिए। आप मनुष्य का मांस क्यों नहीं खाते? आपके यहाँ बहुत–से ऐसे लोग हैं जो सचमुच जी नहीं रहे हैं, साँस ले रहे हैं। उनका मांस खाइए, बहुत बड़ी जनसंख्या का हल निकल जायेगा। ऐसा नहीं कि कभी मनुष्य ने मनुष्य का मांस खाया न हो। आज भी कुछ लोग खाते हैं और बड़े चाव–से खाते हैं।' वे एकदम–से बिफर पड़े, 'ऐसा तो मैं कभी सोच भी नहीं सकता, क्योंकि मनुष्य का जीवन तो पवित्र है, इसमे किसी तर्क की आवश्यकता नहीं है।' मैंने पूछा, 'आप उसी प्रकार सोच लीजिए,

हम प्राणिमात्र का जीवन पवित्र मानते हैं। विशेष तौर पर गाय को, क्योंकि वह हमारी खेतिहर संस्कृति की प्राणभूत है। जहाँ प्राण की बात आती है वहाँ हम रुपये–पैसे की बात नहीं सोचते।' वे निरुत्तर हो गये। उन्होंने कहा, 'मैं अब यह प्रश्न किसी भारतीय–से नहीं पूछूँगा।'

अब गंगा धैर्य ही क्षीण हो रहा है। मनुष्य ने उसे बुलाया, उसकी पवित्रता अपनी पवित्रता मानी, वही मनुष्य अपने कचरे उसमें डाल रहा है। वही मनुष्य उसका दोहन कर रहा है। ऐसा दोहन कर रहा है कि उसका जल घटता जा रहा है। वही मनुष्य बर्फ की चोटियों को रौंद रहा है और जिसे हिमालय के बेटे धर्म–कर्म की चूली कहते हैं, वह नहीं रहेगी तो धर्म–कर्म नहीं रहेगा। भारत के आदमी की क्रियाशीलता उन हिम–धवल चोटियों के कारण है। गंगा उन्हीं को गुहारती है और अपने केशपाश जैसे वनों में बहुत बचा–बचा के आगे ले जाती है। मनुष्य उन वनों को काट रहा है। वही मनुष्य आज गंगा विजय अभियान पर निकला है। उसकी अपार क्षमता को अपने कमजोर हाथों में थामना चाहता है। क्या यह केवल गंगा का ही तिरोभाव है या भारत की मनुष्यता का तिरोभाव है? मैं नहीं जानता कि इन शब्दों का कोई प्रभाव कहीं पड़ेगा।

हमारी नजरें इतनी कमजोर हो गयी हैं कि अपने पैर के आगे ही जमीन भी नहीं दीखती तो आगे आनेवाले समय में गंगा की धार टूटने पर क्या परिदृश्य होगा, यह हम कहाँ–से देख पायेंगे! हमारे कान भी तरह–तरह की आवाजों–से बहरे हो रहे हैं। हम उस प्रलाप के स्वर को कहाँ–से सुन पायेंगे, जो बाँध के साथ कभी घटित हो सकता है। तब भी स्वधर्म जानकर मैंने गंगा–आविर्भाव के दिन इसके तिरोभाव के भय की आसन्न सच्चाई–से अवगत कराया।

*–कितने मोरचे, सम्पादक : गिरीश्वर मिश्र (2007)*

# गंगा के बिन्दु-बिन्दु में गोविन्द

बात कहाँ–से शुरू करूँ यह समझ में नहीं आता। कुम्भ–पर्व–से लौट रहा था, बगल के खाने–से एक सज्जन हिन्दुस्तान की जाहिली का हिसाब लगा रहे थे कि अगर कुल मिलाकर एक करोड़ आदमी यहाँ आये हों तो कम–से–कम प्रत्येक के 8 घण्टे रोज के हिसाब–से 40 घण्टे बिना काम के जाया हुए होंगे और एक पर्व में 40 करोड़ आदमी घण्टे (मैन ऑवर्स बकौल उनके) बरबाद हो गये। वहाँ–से बात शुरू करूँ या वहाँ से, जब पानी में लथपथ गठरी सिर पर लिए एक नहनिया (स्नानार्थी) दूसरे नहनिया–से गदगद भाव–से कह रहा है–यस मानौ कि परब सुफल होइगा, हम भींजेन तउ का भा, मुला सोनइ तो बरिस रहा है, बस सब परागराज कइ किरपा है। (मानोकि पर्व सुफल हो गया, हम भीगे तो भीगे पर सोना ही बरस रहा है, सब प्रयागराज की कृपा है), या फिर उस संगम–से शुरू करूँ जहाँ आदमी बूँद बन गया था और हर एक बूँद पद्माकर के शब्दों में 'सुगंगा जल बिन्दु में गुविन्द पाइयतु है' गोविन्द बनकर उछल रही थी। हिन्दुस्तान का आदमी हूँ, बाहर वालों की नजर में कभी वज्र आलसी, कभी वज्र निश्चल, सब–कुछ झेल करके, बर्दाश्त करके भी एकदम स्थिर, परिवर्तन में अपरिवर्तनशील और अपनी नजर में, कुम्भ–पर्व में ऐसा अनुभव करता हुआ कि नया जन्म हो रहा है, जीवन का नया साक्षात्कार हो रहा है, अमृतत्व की नयी दीक्षा ले रहा हूँ, मृत्यु का नया नकार पा रहा हूँ, विश्वासहीनता की रेती को बोरती, हुई नयी रसधार में बहा चला जा रहा हूँ, अपने इस पुनर्जन्म–से बात शुरू करूँ।

सारे सूत्र इतने उलझ गये हैं कि ओर–छोर नहीं मिलता। कुम्भ–पर्व का अनुभव एक वृत्त बन गया है, उसमें–से बाहर निकलकर आदमी घण्टों

का हिसाब लगाने की न मुझमें निस्संग तटस्थता है, न कुम्भ–पर्व पर शास्त्रीय व्याख्या प्रस्तुत करने की श्रद्धाजीवी बौद्धिकता ही है। मैं तो गया था कुम्भ नहाने, पर कुम्भ ही मुझमें नहा गया। मैं नहा पाया या नहीं, मुझे एकदम भूल गया है। इसीलिए आज जब कुम्भ–पर्व पर लिखने बैठा हूँ तो बात शुरू नहीं कर पा रहा हूँ।

यह नहीं कि कुम्भ कभी नहाये न हों, दूसरों को नहलाये न हों, यह भी नहीं कि कुम्भ–पर्व की तर्कातीत भूमिका पर पहले कभी तर्क–वितर्क न किया हो, पर केवल इतना है कि एक ऊँची मचान–से चार घण्टे तक जो एक जनसमुद्र को दो नदियों के बीच हिलोर लेते देखता रहा, उस समुद्र की एक–एक लहर की अलग–अलग रंगत देखता रहा–धूसर, गेरुई, केसरिया, नारंगी, बैंगनी, नीली, आसमानी, मूंगिया, धानी, बसन्ती, लाल, प्याजी, फिरोजी और झकाझक सफेद। यह वघेलखण्ड है, यह बुन्देलखण्ड है, यह नेपाल है, यह मिथिला है, यह कोशल है, यह काशी है, यह मथुरा है, यह अयोध्या है, यह काँची है, यह द्वारिका है, यह पुरी है, यह नवद्वीप है, यह वृन्दावन है, यह हरिद्वार है, यह अमृतसर है, यह नासिक है, यह रामेश्वर है, एक–एक लहर का अलग–अलग कलरव पहचानता रहा। मैथिली, भोजपुरी, बघेली, अवधी लोकगीतों की पंक्तियों में एक ही धुन गुनता रहा, बंगला के कीर्तन में ब्रज के कृष्ण की किंकिणी बजते सुनता रहा और मैं मचान समेत उस लहर का अंग बन गया।

बचपन में एंक खेल खेला था, हर्दी–गुर्दी। दो बड़े लोग आमने–सामने बैठते हैं। अपनी बायीं बाँह मोड़कर दायीं बाँह के केहुने को बायें हाथ–से कसकर बाँध लेते हैं और दायें हाथ–से अपने सामने वाले का इसी प्रकार बँधा हुआ बाहुपाश बाँध लेते हैं। फिर एक बच्चे–से कहते हैं, आओ तुम इस बीच में बैठो। वह बैठता है, उसे लिए–लिए दोनों ऊपर उठते हैं। बच्चा दोनों का सिर पकड़े रहता है और अपने पैर दोनों ओर फँसाये रहता है। उस बच्चे को उतारकर फिर दूसरे बच्चे को इसी प्रकार उठाया और हिलराया जाता है, और खेल चलता रहता है। मुझे लगा कि वही खेल फिर खेला जा रहा है, फर्क इतना है कि एक ही बांर असंख्य बच्चों को दो जबरदस्त माताएँ अपने अंकपाश में उठाकर हिलरा रही हैं और ये सभी बच्चे बजाय नीचे उतारे जाने के ऊपर उठाये जाते हुए दोनों माताओं के लहरीले केशपाश को गहकर स्वयं केशपाश की लहर बन रहे हैं।

कुम्भ–पर्व कोरा स्नान नहीं है, यह विराट का साक्षात्कार है, विराट में प्रवेश है, विराट में मौन रूप में महालय है, शायद इसीलिए जिस तिथि पर यह पर्व लगता है उसे मौनी अमावस्या कहते हैं। अमावस्या के गहन अन्धकार, माघ के कुहासे और महावट की बदली के साये में ज्योति एक षड्यन्त्र रचती है, वह एक दीये में नहीं असंख्य अन्तर्मुखी दीयों में एक पलीता लगाकर विराट अँजोर करती है जिसमें आदमी भूल जाता है, ब्राह्मण है, शूद्र है, वृद्ध है, बालक है, अमुक देसकोस का है, अमुक का अमुक है, नहाकर निकलता है तो अमुक–से अमुक–से बचाकर नहीं चलता। उसे किसी रोग या दोष के संक्रमण का भय नहीं घेरे रहता, वह सोचकर चलता है कि जंगम पुण्य–पिण्डों के साथ चल रहा है, जिस जमीन पर चल रहा है, वह पुण्यवासना–से वासित है, जिस जल की बूँदें अभी भी माथे में हैं वह जल विराट सन्तरण है, पाप का भी, पुण्य का भी दोनों की वासना धोने वाला। वह जल जल नहीं, ऐसी वत्सल माता का स्तन्य है, जो ममता देती भी है और ममता बटोरती भी है, किसी के पास उसकी अपनी ममता या छोह रहने नहीं देती, सब उड़ेलवा देती है और तब अपनी मंमता देती हैं, अपना–अपना छोह देती है कि निकलो तो विराट ममता लेकर निकलो, सबको अपनाने का भाव लेकर निकलो, अपने अंग–अंग में गोविन्द (गायों, गँवारों और गँवारिनों के पीछे बावले गोविन्द) की ज्योतिबिन्दु छलकाकर निकलो।

गोविन्द बड़े छली हैं, बातों–बातों में सब–कुछ छीन लेते हैं–दूध, दही, माखन–से भी अधिक स्निग्ध मन, वे निष्किंचन बना देते हैं। बड़भागी हैं जो उनके हाथों छला गया, जो उनकी निश्किंचनता की झाँकी लेने के लिए क्षणभर को सही निष्किंचन हुआ। निशब्दता में लीन करने वाली अमावस्या के दिन तीर्थों के तीर्थ में नहाने का अर्थ है महान का विलय, महान के दबाव–से लय, इसीलिए महान लय है। हिन्दू धर्म में भेदभाव है, छूतछात है, आडम्बर है, सब–कुछ सही, पर हिन्दू धर्म में माघ का यह कुम्भ पर्व भी तो है, जो सबको एक क्षण में एक बिन्दु में घोलकर विलीन कर देता है। हिन्दू धर्म पर समाजशास्त्री फतवा देते समय यह क्यों भूल जाता है कि हिन्दू धर्म में तीर्थ की कल्पना भी है, जहाँ आदमी न पापी रह सकता है, न पुण्यात्मा। वह बस सन्तरण–मात्र रह जाता है, वह आता है, पार होने के लिए नाव ढूँढ़ने, सेतु ढूँढ़ने पर स्वयं नाव बन जाता है, सेतु बन जाता है।

तीर्थयात्रा का अर्थ होता है, अकिंचन होकर निःस्व होकर, जुए में सर्वस्व गँवाकर वन में निर्वासित युधिष्ठिर की तरह या राज्याभिषेक की तैयारी के मुकुट–से वंचित निर्वासित राम की तरह वन–वन की धूलि फाँकने, घाट–घाट का पानी पीने, बाट–बाट का काँटा झेलने, छाँह–छाँह की जुड़ावन लेने, जन–जन की प्रीति–प्रतीति लेने का अविराम अभियान, तीर्थयात्रा रुकने नहीं देती, बस आगे चलते रहो। इस कानन–से उस कानन में, इस पर्वत–से उस पर्वत पर, इस नदी को पार कर दूसरी नदी के किनारे, इस सिन्धु–से उस सिन्धु तक, इस तपोभूमि–से उस तफोभूमि तक, एक पल बिलमो, लता–वृक्ष, पक्षी–मृग, नदी–पर्वत, कुस–काँटा, सब ज्योंही कुछ आत्मीय लगने लगें, आगे बढ़ जाओ, अपने पीछे आने वाले तीर्थयात्री को उस आत्मीयता की अतृप्त परितृप्ति पाने दो। आगे और तीर्थ हैं, कुछ जंगम, कुछ स्थावर।

स्थावर तीर्थ की तो कुछ पहचान होती है। कुछ मन्दिर, कुछ देवस्थान, पर जंगम तीर्थ अपने को पहचनवाते नहीं, वे अनपहचाने रमते–घूमते रहते हैं। हिन्दुस्तान की आग हमेशा धूनी के नीचे सुलगती रहती है। ऊपर राख, नीचे आग, ऊपर–से ये जंगम तीर्थ बड़े सामान्य दिखते हैं, न कोई बाबा लगते हैं, न कोई आचार्य, बस सामान्य तीर्थयात्री–से अधिक कुछ नहीं लगते, न वे गायक हैं, न कीर्तनिया, उनको पहचानना हो तो दुखी बनो, अपने दुःख–से नहीं, दूसरों के दुःख से, खिंचे चले आते हैं। जन की पीर जिसे द्रवित कर दे, वही जंगम तीर्य है। इन तीर्थों में घूमने से, इनमें तिरने–से आदमी अपनी देह में तीर्थ ढूँढ़ने लगता है उँगलियों के सिरे पर देवतीर्थ क्योंकि वह देने वाले हाथ की मुद्रा है, अंगूठे और तर्जनी के बीच पितृतीर्थ है क्योंकि वह अपने अहंकार को पूर्वजों के प्रति कृतज्ञता में अर्पित करने की मुद्रा है और हथेली मनुष्य तीर्थ, क्योंकि वह सबसे लेने की मुद्रा है। इसी देह में गंगा है, जमुना है, सरस्वती है, तीर्थराज हैं, पर उस तीर्थराज को जगाने के लिए आदमी कितना भी बड़ा जोगी–जती क्यों न हो, उसे स्थावर और जंगम तीर्थराजों की परिक्रमा करनी ही होती है।

आन्तरिक साधना की पहली शर्त है, बाह्य साधना। बाह्य साधना को आडम्बर कहकर टाल देना एक प्रकार की समझदार कायरता है, क्योंकि बाह्य साधना उतनी आसान नहीं है, जितना लोग समझ लेते हैं, घर में आराम से तूश ओढ़े भगवान का नाम लेना एक बात है और माघ–पूस के जाड़े के फूस के नीचे या बिल्कुल निहंग आसमान के नीचे सारी रात

विश्वास की गर्मी और राम के वनवास के मुखर परिताप में काट देना एक अद्‌भुत परीक्षा है। अब तो लोग छोलदारियों में सारे आराम के साधन जुटाकर कल्पवास करने लगे हैं पर जो लोग सींक की झोंपड़ियों में बर्फ की तरह ठण्ढी बालू में मामूली कम्बल डाले या केवल एक चादर डाले गठरी बने खुले मैदान में पड़े हुए हैं, प्रतीक्षा कर रहे हैं, रात ढले, पर्व का मुहूर्त आये और डुबकी लगायें, उनकी बाह्य साधना कुछ अर्थ रखती है। उनके बाल–बच्चे हैं, उनका मोहछोह नहीं, शरीर है, उसकी चिन्ता नहीं। बस, एक धुन है डुबकी लग जाये, फिर जाने कब यह पर्व आयेगा, जाने तब आना होगा या नहीं। बस, आज इस कुम्भ के पर्व पर तीनों बहनों की भेंट से भेंट हो जाये, सब सुख इस पर न्यौछावर। सब दुःख इस पर न्यौछावर। जो आदमी मन से मुक्त नहीं होगा, वह न तो इतना दुःख झेल सकेगा और न इतना उल्लास पा सकेगा, जितना गाँव का निपट गँवार आदमी एक क्षण के लिए यहाँ पा लेता है। इस उल्लास को पाकर उसे सुधि नहीं रहती, वह कीच में चल रहा है या बजरी वाले मार्ग पर, वह हीरा पाकर बस आनन्दमग्न चला जाता है। इस बार कुम्भ–पर्व के लिए जो वर्षा हुई, जो कीच–काच हुई, उसमें हमारे जैसे साक्षर लोग चाहे जितने परेशान हुए हों, बोली बोलकर खरीदने वाले दुकानदार भी खीझे हों कि मेला वर्षा के कारण उठता जा रहा है, कोई खरीदारी नहीं कर रहा है, बड़े–बड़े धर्मासन भी उद्विग्न हुए हों कि चढ़ावा मारा गया, पर मेला जिनसे मेला बनता है, वे लोग द्विगुणित तृप्त हो गये कि संगम नहाया और खेती के लिए अमृतरूप वर्षा भी नहायी। गंगा ने धन–धर्म दोनों दिया। न उन्हें जाड़े ने सताया, न वर्षा की कीच–कादों ने, न धर्मोपदेश न सुनने–से उनको कोई ग्लानि हुई, न सेंदुर–टिकुली न खरीद पाने का कोई पछतावा उन्हें हुआ, उन्हें तो परम लाभ मिल गया क्योंकि उनके लिए अमृत का कुम्भ छलक गया था, हम लोगों के लेखे भले ही कोई कुम्भ न छलका हो, केवल किसी अनाड़ी भिश्ती ने पूरा मसक उलट दिया हो।

और अभी घण्टे वाले बाबूजी को नहीं भूला हूँ, वे भले ही किसी दूसरे कुम्भ--पर्व में अगले दिन की करम–खटाई की प्रेरणा ले रहे होंगे, उन्हें क्या पता कि घण्टे का हिसाब इतना सरल नहीं है। कभी–कभी एक क्षण कई घण्टों के बराबर हो जाता है, शहर में पाँच मिनट की बातचीत भी उबाऊ हो जाती है और कभी–कभी कई घण्टे गुजर जाते हैं, लगता है, पलक भॉजते–भाँजते। अभी परसों–चौथे रोज–मिथिला के एक अंचल

में एक नैष्ठिक पण्डित जी के पौत्रों के जनेव में शामिल हुआ था। घर के कर्त्ता दो मिनट के लिए रात में मिले, बोले–शास्त्री जी, मेरे बड़े भाग्य–से आये, आपके पास बैठ नहीं सका, चार दिनों में मेरे पैर एक पल खड़े नहीं रहे, पूजा–पाठ सब मुल्तबी है, अभी जीवन में पहला आयोजन–जनेव का कर रहा हूँ। समझ में नहीं आता, किसे छोड़ूँ। पता लगा कि तब तक पण्डित जी दो हजार लोंगों को भोजन करा चुके थे और खुद उनके मुँह में शायद काली मिर्च के दाने गये थे। बस, उल्लास–से भर गये थे। आदमी–घण्टे वाला आदमी इसे पागलपन समझेगा, फिजूलखर्ची मानेगा, पर हजार–हजार आदमियों को अपने सुख में साझेदार बनाने का उल्लास फिजूलखर्ची कहकर टाला नहीं जा सकता। हिन्दू की यह उत्सवप्रियता उसकी गहरी सामाजिक सम्पृक्तता की अभिव्यक्ति है। पर्व या उत्सव दोनों में आदमी अपने बारे में नहीं सोचता, अपने को सब में मिलाकर सोचता है, वह समुदाय का होकर सोचता है। इसीलिए तब काल और देश की सीमाओं की सुधि नहीं रहती, क्योंकि उतने समय में एक आदमी का एक क्षण या एक घण्टा, अलग–से महसूस ही नहीं होता। महसूस होती है असंख्य समुदाय की एक पल–भर की, एक बिन्दु–भर की प्रतीति, जिसमें प्राणों का प्राण बज उठता है।

उत्सव समाप्त होता है, आदमी जैसे ही महलों के सपने–से जागता है, देह चूरचूर हुई लगती है। पर्व बीत जाता है आदमी फिर अपने पुराने राग–द्वेष के घेरे में अपने को वापस पाता है। न उत्सव का उल्लास टिक पाता है, न पर्व में स्नान की पवित्रता का बोध। पर जितने क्षण वह उल्लास रहता है, वह बोध रहता है, उतने क्षण आदमी एक दूसरा आदमी हो जाता है–जिसके ऊपर घण्टे नहीं होते, जिसके हाथों में कल्प होता है, जिसके मन में कोई एक घर नहीं होता, सारा विश्व घर बना होता है। उस क्षण को साधारण हिसाब–किताब–से लाया ही नहीं जा सकता।

हिसाबी बाबूजी का माथा चकरा जायेगा जब वे इन क्षणों का त्रैराशिक लगाने बैठेंगे। इन क्षणों में एक आदमी ही बड़ा नहीं बनता, पूरा हर एक आदमी उस क्षण में वामन बनता है और वामन बनकर विष्णु (विश्वव्यापी) बनता है। वामन बनने का अर्थ होता है हाथ पसारकर तीनों भुवन लेने के लिए पूरी श्रद्धा–से प्रस्तुत होना। देखने में संगम नहाकर त्रिभुवन–विजयी बनने की बात सस्ता नुस्खा लगती है, पर वह सस्ता नुस्खा नहीं है। संगम नहाना ही कोई सरल कार्य नहीं, क्योंकि संगम कोई देशकार का संगम नहीं,

वह भी है तेजी–से दौड़ते हुए कालचक्र का एक मोड़, तेजी–से भागती हुई कर्पूरगौर शिव और घनश्याम कृष्ण की प्यारी नदियों की ऐसी गलबाँही, जिसका वह करने सरस्वती चलती है तो मूक हो जाती है। बारह महीनों में सूर्य बारह राशियाँ घूम जाता है। बारह वर्षों में बृहस्पति (मन्त्र ज्ञान का देवता) एक पूरा चक्कर घूम जाता है। यज्ञ को सम्वत्सर कहने का अभिप्राय ही यही है कि वह एक कालचक्र भी है। उत्सर्ग का शिखर–बिन्दु एक लम्बे चक्कर में आता है। उस शिखर–बिन्दु में ही अमृत–कलश पूर्ण होता रहता है। फिर वह छलककर बिन्दुओं में विकीर्ण होता है, नया चक्कर चल पड़ता है।

बिन्दु ही सुधा–सिन्धु बनाता है और सुधा–सिन्धु ही मथा जाता है तो सुधा–कलश उसमें–से उठता है। सुधा–कलश–से बूँद साँप चाटते हैं, जीभ चिर जाती है और पूरी की पूरी जीभ जहर बन जाती है क्योंकि वे चाहते हैं अपने लिए। देवता अंजुरी में रोपकर छकते हैं, नयी शक्ति पा जाते हैं, क्योंकि वे पीड़ित होकर कातर भाव–से अमृत की याचना करते हैं। असुरों को सुधा सुरा रूप में मिलती है, क्योंकि उन्हें दूसरों को मारने के लिए अपना अमरत्व चाहिए था। वह बूँद तीर्थ की जल–बिन्दु रूप में मिलती है, जब बिन्दु से अधिक एक अतृष्य तृषा के रूप में मिलती है, जो उसे एक कुम्भ से दूसरे कुम्भ तक, एक जन्म से दूसरे जन्म तक ले जाती है। चाहे कैसे भी दिन बीतें, पर एक क्षण अपने हाथ से सुधा–कलश लिए मोहिनी बने विश्वमोहन अपने सामने से गुजर भर जायें, संगम के जलद की एक बिन्दु में नाच जायें, जन्म सार्थक हो जायेगा। यह आकांक्षा ही आदमी को देवता से बड़ा बनाती है, क्योंकि देवता से वह कुछ माँगती नहीं। देवताओं को देने के लिए अंजुरी भरे खड़े रहती है, जोहती रहती है कब अर्घ्य देने वाला देवता उपस्थित होगा। साधारण आदमी इन्दिरा के मन्दिर में तो प्रवेश पा नहीं सकता, देवताओं की भीड़ में भी भगवान को नहीं खोज सकता, क्षीर–सिन्धु तक तो जाने की बात भी नहीं सोच सकता, हाँ, वह गंगा तक पहुँच सकता है, और असंख्य आदमियों की आकांक्षा से उस गंगा की बूँद–बूँद में छलके हुए गोविन्द को पाने की ललक अवश्य पाल सकता है :

**इन्दिरा के मन्दिर अनन्दभरे चुनियतु है,**
**बीघे भवफंद वहाँ कैसे जाइयतु है।**

**देवन के वृन्द में न पैये छीर–सिन्धु में,**
**सुगंगा जलबिन्दु में गुविन्द पाइयतु है।**

पद्माकर ने ही नहीं, प्रत्येक आस्तिक हिन्दू ने गंगाजल में गोविन्द को पाया है, यह मैं अपने अर्ध–आस्तिक मन–से भी विश्वासपूर्वक कह सकता हूँ, क्योंकि बिना इस पाने की प्रतीति के मैं दूसरा अर्थ एक सौ चौवालीस वर्ष पर उमड़े प्रयाग के महाकुम्भ–पर्व में विराट जनसमुद्र की हिलोर का नहीं लगा सकता। ऐसे समुद्र–से बिखरकर वह जन क्या करेगा, क्या सोचेगा, यह महत्त्व नहीं रखता, क्योंकि शुचिता का एक क्षण अशुचिता का प्रवाह–भर रोकता है, शुचिता की एक महीन–रेखा–भर उसमें जोड़ता है, जो धीरे–धीरे अशुचिता को शुचिता में परिवर्तित करती चलती है। हर हिन्दू की जीवनयात्रा एक लम्बी तीर्थयात्रा है और उसका अमरत्व–बोध एक पुनरावर्तमान कुम्भ–पर्व है। हिन्दू जीवन की इस सार्थकता ने अपने को चिन्हा दिया, मैं भीतर तक कुम्भ–पर्व में भीग गया, बिन्दुमय गोविन्द मिलें न मिलें, ऐसे ही में कभी वे छल जाते हैं और तब छला जाना ही जीवन की धन्यता बन जाता है, यह अनुभव कहीं चुभ गया, मैं कुम्भ–पर्व का कनावड़ा बन गया हूँ।

# तीर्थ

तीर्थयात्रा का महत्त्व प्रत्येक संस्कृति में किसी–न–किसी रूप में है, क्योंकि तीर्थयात्रा आधिभौतिक, आधिदैविक और आध्यात्मिक–तीनों स्तरों पर अपनी संस्कृति की पहचान भी है, जाँच भी है और उसका संस्कार भी है। भारतीय संस्कृति में तीर्थ अपने आप में एक विशिष्ट केन्द्र है मूल्यवत्ता का। ऋग्वेद में तीर्थ शब्द का प्रयोग तीन अर्थों में मिलता है। पहला अर्थ है, मार्ग जो अभीष्ट गंतव्य तक पहुँचाए। दूसरा अर्थ है, सुगमता–से पार होने के लिए नदी का ऐसा घाट, जहाँ नाव की आवश्यकता न पड़े, स्वयं आदमी पार हो सके। तीसरा अर्थ है, वह पवित्र स्थल, जो जीवन में सन्तरण का भाव लाए। तीर्थ के कालान्तर में और अनेक अर्थ विकसित हुए। विद्या अध्ययन का स्थान भी तीर्थ कहलाया, आचार्य या गुरु भी तीर्थ है, क्योंकि वे पार कराते हैं, अज्ञान के समुद्र के पार; इसी–से एक गुरु–से अध्ययन करनेवाले परस्पर सतीर्थ्य कहे जाते हैं। अध्ययन के लिए जाना तीर्थ की तलाश में जाना है। मनुष्य का दाहिना हाथ भी तीर्थों का संगम है, उँगलियों का अग्र भाग देवतीर्थ है, हथेली का बायाँ छोर मानवतीर्थ है और अँगूठे व तर्जनी के बीच का ढलान पितृतीर्थ है। इसका अभिप्राय केवल अनुष्ठान–भेद नहीं है कि देवताओं को तर्पण उँगलियों के सिरे पर जल गिराकर किया जाये, मनुष्यों को हथेली की बाईं ओर–से जल गिराकर। इतना तो दृश्य प्रयोजन है, भीतरी प्रयोजन यह है कि देवता आगे हैं, पितर और मनुष्य दाएँ–बाएँ। हाथ कर्म का प्रकृष्ट साधन है, इसी–से वह कर्म का प्रतीक है, 'कृतं मे दक्षिणे हस्ते जयो मे सव्य आहितः'। दाहिने हाथ में कर्म है, बाएँ में जय। जय हलकी वस्तु है। कर्म हो तो जय जैसे अपने आप है, पर कार्य अग्रगामी होते हुए भी, परिपार्श्व का ध्यान रखते हुए भी हो, तभी सम्पूर्ण कर्म होता है।

तीर्थ का एक अर्थ जल, विशेष रूप–से पवित्र अभिमंत्रित जल हो जाता है। दक्षिण भारत में सामान्य पीने के पानी–से जब जल को अलग करके देखते हैं तो उसे तीर्थ कहते हैं, क्योंकि वह जल स्पर्श मात्र–से पवित्र करता है, क्योंकि उस जल में संस्कृति का पूरा प्रवाह समाया रहता है, बार–बार ध्याये हुए मन्त्र के कारण और मन्त्र के साथ अपने आप प्रतिबोधित मनुष्य तथा सृष्टि के गहरे रिश्ते के कारण वह जल तीर्थ तो है ही हिन्देशिया में बाली द्वीप में गुरुपेदंड लोगों का मुख्य कार्य प्रत्येक गृहस्थ के लिए तीर्थ तैयार करना है। वहाँ के प्रसिद्ध ज्वालामुखी पर्वत–से निकले स्रोत के जल को वे अलग–अलग पात्रों में रखकर अभिमंत्रित करके अलग–अलग रखते हैं। उन्हीं–से थोड़ा–थोड़ा जल और छोटे पात्रों में वितरित होता है। उसकी एक–दो बूँद ही शेष जल को पवित्र करने के लिए पर्याप्त होती है। मुझे बड़ा विचित्र लगा कि तीर्थ बनाया जा रहा है। परन्तु जब मैंने अपनी संस्कृति के बारे में और गहराई–से सोचा तो लगा कि तीर्थ तो कोई सिद्ध वस्तु नहीं है, वह बनाया ही तो जाता है। हम जिसे अपनी पवित्रता पूरे पवित्र और निष्छल मन–से सौंपते हैं, वह पवित्र होगा ही। समष्टि मन का सहज शुचि होने का संकल्प शुचिता के अविच्छिन्न प्रवाह को जन्म देगा ही। तीर्थ तो ऐसे ही बनते हैं और बने हैं।

पहले मनुष्य नदी में स्नान करता था, अपने को जीवन के विशाल प्रवाह में एकाकार करके विशाल व्यापक चैतन्य–प्रवाह–से जोड़ता था। भीतर और बाहर घुल जाता था, वह एक दीक्षा लेता था। तैत्तिरीय संहिता में कहा गया है कि मनुष्य जल में, विशेषतः नदी के जल में, स्नान करता है तो वह दीक्षा और तप–से सीधे जुड़ता है। वह तीर्थ में स्नान करके जहाँ है, उस सीमित स्थिति से, दायरे–से मुक्ति पाकर विशाल मनोभूमि में पहुँच जाता है : अप्सु स्नाति साक्षादेव दीक्षा तपसी अवरुन्धे तीर्थे स्नाति। हमारी संस्कृति नदीमातृक संस्कृति है। इसका भौगोलिक कारण तो है ही, एक भीतरी कारण भी है। जल हमारे लिए अव्यक्त भाव का प्रतीक है, अग्नि व्यक्त भाव का। दोनों के योग–से पूरा भाव बनता है। प्रत्येक पूजा या अनुष्ठान में इन दोनों की आवश्यकता पड़ती है। हम पहले अव्यक्त या सोए हुए विशाल और विराट को जगाते हैं, उसका स्पर्श करते हैं, उसका आचमन करते हैं, उसी का अर्घ्य उसी को देते हैं और तब अग्नि और प्रकाश मे जुड़े अनुप्ठान करते हैं। जन को हम सृष्टि के बीज का आधार मानते हैं, इसी–से हम गतिशील जल को, दूसरे शब्दों में नदी को इतना महत्त्व देते हैं।

नदी के इस भीतरी स्वरूप का ही सहारा पाकर या नदी का भी उद्गम स्थल तलाशने की आवश्यकता अनुभव करके हम उन स्थानों को भी तीर्थ कहते हैं, जहाँ एक चिन्तन–मनन की तप की धारा निरन्तर प्रवाहित हो रही है, जहाँ प्रकृति–से संवाद स्थापित करने वाले सहज जीवन बितानेवाले ऋषि–मुनि रहते आ रहे हैं, जहाँ एकाग्र भाव–से विराट सत्य का अनुसंधान होता आ रहा है। इसी–से पद्मपुराण में कहा गया है–

**प्रभावाद् अद्‌भुताद् भूमेः सलिलस्य च तेजसा।**
**परिग्रहान्मुनीनां च तीर्थानां पुण्यता स्मृता।।**

तीर्थ पुण्यशाली इसलिए होते हैं कि वहाँ भूमि का प्रभाव अद्‌भुत है, वहीं भाव– शुद्धि होती है, वहाँ जल में तेज है। वहाँ मुनि ध्यान करते हैं।

ऐसे तीर्थों की यात्रा करने के लिए एक विशेष प्रकार के तेज की जरूरत पड़ती है। एक बार सब तैयारी किनारे रखकर निःस्व होकर चल पड़ने के संकल्प की जरूरत पड़ती है। महाभारत के वनपर्व में युधिष्ठिर जब तीर्थयात्रा के लिए निकलना चाहते हैं तो उन्हें उपदेश देते हुए ऋषि कहते हैं–

तीर्थयात्रा के पहले सब परिग्रह अलग रख दे, चाहे वह परिग्रह धन का हो, वस्त्र–आभूषण का हो, जाति–कुल का हो या ज्ञान का हो। मनुष्य अकिंचन होकर तीर्थयात्रा पर निकले और उसे जो मिल जाये, जब मिल जाये, उससे सन्तोष करे। आमोद के भाव से, इन्द्रिय भाव के सुख–से पिकनिक पर न चले। पहले ही सम्पूर्णता के भाव–से भरकर चले। अहंकार–से निवृत्त होकर चले, इस अहंकार–से भी कि मैं तीर्थ करने जा रहा हूँ, कुछ बड़े महत्त्व का काम कर रहा हूँ। मैं को घर पर ही छोड़ दे। लोग पहले चारों धाम्र, विशेषतः बदरी, केदार जाते थे। सबका अभिप्राय है कि तीर्थयात्रा पर ही चलें, तो सर्वमय होकर, साधारण होकर चलें। मन में कोई कलंक या कसम खाकर न चलें, न कुछ सोचकर चलें–यह कहना है, इस क्रम–से करना है। रास्ते में हलका आहार लें कि बस यात्रा चलती रहे। ऐसा व्यक्ति किसी पर नाराज नहीं होता। इससे जहाँ जायेगा, जहाँ टिकेगा, वहाँ पर तीर्थ बनता जायेगा। उसके बुरे भाव अपने आप उसका साथ छोड़ने लगेंगे। वे ऐसी सहज सर्वमयता के साथ टिक नहीं सकते। जब आदमी सभी प्राणियों को अपने आप–से देखना शुरू करता है, तभी तीर्थयात्रा शुरू हो जाती है और ऐसी ही तीर्थयात्रा का फल होता है।

वह फल है व्यक्ति का निमज्जन और सर्वात्मा का उन्मज्जन। नहाते समय व्यक्ति रहता है, नहाकर निकलता है तो समष्टि के भाव–से आप्लावित होकर निकलता है।

महाभारत के श्लोक इस प्रकार हैं–

**परिग्रहादुपावृत्तः सन्तुष्टो येन केन चित्।**
**अहंकारान्निवृत्तश्च स तीर्थफलमश्नुते।।**
**अकल्कषो निरारम्भो लघ्वाहारो जितेन्द्रियः।**
**विमुक्तः सर्वपापेभ्यः स तीर्थफलमश्नुते।।**
**अक्रोधनश्च राजेन्द्र सत्यशीलो दृढव्रतः।**
**सानुकम्पश्च भूतेषु स तीर्थफलमश्नुते।।**

तीर्थयात्रा के पड़ाव होते थे ऋषियों के आश्रम, देवताओं के स्थान, जहाँ जाने कहाँ–कहाँ–से आये यात्री मिलकर एक–दूसरे की थकान अपनी यात्राओं के अनुभवों–से हर लेते थे और आश्रमवासियों का या श्रद्धालु गृहस्थों का आतिथ्य भीतर बड़ी शक्ति देता था कि सभी अपने हैं। प्राचीन काल में बहुत–सी कथाएँ, गाथाएँ, सृष्टि और मनुष्य के सम्बन्ध के बहुत–से पुराण इन्हीं पड़ावों पर विश्राम करते समय लोगों को सहज मिल जाते थे।

तीर्थयात्रा बड़ी कठिन होती थी। भूमिशयन, तृणशय्या, स्वल्प आहार और वह भी देव–पितृ–मनुष्य तर्पण के बाद। तीर्थ को शुचि रखना ही तीर्थयात्री का प्रथम धर्म था। कोई न थूक सकता था, न अपनी मैल तीर्थ के जल में छुड़ा सकता था। तीर्थ के उपान्त में कही भी गंदगी नहीं की जा सकती थी। प्रायः लोग बाह्य शौच की आलोचना करते है, पर भारतीय संस्कृति आभ्यन्तर और बाह्य स्तरों पर अन्तर नहीं देखती। तीर्थयात्रा अब जैसी हुई है, उसकी बात मैं नहीं करता, पर युधिष्ठिर और राम ने जो तीर्थयात्रा की, जो श्रीकृष्ण ने अपने गुरु घोर आंगिरस सांदीपनि के विद्यातीर्थ की यात्रा की, वे ही यात्राएँ प्रतिमान हैं तीर्थयात्रा की।

हम जो आज तीर्थयात्रा का बहुत अधिक महत्त्व आँकते हैं तो इस भाव–से कि हमारे तीर्थ देश के कोने–कोने में हैं, इनकी यात्रा–से देश की भावात्मक एकता की अपने आप सीधी पहचान हो जाती है, इनका राष्ट्रीय महत्त्व है। पर यह पहचान तो स्थूल पहचान है, इसकी कि शिव

उन्मुक्त होकर शक्ति के खण्ड–खण्ड गिराते हुए इस देश में घूमे हैं। शक्ति के कितने पीठ बन गये हैं, राम और युधिष्ठिर ही नहीं, बड़े–बड़े साधक बुद्ध, महावीर, शंकर, रामानुज, चैतन्य घूमे हैं। कवियों, सन्तों ने फेरी लगाई है, लाख–लाख हमारे पूर्वजों ने अपने नाम जाने किन–किन स्थानों की बहियों में दर्ज कराए हैं। इन स्थानों में स्मृतिमात्र नहीं है, एक जाग्रत जीवंत अनुभव है कि हम उस विशाल जाति के सदस्य हैं, जो ऐश्वर्य को महत्त्व नहीं देती, जो व्यक्ति को भी महत्त्व नहीं देती, एक प्रवाह को, जिससे एकाकार होकर ही व्यक्ति रामकृष्ण को अपने बीच पाता है, बुद्धावतार युग में जीता है, महत्त्व देती है; तीर्थ–से अधिक तीर्थयात्रा के भाव को महत्त्व देती है। भावहीन यात्रा का कोई महत्त्व नहीं और भाव हो तो तीर्थस्नान हो न हो, खुले कंठ–से जो गान उमड़ता है, रघुवर संगे जाब हम न अवध में रहबे, हम वनवासी राम के साथ चलेंगे, अयोध्या में नहीं रहेंगे, राम साथ चलने का भाव चित्रकूट बन जाता है।

इसी से महाभारतकार ने इस भावयात्रा की तैयारी का उपदेश दिया–

**आत्मा नदी संयमतोयपूर्णा सत्यावहा शीलतटा दयोर्मिः।**
**तयाभिषेकं कुरु पांडुपुत्र न वारिणा शुध्यति चान्तरात्मा।।**

आत्मा को नदी मानो, संयम को जल, सत्य को प्रवाह, शील को इसका तट, भूतदया को लहर। इसमें स्नान करके अन्तरात्मा को पवित्र कर लो। यहाँ आत्मा–से अभिप्राय विराट अस्तित्व है। इस भावशुद्धि के अनन्तर जब तीर्थों की यात्रा होती है तो और रोमांचकारी अनुभव होते हैं, तब सही माने में अपनी सम्पूर्णता का साक्षात्कार होता है, उसे दूरदर्शन कहें या स्थान–दर्शन कहें, वस्तुतः वह संस्कृति की गतिशील विकासयात्रा के सोपानों पर चढ़े हुए एक के बाद दूसरे शिखर का दर्शन है। इसी–से कदाचित् सबसे अन्त में यात्रा की जाती थी हिमालय की। यह हर प्रकार–से उत्तर यात्रा थी।

हिमालय के उज्ज्वल शिखर की तरह निरावरण सत्य के साथ जुड़ चलना बहुत कठिन होता है, पर यहाँ स्खलन भी हो तो वह सन्तरण है, क्योंकि ऐसी यात्रा का संकल्प ही अपने आप में सार्थक है। चल पड़ना और अन्तिम क्षण तक चलते रहना तो परम पुरुषार्थ है। शायद यही तीर्थयात्रा का भी चरम उद्देश्य है।

*–जीवन अलभ्य है, जीवन सौभाग्य है (1994)*

# भारत तीर्थ

गर्मियाँ आयीं, उत्तराखण्ड की ओर तीर्थयात्रियों के पैर चल पड़े। कुछ वैष्णो देवी की ओर, कुछ ज्वाला देवी की ओर, पर सबसे बड़ी भीड़ गंगोत्री, जमुनोत्री, बदरी–केदार की ओर। थोड़े–से लोग जागेश्वर, वैद्यनाथ और नन्दा देवी की ओर। तयशुदा संख्या में टोली सरकारी देख–रेख में या अपनी विशेष व्यवस्था में कैलाश की ओर। तीर्थ का इतना आकर्षण, क्या दिखावा है? किसी तीर्थयात्रा पर ऐसा ही प्रश्न युधिष्ठिर के सामने आया। उन्हें वनवास मिला तो उन्होंने तीर्थयात्रा–से उस वनवास को सार्थक करना चाहा। उसके पहले राम ने एक मुनि के आश्रम–से दूसरे मुनि के आश्रम की यात्रा की और अपनी यात्रा–से ही उन्होंने अनेक तीर्थ बना दिये। युधिष्ठिर के सामने प्रश्न आया था, "सभी नदियाँ सरस्वती हैं, सभी पहाड़ पुण्य हैं, आत्मा ही तीर्थ है, इधर–उधर घूमने की और तमाम देशों का अतिथि बनने की आवश्यकता क्या है?" मध्य युग में भी कठौती में गंगा आयीं, कबीर ने इन यात्राओं को अर्थहीन बताया पर विचित्र विडम्बना यह कि कबीर का जन्म–स्थान तीर्थ, कर्म–स्थान तीर्थ, निर्वाण–स्थान भी तीर्थ हो गया। बुद्ध के साथ भी यही हुआ। तीर्थ क्या कर्मकांड है? क्या वह अपने को विशाल में खोने की तैयारी नहीं है? मैं भारत के कोने–कोने में गया हूँ और कोने–कोने में मुझे कुछ तीर्थ मिले जहाँ क्षेत्र–विशेष के लोग आते हैं। एक–दो अभिशप्त नदियों को छोड़कर कोई नदी नहीं मिली, जिसमें तीर्थ न हो, जिसने अनेक तीर्थ न बनाये हों, कोई शिखर नहीं मिला, छोटी–सी टौरिया भी नहीं मिली, जहाँ किसी देवी का स्थान न बन गया हो। वहाँ मूर्ति भले ही न हो, पर कोई–न–कोई हाथी या घोड़ा सवारी करने वाले देवता की उपस्थिति जताता है। कहीं केवल ढूह है।

वैष्णों देवी में तीन पिंडियाँ हैं। पहाड़ों की हिममण्डित चोटियाँ हैं, जहाँ धूप तरह–तरह के खेल रचती है–ये सभी तीर्थ हैं।

समुद्र में मिलने वाली नदियों के संगम हैं, वैसे भी समुद्र तट हैं, तमाम वन–खंडियाँ हैं, वन–खंडियों के भीतर कहीं टँगी हुई लाल पताका है, कहीं किसी गिरि देवता के कुछ आकार–प्रतीक हैं–ये सभी स्थान तीर्थ हैं, क्योंकि पहाड़ियाँ दुर्गम, नदी दुर्गम, वन दुर्गम, सागर अथाह, पर पार जाने के संकल्प ने राह बनायी है। राह ही तीर्थ है। कष्ट सहकर राह बनायी है, तपकर राह बनायी है, श्रम कर राह बनायी है–वही तीर्थ है। तीर्थ का अर्थ है पार जाने की जगह। इतना जरूर है कि तीर्थ जाना, पिकनिक पर जाना नहीं है। मौज–मस्ती के लिए जाना नहीं है। तपने जाना है या गलने जाना है और उससे भी अधिक अपने छोटे–से दायरे को तपाने और गलाने जाना है। दायरा धन का हो, पद का हो, प्रतिष्ठा का हो, विद्या का हो, रूप का हो, बल का हो, यश का हो, जाति का हो, मजहब का हो–उसको आदमी कहलाने के लिए तपाने–गलाने को तैयार न हो तो वह तीर्थयात्री नहीं, पर्यटक है। पर्यटक की आँखों को भोजन चाहिए, साँसों को भोजन चाहिए पर तीर्थयात्री की इन्द्रियाँ बराबर पीछे रह जाती हैं, उसकी दूसरी आकांक्षाएँ आगे दौड़ती चली जाती हैं। अस्सी–पिचासी साल की बुढ़िया भी जय बद्रीनाथ, जय केदारनाथ बोलती लाठी के सहारे चढ़ती चली जाती है, इस प्रत्याशा में कि कुछ घटने वाला है, अपने साथ, अपने ऊपर, अपना कुछ नया रूपान्तर होने वाला है। मन्दाकिनी के तट पर पहुँचते ही केदार पर्वत सिर पर आ जाता है और मन्दिर, लगता है, कंधे पर खड़ा है। बद्रीनाथ–से काफी दूर–से ही नर–नरायण पर्वत दिखने लगते हैं। बस के हिचकोलों पर ध्यान नहीं जाता, उन जोड़ी पर्वतों पर ही ध्यान जाता है। बद्रीनाथ–से भी ऊपर माना गाँव–से चलते हैं, वहाँ व्यास गुफा है, आगे सरस्वती नदी पर भीमपुल है। भीम ने ही उस नदी पर बड़ा–सा पत्थर डाल दिया है, पुल बन गया है। उस पुल के पार सप्तधारा है, तपोवन है और आगे स्वर्गारोहण है। युधिष्ठिर का स्वर्गारोहण तीर्थयात्रा का अन्तिम सोपान है।

सावन, भादों और कातिक में ब्रजमण्डल की ओर, जाड़ों में तीर्थयात्री माघ–स्नान के लिए त्रिवेणी की ओर करोड़ों की संख्या में चलते हैं, मकर संक्रान्ति के अवसर पर गंगासागर जाते हैं, सावन में और चैत की रामनवमी के आस–पास अयोध्या की ओर अपार भीड़ जाती है।

कुआर, पूस और चैत में पिंडदान के लिए गया की ओर भीड़ जाती है। जाड़ों में चारो धाम की यात्रा के लिए तीर्थ–रेलगाड़ियाँ निकलती हैं, जो जगन्नाथ, रामेश्वर, कन्याकुमारी होते हुए मुंबई जाती हैं, वहाँ–से द्वारिका, द्वारिका–से सोमनाथ, सोमनाथ–से राजस्थान में एकलिंग और नाथद्वारा, कुरुक्षेत्र। वहाँ–से मथुरा, अयोध्या होते हुए काशी लौटती हैं। यह भारत–परिक्रमा किस पहचान के लिए होती है? क्या राष्ट्रीयता की पहचान के लिए? या मनुष्य के, नर के भीतर नारायण की सहवर्तिता, सहचारिता की पहचान के लिए होती है? ये तीर्थयात्री राष्ट्रीय एकता के सूत्र नहीं ढूँढ़ने चलते, ये राष्ट्र को जगाने भी नहीं चलते, भारत–दर्शन के लिए भी नहीं चलते, ये केवल अपने भीतर सोए हुए उस सामान्य भाव के लिए चलते हैं, जो सब–कुछ के बावजूद, सारे आवरणों के बावजूद रहता है। इसीलिए तीर्थ में एकत्र व्यक्ति एक–दूसरे का परिचय पूछने की आवश्यकता नहीं समझते। गंगा में डुबकी लगाने वाले लोग पास वाले की जाति–पाँति नहीं पूछते। हैसियत का कोई हिसाब नहीं पूछता। हैसियत ही यहाँ पर नंगे पाँव चलनेवालों से–चाहे वह ठंढी बालू पर चल रहा हो चाहे गरम रेत पर, चाहे कँटीली–पथरीली राह पर, चाहे चढ़ाई पर, चाहे ढलान पर–अपना स्थान पूछती है कि मैं कहाँ हूँ।

इन तीर्थयात्रियों की सुविधा के लिए कोई कुछ क्या करेगा! सरकारें भी जो करती हैं, बस रस्म–अदायगी करती हैं, उनका पर्यटन विभाग कुछ करने की सोचता है, तो धर्मशालाओं को अतिथि–भवन बनाने की बात के रूप में सोचता है। सामान्य को विशेष बनाये बगैर पर्यटन का काम चलता ही नहीं है। लोक के हित की चिन्ता तो केवल नारों में है अथवा संविधान में या सड़कों के निर्माण वाले विभाग में। लोक चारों ओर–से खदेड़ करके या तो रेडियो को सौंप दिया गया है या फिल्मी गानों को। सौंप क्या दिया गया है, उसे एक तरह–से वहीं पर, भोजपुरी शब्द का प्रयोग किया जाये तो ठठरिया दिया गया है, काँजी हाउस के बाड़े में बन्द कर दिया गया है। यह जरूर है कि वहाँ खूँटा नहीं है और साथ ही चारा भी नहीं है, पर लोक है कि दूब को तरह बेहयाई कर रहा है, छँट रहा है फिर भी, झुलसते–झुलसते भी जिये जा रहा है। तीर्थयात्रा इसी लोक की होती है। लोक के भीतर रहनेवाले लोकोत्तर की पहचान के लिए। वह लोकोत्तर और कुछ नहीं, लोक का सहज स्वभाव है।

अछोर विशालता, जरा–सा छूते ही दुलक जाने की प्रवृत्ति, तीव्र संवेदनशीलता और वज्र सहने की शक्ति।

तीर्थयात्रा इन सबकी पहचान है और सबसे अधिक पहचान है, सहज विश्वास की। ठगे जाने पर भी लोग सहज विश्वास नहीं खोते। पहाड़ों में तीर्थयात्रियों का अनुभव यह था कि कहीं कोई किसी की चीज उठाता नहीं। इसी सहज विश्वास के कारण यात्री सहज विश्वास कर लेते हैं कि एक भतीजा बनकर आता है और कहता है कि मैं सामान रखता हूँ, नहाकर आता हूँ, देखते रहियेगा। वह आता है, तो आत्मीयता इतनी बढ़ी रहती है कि पूछने पर कि तुम्हें पहचान नहीं रहा हूँ, कहता है कि मैं आपके पीछे पैदा हुआ, आप गाँव के नाते मेरे फूफा हैं। फूफा सामान छोड़ नहाने जाता है, आता है तो सब गायब। और वह चिल्लाता फिरता है कि मैं किसका फूफा हूँ। ऐसे असंख्य लोग उपहसनीय बनते हैं, पर विश्वास करने की टेव नहीं छोड़ना चाहते। मेरे बाबा के समय के लोग उत्तराखण्ड की यात्रा के लिए पैदल जाते थे और घर–से सदा के लिए विदा होकर जाते थे, लौटना हो, न हो। बड़ी कठिन यात्रा थी, पर यह यात्रा घर छोड़ने की यात्रा नहीं थी, घरों के घर में प्रवेश की यात्रा थी, वह ऊर्जा के ग्रहण की तैयारी थी। वर्षा का जल पड़ने के लिए पात्र साफ किया जाता है खाली किया जाता है। तीर्थयात्रा ऐसा ही विरेचन है। जब पूरे भारत के साथ यह भाव जुड़ा हुआ दिख जाता है तो भारत कोई राजनैतिक भौगोलिक इकाई नहीं रह जाता, वह भावात्मक सत्ता बन जाता है। तीर्थयात्रा भारत की भावात्मक सत्ता की असली पहचान है।

*–रथयात्रा (2002)*

# तीर्थाटन : मनुष्य की सहजता का बोध

पर्यटन और तीर्थाटन में बुनियादी अन्तर यह है कि पर्यटन या तो शुद्ध घुमक्कड़ी के भाव–से किया जाता है और उसमें स्थान का महत्त्व नहीं है, घूमने का महत्त्व है और घूमने–से अधिक फक्कड़पन के साथ रमने का महत्त्व है। पर्यटन का अर्थ ऐसा घूमना है, जो शुद्ध भोग वृत्ति–से होता है, मौज लेने के लिए लोग रमणीय स्थानों पर घूमने जाते हैं या मण्डलियों में व्यावसायिक समुदाय घुमाने ले जाते हैं। तीर्थाटन का शुद्ध उद्देश्य अपने को अकिंचन बनाकर ऐसे स्थानों पर जाना है, जहाँ हजारों लोग जा चुके हैं और वहाँ स्नान करके, ध्यान करके, पूजा करके अपने को कुछ नया अनुभव कर चुके हैं। सच्चा तीर्थयात्री केवल स्थान की यात्रा नहीं करता, स्थान–से जुड़े हुए तपस्वी लोगों के साथ सत्संग भी करता है। हमारे साहित्य में सबसे पहले तीर्थयात्रा का विस्तृत विवरण महाभारत में मिलता है, जहाँ पर युधिष्ठिर ने वनवास का उपयोग तीर्थभ्रमण के लिए किया और वहीं पर भारत के पुराने तीर्थों के बारे में सबसे पहला परिचय मिलता है। इसके पहले रामायण में भी कई तीर्थयात्राओं का वर्णन है, पर युधिष्ठिर ने भाइयों और द्रौपदी के साथ पूरे भारत के तीर्थों की यात्रा की। तीर्थयात्रा कोई यात्रा नहीं होती, वह तो एक भाव है, जिसमें आदमी अपने को पूर्णरूप–से विसर्जित करना चाहता है, खोना चाहता है और किसी नदी–संगम या सागर–संगम या सरोवर में डुबकी लगाकर अपनी क्षुद्र सीमाओं के पार जाना चाहता है। तीर्थयात्राओं ने भारत को सांस्कृतिक रूप–से जोड़ने में बड़ी महत्त्वपूर्ण भूमिका निभाई है, क्योंकि भारत के तीर्थ चारों दिशाओं में व्याप्त हैं–चाहे चारों धाम हों (बद्रीनाथ, जगन्नाथ, रामेश्वर और द्वारिका), चाहे मोक्ष देने वाली सात पुरियाँ हों (अयोध्या, मथुरा, हरिद्वार, काशी, काँची, उज्जयिनी और द्वारिका),

चाहे नदियों के उद्गमों की यात्रा हो (गंगोत्री, जमुनोत्री, नासिक, अमरकंटक और मानसरोवर), चाहे सागर–संगम–यात्रा हो (गंगासागर, कन्याकुमारी और प्रभास)। ये सभी यात्राएँ एक कोने–से दूसरे कोने तक इस तरह ले जाती हैं कि आदमी अनुभव करता है कि सर्वत्र एक तरह की ही पवित्रता की धड़कन है, एक ही तरह पराये को अपनाने का भाव है, एक ही तरह घोर–से–घोर व्यावसायिकता के बीच आत्मतुष्टि है कि तीर्थयात्रा का कष्ट सफल हुआ। तीर्थयात्री को इस कष्ट का फल अपने आसपास के लोगों के स्नेह और आदर में भरपूर मिलता है। ऐसी कष्टकर यात्रा के लिए जो निकलता था, वह सबसे विदा लेकर निकलता था, क्योंकि बहुत–से लोग लौट ही नहीं पाते थे।

इस प्रकार तीर्थयात्रा के लिए निकलना परिव्रजन था। लोग गेरुआ पहनते थे या कम–से कम गेरुआ वस्त्र सिर पर बाँधकर निकलते थे, अपने नाते–रिश्तों को छोड़कर समष्टि में मिलने के लिए निकलते थे।

बहुत व्यावसायिकता आने के बावजूद आज भी तीर्थयात्रा का भाव बना हुआ है। जहाँ पर्यटक विश्राम गृह हैं और पहाड़ों की सैर के लिए जानेवाले लोग पूरी तरह अपनी आमोद वृत्ति की पूर्ति चाहते हैं, वहीं तीर्थयात्री घनघोर शीत में प्रयाग में छोटी–सी छोलदारी या छोटी–सी झोपड़ी में पुआल बिछाकर या कभी–कभी नंगी बालू पर खुले आसमान के नीचे सोते हुए रात काट देते हैं, क्योंकि उन्हें भोर होते ही त्रिवेणी में डुबकी लगानी है और फिर साथ में लाए हुए पाथेय का बहुत बड़ा अंश तो दान दे देना है और थोड़े–से अंश–से अपना पेट भरकर प्रसन्न मन घर लौट जाना है, यही भाव रहता है। वह ब्रत लेकर रहता है कि जमीन पर सोयेंगे, एक समय सादा भोजन करेंगे और जप–तप में समय बितायेंगे या दूसरे लोगों को भोजन करायेंगे। ऐसे तीर्थयात्रियों की व्यवस्था अपने–आप हो जाती है। उसके लिए कोई विशेष उद्यम कोई नहीं करता और न कोई तीर्थयात्री विशेष सुविधा का चाहक ही होता है। आज सुविधाएँ बहुत दूर तक बढ़ गयी हैं। बसें बद्रीनाथ, गंगोत्री तक पहुँचने लगी हैं, पर सुविधाओं को तो आदमी घर पर ही छोड़कर चलता है और मानकर चलता है कि तीर्थयात्रा एक ऊँचे उद्देश्य से की गयी तपस्या है। आज भी तीर्थयात्रियों के लिए. जितनी व्यवस्थाएँ की गयी हैं, वे सब बहुत ही अपर्याप्त हैं।

तीर्थयात्री का भाव भोक्ता का भाव नहीं है। तीर्थयात्रा ऊबे हुए मन–से नहीं की जाती कि मन नहीं लग रहा है तो कैसे मन बहलाएँ।

तीर्थयात्रा की जाती है अत्यन्त उत्सुक मन से, बड़ी साध वाले मन–से कि वर्षों के बाद हमारी अभिलाषा पूरी हुई है कि हम चारों धाम कर आये हम इतने ज्योतिर्लिंगों का दर्शन कर आये। वह बहुत साधारण बनकर निकलता है और अपनी सब पहचानों को घर छोड़कर निकलता है। उसकी एक ही पहचान होती है कि वह तीर्थयात्री है। साथ ही वह तीर्थयात्री अकेला नहीं है, उसके साथ विशाल जनसागर है। जब चित्रकूट में कामदगिरि की परिक्रमा होती है, अयोध्या में 44 कोस की परिक्रमा होती है, वृन्दावन में 42 कोस की परिक्रमा होती है, काशी में 5 कोस की परिक्रमा होती है। गोवर्धन की परिक्रमा होती है तो लोग नंगे पाँव स्नान करके सबेरे निकल पड़ते हैं और बड़े उल्लास–से गाते, कीर्तन करते चलते हैं। कहीं थकान लगी. तो कुछ खा–पी लिया। कहीं पड़ाव पड़ा तो कथा–वार्ता सुनते रहे। ये परिक्रमाएँ किसी स्थान की परिक्रमा ही नहीं होतीं, ये परिक्रमाएँ आदमी के अपने भीतर भी होती हैं, क्योंकि ये परिक्रमाएँ करते समय वह अपने भीतर और घुसता चला जाता है। उसे ऐसा लगता है और वह एक बड़े विशाल भाव–से भरता चला जाता है कि क्या ठाठ है, राव–रंक, बूढ़े –बच्चे, सब एक साथ चल रहे हैं और इस रूप में चल रहे हैं कि कोई अगर थक रहा है, नीचे लुढ़क रहा है तो उसको भी उठाते चलें, सँभालते चलें। इसलिए यह परिक्रमा स्वयं के उत्सर्ग की परिक्रमा होती है। इन परिक्रमाओं के ही कारण स्थान पवित्र हो गये हैं, जहाँ पर हजारों वर्षों–से लाख–लाख मनुष्य इसी पवित्र भाव–से नियमित रूप–से आते हैं और अपनी क्षुद्रता को विशालता में परिणत करते हैं, उस स्थान में अपने आप अपूर्व शक्ति आ जायेगी। परिक्रमा एक साथ दिव्य पवित्रता का बोध है और लौकिक मंगलकामना का संकल्प है। यह सही है कि अब परिक्रमा के साथ कुछ कामनाएँ भी जुड़ने लगी हैं, पर परिक्रमा का सही उद्देश्य निष्काम ही है। निष्काम अपूर्व तृप्ति पाना है. क्योंकि उस तृप्ति के साथ चलने वाले दूसरे यात्री ही नहीं होते, उस तृप्ति की सहभागी पूरी प्रकृति होती है, जिसके बीच में–से यह परिक्रमा होती है।

तीर्थयात्रा भारतीय संस्कृति का बहुत बड़ा अंग है। यही मनुष्य को उसके सहज रूप का बोध कराती है, यही उसे सबके साथ सहभागी बनाती है और यही उसके छोटे दायरे को समाप्त करती है और संस्कृति को निरन्तर गतिशील बनाती है।

*–रथयात्रा (2002)*

# कुम्भ : जन, जल और आस्था

हमारे देश में सन्तों को जंगम तीर्थ कहा गया है, उनके समागम को तुलसीदास ने "मुदमंगलमय" तीरथराजू कहा है। यह समागम अगर देश काल के विशेष बिन्दु पर हो तो फिर क्या कहना। इस देश की संस्कृति के दो पक्ष हैं, एक तो है, सनातन सत्य का उद्‌घोष करनेवाले शास्त्र और दूसरा है, उस शास्त्र की अनुभूति के द्वारा परीक्षा करनेवाला और सनातन सत्य को जीनेवाला परिग्रहहीन, गृहहीन सन्त समुदाय, ऐसे लोगों का समुदाय जो व्यक्ति के रूप में मर चुके हैं, देह के रूप में शव होते हैं, वे केवल समुदाय और समुदाय के भाव होते हैं। ये सन्त और कुछ नहीं बटोरते, व्यक्ति मन की पीड़ा बटोरते हैं, एक स्थान–से बँधे नहीं होते, इसलिए प्रत्येक स्थान इनका होता है, अपनी निजता खोकर ये सबके हो जाते हैं। ऐसे सन्तों की साधना के भी रास्ते अलग–अलग होते हैं और उनका सम्मिलन, विभिन्न अनुभूतियों का संवाद एक विचित्र अवसर होता है, एक होने के लिए। एकता का अनुभव साधना के विभिन्न सोपानों के एक गंतव्य का दर्शन ही तो है। कुम्भपर्व का एक बड़ा लक्ष्य एकता का दर्शन है। यह एकता कोई ठोस, जड़ या सिद्ध पदार्थ नहीं, यह एकता भी एक तरल प्रक्रिया है, बर्फ और जल एक है, यह पहचान बर्फ के पिघलने पर ही तो होती है। विभिन्न साधनाओं–से गुजरे हुए सन्त जब एक–दूसरे के प्रति विनम्र होकर, द्रवीभूत होकर एक–दूसरे को अनुभव निवेदन करते हैं तो एकता की प्रक्रिया एक विशिष्ट प्रक्रिया हो जाती है।

यह दूसरी बात है कि इतना ऊँचा आदर्श नहीं निभता, बहुत जल्दी सीधा रास्ता भी आडम्बर हो जाता है, अपरिग्रह संग्रह बन जाता है, अकिंचन भाव पूजा जाकर ऐश्वर्य का केन्द्र बन जाता है, पर इस विकृति

के कारण सन्तों के द्वारा भारतीय समाज को गतिशील बनाये रखने की प्रक्रिया को झुठलाया कैसे जाये? आज भी इस संस्कृति में जो फकीर या निःस्व व्यक्ति के लिए सम्मान है, वह भोग के ऊपर नियन्त्रण तो रखता ही है। महाकुम्भों के अवसर पर इतने असंख्य सन्तों के बीच में रहने का एक अर्थ है यह अनुभव कि निःस्व होकर, निजता खोकर ही एक हुआ जाता है जीवन के विशाल प्रवाह से। एक अर्थ यह भी है, विभिन्न संप्रदायों की उपासना पद्धतियों में एक ही भाव का उद्देलन देखना, विरोध न देखना, एक परस्परपूरकता देखना। बाहरी लक्षणों–से ही सन्त नहीं जाने जाते; जो परमहंस होते हैं, उनके कोई चिह्न नहीं होते, सिवाय एक सहज मस्ती के, एक बालक जैसी सरलता के, एक माँ जैसी वत्सलता के। वे भी महाकुम्भ में अपने को जलबिन्दु बनाने आते हैं, उन्हें ढूँढ़ो। उन्हें ढूँढ़ने के लिए प्रत्येक मनुष्य में उस मस्ती को ढूँढ़ो, उस बालक जैसी कुतूहलवृत्ति को ढूँढ़ो और उस माँ की विह्वलता को ढूँढ़ो। जब यह ढूँढ़ना शुरू करोगे तो तुम्हें लगेगा कि वह परमहंस सूर्य नहीं है, वह किरण बन गया है, तुम्हारी दृष्टि में, तुम्हारे मन में वह धूप की तरह पसर गया है। पर पहले कुछ पाने की इच्छा न रखो, बस अपने को डाल दो उस धूप में दाने की तरह, देखोगे तुम अंकुर बनकर उठते हो कि नहीं।

कुम्भ हमारी संस्कृति में कई दृष्टियों से महत्त्वपूर्ण है। पूर्णता प्राप्त करना हमारा लक्ष्य है, पूर्णता का अर्थ है समग्र जीवन के साथ एकता, अंग को पूरे अंगी की प्रतिस्मृति, एक टुकड़े के रूप में होते हुए अपने समूचे रूप का ध्यान करके अपने छुटपन से मुक्ति। इस पूर्णता की अभिव्यक्ति है, पूर्ण कुम्भ। अथर्ववेद में एक कालसूक्त है, जिसमें काल की महिमा गाई गयी है, उसी के अन्दर एक मन्त्र है, जहाँ शायद पूर्ण कुम्भ शब्द का प्रयोग मिलता है, वह मन्त्र इस प्रकार है–

**पूर्णः कुम्भोऽधिकाल आहितस्तं वै पश्यामो बहुधा न सन्तम्।**
**स इमा विश्वा भुवनानि प्रत्यङ् कालं तमाहुः परमे व्योमन्।।**

इसका मोटा अर्थ है, पूर्ण कुम्भ काल में रखा हुआ है, हम उसे देखते हैं तो जितने भी अलग–अलग गोचर भाव हैं, उन सबमें उसी की अभिव्यक्ति पाते हैं, जो काल परम व्योम में है। अनन्त और अन्त वाला काल दो नहीं, एक है। पूर्ण कुम्भ दोनों को भरनेवाला है। पुराणों में अमृत–मन्थन की कथा आती है, उसका भी अभिप्राय यही है कि अनन्त को समस्त

सृष्टि के अलग–अलग लोग, अलग–अलग तत्त्व मथते हैं, तो अमृतकलश उद्भूत होता है, अमृत की चाह देवता, असुर सबको है, अमृतकलश को जगह–जगह देवगुरु बृहस्पति द्वारा अलग–अलग काल–बिन्दुओं पर रखा गया, वे जगहें प्रयाग, हरिद्वार, उज्जैन और नासिक हैं, जहाँ उन्हीं काल–बिन्दुओं पर कुम्भ पर्व बारह–बारह वर्षों के अन्तराल पर आता है, बाहर वर्ष का फेरा वृहस्पति के राशि मण्डल में घूम आने का फेरा है। वृहस्पति वाक् के देवता हैं–मन्त्र के, अर्थ के, ध्यान के देवता हैं। वे देवताओं के प्रतिष्ठापक हैं। यह अमृत वस्तुतः कोई द्रव पदार्थ नहीं है, यह जीवन की आकांक्षा से पूर्ण होने का भाव है। देवता अमर हैं, इसका अर्थ इतना ही है कि उनमें जीवन की अक्षय भावना है। चारों महाकुम्भ उस अमृत भाव को प्राप्त करने के पर्व हैं।

ये कुम्भ पर्व इसका स्मरण दिलाते हैं कि तुम्हारा अधूरापन जब तक रहता है, तुम्हारी विच्छिन्न्ता जब तक रहती है, तुम्हारा अपने–से भिन्न के प्रति अलगाव जब तक रहता है, तब तक तुम मृत्यु के घेरे में हो, मृत्यु के भय–से ग्रस्त हो। जब तुम सोच लेते हो यह सब–कुछ मैं हूँ, मुझमें ही सब–कुछ है, मैं पूर्ण कुम्भ हूँ, जिसमें काल है और जो काल में है, तब मृत्यु घेरा नहीं रह जाती, वह पड़ाव बन जाती है, वह वैदिक ऋषियों के शब्दों में यज्ञ–समाप्ति का स्नान बन जाती है। कुम्भ स्नान में यही स्मरण कहीं–न–कहीं अन्तर्निहित है कि हम अमुक के रूप में विलीन हो रहे हैं, हम जल के भीतर–से सम्पूर्ण बनकर निकल रहे हैं, जीवन के भाव–से भरकर, अमृत होकर, अमृत सन्तान होकर। हमें यह न भूलना चाहिए कि अमृत विष का सगा भाई है। हम अहंकार मन्थन करते हैं तो पहले विष ही निकलता है, वह कम लुभावना नहीं होता। जीने की एक लालसा ऐसी भी होती है, जब हम अपने लिए ही जीवन का समस्त उपभोग चाहते हैं, वह लालसा विष है। जिस जीवन की लालसा अमृत है, उसमें जीना अपने लिए, भोग अपने लिए नहीं, सबके लिए है, दूसरे–से बचे तो अपने लिए है। परम अमृत है उच्छिष्ट भाव, सबका जूठन बन जाना, सृष्टि मात्र को निवेदित होकर बच जाना, वही भाव सार्थक अस्तित्व है। पूर्ण–से पूर्ण को उलीच देने पर जो बचता है वह पूर्णतर है।

कुम्भ शब्द का एक अर्थ है रोकना, प्राणों के नियमन को कुम्भक कहते हैं, प्राणायाम के तीन हिस्से होते हैं, पूरक–साँस भरना, कुम्भक–साँस

रोकना, रेचक–साँस छोड़ना। बीच में है कुम्भक। यह शरीर भी एक कुम्भ है, घर है, इसमें प्राणों का प्रवाह है, पर जब हम प्राणों को रोककर पूरे शरीर को प्राणमय बनाते हैं तो यह घर पूर्ण हो जाता है, पर पूर्ण बने रहने में क्या रखा है, खाली हो–होकर पूर्ण होने के लिए आकुल होना, यही वास्तविक पूर्णता है। कुम्भ पर्व साँसों का मेला है, साँसों का त्योहार है। कितनी लाख–लाख साँसें एक–दूसरे–से मिलती हैं, कितनी साँसें भरती हैं, कितनी साँसें खाली होती हैं, कितना उच्छ्वास होता है, आज गंगा–स्नान हुआ, कितना निःश्वास होता है, जीवन हमने कितना खोया, किन व्यर्थ प्रपंचों में हमने अपनी साँस गँवाई, असंख्य–असंख्य लोगों के भीतर रहते हुए, विशाल महासागर की लहर के रूप में अपने को अनुभव करते हुए कितनी विशालता का बोध होता है और यहीं कभी अपने साथ के लोगों–से बिछुड़ने पर कितनी असहायता, कितनी विपन्नता का बोध होता है। यह पूरक, यह रेचक, यह कुम्भक सभी महाकुम्भ का ही एक रूप है।

कुम्भ को इस रूप में लेना और अपने शरीर के भीतर कुम्भ को देखना एक सहज भाव उमड़ाता है, जो ब्रह्माण्ड में है, वही पिंड में है, जो इस पिंड में है, वही ब्रह्माण्ड में है। इस भाव के उमड़ने–से देह के प्रति एक दूसरी तरह की भावना हो जाती है, यह साधनधाम है, पर कंचन–काया है, हम खामखाह इसे अपदार्थ माने हुए हैं। इस देह को साधने की जरूरत है, इस देह को इन्द्रियों के साथ, मन के साथ, बुद्धि के साथ और आत्मा के साथ जोड़ने की जरूरत है। इस देह को कमल के रूप में देखने की जरूरत है, ऐसे कमल के रूप में, जिसका नाल जितना जल के ऊपर है उतना जल के भीतर है, जिसकी पुरइन रूपी चिति पर पानी की बूँदें आती हैं, ढुलक जाती हैं, टिकती नहीं, जिसके कोश में से स्रष्टा निकलते हैं। प्रत्येक व्यक्ति केवल घड़ा ही नहीं है, वह घड़े के साथ–साथ उस पर रखा गया पंचपल्लव है, पूर्ण पात्र है, पूर्ण पात्र पर रखा गया दीप है, बाहर गोंठी गयी रचना है, उस रचना में खोंसा गया जौ है और जौ का अंकुर रूपान्तर है। दूसरे शब्दों में वह एक छोटा विश्व है, जो जैसा है, वैसा ही रहना नहीं चाहता, वह उगना चाहता है, वह आलोकित करना चाहता है, यह भाव भरने की जरूरत है।

ऐसे कुम्भ से जब जल सींचा जाता है, तो अभिवृद्धि होती है। यही आस्था का जल के रूप में निष्यन्द है। कुम्भ पर्व मनुष्य को आस्था में

अभिशिक्त करने के लिए तो है ही, वह मनुष्य को अभिषेक का द्रव बनाने के लिए भी है। द्रव के सम्पर्क से द्रव नहीं बनता, तप के सम्पर्क से द्रव बनता है, इसीलिए उस तप की भावना का स्मरण ऐसे पर्व के अवसर पर आवश्यक है, जिसने गंगा को द्रवित किया, जिसने गंगा को सर्वजन कल्याण के लिए उनन्मोचित किया, जिसने गंगा के किनारे तप करके इसकी धारा को संस्कृति की मुख्य धारा बनाया। तपोवन–आस्था तप के बिना, जीवन के कठिन निर्वाह के बिना, जड़ होती है इस महाकुम्भ पर बार–बार याद करें, तभी आप मंगलमय कुम्भाभिषेक के अधिकारी होंगे।

*–शेफाली झर रही है (1987)*

# अमृत-मन्थन : स्मृति या प्रत्यक्ष

कुम्भ नाम सुनते ही कई बिम्ब मन में उभरते हैं, भयंकर भीड़, तरह–तरह के साधुओं का जमघट, नदी के जल में सहस्रशीर्षा पुरुष का अवतरण, भीड़ में खोए हुए लोगों की सूचना का प्रसारण, एक अजीब बेखुदी का आलम, दुर्घटना, मृत्यु, शोर और अतुलित आह्वाद–से भरे चेहरे। पुराण और वेद तो बाद में याद आते हैं। बीसवीं सदी का शंकालु मन कहता है यही अमृत का कुम्भ है, इसी के लिए इतनी तरस, इतनी प्रतीक्षा। कैसा विचित्र है यह देश, जाने किस असम्भव घटना की स्मृति जगाता है। वहाँ कभी हुआ होगा अमृत मन्थन, उसमें–से पहले निकला होगा जहर, बाद में निकला होगा अमृत का कुम्भ, समुद्र के मथने में देवता और असुरों का कैसा तो रहा होगा साथ और अमृत मिल जाने पर कैसा हुआ होगा कलह, उसी में मोहिनी अवतार जाने कैसा हुआ होगा, असुर छले गये होंगे, देवताओं के गुरु ने अमृत कुम्भ कई स्थलों पर कई काल बिन्दुओं पर रखा होगा, उसी अमृत के कारण देवों–से असुरों का सनातन बैर ठन गया होगा और बीच में मनुष्य को अमृत की एक बूँद नहीं मिलनी, बस वह कुम्भ जिस कालबिन्दु पर जिस–जिस स्थल पर रखा गया, वहाँ–वहाँ उस–उस कालबिन्दु पर अमृत की चाह उमड़ जाती है।

यह अमृत है क्या, कोई सचमुच का पदार्थ है, कोई रस है या बस यों ही खामखयाली। सहस्राब्दियों–से पूरा देश उमड़ता रहा है, क्या मिला है इन कुम्भों से?

मैं उत्तर देना चाहता हूँ तो कुम्भ शब्द के अर्थ पर ध्यान जाता है कुम्भ का एक अर्थ है घड़ा, जिसमें जल भरा जाता है, दूसरा अर्थ है, वह प्रक्रिया जिसमें साँस भरकर रोकी जाती है, तीसरा अर्थ है, यह पार्थिव शरीर,

एक चौथा अर्थ है यह पूरा विवर्तमान विश्व, 'फूटा घट घटहि समाना' का यही तो अर्थ है, शरीर मरता है और जीव एक विशाल घटमान प्रक्रिया में विलीन हो जाता है। कुम्भ इस प्रकार आकाश का एक ऐसा खण्ड है, जिसको नाप नहीं सकते पर जिसके कारण आकाश की प्रतीति होती है, काल का एक ऐसा स्वरूप है, जिससे हम क्षण के प्रवाह को, जीवन के प्रवाह को प्रवाह–से अलग समझते तो हैं पर उस समझने का क्षण कालातीत हो जाता है। कुम्भ एक फेरा है और एक फेरे–से मुक्ति भी है, एक सीमित जीवन है और एक विशाल जीवन में सीमित जीवन का उन्मज्जन है। शायद यही अमृत का भी अर्थ है। अमृत का अर्थ है न मरा होने का भाव, अर्थात जीवन के साथ तादात्म्य स्थापित करके जीने का भाव, मृत्यु के इनकार का भाव, शरीर के मरने को एक स्नान के रूप में देखने का भाव (जिसके बाद आदमी नया वस्त्र पहन लेता है)।

भारत इसी जीवन का उपासक है, वह इसीलिए अमृत–सन्तान है, अमृत की धारावाहिक परम्परा है। अमृतमन्थन की घटना की याद नहीं जगाई जाती, अमृतमन्थन किया जाता है, मनुष्य के भीतर ही देव हैं, असुर हैं, दोनों को अमृत का लालच दिया जाता है, अमृत मिलता है तो असुरों को वंचित किया जाता है, वे कितने भी शक्तिशाली क्यों न हों वह अमरत्व न पायें, इसके लिए अपने ही भीतर एक विचित्र रागात्मिका वृत्ति का अवतार होता है। अमृत पिया नहीं जाता, अमृत जिया जाता है।

पर अमृत अकेले मथा नहीं जाता, अकेले जीवन नहीं सधता, विशाल–से एकाएक भरकर, समष्टि–से एकमेक होकर, व्यक्ति के भाव को उसी में समाहित करके ही जीवन सधता है। कुम्भपर्व एक निमन्त्रण है अपने गाँव–घर, अपने जाति–कुल, अपने धन–वैभव को भूलकर एकदम अकिंचन बनकर जुड़ो एक–दूसरे–से और जब जीवन की पवित्र धारा–से रागी–वैरागी, सब एकत्र हों, काल के उस बिन्दु को पहचानो, देश के उस बिन्दु को पहचानो जहाँ अमृत का कुम्भ है। कोटि–कोटि आस्थाएँ जुड़ती हैं जीवन के इस मूर्त प्रवाह–से। पत्थरों की हृदय–से निकली हुई रसधार–से कोटि–कोटि साँसें एक महाश्वास बनती हैं, साँसों का मेला होता है तब एक पर्व बनता है। पर्व का अर्थ है वह संधि जो भरे हुए रस की रक्षा करती है, गन्ने की दो पोरों के बीच ही तो गन्ने की मिठास है। समष्टि जीवन का माधुर्य–संचय ही पर्व है। यही पर्व उत्सव बन जाता है, जब आदमी अपने को सोमलता बनाकर अपने ही आपको पीसता है और

रस निचोड़कर पात्र में रखता जाता है, पात्र में रस उफनता है, छलक उठता है, सूर्य और चन्द्र नाड़ियाँ एक हो जाती हैं, बाएँ–दाएँ कुछ नहीं रह जाता, एक विचित्र उन्मनावस्था में अमृत झरने लगता है, पीनेवाला और पिलानेवाला ये दो नहीं रह जाते, एक हो जाते हैं।

आप पूछेंगे, आपको दिखता होगा यह सब इस भयंकर भीड़ में, ऐसे जनसम्मर्द के बीच घुटन, शोर और गंदगी में कहाँ यह सब होता है, बस दिल जरूर घबराता है। केवल एक अन्धी श्रद्धा का प्रदर्शन दिखाई पड़ता है या उस अन्धी श्रद्धा का लाभ उठानेवालों की तरह–तरह की दुकानें दिखाई पड़ती हैं, जिनमें खाने–पीने का सामान है, शारीरिक और मानसिक मादक द्रव्य है, धर्म भी एक मादक द्रव्य ही है और क्या है। क्या नशे की झोंक में ही अमृत झलकता है, नूर का जलवा दिखाई पड़ता है? पर आप भीड़ देखते हैं, मैं आदमी को देखता हूँ। आदमी के चेहरे पर मुझे नशे का कोई भाव नहीं दिखता, एक अबोध परितृप्ति दिखाई पड़ती है, एक विचित्र अकुलाहट दिखाई पड़ती है, कब हरिद्वार पहुँचेंगे, कब डुबकी लगायेंगे, एक अपने को खो देने का उत्साह दिखाई पड़ता है, क्या इसे जीवन की चाह, जीवन की तृप्ति आप नहीं कहेंगे? असंख्य–असंख्य लोगों में कौन किसी की सुनता है, कौन व्याख्यान सुनता है, कौन उपदेश सुनता है, सब–के–सब एक भीतर के अनन्त महासागर के मथे जाने–से जो शब्द होता है, उसी की ओर कान लगाए रहते हैं। आपको अपना बचपन याद है, जब दही के बिलोने की आवाज कितनी प्यारी लगती थी, कैसी आतुरता रहती थी कि कब नैनू (नवनीत) निकले और माँ हाथ पर रखे, कुछ वैसी ही आवाज सुनने की ललक जैसा अनुभव होता है, तब आदमी अपने को सौंप देता है, विशाल को, किसी अनन्त को, निराकार को नहीं, सर्वाकार को, पर हाँ, यह बात जरूर है, हम अपनी तथाकथित शिक्षा के दम्भ में यह सब कुछ नहीं देख सकते, हमें देश और काल टुकड़ों में दिखाई पड़ते हैं। अखण्ड रूप में कुछ नहीं दिखता, मनुष्य भी हमें खंडित दिखते हैं, जीवन भी खंडित दिखता है, धर्म भी हमें खंडित दिखता है। बस 'अखण्डता' शब्द मात्र अखण्ड दिखता है, हम भूल जाते हैं कि प्यास और उसकी बेचैनी परितृप्ति का ही एक हिस्सा है। एक–दूसरे के लिए मोह–छोह, एक–दूसरे–से आगे निकलने की प्रतिस्पर्द्धा, एक–दूसरे को धक्का देना, एक–दूसरे–से राग–द्वेष रखना, यह एक मनुष्य के समग्र जीवन के अनिवार्य अंश हैं। नदी की मिट्टी उसके जल–से विलग नहीं है।

अपने बाल–बच्चों के मोह में फँसा साधारण बहुधन्धी मनुष्य चन्द्र और सूर्य से, अमृत के पहलुओं–से अलग नहीं है। हम यह सामंजस्य देखने की कोशिश करें तो वास्तविकता उजागर होगी। बालू को अलग देखेंगे, अमृत को अलग देखेंगे, घर को अलग देखेंगे, समुद्र को अलग देखेंगे, मथने को अलग तो वास्तविकता नजर नहीं आयेगी। वास्तविकता तो लोक का ओत–प्रोत भाव है, यह बोध है कि सब एक–दूसरे के पूरक हैं, झरना अकेले नहीं होता, झरने के लिए अपनी हँड़िया, अपनी छोटी जीवन–अपेक्षा फेंकनी पड़ती है, स्थापित करनी पड़ती है, अपना छोटा–सा बाड़ा उखाड़ना पड़ता है, अपना छोटा–सा घर जल–से भरकर औंधाना पड़ता है, तब पूर्ण वास्तविकता के दर्शन होते हैं, उसमें–से मन चाहे जितना उलीचिए वह उतना–का–उतना रहेगा और आप भी अपने भीतर यह उलीचे जाने के लिए प्रस्तुत हो जाइए, आप भी पूरे बने रहेंगे।

कुम्भ इसी पूर्ण वास्तविकता का पर्व है, जो अपने को बिल्कुल खाली कर वहाँ जा रहे हैं, वे भर रहे हैं। जो अपने खालीपन को ही सम्पत्ति माने बैठे हैं, बे वंचित हैं। आप साधुओं के ऐश्वर्य का तामझाम देखते हैं और खीझते हैं, पर आप कभी उन परमहंसों को भी पहचानने की कोशिश करते हैं, जो ऐसे पर्वों में अवश्य उपस्थित होते हैं, किसी–से कुछ लेना–देना नहीं, किसी देश, किसी संप्रदाय, किसी झंडी–से नहीं, बस हर मनुष्य के भीतर जागती मनुष्यता–से है, उससे खिंचे आते हैं, असंलक्ष्य रूप–से आते हैं, उन्हें आप कभी भीतर की आँख–से देखें तो अपने में भी पा सकते हैं। प्रत्येक व्यक्ति के भीतर वह है, तभी जीवन की सार्थकता है और अमृत पर्वों की यही सार्थकता है।

*–शेफाली झर रही है (1987)*

# कुम्भ पर्व

कुम्भ का नाम लेते ही हमारे सांस्कृतिक मंगल–बोध के एक साथ कई स्तर उघड़ आते हैं। एक कुम्भ है जो क्षीरसागर के मन्थन–से निकला, अमृत–से लबालब भरा कुम्भ है। वह कुम्भ जिन–जिन स्थानों पर इस भूतल पर रखा गया और जिस–जिस ग्रहयोग के कालबिन्दु पर रखा गया, उन–उन स्थानों पर, उस–उस ग्रहयोग के कालबिन्दु पर प्रति बारह वर्ष के बाद कुम्भ पर्व मनाया जाता है। वे स्थान हैं–प्रयाग, उज्जयिनी, हरिद्वार, और नासिक।

एक कुम्भ है, जो समस्त देवों के अधिष्ठान के रूप में प्रत्येक मांगलिक कार्य में प्रतिष्ठापित किया जाता है, उसे गोबर–से गोंठा जाता है, गोबर की रेघारियों में जौ के दाने धँसाए जाते हैं, इस कुम्भ को समस्त तीर्थों के जल से, सर्वोषधियों–से भरा जाता है। इसके नीचे सप्तधान्य रखे जाते हैं, इसके ऊपर पंचपल्लव रखकर अक्षत–से पूर्ण नारिकेल युक्त एक पूर्णपात्र रखा जाता है और उस पूर्णपात्र के ऊपर एक दीप। इस पूर्णकुम्भ के चारों ओर जितनी तेजी–से जौ के अंकुर बढ़ जाते हैं, उतनी ही मंगलकार्य की संसिद्धि सफल मानी जाती है। एक प्रकार–से यह कुम्भ जीवन की पूर्णता, उर्वरता और प्रकाशमयता का प्रतीक होने के साथ निखिल सृष्टि के साथ उसके तादात्म्य, समस्त देवत्व के साथ उसके सायुज्य और सर्वभूतहित के लिए उसके उपयोज्य भाव का भी प्रतीक है।

एक दूसरा कुम्भ है, जो सृष्टि की घटना के बार–बार नये जन्म के साथ पुनरावृत्त होने का प्रतीक है। इसीलिए मातृत्व और वात्सल्य के स्त्रोत के रूप में कुम्भ सिद्ध उपमान बन गया है। दूसरी ओर जब मृत्यु के बाद कृत्य सम्पन्न किये जाते हैं, उस समय एक घट पीपल की डाली

में लटकाया जाता है, उसके नीचे एक बहुत छोटा–सा सूराख किया जाता है, घट को प्रतिदिन भरा जाता है, जिससे उस सूराख–से बूँद–बूँद जल रिसता रहे और पीपल की जड़ को सींचता रहे। एक प्रकार–से मृत्यु को नये जीवन में रूपान्तरित करने की यह संधि–प्रक्रिया है। एक घट रीत–रीत कर जीवन–तरु को–सन्तान–परम्परा के प्रतीक रूप वृक्ष को सींचता है। इस प्रकार अपनी सार्थकता पाकर ही वह अपने सूक्ष्म शरीर में आप्तकाम होकर प्रवेश कर सकता है। मानवदेह जीवन–रस–से परिपूरित होने के लिए है, पर-साथ ही यह परिपूरण भी सृष्टि के निरन्तर नये–नये प्ररोहों को सींच–सींचकर ही सार्थक है। मृत्यु जीवन की इति नहीं, नये सिरे–से लोकमंगल की साधना के पहले का अल्प विराम है, पूर्णता के लिए नयी तैयारी का उपक्रम है।

पूज्य महामना मालवीयजी के बारे में प्रसिद्ध है कि वे कहा करते थे, 'कोई पात्र अगर पूरा न भरा हो तो दो प्रकार–से इसे देखा जा सकता है। एक दृष्टि कहेगी कि पात्र आधे–से ज्यादा खाली है, पर वह दृष्टि केवल खाली देखती है और भारतीय दृष्टि कहेगी कि चलो आधा भर गया, अब कुछ ही और भरने को है, इस देह–घट को बराबर इसी दृष्टि–से देखना है, कितना भर गया और अगर कुछ कसर दीखती है तो यह मानकर चलना चाहिए कि कहीं कोई दूसरा घट इसके खाली होने–से भर रहा है।' प्रत्येक दशा में घट की परिपूर्णता और घट की परिपूरकता का ध्यान बना रहना चाहिए।

एक चौथा घट है जिसे दसों दिक्पाल दिग्गज भर–भर के उससे लक्ष्मी का अभिषेक करते हैं। विश्व की शोभा बिना सार्वदेशिक मंगलवारि–से अभिशिक्त हुए निखार नहीं पा सकती। दशों–दिशाएँ जिसकी ओर किसी आशा–से उन्मुख होंगी, वह दशों–दिशाओं को अपने सौन्दर्य से, अपनी समृद्धि से, अपनी उदारता–से आप्यापित किये बिना रह कैसे सकती है? लक्ष्मी का अभिषेक हो, राजलक्ष्मी का अभिषेक हो, कुम्भ अपने रस–से लक्ष्मी के मद को धो देता है, राजलक्ष्मी के कठोर चित्त को मृदुल बना देता है, समृद्धि को पर के लिए अर्पणीय बना देता है और रूप लक्ष्मी को सौभाग्य–सम्पन्न बना देता है। यह कुम्भ निखिल विश्व की आकाक्षा का प्रतीक है, जो प्रत्येक अभ्युदय को अपने द्रवण–से भरना चाहती है।

एक पाँचवाँ घट है, जो हमारे समस्त दर्शनों पर छाया हुआ है। कार्य–कारण सम्बन्ध को समझाने के लिए मिट्टी का घड़ा एक मूर्धन्य उदाहरण है।

मिट्टी उपादान कारण हो या समवायि कारण हो, बराबर याद आती रहती है, और कुम्भकार का चक्र बराबर घूमता रहता है, उसका डंडा बराबर निमित्त कारण बनकर चक्र को रोकता और नचाता रहता है। कुम्भ या कार्य यानी रचना, कुम्भकार यानी रचनाकार, चक्का यानी सृष्टिक्रम और मिट्टी यानी सृष्टि का अव्यक्त रूप। यह कुम्भ कार्य है, इसलिए नश्वर भी है, मर्त्यभाव अर्थात मृत्यु के आगे मानवीय अवशता का भाव। महाभारत में युद्ध के महाविनाश के अनन्तर विदुर ने इसी मिट्टी के घड़े का बिम्ब लेकर नश्वरता की अपरिहार्यता का रूपक खड़ा किया है–

**यथा च मृण्मयं भाण्डं चक्रारूढं विपद्यते।**<br>
**किंचित्प्रक्रियमाणं चर कृतमात्रमथापि वा।।**<br>
**छिन्नं वाप्यरोप्यन्तदवतीर्णमथापि च।**<br>
**आर्द्रं वाप्यथवा शुष्कं पच्यमानमथापि वा।।**<br>
**उत्तार्यमाणमापाकाद् उद्धृतं चापि भारत।**<br>
**अथवा परिभुज्यन्तमेवं देहाः शरीरिणाम्।।**

''जैसे मिट्टी का घड़ा चाक पर रखते–रखते कभी टूट जाता है, कभी हाथ से, कुछ शक्ल लेते, कभी गढ़े जाते ही, कभी चाक–से काटकर निकालते भर में, कभी नीचे रखे जाने पर, कभी गीले रखते ही, कभी सूख जाने पर, कभी पकाते समय, कभी आँवा–से निकालते समय और कभी निकालने पर, उसी प्रकार मनुष्य का शरीर भी कभी गर्भ में, कभी जन्म लेते ही, कभी बचपन में, कभी जवानी में और कभी बुढ़ापा आने पर मृत्यु को प्राप्त होता है। मृत्यु उम्र नहीं देखती।'

मृत्यु का यह बोध जहाँ एक ओर मनुष्य के हृदय को करुणा–से आपूरित करता है, वहीं उसके मन में अमरत्व की एक प्यास भी जगाता है, मृत्यु का अतिक्रमण करके, घट का अतिक्रमण करके अमरत्व के अनन्त महोदधि में एकाकार होने के लिए एक आवाहन भी देता है। नश्वर घट अमृत महोदधि में डुबकी लगाकर अपने को अमृत–से भरता है, तभी अमृत भी एक आकार पाता है, नश्वर घट में ही परब्रह्म पूर्णात्पूर्णतर परब्रह्म अवतीर्ण होकर सगुण और साकार होते हैं और सगुण–साकार होने पर ही वे परम आत्मीय होते हैं, घट मनुष्य के लिए साधन है तो परमात्मा का साध्य भी है। बिना घट के अभिव्यक्त हुए यह बात भी कैसे समझ में आयेगी–

**ऊँ पूर्णमदः पूर्णमिदं पूर्णात्पूर्णमुदच्यते।**
**पूर्णस्य पूर्णमादाय पूर्णमेवावशिष्यते।।**

वह घट भरा है, यह घट भरा है, उस घट के आपूरण–से इस घट का नया आपूरण होता है, पर पूरा–का–पूरा खाली होकर भी, दूसरों को भरकर भी वह घट भरा ही रहता है। शर्त केवल एक है कि अपने को भरने का भाव बराबर दूसरे के आपूरण–से प्रेरित हो, तभी यह न रीतनेवाली पूर्णता बनी रहती है। आपूरण ही जीवन का परम लक्ष्य है।

शायद इसीलिए पूर्ण कुम्भ मातृत्व अर्थात सृष्टि के गौरव का प्रतीक तथा अधूरे एवं साकांक्ष सौन्दर्य की अखण्ड सौभाग्यशालिता का प्रतीक बन गया। कालिदास ने शकुंतला और पार्वती के द्वारा घड़े भरवा–भरवाकर जो पेड़–पौधों को सिंचवाया है, वह उनमें मातृत्व के गौरव की प्रारंभिक तैयारी के लिए है। बाहर के लोगों को मातृत्व के इस प्रतीक के लिए कुम्भ का उपमान बड़ा भद्दा और भोंड़ा लगता है। वे गोलाइयों की अपेक्षा उभरी हुई नोकों के प्रति अधिक आकृष्ट होते हैं, क्योंकि उनकी दृष्टि में नारी केवल यौवन का उभार है, मातृत्व की रेखाहीन वर्तुलता और पूर्णता नहीं।

इन अनेक प्रकार के कुम्भों की बात सोचता हूँ तो याद आता है कि अपना कुम्भ छूँछा ही पड़ा हुआ है। ध्यान–से सुनो, मेरी आत्मा के चारों ओर–से आवाज आ रही है–शाम होने को आयी, किस सौन्दर्य के मोहजाल में, किन स्मृतियों में, किन चिन्ताओं में खोई हुई हो, 'गागर भरने की बेला बीती जाती है, जीवन का कुम्भपर्व व्यर्थ हुआ जा रहा है, भरे जल में डूबो, जल की तरह अथाह, अपरिमेय, सरस और तृप्तिप्रद बनने के लिए, अमृत तुम्हारे मन में ही मथा जा रहा है, अपनी गागर को भरने के लिए उन्मुख हो, इस सागर को भरकर जब चलोगी, तभी तुम्हारी ओर विश्व गागर नागर ढरकाने के लिए मुड़ेंगे और तुम्हारे गागर का रस छलककर उन्हें सराबोर कर देगा। तुम्हारा कुम्भक प्राणायाम उस एक क्षण में ही पूरी सार्थकता पा लेगा, पर पहले गागर तो सँभालो, कुम्भ की पूर्णता को, कुम्भ की सार्थकता तो मानो, नश्वरता को अनश्वरता की चुनौती के रूप में तो स्वीकार करना सीखो। यह कुम्भपर्व यही चुनौती देने आया है। सुनो, कितने कुम्भ भरे जा रहे हैं, तुम्हारा ही कुम्भ क्यों रीता रहे!

*–कँटीले तारों के आर–पार (1998)*

# माघ मेला के बहाने

प्रयाग के माघ मेले में आज चालीस वर्षों–से मैं प्रतिवर्ष एक दिन, दो या तीन दिन के लिए, जैसा समय मिले, अवश्य जाता हूँ। एक तरह का कोई आकर्षण वहाँ पर खींच लाता है। कई बार एक प्रश्न का उत्तर पाना चाहता हूँ कि यह कौन–सा आकर्षण है और मुझे किसी उत्तर–से पूर्ण सन्तोष नहीं होता। इसीलिए बार–बार जाता हूँ। वैसे तो हर देश में, हर मजहब में जियारत के लिए यात्रा या तीर्थयात्रा का विधान है। पर नदी को तीर्थ के रूप में देखनेवाले मत या लोग जितने उत्साह–से हिन्दुस्तान में दिखाई पड़ते हैं, उतने कहीं अन्यत्र नहीं। झरनों को, पहाड़ों को पवित्रता का एक अधिष्ठान मानने वाले लोगों के, नदी या नदियों के संगम को बड़े तीर्थ के रूप में देखने के पीछे भाव कुछ होना चाहिए, जो यहाँ की संस्कृति–से और यहाँ की प्रकृति–से निरन्तर बल पाता रहा होगा।

क्या मैं एक पुरातन और सदा नवीन होनेवाले प्रवाह–से आकृष्ट होता हूँ, जो प्रवाह हमारे जीवन की निरन्तरता का साकार रूप है? क्या मैं केवल शास्त्रों के बचनों–से प्रेरित होता हूँ कि माघ में संगम में डुबकी लगानी चाहिए, क्या मैं किसी सत्संग के आकर्षण–से जाता हूँ, क्योंकि वहाँ संगम तीर्थराज के रूप में सन्त–समाज जुड़ते हैं और क्या मैं केवल भीड़ के सम्मोहन–से आकृष्ट होकर जाता हूँ? मुझे लगता है कि ये सब कारण भी होंगे, पर उतने बड़े कारण नहीं हैं, क्योंकि हर बार मुझे जो कुछ नया अनुभव होता है, वह इन प्रश्नों के उत्तर में समा नहीं पाता।

प्रयाग के माघ मेले को कुम्भ का मेला कहते हैं। कुम्भ का अर्थ जल–से या रस–से भरने वाला पात्र है और यह समुद्र–मन्थन–से निकले हुए कुम्भ का प्रतीक है। कहानी यह है कि जहाँ–जहाँ अमृत–कुम्भ लेकर

भागते हुए मोहिनीरूपी विष्णु ने अमृत–कुम्भ रखा, वहाँ उस क्षण को पुनर्जीवित करने के लिए कुम्भ पर्व की परम्परा चल पड़ी। इसको और स्पष्ट समझा जाये तो इसका अभिप्राय यही होगा कि समुद्र का मन्थन वस्तुतः एक ऐसे दिव्य ज्ञान के लिए मन्थन है, जो प्राप्त हो जाता है, तो जीना सहज हो जाता है और मृत्यु का कोई भय नहीं रहता, जीवन में अदम्य विश्वास जाग जाता है। यही जीवन का अमरत्व है कि हम मरने–से इनकार करें, मरने को अत्यन्त तुच्छ समझें, मरने के बाद भी जीवन की निरन्तरता सूक्ष्म रूप में देखें और मानें कि वस्तुतः जीवन एक पिंड में ही समाहित नहीं है, वह अनेक पिंडों में व्याप्त है। इन पिंडों को एक करने वाले सूत्र को पहचान लें, यही अमरता का अनुभव है और यही अमृत–कुम्भ के रूप में रूपायित होता है। तर्कबुद्धि जिनके पास विशेष है, वे इस मेले को हँसकर उड़ा देते हैं, कुछ लोग तो खीझते भी हैं कि यह क्या तमाशा होता है। कितने मानव घंटों का नुकसान होता है, व्यवस्था में कितनी परेशानी होती है। लोग अन्धे हैं कि बस झुंड–के–झुंड दूर–दूर–से चले आ रहे हैं, अपनी गठरी–मठरी लिए हुए उन्हें न बर्फ की तरह ठंडी बालू की चिन्ता होती है, न माघ के ओस–से भीगी रात की, न किसी अच्छे रेस्तराँ की। जितनी गठरी खाली होती है, उतना ही वे भीतर–से भरते जाते हैं। उनमें–से किसी के चेहरे पर भीड़ की कोई खीझ, ठंड का कोई कष्ट या यात्रा की किसी असुविधा का कोई भाव नहीं दिखाई पड़ता। एक चरम उत्कंठा जाते समय और एक चरम तृप्ति लौटते समय। यह सही है कि वहाँ दुकानें लगती हैं, सरकार की व्यवस्था–से अपने–अपने प्रकार की जिंसों की दुकानें लगती हैं। खाने–पीने की जिंस, धार्मिक पुस्तकें, सिन्दूर, बिन्दी, चूड़ी की दुकानें, 'फूलमाला की दुकानें और विभिन्न प्रकार के सूचनात्मक प्रचार की दुकानें होती हैं। इन्हीं दुकानों के एक परिष्कृत रूप में समाज–सुधार धर्मोपदेश या सांस्कृतिक गोष्ठियों की दुकानें भी लगती हैं। पर इन दुकानों को लोग एक गुजरते हुए दृश्य, एक पासिंग शो के रूप में लेते हैं, क्योंकि जो आते हैं, उनका मेले की दुकानदारी–से अपनी जरूरत–भर का सम्बन्ध रहता है। धर्म के लिए उनके पास अपनी पोथी होती है, अपनी जपमाला होती है, बहुतों के पास अपना ठाकुर भी होता है और जो महीने–भर का कल्पवास करते हैं, वे अपने शिविरों में कोई–न–कोई पारायण भी अवश्य सुनते हैं। वहीं होम भी करते हैं। उनको किसी संस्था की आवश्यकता नहीं है। उनकी कोई संस्था उनको बुलाती नहीं,

उनके आने के कारण बहुत–सी संस्थाएँ चलती हैं जरूर पर वे स्वयं अपने–आप में संस्था हैं।

यही बात मुझे सबसे अधिक आकृष्ट करती है कि एक ऐसा हिन्दुस्तान ही है जो देश और काल को निचोड़ करके एक महीने को कल्प मान लेता है और गंगा–यमुना–सरस्वती की त्रिवेणी को ज्योति के प्रसार का केन्द्र मान लेता है। जब ये इस प्रकांर की स्थिति में पहले तो सामान्य हो जाते हैं, उसमें देशकाल–से प्राप्त कोई विशेषता नहीं रह जाती है, वह जमीन पर धान के पुआल पर सोयेगा, कुटिया में रहेगा, ठंडी हवा झेलेगा, दो समय गंगा–स्नान करेगा, भजन करेगा, गायेगा, कभी–कभी मेला भी घूम आयेगा।

अपने देश काल में प्रवेश करने के लिए यहाँ के कुछ स्मृतिचिह्न प्रसाद के रूप में ले जायेगा। अपने भीतर गंगाजल भरेगा। एक–से अधिक पात्रों में गंगाजल भरकर ले जायेगा और उन–उनको देगा जिनके यहाँ गंगाजल चुक गया है। एक तरह–से उनको भी भरेगा। यह सब किसलिए? केवल शास्त्रों के वचन के पालन के लिए? केवल लोक में प्रतिष्ठा के लिए? ऐसा होता तो एक–से–एक वृद्ध और रोगी भी यहाँ माघ में आने के लिए इतने उत्कंठित नहीं होते। बहुत–से लोग केवल इसीलिए आते हैं कि उनके जीवन का एक नियम बन गया है। जीवन का नियम अपने भीतर की शक्ति–से ही बनता है, किसी की घोषणा–से नहीं बनता, किसी विधान–से नहीं बनता। प्रज्ञा–सम्पन्न लोग इस प्रकार के बाह्य–धर्माचरण को बहुत छोटा और तुच्छ भले ही मानते हों, वे केवल अन्दर के साईं में ही आस्था रखते हैं और अपने विवेक को ही सबसे बड़ा परमार्थ भले ही मानते हों, पर वे यह भूल जाते हैं कि पेड़ जंगल नहीं है और जंगल पेड़ों का समूह नहीं है। वह भी है, पर उसके साथ हजारों चिड़ियों की चहचहाहट है, अनेक प्रकार के जीवों की तरह–तरह की पुकार है, अनेक प्रकार की गन्ध–से लदी हुई हवाओं का तरह–तरह का मर्मर है, धूप और चाँदनी की छनकर आनेवाली अनेक आकृतियों का चित्राकार भी है। उसको अनदेखा करके एक भाव को ही सर्वभाव मान लेना, चाहें वह भाव एकेश्वरवाद का हो, चाहे वह भाव बुद्धिवाद का हो, एक तरह की संकीर्णता है।

जब आदमी इन असंख्य मेला–यात्रियों के चेहरे को आईनों में नहीं देख सकता, जब नहाते समय असंख्य मनों की पवित्रता को नहीं परख सकता और असंख्य लोगों की तृप्तियों में अपनी तृप्ति का एक आयाम नहीं

पा सकता तो निश्चय ही वह अभागा है। कालिदास ने कहा था–उससे भी पहले ऋग्वेद के दसवें मण्डल में भी यही आता है कि गंगा–यमुना के संगम पर स्नान करने–से शरीर का बन्धन नहीं रहता। सतही तौर पर तो इसका अर्थ यही है कि आवागमन–से मुक्ति हो जाये, बार–बार शरीर धारण करने–से मुक्ति हो जाये। पर यह अर्थ तो छोटा अर्थ है। इससे गहरा और बड़ा अर्थ यह है कि शरीर की सीमाओं–से मुक्ति हो जाती है और शरीर की सीमाएँ हैं, जिस कुल में शरीर पैदा होता है, उस कुल–से जुड़ना, जिस गाँव में पैदा होता है उस स्थिति–से जुड़ना, अपनी अर्जित विद्या से, अपने अर्जित अध्ययन से, अपनी अर्जित प्रतिष्ठा–से जुड़ना। यहाँ आकर, यहाँ स्नान करके, एक क्षण के लिए ही सही, यह अवश्य ही घटित होता है। ये सब जुड़ाव छूट जाते हैं, केवल शरीर के भीतर एक भाव रह जाता है, जो गंगा–यमुना–से एकाकार तो होता ही है, वह एक क्षण के लिए समस्त सृष्टि की पवित्रता और पवित्र करने की क्षमता बन जाता है।

मैं जब विश्वविद्यालय में पढ़ता था, तो चपल छात्र की हैसियत–से उपदेश देनेवाले प्रचारकों–से छेड़खानी जरूर करता था, चाहे वे ईसाई धर्म का उपदेश दे रहे हों, चाहे किसी हिन्दू मत का उपदेश दे रहे हों। इतने बड़े उल्लास के उछाल में वह उपदेश मुझे झाग की तरह लगता था। कभी–कभी जरूर ऐसी विभूतियों के दर्शन हो जाते थे, जिन्हें कुछ लेना–देना नहीं था, जो बस अभ्यासवश धूनी रमाने माघ में चले आते थे। अब तो उद्‌देश्य–से सन्त–साधना शुरू हुई, पर पहले कोई उद्‌देश्य नहीं था, संघटन तो नहीं ही था, क्योंकि 'साधु न चले जमात'। हमारे यहाँ साधना एकाकी ही होती है और एकांत साधक तीर्थ में आता है जरूर, क्योंकि तीर्थों में एक विशेष स्पन्दन होता है और वह स्पन्दन, अनन्त काल–से अनन्त लोगों की पवित्र अनुभूति के अपूर्व ऊर्जा में वहाँ परिवर्तित होने के कारण होता है। साधना प्रक्रिया होती है और प्रक्रिया का अभिप्राय समझने के लिए सामान्यजन की शुचिता के साथ, सामान्यजन के भावित मन के साथ, साधना का जुड़ना बीच–बीच में आवश्यक होता है नहीं तो साधना भी अहंकार की रचना करने लगती है। साधक सन्त इसी उद्‌देश्य–से आते हैं। वहाँ कुछ देने नहीं, पाने आते हैं। 'रामचरितमानस' में तुलसीदास ने इस पावन स्थली को ही रामकथा पारायण का बड़ा स्थल बताया है, जहाँ मार्ग में आये याज्ञवल्क्य–से प्रश्नोत्तर के रूप में भरद्वाज ने रामकथा सुनी। यह भूमिका देने का गोस्वामीजी का तात्पर्य ही यह था कि

रामकथा सही जिज्ञासा–से समझ में आती है और जब समझ में आती है, तब समझनेवाला स्वयं अकिंचन बनकर, एक बड़े समुदाय का सामान्यजन बनकर, हिलोर लेनेवाले समुद्र की एक बूँद बनकर और असंख्य–असंख्य तीर्थयात्रियों के चरणों की एक रज बनकर आये और उस राम के सम्बन्ध में जिज्ञासा का उत्तर दे।

याज्ञवल्क्य रामकथा कहने नहीं आये थे, वे तीर्थराज में नहाने आये थे और आये होंगे, तो वैसे ही कष्ट–से आये होंगे, जिस कष्ट–से तीस–चालीस वर्ष पहले तक लोग आते थे और कष्ट को कष्ट नहीं मानते थे। वे इस इच्छा–से आये होंगे कि हमारे द्वारा प्राप्त ज्ञान की एक बहुत बड़ी कसौटी है और वह कसौटी है एक जीवंत धारा और उसकी एक–एक हिलोर। क्या हमारे ज्ञान में वह क्षमता है, जो उस हिलोर को अपने में भर सके, ज्ञान को भाव बना सके? ऐसे याज्ञवल्क्य ने राम की कथा इस रूप में नहीं कही कि वे अपनी रचना सुना रहे हैं, बल्कि इस रूप में कही कि वह उन्हें अगस्त्य ऋषि–से मिली थी और फिर परम्परा का वर्णन करते हुए कहा कि पार्वती को सबसे पहले शिव–से मिली थी। ऐसी पार्वती को जो प्रमाद करके शिव के द्वारा परित्यक्त हुई, अपने पिता के यहाँ अपमानित हुई और जिसने अपना उत्सर्ग कर दिया एक अशिव यज्ञ के व्यापार को विध्वस्त करने के लिए। ऐसी पार्वती ने सुनी, जिसने प्रचंड तप किया और शिव को तप–से अपने वशीभूत कर लिया। इसी प्रसंग में एक लोककथा है कि पार्वती ने शिव–से कहा कि हम भी प्रयाग चलें। शिव पार्वती को लेकर चले। शिव के मुँह–से निकला कि यह जितनी भीड़ जा रही है, उसमें कोई भी तीर्थयात्री नहीं दिखता। पार्वती ने कहा कि मैं नहीं मानती, प्रमाणित करो। शिव कोढ़ी बनकर बैठ गये और रिरियाने लगे–कोई हमको भी प्रयाग तक ले चलो। हर आदमी उपेक्षा करके चला जाता था। एक आदमी आया और उसने कहा कि मैं तुम्हें अपने कंधे पर बैठाकर ले चलूँगा। पार्वती को दृष्टि मिल गयी कि तीर्थयात्रा का भाव क्या होता है। यह कहानी प्रयाग माहात्म्य में इसलिए दी गयी है कि इसको पढ़कर जो जाये इस भाव–से भरकर जाये कि तीर्थयात्रा अकेले की नहीं है, सबकी है, सबकी ओर–से है।

गाँव में लोग तीर्थ के लिए चलते थे, तो घर–घर–से अक्षत आते थे कि ये अक्षत भी हमारी ओर–से ले जाओ और पूरा गाँव उन अक्षतों के माध्यम–से तीर्थ करता था। इसीलिए जब कोई पैदल तीर्थयात्रा करके

आता था तो उसके पैर पखारने पूरा गाँव जुट जाता था। पर रामकथा की दृष्टि–से यह तो प्रसंगांतर हुआ कि राम स्वयं तीर्थयात्री हैं। प्रयाग–से ही उनकी असली तीर्थयात्रा शुरू होती है और इसके लिए ऐसे राम का स्मरण जो राजा न होते हुए भी राजाओं के राजा हैं, पर शक्ति–सम्पन्न होते हुए भी सामान्यजन की सहायता के अपेक्षी हैं, ऐसे राम की कथा–से जुड़ा हुआ है प्रयाग। और यह बात उन असंख्य लोकगीतों में मुखरित होती है, जिनमें मेलें के लिए आते समय राम के वनवास का स्मरण बार–बार किया जाता है, अयोध्या के राम के बिना अयोध्या की उदासी का स्मरण किया जाता है। राम के बिना एक विराट सूनेपन की भावना की जाती है और राम की यात्रा का स्मरण करने–से अपनी तीर्थयात्रा की सार्थकता जुड़ जाती है। राम के साथ चलना, राम के चले हुए रास्ते पर चलना, राम के चरणों के स्पर्श–से फूल बने काँटों पर चलना, बजरी पर चलना, ऐसा लगता है जैसे पंखों के बल पर आकाश में हम तिरते जा रहे हैं। यह उल्लास अन्धविश्वास का उल्लास नहीं है। यह उल्लास एक बहुत बड़े धार्मिक भाव का उल्लास है। कोई उल्लास हमारी समझ में नहीं आता तो हमारा ही कुछ दोष होगा।

हम मनुष्य के अभ्युदय को जिन पैमानों–से तौलते हैं, वह पैमाना उस उल्लास को तौल नहीं सकता। अगर हम तौलते तो निश्चय ही हमारी दृष्टि इस देश की जनता के प्रति कुछ दूसरी ही होती। हम अपने को अपरिमित ऊर्जा वाली नदियों को खींच ले जानेवाली गंगा–से जोड़ते और पाते कि खींच ले जाने कौ यह शक्ति बड़े प्यार और अपनाव–से आती है और साथ–ही–साथ आती है असंख्य लोगों के साथ जुड़ाव से। गंगा की धारा, तप का पिघला हुआ रूप है, ज्ञान का निखरा हुआ पानी है, श्रद्धा का आवेग है।

माघ मेले में जाता हूँ, तो यह सब खोजने जाता हूँ। जब वहाँ आयोजित भाषण दूर–से सुनता हूँ, तो हँसी आती है कि किनको ये लोग सम्बोधित कर रहे हैं। वे नहीं जानते कि ये जो आये हुए हैं, वे मतदान करनेवाले नागरिक नहीं हैं, मतदान के अधिकार को भूलकर आये हुए किसी बेसुधी में खोए हुए नागरिक हैं। मुझे दया आती है ऐसे लोगों पर, जो इस विशाल मानव महासागर में–से घोंघे निकालने के लिए इतनी मेहनत कर रहे हैं। वे न तो डुबकी लगाने के लिए तैयार हैं कि मोती मिले,

न चुपचाप इस सागर की हिलोर देखते हुए इसमें खोने को तैयार हैं कि उसकी संस्था का अधिपति होना उसकी देह–से अलग हो जाये। माघ मेले में जाना इन सब बातों की सुधियों में जाना है और इसीलिए माघ मेले का हर स्नान एक नया जन्म है एक नये संस्कार का।

*–फायुन दुइङ रे दिना (1994)*

# प्रयाग में कल्पवास

प्रयाग और माघ दोनों की महिमा अनेक पुराणों में गाई गयी है। कन्नौज प्रदेश तथा हर्षवर्धन के बारे में ह्वेनसांग ने लिखा है कि हर्षवर्धन माघ में प्रयाग आये, प्रयाग में उन्होंने अपना सब कुछ लुटा दिया, वहीं समस्त धर्मों के आचार्यों और दार्शनिक पंडितों की सभा कराई, उनका सत्कार किया। गोस्वामी तुलसीदास जी के मानस का एक घाट भरद्वाज–याज्ञवल्क्य संवाद है, जो 'माघ मकर गत रवि जब होई' के अवसर पर ही जुटे मुनि–समागम का सुखद परिणाम है। लोग माघ में प्रयाग पहुँचने के लिए आज भी सैकड़ों मील पैदल यात्रा करते हैं एक–दो रात इस कठिन माघ के शीत में बिताते हैं, रात–रात भर स्त्रियाँ गीत गाते नहीं थकतीं। बहुत–से लोग महीने–भर कुटी बनाकर संगम–क्षेत्र के भीतर ब्रह्मचर्य के नियमों का पालन करते हुए रहते हैं, यही कल्पवास कहा जाता है। इस कल्पवास के पीछे कई भावनाएँ काम करती हैं। हर एक धर्म में कुछ पवित्र स्थान होते हैं, जिनका सम्बन्ध किसी सन्त–महात्मा–पैगम्बर–अवतार–से होता है और वहाँ जाकर आदमी अपने को पवित्र बना सकता है, यह भावना बनी हुई है। हिन्दू धर्म में भी तीर्थ की बड़ी महिमा है। तीर्थ का अर्थ है, वह स्थल जहाँ–से नदी पार की जाये।

इसलिए गुरु भी तीर्थ होता है। हर आदमी के हाथ में उँगलियों के आगे देवतीर्थ, अँगूठे और तर्जनी के बीच पितृतीर्थ और कनिष्ठा के नीचे हथेली की ओर ऋषितीर्थ होता है। इससे भी अधिक सूक्ष्म स्तर पर मनुष्य के मन में ही काशी और प्रयाग अधिष्ठित हैं। पर हिन्दू जीवन–दर्शन स्थूल और दृश्य तीर्थ को महत्त्व इसलिए नहीं देता कि वह सूक्ष्म और अदृश्य तीर्थ–से बड़ा है, इसलिए देता है कि प्रत्येक भावना को कुछ मूर्त आधार चाहिए।

प्रत्येक साधना का प्रारम्भ कुछ स्थूल वस्तुओं की परिकल्पना–से होता है, फिर धीरे–धीरे भावना गहरी होती है, साधना उच्चतर सोपानों पर चढ़ती जाती है और सूक्ष्म–से सूक्ष्मतर की भावना और प्राप्ति सम्भव हो जाती है।

महाभारत में युधिष्ठिर वन गये तो ऋषियों ने उन्हें सलाह दी कि तीर्थयात्रा करो। प्रत्येक तीर्थ का विशेष महत्त्व बतलाया गया, हर तीर्थ के साथ जुड़ी कहानी सुनाई गयी। इस प्रकार तीर्थयात्रा की परिकल्पना कई प्रयोजनों–से की गयी–यात्री के रूप में बड़े–छोटे का भेद मिटाने के लिए, सामान्य जीवन का अभ्यास कराने के लिए, देश के विभिन्न भागों के तपस्वियों–से जीवन के महत उद्देश्यों के बारे में उपदेश प्राप्त करने के लिए, प्राचीन आध्यात्मिक घटनाओं–से जुड़ने के लिए और स्वचित्त की परिशुद्धि के लिए। तीर्थों की परिकल्पना ने भारत को एक सूत्र में जोड़ा है और पूरी भारतभूमि को विशाल यज्ञवेदी बना दिया है।

प्रयाग तीर्थगाज कहा जाता है। प्रयाग का अर्थ है, जहाँ प्रकृष्ट याग हुए हों। गंगा–यमुना के बीच के सैकत मैदान में ऐसा लगता है, याजक और आराधक प्राचीन काल–से जुटते रहे हैं और देवता का यज्ञ एवं आराधन करते रहे हैं। मार्कडेय ऋषि ने युधिष्ठिर–से कहा कि–

**एतत्प्रजापतिक्षेत्रं त्रिषु लोकेषु विश्रुतम्।**
**अत्र स्नात्वा दिवं यान्ति ते मृतास्ते पुनर्भवाः।।**
**षष्टिर्धनुसहस्राणि परिरक्षन्ति जाह्नवीम्।**
**यमुनां रक्षति सदा सविता सप्तवाहनः।।**
**प्रयागे तु विशेषेण स्वयं रक्षति वासवः।**
**मण्डलं रक्षति हरिर्देवैः सह सुसम्मतम्।**
**तं वटं रक्षते नित्यं शूलपाणिर्महेश्वरः।।**

यह प्रयाग प्रजापति क्षेत्र के रूप में विश्वविख्यात है। यहाँ स्नान करने–से दिव्य–लोकों की प्राप्ति होती है, साठ हजार धनुष निरन्तर गंगा की रक्षा करते रहते हैं, साक्षात् सूर्य यमुना की रक्षा करते रहते हैं, इन्द्र पूरे प्रयाग की रक्षा करते हैं, भीतर के मण्डल की रक्षा विष्णु, अक्षयवट की रक्षा शिव करते रहते हैं। यहाँ पर एक महीने ब्रह्मचर्य के नियमों का पालन करता हुआ रहे, पितरों–देवताओं को तृप्त करे; सत्य, अहिंसा और तितिक्षा का पालन करे तो मनुष्य को अक्षय सुख मिलता है।

प्रयाग ऐसा तीर्थ है, जहाँ सब प्रकार की थकान दूर हो जाती है, सारे पाप प्रक्षालित हो जाते हैं, सारे ताप नष्ट हो जाते हैं, सारे अनुष्ठान सफल हो जाते हैं। इसीलिए यह तीर्थराज है। यहाँ सभी देवता उपस्थित रहते हैं, इस आकांक्षा में कि मनुष्य की श्रद्धा यहाँ निवेदित होगी।

माघ के महीने में प्रयाग में कल्पवास का विधान दो प्रयोजनों–से किया गया होगा–एक तो यही महीना ऐसा है, जिस समय खेतिहर की खेती–से अवकाश रहता होगा और यात्रा भी सुखद रहती रही होगी। गंगातट पर रहना भी इसी महीने में सम्भव है। दूसरे यह कि सूर्य के उत्तरायण होते ही प्रकाश के उपासक भारतवर्ष में नया उत्साह आ जाता है, उस उत्साह की सार्थकता प्रयाग–से जुड़कर और द्विगुणित हो जाती है।

माघ और प्रयाग ऐसे जुड़ गये हैं कि दोनों एक–दूसरे के पर्याय बन गये हैं। इस महीने में पश्चिमीवाहिनी गंगा अगर यमुना–से मिलती हुई प्राप्त हो जायें तो कोटि जन्मों के पाप नष्ट हो जायें। माघ में त्रिवेणी एक क्षण के लिए भी प्राप्त हो, इसके लिए देवता तक तरसते रहते हैं। यह बाह्य और आभ्यन्तर रसधाराओं का संगम अमृतमय है।

त्रिवेणी–तट पर माघ महीना बिताने के पीछे एक और भावना काम करती रही है, वह है संगम की भावना, जुड़ने की भावना, भावधाराओं–से जुड़ने की भावना, आदमी के आदमी–से जुड़ने की भावना। बिना इस भावना के प्रयाग–यात्रा सफल नहीं होती। संगम–स्नान का एक–गहरा अर्थ है, केवल तारनेवाली जलराशि में नहीं डूबना है, मनुष्य को मनुष्य–से जोड़नेवाली भावधारा के साथ एक होना भी है। गंगा–यमुना–सरस्वती की त्रिवेणी को गोस्वामीजी ने मानस के प्रारम्भ में ही भक्तिकर्मज्ञान की त्रिवेणी के रूप में प्रतिष्ठापित किया है और तीर्थराज प्रयाग को 'मुदमंगलमय सन्त समाज' के रूप में, उसके पीछे भी संगम की यह गहरी धारणा है।

कल्पवास की परिकल्पना अपने लिए पुण्यलाभ के उद्देश्य–से हो तो बड़ी छोटी परिकल्पना है, अपने प्राप्य में से, अपने भोग्य में–से काटकर दूसरे को (जो अपेक्षा रखता है) देने के उद्देश्य–से तप हो तो वही तप सार्थक होगा, वही कल्पवास होगा। कल्पवास जीवन का एक कल्प है, सत्य के साक्षात्कार के लिए, सेवा की साधना के लिए, अपने भीतर के सर्वभूतांतरात्मा की प्रसन्नता के लिए, और त्रिवेणी के जल में अवगाहन भीतर और बाहर की शुचिता के लिए तो है ही, सभी संप्रदायों, मजहबों, स्तरों और गतिविधियों की एक ही अनन्त महासागर के लिए अनेक प्रकार

की बेचैनी के रूप में स्वीकारनेवाली उदारता की धारणा के लिए विशेष रूप–से है। लोग यहाँ आते हैं और डुबकी लगाते समय उनकी सुधि करते हैं, जो न जा सके और अपने उन बन्धुओं के लिए डुबकी लगाते हैं।

ऊपर–से देखने पर लगता है बच्चों की–सी बात है, पर इसके पीछे जो दूसरे के लिए पुण्य करने की भावना है, वह बड़ी है, क्योंकि वह मनुष्य के भीतर मनुष्यत्व का विस्तार करती है। वह बड़ी बात ही लाख–लाख आदमियों को इस त्रिवेणी तट पर कठिन माघ के जाड़े में बुलाती है–पूरे मास, तीन दिन, दो दिन, एक दिन के लिए भी आओ, अपनी क्षुद्रता घर छोड़कर आओ, अपना सिर मुड़ाकर अपना उच्छ्वसित अहंकार काट डालो, अपने को विशिष्ट मानकर न रहो, भगवान् निष्किंचन हैं, वे उसी को प्राप्त होते हैं, जो निष्किंचन हो जाये। एक महीने ही सही, निष्किंचन होकर रहो, तभी अपने आस–पास तुम्हें आदमियों का सागर नहीं दिखेगा, अनन्त चैतन्य का महासागर उमड़ता दिखेगा, तुम प्रयाग में आये हो, अपने को प्रकृष्ट याग के रूप में साधो, समस्त चर–अचर प्राणियों के लिए समर्पित हो, तब त्रिवेणी केवल तुम्हारे बाहर न होगी, तुम्हारे भीतर भी होगी और तभी कल्पवास तुम्हारे क्षुद्रतामय, अहंकारमय, स्वार्थमय, भेदमय, रागद्वेषमय जीवन का नया कल्प होगा। जिस तट पर असंख्य लोगों ने इस प्रकार की बड़ी आग इस ठिठुरे हुए महीने में जगाई हो, उस तट पर कण–कण असंख्य श्रद्धाओं में ओत–प्रोत होने के कारण मनुष्य की मुक्ति का स्फुलिंग कैसे नहीं बनेगा, यदि वह उसी तरह धधकाया गया हो। पर सही बात यह है कि भारतीय चेतना में आज भी पानी की कमी नहीं आग की कमी है। इसीलिए इतनी ठिठुरन है, इतनी जड़ता है, इतना संकुचन है। पानी की धार आज भी जोरदार है, वह आज भी शिवमय है, पर आग रखिया गयी है। प्रयाग, उसी आग को सुलगाने का एक उपक्रम है, इसी माने में सबसे अधिक सार्थक है।

*–कौन तू फुलवा बीननिहारी (1980)*

# पर्वों का पर्व मकर संक्रान्ति

पर्व का मूल अर्थ है, पोर। जैसे बाँस की पोर, गन्ने की पोर। पर्व का इसी–से निकला अर्थ जोड़ या संधि भी है। उँगलियों के मोड़ भी पर्व हैं, पोर हैं। इसी का धार्मिक सन्दर्भ में अर्थ है, काल के ऐसे संयोजक क्षण जब कई गतियाँ एक जगह गुँथ गयी हों। जैसे गन्ने की गाँठ भले ही कड़ी हो, पर सबसें अधिक रसीली होती है। जैसे उँगली की गाँठ सबसे संवेदनशील होती है, वैसे काल के पर्व भी सूक्ष्म शक्तियों के ग्रहण के लिए सबसे उपयुक्त होते हैं। हमारे जीवन में पर्व की महिमा दो कारणों–से है। एक तो यह हमें पूरी सृष्टि की गति–से जोड़ता है। अमावस्या में चन्द्र, सूर्य, पृथ्वी की एक विशेष युति होती है। हम उससे जुड़ते हैं तो हमारे भीतर कुछ विशालतर व्यापार होने लगता है।

इसी प्रकार विशेष नक्षत्रों के साथ, विशेष नक्षत्रसमूहों के साथ सूर्य की युति होती है, सूर्य दो समूहों की संधि–से जुड़ता है तो वह अनेक सूक्ष्म शक्तियों को समेटता है। इसी को हम संक्रान्ति कहते हैं। ऐसे समय में उसकी किरणें जल पर पड़ती हैं तो जल में अधिक भीतरी शक्ति आ जाती है। इसी भाव–से हम संक्रान्ति पर्वों पर जल में अवगाहन करते हैं। उस समय हम उत्सर्ग भी करते हैं, अपनी प्रिय वस्तुओं का। अभिप्राय यह होता है कि हम बँटा रहे हैं, अपने भीतर का उत्सव भाव। हम उत्तम भोजन कराते हैं, करते हैं।

वर्ष में बारह संक्रान्ति पर्व होते हैं, बारह राशियों पर ये बारह पर्व होते हैं। इनमें दो संक्रान्तियाँ बहुत महत्त्वपूर्ण हैं। एक मकर संक्रान्ति, जब सूर्य उत्तरायण में अवस्थित होता है, पृथ्वी सूर्य के दायें रहती है। छह महीने का यह समय बड़ा शुभ माना जाता है, क्योंकि सूर्य पूर्व दिखता है,

उत्तर दिखता है, पश्चिम दिखता है, दक्षिण दिखता है, सदैव दायें दिखता है। दक्षिण की दिशा यम की, मृत्यु की दिशा है। मकर संक्रान्ति–से ही दिन बड़ा होना शुरू होता है, कामकाज के लिए अधिक लम्बा समय मिलना शुरू होता है। लोक में कहावत हैं, 'बहुरा–से दिन लहुरा, खिचड़ी–से दिन जेठ'। बहुला तिथि–से दिन छोटा होने लगता है, खिचड़ी (मकर संक्रान्ति)–से दिन बड़ा होने लगता है। मकर संक्रान्ति, विषुवत् संक्रान्ति है, इसी–से इसे असम में बिहू, बंगाल में बिषु कहते हैं। उसके एक दिन पहले पश्चिमोत्तर भारत में लोहड़ी मनाई जाती है। दक्षिण भारत में इसी दिन पोंगल पर्व होता है। उत्तर भारत में इसी को खिचड़ी या संक्रान्ति कहते हैं। खिचड़ी पकाने का अर्थ ही है, कई पदार्थों का योग पकाना। पोंगल का शाब्दिक अर्थ है, क्या उबल रहा है' काल भी परिणाम ही तो है। परिणाम की प्रक्रिया–से जुड़ने का अर्थ है, अपने भीतर कुछ नयापन, अपने भीतर सृष्टि की नयी आकांक्षा भरना, अपने भीतर सबके साथ जुड़ाव अनुभव करना।

मकर संक्रान्ति के दिन प्रायः भारत के हर छोटे–बड़े तीर्थ में स्नानपर्व मनाया जाता है। इसके साथ अपने आप मेला जुट जाता है। एक प्रयाग में, दूसरा गंगासागर में। ऐसा कोई भी नदी संगम नहीं होगा, जहाँ मकर संक्रान्ति का स्नानपर्व न मनाया जाता हो। गाँवों में न नहाने वाले के बारे में हास–परिहास करते हुए लोग कहते हैं, 'हमरे बबुआ के तीन नहान–खिचड़ी, फगुवा और सतुवानि'। हमारे बाबू के बस तीन स्नान साल में होते हैं, मकर संक्रान्ति के दिन, होली के दिन और मेश संक्रान्ति (अप्रैल में पड़ती है) के दिन। इसका अर्थ सही है कि कम–से–कम इन तीन पर्वों में स्नान अपरिहार्य है। पहाड़ों में कड़ाके की ठंड में भी लोग मकर संक्रान्ति पर्व पर नहाते हैं, नहाकर आग तापते हैं। हरियाणा, कश्मीर, पंजाब की लोहड़ी भी इसी आग तापने–से जुड़ी हुई है।

मकर संक्रान्ति को असम के लोग भोगाली बिहू कहते हैं, क्योंकि इस दिन उत्तम व्यंजन पकता है। मकर संक्रान्ति ही नहीं, अन्य पर्वों की एक विशेषता है कि जो लोग शाकाहारी नहीं होते, वे भी पर्व के दिन सात्विक आहार ही लेते हैं। मकर संक्रान्ति के दिन लोग विशेष रूप–से उत्तम खिचड़ी बनाते हैं, लोगों को खिलाते हैं, विशेषकर 'दीन–दुखियों' को खिलाते हैं। चूँकि मकर संक्रान्ति जाड़े में शुरू होती है, अकाल न हो तो धान्य सम्पन्नता उस समय रहती है। नया चावल नयी सुरभि बगराता है।

उसमें नयी उड़द या नयी मटर की दाल जुड़ती है। उसी समय हल्दी तैयार होती है, जो खिचड़ी को रंग देती है। उसमें प्रचुर मात्रा में घी पड़ता है और मसाले पड़ते हैं। खिचड़ी के साथ दही भी आवश्यक है। यह सब योग खेतिहर हिन्दुस्तानी के भीतर निरन्तर अपने को उत्सर्ग करके, अपने को दूसरों पर न्योछावर करके नये होने के लिए है, अपने भीतर का रस बाहर उमगाने के लिए और अपने बाहर की सम्पन्नता भीतर भरने के लिए है। मकर संक्रान्ति विराम नहीं है, क्रियाशीलता की नयी तैयारी है, मन के उत्तरायण का संकल्प है, इसीलिए इसे पर्वों का पर्व कहा जा सकता है।

*–शिरीष की याद आयी (1995)*

# अव्यक्त में अपने को सौंपने का पर्व : माघ की मौनी अमावस्या

यों तो अमावस्या और पूर्णिमा, दोनों तिथियाँ भारतीय जीवन में महत्त्वपूर्ण हैं, दोनों तिथियों में कई स्थान पर परिक्रमाएँ होती हैं, स्नान–पर्व होते हैं, दान–पर्व होते हैं। पूर्णिमा के दिन कई मन्दिरों में विशेष शृंगार होता है, कथाएँ होती हैं, बहुत–से लोग दिन–भर ब्रत करते हैं, चन्द्रोदय होने पर चन्द्रमा को अर्घ्य देकर अन्न–जल ग्रहण करते हैं, परन्तु अमावस्या–से बहुत गहरी जीवन–साधना जुड़ी हुयीं है। चन्द्रमा इस रात को तनिक भी दृष्टिगोचर नहीं होता। एक तरह–से चन्द्रमा सूर्य में पूरी तरह समा जाता है, सूर्य–से नयी ऊर्जा प्राप्त करने के लिए वह अपनी अस्मिता ही पूरी–की–पूरी सूर्य को सौंप देता है। जीवन–यज्ञ का भी यही उद्‌देश्य है, धीरे–धीरे अपने सब अभिमान तजते हुए ही प्रकाशात्मा हुआ जा सकता है। इसलिए अधिकतर साधक अमावस्या की रात्रि को मन्त्रजप के लिए सार्थक क्षण मानते हैं। अमावस्याओं में भी जेठ, कार्तिक और माघ की अमावस्याएँ विशेष महत्त्वपूर्ण हैं।

कार्तिक की अमावस्या को दीपावली पर्व पड़ता है और माघ की अमावस्या को मौनी अमावस्या कहा जाता है। स्नान के द्वारा अव्यक्त तत्त्व में चुपचाप अपने को सौंप देने का यह पर्व है। उस समर्पण के क्षण में शब्द हृदय की धड़कन मात्र रह जाते हैं।

माघ की अमावस्या का विशेष महत्त्व इसलिए भी है कि यह सूर्य के मकर राशि में आने पर पड़ती है। सूर्य का मकर राशि में आना, सम्पूर्ण जीवन की ऊष्मा की नयी लहर आना है। माघ शिशिर का अन्त है,

बसन्त का पूर्वाभास है। ऐसे वसन्त के लिए शरीर को भीतर–बाहर तरोताजा करने की आवश्यकता है। इसी के निमित्त स्नान का विधान है, वह भी नदियों के संगम में स्नान का। हर संगम को प्रयाग कहा जाता है, क्योंकि यज्ञ या आत्म–आहुति की भावना का प्रकर्ष संगम में ही सम्भव है। एक धारा का और अधिक दूर जानेवाली, अधिक वेगवाली धारा में मिलना ही तो चरम आहुति का रूप है, जीवात्मा का परमात्मा के साथ संगमन है। सभी प्रयागों–से प्रयागराज का महत्त्व इसलिए अधिक है कि यहाँ पर गंगा–यमुना के अलावा अदृश्य रूप–से सरस्वती की धारा मिलती है। यहाँ अन्तःसलिला नदी की खोज कुछ लोगों ने की। उसकी वैज्ञानिकता की बात वैज्ञानिक जानें, परन्तु इस प्रयागराज में सहस्रों वर्षों–से सन्त–समागम होते रहे हैं, विद्वानों और साधकों के संवाद होते रहे हैं, वे भी इसी माघ महीने में। उन सबके संवाद की धारा भी तो अन्तःसलिला सरस्वती है। प्रयागराज के संगम में माघ में स्नान करने का अर्थ ज्ञान, कर्म और भक्ति के सभी सोपानों को एक लक्ष्य की ओर उन्मुख देखना है और अपने को उसी एक लक्ष्य की ओर, असीमता की ओर ले जाने वाली धारा में डाल देना है। संगम स्नान एक प्रकार के जीवन यज्ञ की पूर्णाहति का स्नानपर्व है।

व्यक्ति होकर यहाँ लोग आते नहीं, अकिंचन होकर आते हैं, अकिंचन–भाव–से भूमिशयन करते हैं, मामूली कुटिया में रहते हैं, असंख्य लोग तो आकाश की छत के नीचे हरि स्मरण करते हुए परम उल्लास–से रात जगा देते हैं। यही प्रकृष्ट याग है, यही प्रयाग है। सच्चे भाव वाला तीर्थयात्री ही जंगम प्रयाग है। ऐसे तीर्थयात्रियों का समाकुल प्रयागराज नहीं तो और क्या है!

*–शिरीष की याद आयी (1995)*

# शिव का स्वरूप

मुझसे कहा गया कि शिव के स्वरूप पर बोलिए। मुझे याद आया कि शिव की अर्धांगिनी पार्वती ने ही जब कहा–

> **अकिंचनः सन् प्रभवः स सम्पदां**
> **त्रिलोकनाथः पितृसद्मगोचरः।**
> **स भीमरूपः शिव इत्युदीर्यते**
> **न सन्ति याथार्थ्यविदः पिनाकिनः।।**

खुद इतने निःसंग और सबको सब सम्पत्ति लुटाने वाले, त्रिभुवन के मालिक पर मसान में ही अड्डा जमानेवाले, भयंकर होते हुए भी शिवशंकर कहलानेवाले का यथार्थ स्वरूप क्या है, इसे कोई नहीं जानता तब मैं कौन 'बापुरो रंक' होता हूँ कि इस स्वरूप के बारे में कुछ कहने का दम्भ भरूँ। बचपन में मुझे पार्थिव शिव का नित्य पूजन करने वाले अपने दादा की पूजा को निकट–से देखने का अवसर मिला है। दादा की झोली में बिमौटी–से लाई हुई या गंगा की मिट्टी का महीन चूरा महीन चलनी–से छान कर रखा रहता था। वे थोड़ा–सा लेते, थाली में रखते, धीरे–धीरे शिवमहिम्न स्तोत्र पढ़ते–पढ़ते जल के छींटे देते, कुछ पर फूलों को रख देते, पूजा की सामग्री सजा कर रखते और फिर हाथ–से सान कर बायें हाथ पर एक पिंड लेकर शिव रचते, उससे छोटा पिंड लेकर पार्वती रचते, एक पिंड–से गणेश रचते और इन तीनों के चारों ओर ग्यारह छोटे–छोटे रुद्रों का घेरा बनाते, एक नन्दी रचते, सबके ऊपर अक्षत का एक–एक दाना रखते जाते, महिम्नस्तोत्र पाठ चलता रहता। मैं, चार–पाँच वर्ष का बालक एकदम देखता रहता, पूजा के बीच तो पूछ नहीं सकता था,

पूजा के बाद पूछकर सबकी पहचान मैंने कर ली थी। यह जो ऊपर नुकीला होता जाता खंभे के आकार का पिंड है, बीच में जिसमें एक मुँदरी जैसी पड़ी हुई है, शिव है। यह जो गोल–गोल चिपटी और बीच में उभरी पासानुमा कुछ बनी है, पार्वती है। यह आगे की ओर सूँड़ जैसा कुछ लटकाए पिंड खड़ा है, गणेश है। शिव के ही लघु संस्करण हैं, ग्यारह छोटे–छोटे पिंड, पड़े बेलन की तरह पिंड नन्दी है। दादा कुछ देर तक आँखें मूँदते थे। मन–ही–मन कुछ बुदबुदाते थे और अन्त में कहते थे, ऊँ प्रतिष्ठ। इसके बाद तो पूरा परिवार वहाँ जाग उठता था, दूध से, जल–से अभिषेक होता, चन्दन, पुष्प, बिल्वपत्र अर्पित होते, धूप, दीप, नैवेद्य चढ़ता, रुद्री के कुछ मन्त्रों–से स्तवन होता और इन देवताओं में आधार को हिलाकर इन्हें विदा कर देते। मुझे प्रसाद देते, प्रसाद में फल रहता, मेवे रहते और मैं वह थाली लेकर पीपल के पेड़ के नीचे इन पिंडों और फूल–पत्तों के सम्भार को पधराने भेज दिया जाता। गर्मी की छुटिटयों में दादा गाँव आते और प्रसाद की तो उदग्र प्रतीक्षा रहती ही थी, दादा कैसे मिट्टी के चूरे–से चिकनी इतनी सुन्दर सजीव आकृतियाँ बना लेते हैं, यह समीप–से निरखने का कुतूहल भी रहता था। एकाध बार शिवरात्रि के दिन घर में कोई वयस्क पुरुष नहीं था। मुझसे कहा गया कि पार्थिव बनाओ तो मैं याद कर–करके बनाता पर वैसा सुघड़ नहीं बना पाता।

आज उस पार्थिव शिव परिवार का स्वरूप स्मरण करता हूँ और एक–से–एक कमनीय मूर्तियों और आकृतियों के दर्शन की स्मृतियों–से इस स्मृति को जोड़ता हूँ तो विचित्र–सी सिहरन होती है। दादा की बायीं हथेली पर रची जाती पिंड राशि, पंचमुख एकलिंग से, हरिहर से, कल्याण सुन्दर से, केदारेश्वर से, विश्वेश्वर से, नटराज से, अर्धनारीश्वर से, वृषारूढ योगीश्वर से, नन्दलाल वसु के रखाई शम्भु से–इन सबसे अलग है। मैंने इसको रचे जाते और विसर्जित किये जाते देखा है। मैंने इसमें प्राण पड़ते और इसमें–से प्राण वापस लेते देखा है। इसको मैंने छुआ है, चन्दन–से सुरभित पिंड की गन्ध मेरे श्वास में भरी है। भारतीय संस्कृति की भी वैसी ही कुछ छाप मन पर है। लोक गीतों के बोलों से, घर में समारोहों पर स्वस्त्ययन के मन्त्रों से, चौरठ–पिसे चावल के घोल–से बनायी जाती आकृतियों से। दादा के मधुर कंठ–से निकले स्तोत्रों से, भागवत कथा से, वेद मन्त्रों के उच्चारण से, बाबा के मुँह–से सुनी रामायण–महाभारत की हजार–हजार कहानियों–से और घर की दादी, बुआ, माँ, मौसी, चाची,

काकी, दीदी और गाँव की अनेक–अनेक दादी, बुआ, चाची, भाभी समुदाय के पूजा–अनुष्ठान तक प्रत्येक कर्म में मुझे एक ही बात दिखी है, हमारी संस्कृति एकाग्र सावधानी माँगती है, एक तिनका जमीन पर पड़ा न रह जाये। एक किनका दाल–चावल में पड़ा न रह जाये। एक–एक फूल, एक–एक पत्ती छाँट–छाँट कर रखें, कहीं अर्पण के अयोग्य तो नहीं है। एक–एक अक्षर ठीक तरह उच्चरित हो, कहीं कोई क्रम न टूटे। कहीं बीच में विच्छिन्नता न हो, अजस्र प्रवाह चलता रहे, यही तो संस्कृति है और यहीं शिवप्राण प्रतिष्ठित है।

बहुत बाद में पूज्य भैया साहब पंडित श्रीनारायण चतुर्वेदी के निकट सम्पर्क में आया, उन्होंने बतलाया–मेरें पूज्य पिताजी ने एक बार मुझे समझाया था, देखो पढ़ने–लिखने की एक ही कसौटी है कि अपनी दरिद्रता पर गर्व कर सको। अपने पास कुछ नहीं है तो अपने को हीन न समझो तुम्हारे पास संस्कार है, विद्या है, आचार है, इससे अधिक बड़ी चीज सम्पन्नता नहीं होती है। भैया साहब की वह बात शिवत्व की मेरी अवधारणा–से जुड़ कर मन को बहुत आपूरित कर देती है, भोग लिप्सा शान्त हो जाती है। वास्तविक भोग तो वह है कि जो दूसरों को भोग कराके प्राप्त होता है, वास्तविक वैभव तो वह है जो अपने पास मिट्टी के पात्र ही बचाकर रखता है।

मेरी सास बतलाती थीं कि वह जिस बखरी में आयीं, वह फकीरी बखरी थी, बाबा भोजन करने चलते, तो जो भी उस समय दरवाजे पर हैं, उसे न्यौत देते और कभी–कभी स्थिति ऐसी होती अपने हाथ–से भात–दाल का कौर बना कर एक–एक कौर सबको दे देते और अपना हाथ चाट कर तृप्त हो जाते। लोटा लेकर चलते, कोई कहता, बाबा मेरे पास लोटा नहीं है और लोटा दे आते, मिट्‌टी का पात्र मँगा लेते। यह तब जबकि बड़ी जमींदारी थी। सैकड़ों गायें थीं, हजारों बीघे जमीन थी। हमारी संस्कृति ऐसे ही घरबारी और फक्कड़ शिव की आराधना करती है। शिव की आराधना का अर्थ है तप और ध्यान आराधना सदैव संचरणशील भूतभावन की आराधना, मृत्युंजय, विषपायी 'मसानवासी योगीश्वर की आराधना, अर्धांगिनी पर सब घर का भार छोड़कर निश्चिन्त घरबारी की आराधना, घर में कलह हो, कुछ हो, चुपचाप विहँसते रहते भोले बाबा की आराधना, प्रत्येक कला की शिक्षा देने वाले परम गुण की आराधना और 'बावरे नाह' बावले मालिक की आराधना, जिसके दरवाजे पर चले जाइए,

आपको सब कुछ मिल जायेगा। ऋद्धि–सिद्धि सब पा जायेंगे। शिव की आराधना बड़ी सहज है, एक लोटा जल, कुछ बेल की पत्तियों, कुछ मदार के फूल, धतूँरे के फल और बम–बम की बोल, शिव प्रसन्न। भारतीय संस्कृति के पास पहुँचना बहुत सहज, अपना यह लोटा, यह शरीर माँजिये, धोइए, चमकाइए, इसमें शुद्ध जल भरिये, नदी–मंझधार का जल भरिये, जीवन के अजस्र प्रवाह का रस भरिये, संसार के निखिल मादन भाव को इस संस्कृति के आनन्द के आगे अर्पित कीजिए। अपनी इच्छा, क्रिया, ज्ञान शक्तियों की त्रिपत्री संसार को अर्पित कीजिए। अपने समूचे उन्मनभाव को अर्पित कीजिए। संस्कृति की यही आराधना है, निराकार को आकार देना, आकार को प्राणों का स्पर्श देना, भीतर का उमड़ाव सब बाहर कर देना, बाहर का उमड़ाव भीतर भर लेना, बौराये हुए संसार का बौराया भाव अपने भीतर कर लेना और भीतर के सारे उन्मादों को विराट उन्माद के काफिले के पीछे लगा देना, यही तो हमारी संस्कृति है। शिव उसके केन्द्र में हैं और शिव उसको अपने विराट नृत्य के मण्डलों के घेरे में भी सुरक्षित रखे हुए हैं। शिव उसके स्वामी हैं और शिव उसके आगे भिखारी भी हैं। शिव पिता हैं और शिव ही नंगधड़ंग शिशु हैं, बड़े गम्भीर और ध्यानस्थ और एकदम अबोध और चंचल। इतने ज्ञानी और इतने पागल। हमारी संस्कृति इसी–से इतनी सहज होते हुए भी इतनी असम्भव दिखती है, शिव की तरह। शायद सहज होना ही असम्भव होना है, शायद ठहरे हुए मन में भिक्षाटन नहीं टिक पाता, शायद छोटे–से मिट्‌टी के पिंड में अपने को आधारित होने वाले ईश्वर पर प्रतीति नहीं होती, ऐसे छोटे मन में जहाँ बड़प्पन का एक आतंक छाया रहता है। बड़ा मन तो होता ही बड़ा है, जब किसी को भी छोटा नहीं मानता।

शिव की जितनी कहानियाँ हैं, वेदों में, पुराणों में, लोकथाओं में, सब एक–से–एक अद्‌भुत, एक–से–एक मोहक; एक–एक का स्मरण करें तो दिमाग चकरा जाता है। उनके अर्थ का अनुधावन करें तो विस्मय होता है, अपनी देशी कारयित्री प्रतिभा कैसे–कैसे रचती है, शिव के ये अद्‌भुत संसार। चाहे ब्रह्मा के पीछे धनुष लेकर चले महाव्याध रूप रुद्र की कथा हो। स्रष्टा को सृष्टि–से आसक्ति क्यों हुई, उस स्रष्टा को आबिद्ध करो, स्रष्टा के रूप में वह नष्ट हो जाये, स्रष्टा भी सृष्टि न रह जाये, तभी शिवत्व है। चाहे सती की कथा हो, सती की लाश लेकर भूमण्डल घूमने वाले उन्मत्त शिव की यात्रा का वर्णन हो, जिसमें सती के अर्थात जो है,

उसके आत्म–उत्सर्ग को कि यदि शिव का मूल्य नहीं तो सती का अर्थ नहीं, शिव का भीषण प्रतिकार हो, खण्ड–खण्ड में वह सत होने का संकल्प, शक्ति का केन्द्र बन जाये, शक्ति–पीठ बन जाये, चाहे गौरी की कथा हो कि रूप–से समाधिस्थ को नहीं जीत पाती तो तप–से उन्हें खरीद लेती है और उनके साथ जुटकर सौभाग्य की अधिदेवता बन जाती है, गौरी–पूजन के बिना कोई शुभकार्य होता ही नहीं, चाहे गंगा को जटाजूट में बाँध कर रखने वाले शिव के भगीरथ के तप–से प्रसन्न होकर गंगा को मुक्त करने की कथा हो, जिसमें ससुराल का सब सुख भूलकर सिर चढ़ी गंगा के पीछे चोरी–से काशी तक दौड़ लगाने और विश्वनाथ बन जाने की कथा हो या चाहे उनके वन–वन, गाँव–गाँव दीन–दुखिया की दशा देखनेवाले घुमक्कड़ रूप–से जुड़ी अनन्त कहानियाँ हों, जिनमें पार्वती कहती हैं–इस दुखिया को सहारा दो, शिव सहारा तो देते हैं, पार्वती का मन रखते हैं, पर सहारा पार्वती के लिए विपत्ति बन जाती है। वे कहती हैं–अब मुझे इस संकट–से उबारो, शिव फिर कुछ करते हैं, पार्वती की जान छूटती है, प्रतिज्ञा करती हैं मैं अब कभी भी कहीं कुछ ऐसी दरिद्रता जो होगी, बीच में नहीं पड़ूँगी।

शिव जानते हैं कि वे बराबर बीच में पड़ेंगी, बराबर शिव को लाचार करेंगी और बराबर परेशान होती रहेंगी। संसार ऐसे मोह–छोह के आश्वासन में दुःखमय होता हुआ भी जीने लायक बना रहेगा। प्रत्येक कथा में मोहकता भी है और सहज विश्वसनीयता भी। कहानी में अपूर्वता है और स्वाभाविकता भी है।

अपने आराध्य ऐसे ही होंगे। आसन मार कर बैठेंगे तो ऐसा लगेगा कि घनघोर वर्षा का जल समेटे बादल एकदम एक जगह जुट कर चुप है, वर्षा का पूरा प्रकल्प सोच रहे हैं, या समुद्र यकायक शान्त हो गया है। एक भी तरंग नहीं उठती, या दीया की बाती एक वायु–से सुरक्षित स्थान में एकदम अनझिप जल रहीं हो–

**अवृष्टिसंरम्भमिवाम्बुवाहमपामिवाधारमनुत्तरंगम्।**
**अन्तश्चराणां मरुतां निरोधान्निवातनिष्कम्पमिव प्रदीपम्।।**

और नृत्य के लिए प्रवृत्त हो गये हों तो ऐसे कि सारी गतियाँ विपर्यस्त हो जायें, गति के नियन्त्रक नक्षत्र छितर–बितर हो जायें, जीवन–मरण सब एक–दूसरे में ओत–प्रोत हो जायें, पहचानना कठिन हो जाये,

कौन जी रहा है, कौन मर रहा है। उनचासों पवन नागों की तरह फुफकार उठें, कोई कहीं ठहरा न रहने पाये। सब ताल पर नाच पड़ें, सब कुछ उन्मूल हो उठे, सब उदग्र हो उठें कि कुछ नया घटने वाला है। विपर्यास के त्रास में आनन्द उच्छलित होने लगता है जैसे भवभूति ने तांडवश्लोक में कहा।

**प्रमुदितकटपूतनोत्ताल–बेतालताल स्फुटित–**
**कर्णसम्भ्रान्तगौरीघनाश्लेषि वास्ताण्डवं**
**देविभूयादभीष्ट्यै च दृष्ट्यै च नः।**

सारी सृष्टि जब खलबला उठती है तो शिव की सेना के बेताल, अतृप्त आकांक्षाएँ, अनबुझी प्यासें एकाएक ताली पीटने लगती हैं, कान फटने लगते हैं, भय छा जाता है, भयवश गौरी एकदम चिपट जाती हैं और शिव को इस औचक सुख–से अपने तांडव का साकल्य मिल जाता है। शिव को साकल्य देनेवाला यह तांडव व्यक्ति के भीतर साकल्य भरनेवाला हो। यही महाप्रलयकारी और अपार संचारशाली तांडव पतंजलि के नटेश्वर–स्तवन में रूपायित और प्रतिध्वनित होता है, जिसमें तरह–तरह के रस, तरह–तरह की झंकार, तरह–तरह के दृष्टि–विक्षेप और उनके साथ तीसरी आँख के जलते प्रकाश का घेरा बनता जाना, सारे आवरणों का खिसक जाना, शिव के शरीर का मात्र चैतन्य रह जाना अद्भुत ढंग–से चित्रित है–

**सदंचितमुदंचित निकुंचितपदं**
**झलझलच्चलितमंजुकटकं**
**पतंजलिदृगंजनमनंजनमचंचलपदं**
**जननभंजनकरम्।**
**कदम्बरुचिमम्बरवसं परममम्बुदकदम्बक–**
**विडम्बकगलं**
**चिदम्बुदमणिं बुधहृदम्बुदरविं**
**परचिदम्बरनटं हृदि भजे।**

या फिर ऐसे होंगे कि भस्म रमाए अपने रंग में फाग गाते चले जा रहे हैं, हर एक की ठिठोली के पात्र बने हुए और फिर जहाँ–से बात शुरू की वैसे माटी के लोंदे को अपना सलोनापन देते हुए, दादा की हथेली पर शिशु की तरह सँवारे जाते हुए, रचने वाले के हाथ में चुपचाप स्थिर,

जैसे चाहो मोड़ दो, जो चाहे पहनाओ–ओढ़ाओ और जहाँ चाहे सुला दो। शिव का स्वरूप कहीं ढूँढ़ने की जरूरत नहीं। अपने सहज पार्थिव जीवन के रस–से सामान्य–से सामान्य मिट्टी जैसी चीज को सींच दीजिए, उसे ऊर्ध्वोन्मुख कर दीजिए, अपनी समस्त सुषुप्त वासनाओं को चन्दन बनाकर घिसिए, उससे उस वस्तु को सुरभित कीजिए, फूल–पत्ती–से ढकिए, अपने रचाए प्रकाश–से आलोकित कीजिए, यह सब व्यापार हो तो शिव है।

मन, वचन, कर्म में सामंजस्य लाओ, शिवमय बनाओ, अपने आस–पास को अपनी दृष्टि–से शिवमय बनाओ। शिव तुम्हारे ही प्राणों के भूतभावन उच्छ्वास हैं। तुम्हारी धरती के ऊर्ध्वंग रूप हैं, तुम्हारी ही वाणी के सहज रूप हैं और तुम्हारे भीतर बसी अनुगूँजों के माधुर्य हैं, तुम्हारे आस–पास के ही। दृश्य रूपी सम्भार की विभूति हैं। भारतीय महाजाति के मन में ये शिव ही अपने समग्र अखण्ड रूप बनकर बसे हुए हैं, इन्हें पाना है तो पहले माँ की कृपा, माँ का स्नेह पाना होगा या वह अपनी न हो, दूसरों की हो, माँ होने वाली हो, अपनी जन्मभूमि हो, उन दूसरों की जन्मभूमि हो, जो दूसरे, दूसरे लगते नहीं, वह माँ जगदम्बा का कोई भी रूप हो, सीता हो, राधा हो, पार्वती हो, दुर्गा हो, सरस्वती हो, अपनी वाक्–परम्परा हो, अपनी कला–परम्परा हो, उसके स्नेह की पात्रता ही शिव का सान्निध्य देती है। शिव यकायक गली के मोड़ पर मिल जायेंगे या अगर लेशमात्र भी कृपा कर दें, हमें अपने साहित्य, अपनी कला, अपने जीवन दर्शन में डूबने–से कहीं एक क्षण भी लगे कि हम इसके हैं, उसी क्षण शिव बाबा खप्पर लिए खड़े दिख जायेंगे–लाओ दो अपना अहंकार इस खप्पर में और हमारे अहंकार के समेत हमको उस खप्पर में डाल देंगे, सपने जैसा ही सुख सही, पर वह सुख समूचे अस्तित्व को झंकृत कर जायेगा, आप्लावित कर जायेगा, आलोकित कर जायेगा।

*–भारतीयता की पहचान (1994)*

# शिव के नाम

शिव के नाम गिनाने की बात ही कुछ छोटी है। तन्त्रों में कहा गया है कि जगत् का ज्ञान पाँच प्रक्रियाओं–से बना है। अस्ति, भाति, प्रियं, रूपम् और नाम। अस्ति अर्थात सत्ता का सत्त्व, भाति अर्थात सत्ता के साथ सम्बन्ध का ज्ञान, प्रियं अर्थात सत्ता के आकर्षण का ज्ञान, रूपम् अर्थात सत्ता के स्पष्ट आकार का ज्ञान और नाम अर्थात सत्ता के आकार को अमूर्त नाम देने की प्रक्रिया। पहली तीन प्रक्रियाएँ शक्ति हैं और चौथी–पाँचवीं रूप–नाम शिव हैं। दूसरे शब्दों में नाम–रूप में मात्र शिव है। अब नाम रूप के क्या नाम हैं। तो भी भक्त का तो आधार ही नाम है। ध्यान का आधार ही रूप है, भक्त और ध्यानी नाम रूप होंगे ही। भारतीय साधना के ही भक्ति और ध्यान दो पक्ष हैं, उस साधना ने शिव को अनेक नाम–रूपों में साधा है। उनमें–से कुछ की ही चर्चा यहाँ की जायेगी।

उनका बड़ा पुराना नाम रुद्र है। रुद्र का अर्थ है लाल, दूसरा अर्थ है रोने वाला, दोनों की दशा में यह सृष्टि के मनोवेग का ही रूप है। रुद्र ब्रह्माण्ड के अहेरी हैं, उन्होंने मृग के रूप में भयवश दौड़ते ब्रह्मा का आखेट किया और उस मृग का सिर ही कट कर मृगशिरा नक्षत्र बन गया। उन्होंने यह सहन नहीं किया कि रचनेवाला अपनी रचना पर आसक्त हो, इसी–से रचनेवाले का मस्तक या अहंकार अलग कर दिया और शरीर को बना दिया संध्या, ध्यान की वेला। जो अहेरी होगा वह जंगल में विचरण करेगा ही और जंगली पशुओं को अपने वश में रखने वाला होगा, वह पशुपति होगा ही। शिव का दूसरा प्रसिद्ध नाम है पशुपति, पशु अर्थात सहज आवेग, मन की उद्दाम आकारक्षाएँ, पशुपति इनको पाश–से बाँधकर रखते हैं। या यों कहें आवेगों का बवंडर, आकुल प्राणों का व्यापार

पशुपति के डेरे पर आकर शान्त हो जाता है। पषुपति अहेरी के पास धनुष होगा–ही–होगा, पशुपति के धनुष का नाम ही अलग है, पिनाक, दूसरा नाम है अजगव। बड़ा पुराना धनुष है। इससे उनका नाम पिनाकी है। अहेरी की वेशभूषा भयंकर होती है, कौड़ियों और कपालों की माला पहनते हैं, वे कपर्दी और कपाली कहे जाते हैं। कपाल का अर्थ खप्पर भी है, हाथ में खप्पर लिए घूमते रहते हैं। जहाँ–जहाँ भय है, वहाँ–वहाँ भय को भगानेवाले भूतनाथ पहुँचे रहते हैं। ऐसे के साथ चलेंगे भी कितने भूत–प्रेत, बेताल, जीवन की अतृप्त आकारक्षाएँ, भरी हुई वासनाएँ और पूरा जुलूस सामने आ जाये तो मूर्छा आ जाये। बिचारी सास के हाथ–से परछन की थाली ही गिर पड़ी, हिमालय के यहाँ खलबली मच गयी, जाने कैसा दूल्हा गौरी को ब्याहने आया है। पर जो जंगली पशुओं को, पाशविक वृत्तियों को, प्रेतों को, जीवन की अतृप्तियों को शरण देता है, वह कृपालु तो हो ही जायेगा, उसके मन में सबका कल्याण, सबका हित करने का भाव होगा ही, सबका उद्धार वह करना चाहेगा ही, वह मृड होगा, मृड का अर्थ है कृपा करनेवाला। कुछ अधिक ही कृपा करनेवाला, इतनी कि बिचारे विधाता सिर ठोंक लें और उनकी अर्धांगिनी पार्वती–से कहें–बावरो, रावरों नाह भवानी, यह अधिकार सौंपिए–औरहि भीख भली मैं जानी, यह सृष्टि चलाना मेरे बूते की बात नहीं, इतने बावरे हैं, तुम्हारे पति कि इन्हें सम्पत्ति का मूल्य ही नहीं मालूम, किस–किसको सम्पत्ति लुटा देते हैं। ऐसे देवता को अकेले छोड़ना बड़ा खतरनाक है, इसलिए ऋषियों, मुनियों, देवताओं ने कुछ ऐसी युक्ति की कि हिमालय की बेटी के मन में संकल्प हो गया कि मैं इस अकेले घूमनेवाले को ही वरूँगी। बड़ा तप किया और महान तपस्वी, महान योगीश्वर, भूतनाथ पार्वती के तप के वशीभूत हो गये। ऐसे कि पार्वती आधा अंग हो गयी, वे अर्धनारीश्वर हो गये, 'इ' की मात्रा, शक्ति लग गयी, तो शव, शिव हो गये। पार्वती या शक्ति के साथ सामंजस्य ही शिवरूपता है। जो शिव होता है, वह शंकर होता है, शम अर्थात कल्याण करता–ही–करता है। यही नहीं वह शम्भु भी होता है, शम कल्याण की सम्भावना और भावना भी होता है, वह कल्याण करनेवाला है, तो कल्याण होनेवाला भी है। लोग शिवशंकर, शिव–शम्भू कहकर उनको दुगना मंगलमय बना देते हैं।

ऐसे शिव में पाँच–पाँच पक्ष सन्निहित हैं, एक पक्ष दाहिनी ओर भयानक, भैरव पर अघोर, दूसरा पक्ष है सुन्दर, वाम और बीच में सहज सद्योजात,

पीछे है तटस्थ निर्विकार तत्पुरुष और ऊपर की ओर देखने वाला है, सबका स्वामी ईश या ईशान। इन पाँच पक्षों को पूरा देखें तो पंच परमेश्वर बन जाते हैं। अघोर भैरव, सद्योजात, वामदेव, तत्पुरुष और ईशान रूप, आगे–से देखें तो तीन ही दिखते हैं, ईशान रूप तो अव्यक्त रहता है, छिपा रहता है, शिव अपनी प्रभुता छिपाये रखते हैं, तब वे त्रिमूर्ति ही दिखते हैं, जैसी कि एलीफेंटा की गुफा में बम्बई के पास शिल्पित है।

ऐसे साधक शिव में अन्तर्दृष्टि जागृत होती है, वही उनका तीसरा नेत्र बन जाती है, वे त्रिलोचन हो जाते हैं। वह तीसरी दृष्टि मुँदी ही रहती है, तभी खुलती है, जब सब जीर्णशीर्ण हो जाता है। कुछ नयी सृष्टि की भूमिका के लिए सब–कुछ जो पुराना है उसे भस्म कर देनेवाला क्षण आता है। उस तीसरी आँख के ऊपर है चन्द्र की अमृता कला। शिव ने अपने को शक्ति के हाथों अर्पित करके और विश्व का समूचा जहर पीकर अमृता कला पायी है, सोम तत्त्व का निचोड़ पाया है, इसी–से वे चन्द्रमौलि हैं, कलाधर हैं, चन्द्रचूड़ हैं। और इसी–से वे रस–प्रवाहिनी गंगा के वाहक हैं। वे गंगाधर हैं, गंगा उनके जटाजूट में छिपी रहती हैं।

एक ओर वे रावण–बाणासुर जैसे प्रबल राक्षसों के आराध्य हैं, दूसरी ओर देवों के महादेव हैं। एक ओर वे कैलाशनाथ हैं, दूसरी ओर महाश्मशानवासी काशीनाथ हैं। एक ओर नंगधड़ंग दिगम्बर हैं, भिखमंगों की भंगिमा में रहते हैं, दूसरी ओर वे भव–विभव के स्वामी परमेश्वर हैं, भव हैं। पर इन सब नामों–से प्यारा नाम है भोलानाथ।

भोलानाथ कहकर जब हम पुकारते हैं तो हमारे मन में बड़ा विश्वास रहता है, बे तुरन्त रीझ जायेंगे, वे आशुतोष जो हैं, अवढरदानी जो हैं। हाँ, भोले हैं, इसलिए उन्हें पाने के लिए भोला होना पड़ेगा, बोध का अहंकार काट करके उनके सामने जाना होगा। अपने भीतर विश्व–भर की ममता जगानी होगी, तभी हम भोले बाबा के पास पहुँच सकेंगे।

यही शिवरात्रि का सन्देश है कि व्यवहार में बनावटीपन छोड़ो, छल–कपट का त्याग करो, सरल–सीधे बनो, करुणामय बनो, अपने शरीर को साधन–धाम बनाओ, अपने को बालक–रूप में प्रस्तुत करो, सहज बनो, विश्वासी बनो, तभी तुम शिव के हो सकोगे, शिवमय हो सकोगे।

*–भारतीयता की पहचान (1994)*

# नमः शिवाय

मैं जहाँ रहता हूँ, वहाँ–से सौ गज की दूरी पर मृत्युंजय का मन्दिर है, पर मैं वहाँ तीन वर्ष की अवधि में केवल दो बार गया हूँ। यह नहीं कि शिव के ऊपर मेरी आस्था नहीं है और यह भी नहीं कि मैं बाह्य पूजा को आडम्बर मानने का दुरभिमान रखता हूँ, पर जिस मन्दिर में शिव प्रतिष्ठापित हों, उसको मैं शिव के अनुरूप देखना चाहता हूँ। पुराने पीपल के पेड़ के नीचे मिट्टी की ऊँची वेदी पर मस्त पड़े हुए शिव के लिए मन दौड़ जाता है, ऊँचे शिखर के नीचे गर्भगृह की विराट शून्यता में प्रकाशमान् शिव के लिए मन ललक जाता है, सरिता के प्रवाह में सतत गतिशील उपलों में विराजमान शिव के लिए मन उमग उठता है और हिम–शिखर–मण्डित धाम में ध्यानस्थ शिव के लिए मन उन्मन हो जाता है, पर कलाहीन, प्राणहीन, महिमाहीन और सौन्दर्यहीन मण्डप में शिव को देखने से मन बराबर विद्रोह करता है। यह क्यों? मैं इसका उत्तर नहीं दे सकता। मेरा मन कहता है कि शिव को या तो प्रकृति में देखो, या सुन्दरतम कला में देखो, दूसरी जगह शिव को क्यों देखते हो? मैं उसे समझाना चाहता हूँ कि तुम मूर्ति को प्रतीक और लिंग तक ही क्यों नहीं सीमित रखते, उसके वितान पर क्यों ध्यान देते हो, तो उधर–से मुझे दो टूक जवाब मिलता है कि वितान, मण्डप या मन्दिर या परिसर भी शिव का अविच्छेद अंग है, कैलास, काशी, नर्मदा, गंगा, सागर, सेतु, बालुका, प्रस्तर, मिट्टी, कांस्य और यहाँ तक कि घंटा और उसकी गूँज इन सबको अधिव्याप्त करने वाली सत्ता का ही नाम शिव है। शिव की आराधना सौन्दर्य के ही बीच हो सकती है, क्योंकि उनके भाल में ब्रह्मा ने कला की रेख लिखी है, वे नृत्य के, संगीत के, शब्द–साधना के और शिल्प आदि के प्रवर्तक हैं।

जब हम 'नमः शिवाय' कहते हैं, तो हम किसी अव्यक्त शिव को नमस्कार नहीं करते, हम इस पार्थिव सृष्टि को नमस्कार करते हैं, इस पार्थिव सृष्टि के मूर्धन्य मानव के चरम उत्कर्ष को नमस्कार करते हैं, एक महान देश की महान परम्परा को नमस्कार करते हैं, जिसने जीवन को शिवमयता की दीक्षा दी, कालिदास, भारवि, बाण, भवभूत्ति, शंकर, अभिनवगुप्त, और तुलसी को जोड़नेवाली काव्य–पयस्विनी को नमस्कार करते हैं, हिमालय को पूर्व जलधि–से जोड़नेवाली गंगा को नमस्कार करते हैं, विंध्य को पश्चिम जलधि–से जोड़नेवाली नर्मदा को नमस्कार करते हैं, मोहनजोदड़ो को खजुराहो से जोड़ने वाले उस विशाल इतिहास को नमस्कार करते हैं, और द्वीप और महाद्वीप के, लघु पर्वत और महापर्वत के, पतित और उत्थित के, सुप्त और जाग्रत के, वन्य और नागर के, सिद्ध और साधक के, गुरु और शिष्य के तथा प्रकृति और पुरुष के बीच की खाई को पाटने वाले सेतुबन्धेश्वर को नमस्कार करते हैं। हम जब शिव का ध्यान करते हैं तो हजार कोस की दूरी पर भारत के चरणों में उत्तराभिमुख कुमारी की मूर्ति हमारे सामने आ जाती है, सेवा के ब्रह्मद्रव–से निःसृत गिरिजा का जटा–जूट–निबद्ध आवेग लहरा उठता है, प्रलयानल को दीपित करने वाली ललाट–लोचन–शिखा जल उठती है, हर की संहार–लीला के ऊपर मूर्धन्य होकर विराजमान अमृतांशुकला द्योतित हो उठती है, नारी पुरुष की दुर्बलता है, इस असत्य का खण्डन करने वाली अर्द्धांगवासिनी उमा की सुकुमार अंग–भक्ति स्फुरित हो जाती है, त्रिभुवन को अभय देनेवाला त्रिशूल आँखों में उतर आता है, नाद की शक्ति–से शब्द को, शब्द–शास्त्र को और नृत्य–शास्त्र को एक साथ जन्म देने वाले डमरू का डिम–डिम नाद गूँज जाता है, मसान को मन्दिर, चिता–भस्म को विभूति और मुंडमाल को गल–हार बनानेवाली मृत्युंजयिनी योगविद्या का गुरुपीठ उद्भासित हो जाता है, सोमनाथ, अमरनाथ, केदारनाथ, पशुपतिनाथ, वैद्यनाथ, विश्वनाथ, महाकाल, ओंकारेश्वर, धृष्णेश्वर, नटराज और रामेश्वर के पावन धाम तथा इनकी सीमाओं में बँधा हुआ भारत का भूगोल आँखों के सामने झूल जाता है। इन धामों की परिक्रमा का और भारतीय जीवन–यात्रा का वाहन नन्दी याद आता है, ज्ञान, कला, संस्कृति और साधना का भारतीय इतिहास चित्रपट की तरह नाच उठता है, उस इतिहास का प्रथम लेखन करने वाले गणपति का स्मरण हो आता है, अकिंचन को ईश्वर, योगी को महादेव,

प्रलयंकर को शंकर, शव को शिव, कामारि को कलाशेखर और अवधूत को भूत–भावन बनानेवाली महाप्राण कवि–कल्पना साकार हो उठती है।

शिव का ध्यान हमारे जीवन का संकल्प है और युगों–युगों–से 'नमः शिवाय' हमारी संस्कृति का मूलमन्त्र है। इस मन्त्र को जिसने नहीं जगाया, उसकी राष्ट्रीयता अधूरी है, शिव की प्रतिष्ठा, समन्वय, सामंजस्य और सौन्दर्य की प्रतिष्ठा है, शिव की आराधना भारत के चेतन पुरुष की आराधना है। वह आराधना सलोनी मिट्टी के पार्थिवेश्वर के रूप में हो, चाहे पृथ्वी के हृदय–से पिंड–रूप में निकले, पाषाण के रूप में हो, चाहे कांस्य के नटराज के रूप में हो, चाहे नर्मदा के उर्मिल प्रवाह–से प्रक्षालित नर्मदेश्वर के रूप में हो, चाहे उन्नत हिमशिखर के रूप में हो, चाहे सतत गतिशील गंगा–प्रवाह के रूप में हो, चाहे श्मशान में लेटे हुए शवपीठ के रूप में हो, चाहे वागर्थ के रूप में हो, उसका 'एकमेव लक्ष्य है–जो जड़ हिमानी है, उसे जीवन–गंगा की गति देना, जो शव की भाँति निष्प्राण है, अशिव है, कुत्सित है, उसमें चैतन्य– संचार करना, उसे शिव बनाना, उसे सुन्दर बनाना, जो रूप की नश्वर वासना है, उसे कला का अमृतत्त्व प्रदान करना, जिसका सौन्दर्य अर्थशून्य है, उसे तप–से सार्थक बनाना जो हृदय–मुकुर की विमलता खो चुका हो, उसको विमल बनाकर प्रत्यभिज्ञा का आश्रय बनाना, जो घर श्मशान बन गया हो उसे देवमन्दिर बनाना, जिसका कंठ रुद्ध हो, उसे स्वर देना, जिसका ज्ञान तिरोहित हो, उसको विद्या का प्रकाश देना और जिसका आचरण जगत के साथ असमंजस हो, उ्से समस्वरता की, समतालता की और समरसता की दीक्षा देना।

इस शिव की अर्चना में प्रमाता, प्रमेय और प्रमाण की त्रिपुटी बिल्व–पत्र बनकर चढ़ती है, मन का उन्माद मदार का फूल बनकर अर्पित होता है, हृदय की श्रद्धा मालती की माला बनकर पहनाई जाती है, यौवन का ऐश्वर्य अबीर बनकर लुटता है, जीवन का सत्य घिसकर चन्दन–लेप बनकर लिपटता है और आनन्द की वासना नृत्य बनकर थिरकती है। शिव के अजिर में समस्त विद्याएँ, समस्त सिद्धियाँ, समस्त शक्तियाँ, समस्त साधनाएँ, समस्त कलाएँ, समस्त जीवन–धाराएँ, समस्त मातृकाएँ, समस्त ताराएँ और समस्त साधक, समस्त यति, समस्त कलाकार, समस्त विचारक, समस्त उपासक, समस्त प्राणी एवं समस्त भूत जुट सकते हैं और शिव के

स्पन्द के बिना चर–जगत की कोई गति नहीं और अचर–जगत की कोई स्थिति नहीं, इसलिए श्रुति की पुकार है, स्मृति की गुहार है और संस्कृति की गुंजार है कि–

**ओम् नमः शम्भवाय च मयोभवाय च नमः शंकराय च।**
**मयस्कराय च नमः शिवाय च शिवतराय च।।**

*–तुम चन्दन हम पानी (1957)*

# काशी : मरने के लिए नहीं, न मरने के लिए

काशी के बारे में जन–विश्वास यही है कि यहाँ जो मरता है, मृत्यु के समय बाबा विश्वनाथ उसके कान में राम मन्त्र देते हैं। वही मन्त्र तारक होता है, काशी में मरने–से मुक्ति हो जाती है। लोग सन्देह करते हैं, फिर शुभ–अशुभ कार्यों का फल भोगे बिना कैसे मुक्ति होगी? मेरे ननिहाल में एक पंडित थे–पार्थिव राम त्रिपाठी। मैंने उनकी चर्चाएँ कथा–पुरुष के रूप में सुनी हैं। मेरे ननिहाल सहगौरा में वे आख्यान बन गये थे। बड़े प्रतिभाशाली, निष्ठावान, सरस और विनोदी पंडित थे। मृत्यु का समय आया तो पालकी मँगाई गयी काशी के लिए, किन्तु पंडितजी ने कहा कि वहाँ मुक्ति अवश्य मिलेगी, पर वहाँ पहले भैरवी चक्र में व्यक्ति को डाल दिया जाता है। मुझे काशी नहीं जाना। आगे उन्होंने कहा कि मैंने कोई अशुभ कर्म किया नहीं, मैं क्यों भैरवी चक्र में पेराने के लिए काशी जाऊँ। मुझे प्रयाग ले चलो। कालिदास ने भी लिखा है कि गंगा–यमुना–सरस्वती के संगम पर देह छोड़ने पर देह का कोई बन्धन नहीं रहता–

**समुद्रपत्न्योर्जलसन्निपाते तनुत्यजां नास्ति शरीरबन्धः।**

मेरे गुरुजी कहते थे कि कभी यहाँ प्रयाग में ऐसी धारणा थी कि यहाँ शरीर त्यागे अर्थात् स्वेच्छा–से शरीर छोड़ें तो मुक्ति होती है। इसलिए कुछ लोग यहाँ यमुना में कूदकर आत्महत्या भी करते हैं। इसीलिए यहीं कुमारिल भट्ट ने गुरु–निन्दा का प्रायश्चित किया था और अपने को भूसे की आग में जलाकर शरीर–त्याग किया था। प्रयाग में गंगा से मेरा वर्षों संवाद रहा है। आज भी प्रयाग की गंगा मुझे बुलाती है, संगम का भाव बुलाता रहता है, पर जब मैं अध्यापन की सेवा–से मुक्त हो रहा था तो

मेरे मन में आ गया था कि जीवन का शेष भाग काशी में ही बितायेंगे। इसके लिए एक छोटा–सा मकान भी लिया गया। मैंने इस बात पर बहुत विचार किया है कि काशी में मरने पर मुक्ति की भावना की व्यापकता का आधार क्या है! बहुत समय पहले सम्पूर्णानन्दजी ने सुनाया था कि लाओस के बूढ़े राजा भारत आये थे, फिर काशी आये थे। उन्होंने सम्पूर्णानन्दजी–से पूछा कि 'क्या अब भी लोग ऐसा मानते हैं कि यहाँ मरने–से मुक्ति होती है?' बाबूजी ने कहा कि 'कुछ लोगों का तो यह दृढ़ विश्वास है।' लाओस के राजा ने कहा कि 'मैं भी उन्हीं लोगों में–से हूँ।' बाबूजी अचकचा गये–कहाँ लाओस, कहाँ काशी। उन्हीं राजा ने कहा कि 'मेरे नगर वियेन चांग–से सटकर मेकांग नदी बहती है। वह काशी की याद दिलाती है। शायद माँ गंगा का ही परिवर्तित रूप मेकांग है। उसका भी पाट बड़ा चौड़ा है। लगभग चार दिन में उस नदी के किनारे–से आनेवाली हवा में उस नदी की बूँदें मुझ पर पहुँची हैं। उस दक्षिण–पूर्व एशियाई गंगा का स्पर्श मैंने पाया है।' बाबूजी ने अपनी बात उसमें जोड़ी थी कि काशी की भूमि में कुछ बात ऐसी तो जरूर है कि आदमी अनुभव करता है कि यहाँ रहते ही अपनी बँधी हुई परिस्थिति–से मुक्ति मिल जाती है। मुक्ति कोई ऐसा पदार्थ नहीं है जिसे पाया जाता है, मुक्ति तो आस–पास की हवा में तैरती रहती है। यह साँस के ऊपर है कि इस तैरनेवाले तत्त्व को ग्रहण कर ले और मरते ही अनुभव करे–क्यों मैं सब में रहता हूँ या फिर सबसे अलग हूँ? अलग होकर मैं कुछ परिभाषित अनाम नहीं हूँ, मैं सगुण सकारात्मक फक्कड़पन की अनुभूति हूँ। इसलिए काशी के बारे में यह धारणा मरकर ही मुक्ति पाने तक सीमित नहीं है। जीते–जी मृत्यु को नकारनेवाली धारणा है, जहाँ अहर्निश चौबीस घंटे चिता जलती रहती है, वहाँ मृत्यु जीवन की एक लीला बनकर रह जाती है। वह जीवन का अन्त नहीं बनती। काशी के बारे में कहा जाता है कि–

**मरणं मंगलं यत्र विभूतिर्यत्र भूषणम्।**
**औषधं जाह्नवीतोयं वैद्यो नारायणो हरिः।।**

–जहाँ पर मरना मंगल है, चिताभस्म जहाँ आभूषण है, गंगा का जल ही औषधि है और वैद्य जहाँ केवल नारायण हरि हैं–

काशी विश्वनाथ की ही नगरी नहीं है, उनके आराध्य नारायण की भी नगरी है। इसे प्राचीनकाल में 'हरि धाम' कहते थे। यहाँ के प्राचीनतम

मन्दिर हैं बिन्दुमाधव और बाबा विश्वनाथ के मन्दिर। बिन्दुमाधव का मन्दिर ही आज माधवराव का धौरहरा हो गया है। यह नगरी इसलिए मुक्तिधाम है कि यह परमपिता परमेश्वर की अनन्य भक्ति का धाम है। बाबा विश्वनाथ 'नमः शिवाय' का मन्त्र नहीं देते, 'रामाय नमः' का मन्त्र देते हैं। यह विश्वास एक विशाल बोध–से अनुप्राणित है। जो काशी में मरने का सौभाग्य नहीं पाते, वे भी अन्तिम इच्छा रखते हैं कि काशी में दाह–संस्कार हो। वह भी न हो तो उनकी भस्मी यहाँ की गंगा में प्रवाहित हो, उनके पार्थिव जीवन का विलय गंगा के जीवन में हो, वह क्षुद्रता–से उबरकर विशालता में विलीन हो, यही मृत्यु–से अभय की इच्छा का अर्थ है।

स्व. द्विजेंद्रलाल राय की गंगा को सम्बोधित प्रसिद्ध कविता है, जिसका भावार्थ है–'माँ कल्लोलिनी गंगा! मेरे कानों में तुम्हारी ही कल–कल अन्तिम बेला में सुनाई दे। आँखों को तुम्हारे ही जल का विस्तार दिखाई पड़े। मैं सर्वांग–से तुझमें आत्मसात हो जाऊँ।' यह उत्कट इच्छा हिन्दू मन के जीने की इच्छा–से जुड़ी हुई है। गंगा का जल जीवन की अनन्तता का विस्तार ही है और काशी की गंगा का जल उत्तरवाहिनी गंगा का जल है, इसलिए यह ऊर्ध्वमुखी जीवन के साथ जुड़ने का निमन्त्रण देता है। उत्तरवाहिनी गंगा कुछ अन्य स्थलों पर भी है, पर इतनी लम्बी दूरी तक नहीं है जितनी लम्बी दूरी तक काशी में है और जिस रूप में अर्द्धचन्द्र का आकार काशी में गंगा बनाती हैं वैसा भी कहीं नहीं। गंगा अपनी धार बदलती हैं, पर काशी में सहस्राब्दियों–से टिकी हुई हैं।

इस काशी के कई नाम हैं–अविमुक्त क्षेत्र, महाश्मशान, आनन्दकानन, हरिहरक्षेत्र और इसका आभ्यन्तर भाग ही वाराणसी है जिसकी एक सीमा अस्सी, वरुणा और गंगा है और बाहरी सीमा पंचकोसी है। महाश्मशान कहने का तात्पर्य ही यही है कि यहाँ केवल शरीर ही भस्म नहीं होता, शरीर के साथ जुड़ी हुई सारी–की–सारी वासनाएँ क्षार हो जाती हैं। उन वासनाओं के त्रिगुणात्मक बन्धन भी क्षार हो जाते हैं। यह क्षार ही जब शिव के ललाट का भस्म बनता है तो शिव–सारूप्य प्राप्त हो जाता है।

प्रश्न यह है कि क्या केवल विश्वनाथ ही यह कृपा करते हैं और केवल काशी में ही, कहीं अन्यत्र नहीं? क्या दूसरा मोक्ष–क्षेत्र नहीं है? मोक्ष–क्षेत्र तो काशी के अलावा छह और पुरियाँ–अयोध्या, मथुरा, हरिद्वार, कांची, अवंतिका और द्वारिका हैं, पर काशी का मोक्ष इसलिए विशेष है कि यहाँ मोक्ष एक विशेष प्रक्रिया–से मिलता है। काशी में जीव भैरवी चक्र में डाला

जाता है और भैरवी चक्र में पड़कर वह समस्त योनियों के सुख–दुःख के कोल्हू में पेरा जाता है। उसका समस्त सृष्टि के साथ अपने आप तादात्म्य हो जाता है। इसलिए उसे जो मोक्ष मिलता है वह प्रकाश रूप में मिलता है। काशी का अर्थ ही प्रकाश है, शुद्ध चैतन्य का प्रकाश। उस प्रकाश में कोई छाया नहीं है। उस प्रकाश की भी कोई छाया नहीं है। भैरवी चक्र का अर्थ समस्त भेदों का अतिक्रमण है और यही परम ज्ञान है। काशी में जो जीवन का अन्तिम क्षण बिताने की इच्छा रखते हैं वे एक ओर जीवन की अनन्तता में विलयन की कामना–से गंगा प्रवाह–से एकाकार होना चाहते हैं, दूसरी ओर स्वरूप का साक्षात् ही नहीं करना चाहते, स्वरूप में स्थित होना चाहते हैं और वह स्वरूप प्रकाश रूप ही है। उसे कोई शुद्ध विद्या कह ले, कोई पराशक्ति कह ले, कोई शिव–शक्ति सामंजस्य कह ले, ज्योति रूप रस कह ले, कोई अन्तर नहीं पड़ता।

एक अनुश्रुति है, इतिहास की दृष्टि–से सही न हो, पर उसका फलितार्थ स्पष्ट ही है। गोरखनाथ ने कई शरीरों को छोड़ा और कई शरीरों–से सिद्धि प्राप्त की। उन सिद्धियों को उन्होंने शिला का रूप दे दिया। वह उनके लिए बोझ हो गयी। सोचा, किसी योग्य पात्र में न्यस्त कर दूँ और इनसे मुक्त हो जाऊँ, नहीं तो मैं भी शिला बन जाऊँगा। कोई योग्य पात्र नहीं मिला, काशी आये। गंगातट पर मधुसूदन सरस्वती दिख गये। गोरखनाथजी उनके पास पहुँचे। कहा, 'यह शिला मैं तुम्हें देना चाहता हूँ। कई शरीरों से प्राप्त सिद्धियाँ इसमें हैं। इसे तुम्हें सौंपकर मुक्त होना चाहता है।' पहले तो मधुसूदन सरस्वती ने कहा कि 'महाराज, आपकी बड़ी कृपा पर मुझे सिद्धि चाहिए ही नहीं।' तब गोरखनाथजी ने अनुरोध किया, 'मैं नहीं दूँगा तो फँसा रहूँगा। ये सिद्धियाँ मेरे गले में सिल की तरह लटकी रहेंगी।' मधुसूदन सरस्वती ने सादर उस शिला को लिया और तुरन्त गंगा में विसर्जित कर दिया। गुरु गोरखनाथ को लगा, यह तो मुझे पहले कर देना चाहिए था। पर यह सूझा काशी तटवासी मधुसूदन सरस्वती को; काशी में रहने वालों को सिद्धि नहीं चाहिए।

पिछली कई शताब्दियों में यहाँ साधक हुए, उन्होंने अपने को सिद्ध नहीं कहा। वे साधकता को ही जीवन का परम प्रयोजन मानते थे। वे चाहे रामानन्द हों, अपने को राम की बहुरिया माननेवाले कबीर हों, प्रभु को चन्दन और अपने को पानी माननेवाले रैदास हों, श्रीराम के चरणों में निरन्तर प्रीति माँगने वाले तुलसीदास हों, सारी चाहों को केवल श्रीकृष्ण

की चाह की धारा में बोरनेवाले मधुसूदन सरस्वती हों, श्रीविद्या के साधक भास्कर राय हों, गुरुओं के गुरु तैलंग स्वामी हों, अद्‌भुत उल्लास के साधक लाहिरी महाशय हों, सूर्य–विद्या के आराधक स्वामी विषुद्धानन्द हों, उनके शिष्य महामहोपाध्याय गोपीनाथ कविराज हों, नित्यानन्द में समाहित माँ आनन्दमयी हों, परमहंस स्वामी करपात्री हों, दूसरी ओर औघड़ बाबा कीनाराम हों, राम–नाम के साधक काष्ठ जिह्वा स्वामी हों, ज्ञानसाधक स्वामी मनीष्यानन्द हों–ये सभी विभूतियाँ काशी तट की निरन्तर साधना के ज्योतिपुंज हैं। काशी भुक्ति, मुक्ति, सिद्धि सबका परिहार करनेवाली नगरी है। इसलिए यहाँ मरने का अर्थ जीवन की अछोर अनन्तता–से सात्म होना है, मरना नहीं है। जीवन की लीला को समेटना है, पर समेटकर उसे अनन्तता का कण बनाना है।

काशी में प्रतिदिन के व्यवहार में भी यह बात प्रतिबिम्बित होती है कि उत्तम–से–उत्तम भोग का सेवन कर सकते हैं और सेवन करें तो भी कुछ खास नहीं लगता। यहाँ सुस्वादु–से–सुस्वादु व्यंजनों के अनेक प्रकार बनते हैं, ठंडाई के सैकड़ों प्रकार होते हैं, जाड़े में प्रातरास के अनेक प्रकार होते हैं, पहनावे में कीमती–से–कीमती जरी के वस्त्र होते हैं, सोने के वरक में पान लपेटे जाते हैं। झकाझक सफेद चद्‌दर पर नूपुरों की झंकार होती है, बजरे पर गरमियों में चैती के स्वर के साथ तैरना होता है, पर उसी के साथ–साथ एक गमछा डालकर भस्म लगाकर 'बम–बम महादेव' की ध्वनि में समा जाना भी होता है। जिस क्षेत्र का राजा फक्कड़ उस क्षेत्र का निवासी भी फक्कड़ होने में ही रईसी मानता है। शिवरात्रि में शिव की बारात में विकलांगता का प्रदर्शन होता है और ऐसा कि उसके आगे रोम का कार्निवाल मात खा जाता है। यहाँ उत्सव का उन्माद भी नियन्त्रित होता है। ऐसी जिन्दगी में रमना तभी सम्भव है जब दुर्दम्य जिजीविषा हो। कैसे कहें कि काशी मरने की नगरी है। जीने का स्वाद काशी जानती है, मरने को नकारना काशी जानती है, अमरता को भी ठेंगा दिखाना काशी जानती है।

*–शोड़ी–सी जगह दें (2003)*

# सनातन काशी

इतिहास के झरोखे–से वाराणसी को देखने चलता हूँ तो मुझे एक कहानी याद आती है। मथुरा के एक चौबेजी ने लड़के को स्कूल भेजा। लड़का अभी आठवीं कक्षा में ही था, एक दिन भूगोल जोर–जोर–से याद कर रहा था और चौबेजी ने पूछा–बोल, मथुरा कहाँ है? लड़का बोला–उत्तर प्रदेश में। चौबेजी ने एक डंडा जमाया–छोरा, यह उत्तर प्रदेश कहाँ है? छोरा बोला–भारत में और उसने किताब दिखला दी, नक्शा दिखा दिया। चौबेजी ने छोरे का स्कूल छुड़ा दिया, ऐसी सत्यानाशी किताब जहाँ पढ़ाई जाती हो जिसमें तीन लोक–से न्यारी मथुरा उत्तर प्रदेश में दिखाई गयी हो, वह स्कूल हमारे छोरे के लिए नहीं है। चार दिन का उत्तर प्रदेश, जाने कितनी पुरानी मथुरा, यह किसी भूगोल में हो सकती है? काशी भी शिव के त्रिशूल पर बसी भूगोल–से बाहर और इतिहास से बाहर की नगरी है, इतिहास के झरोखे–से इसे कैसे देखें?

भारतीय कला की प्रसिद्ध विदुषी स्टेला क्रामरिश ने 'दि प्रेजेंस आफ शिव' (शिव को उपस्थिति) नाम–से एक पुस्तक लिखी है, उसमें एक पौराणिक कथा का अर्थ समझाया है। रुद्र शिव ने ब्रह्मा का बध किया और आदिस्रष्टा का सिर लेकर उन्मत्त होकर नृत्य करने लगे, उनके पीछे ब्रह्महत्या लग गयी, वे भैरव रूप में ब्रह्मा का कपाल ही भिक्षापात्र बनाकर द्वार–द्वार भिक्षाटन के लिए चले। विष्णु के गृह आये, विश्वक्सेन (विष्णु के पार्षद) ने उन्हें रोका, उसे भी त्रिशूल–से मार गिराया और त्रिशूल पर टाँग लिया, इसके बावजूद जब अपना भिक्षा–कपाल विष्णु के आगे फैलाया तो विष्णु ने अपने मस्तक की एक शिरा खोल दी। रक्त कपाल में झरने लगा, कपाल भरे नहीं फिर ब्रह्महत्या का भय। आगे चलो, उन्मत्त भैरव शिव ने विष्णु–से पूछा, कहाँ जायें जो इस हत्या–से मुक्ति मिले?

विष्णु ने कहा—वाराणसी चलो। भयंकर गति—से नाचते हुए भैरव शिव वाराणसी चले, विष्णु भी साथ चले, ब्रह्महत्या भी। वाराणसी आते ही वह कपाल जो भैरव शिव के हाथों में चिपक गया था, हजार टुकड़े होकर गिर गया, एक कुंड बन गया कपाल—मोचन, ब्रह्महत्या उसी में समा गयी, रसातल को चली गयी। भैरव शिव का उन्माद उतर गया, उन्हें जो हत्या लगी थी, उससे उन्हें मुक्ति मिल गयी और वह अविमुक्त तीर्थ में सदा के लिए बस गये अविमुक्त, वाराणसी का केन्द्र है। उसका अर्थ है जो कभी छोड़ा न जाये। शिव अदृश्य रूप में महाश्मशान के ऊपर चिता की ज्वालाओं की सीढ़ियों पर विराजमान रहते हैं।

स्टेला क्रामरिश ने ठीक ही इस आख्यान का अर्थ किया है, रुद्र रूप में शिव ने जब ब्रह्मा को अपनी सृष्टि अपनी कन्या वाक् पर आसक्त देखा तो खदेड़ लिया। वे मृग बनकर दौड़े पर रुद्र के बाण—से बचे नहीं, क्योंकि वह बाण उस वाक् ने ही रुद्र के हाथों में पकड़ाया। प्रलय के देवता शिव को सह्य नहीं था कि सृष्टि हुई और स्रष्टा उस पर मोहित हो जायें, यह असह्य था, ऐसे स्रष्टा का वध होना चाहिए। सृष्टिकार में अहंकार नहीं रह सकता और नाद रूप प्रथम सृष्टि ने शिव की सहायता की, शिव के नृत्य का आधार बनी, तभी विश्व के पालनकर्ता ने ब्रह्महत्या—से मुक्ति पाने के लिए विश्व में भिक्षाटन करने निकले भैरव को अपने रक्त की भिक्षा दी। कैलाश के पास के देवदार वन में शिव को मुक्ति नहीं मिली, मुक्ति मिली काशी में, यह मुक्ति स्रष्टा के अहंकार रूप कपाल—से थी, कपाल में भरे पालनकर्ता के रक्त—से भी, प्रलयकर्ता के प्रलयंकर तांडव—से थी। शिव काशी में ही विराजते हैं, इसका सूक्ष्म अभिप्राय है कि वह ज्ञान की, चिति की ऐसी अवस्था में उद्भासित होते हैं जो त्रिगुण का अतिक्रमण करती है। काशी की स्थिति त्रिगुणातीत है और शिव की स्थिति उस काशी—से ऊपर है, इसीलिए काशी जहाँ महाश्मशान है, मृत्यु का उद्वेगकारण रूप है, इस उद्वेग का अतिरेक होता है, वहीं वह आनन्दकानन भी है, ऐसा सुरक्षित आनन्दकानन जिसमें एक गुंजार है, राम। शिव इस गुंजार में समाहित होकर काशी में रहते हैं।

अब यह काशी किस इतिहास में है। इतिहास कभी कुछ टूटे—फूटे मिट्टी के पात्रों से, कभी कंकालों से, कभी मिट्टी की दबी हुई परतों—से तथ्यों का आकार अनुमानित करता है, कभी कुछ बहुत ही छिन्न—भिन्नी

साहित्य–क्रमों को एक क्रम में रखता है और ज्योंही कुछ और भिन्न प्रकार की सामग्री मिलती है, आकार और क्रम बदल जाते हैं।

इस इतिहास पर क्या भरोसा करें?

अस्तु! एक ऐतिहासिक उड़ान यह है कि कश् खश् और पश्चिमी एशिया का कसाइट कबीला जहाँ–जहाँ गया वहाँ कश नाम ले गया। कश्मीर, काशी, हिमालय का खस इन सबमें उसी कबीले की यात्रा का प्रमाण मिलता है, और काशी नाम ने भी भौगोलिक यात्रा की होगी। कभी यह वर्तमान पश्चिमी उत्तर प्रदेश में गंगा के किनारे कोई नगरी रही होगी। वहीं धृतराष्ट्र नाम का राजा रहा होगा, जिसका उल्लेख 'ब्राह्मणों' में मिलता है, बाद में पूर्व की ओर लोगों के बढ़ने के साथ वर्तमान भौगोलिक स्थिति बाद में बसी होगी। अब प्रो. गोवर्धन राय शर्मा और उनके सहयोगियों द्वारा विंध्यगांगेय क्षेत्र में की गयी खुदाइयों–से इतिहास के पुराने ढाँचे बदले जा रहे हैं। इन खुदाइयों में छह हजार ईसा पूर्व के रोपा–धान के बीज मिले, पालतू पशुओं के कंकाल मिले, ऐसे नर कंकाल मिले जिनके बारे में यह नहीं कहा जा सकता कि ये नार्डिक या तथाकथित आर्य हैं, द्रविड़ हैं या कोल हैं या किरात हैं, ये किसी सम्मिश्रित प्रारूप के लोगों के कंकाल हैं। इस स्थिति में गंगा के मध्य मैदान में कृषि का प्रसार और रक्त सम्मिश्रण का इतिहास काफी पुराना प्रमाणित होता है और यह सम्भावना अधिक तर्कपूर्ण लगती है कि पश्चिमी एशिया–से प्रव्रजन पूर्व की ओर नहीं हुआ। पूर्व–से पश्चिमी एशिया की ओर कालान्तर में प्रव्रजन हुआ होगा। अतः 'पैप्पलाद अथर्ववेद संहिता' में जिस काशी का उल्लेख है या 'शतपथ ब्राह्मण' में जिस काशी के राजा धृतराष्ट्र के अश्वमेध का उल्लेख है, 'बृहदारण्यक' में जिस काशी के ब्रह्मविद्या के केन्द्र के रूप में बात आती है या 'महाभारत' में जिस काशी की कन्याओं का भीष्म द्वारा हरण की बात आती है, वह काशी इतिहास की दृष्टि–से आज भी काशी मानी जा सकती है।

वैदिक सन्दर्भों के सूत्र जोड़कर इन वैदिक और पौराणिक आख्यानों की संगति स्थापित कर सकते हैं। पहले सन्दर्भों को लें। 'अथर्ववेद' के अनुसार काशी जनपद श्रौत–बाह्य था। 'शतपथ ब्राह्मण' के अनुसार काशीराज विचित्रवीर्य धृतराष्ट्र ने अश्वमेध यज्ञ किया, जिनके अश्व को शतानीक सत्राजित ने छीन लिया। इस अमर्श–से काशीवासियों ने श्रौतानिक धारण छोड़ दिया। बौद्धसूत्रों के अनुसार राजा रेणु के मन्त्री महागोविंद ने

वाराणसी नगरी बसाई और धितरह अर्थात् धृतराष्ट्र पहले राजा हुए। ऐतरेय ब्राह्मण में रेणु विश्वामित्र के पुत्र हैं। परुष्णी युद्ध में वशिष्ठों–से विश्वामित्र पराजित हुए तो वे सम्भवतः आगे गये होंगे, उन्होंने पुराणों के अनुसार कभी सृष्टि की, नयी खोज की। नये क्षेत्र बनाये। वाराणसी को बसाने का श्रेय पौराणिक स्रोतों के अनुसार दिवोदास को दिया जाता है, पुरुरवा के वंश में काश्य चौथी पीढ़ी में हुए, काश्य की चौथी पीढ़ी में दिवोदास हुए जिन्होंने वाराणसी पुरी बसाई और युक्ति–से किसी तरह शिव ने वाराणसी में अपने लिए पुनः स्थान पाया, दिवोदास के पौत्र हुए अलक जो बहुत प्रतापी राजा हुए।

शतपथ ब्राह्मण में जहाँ श्रौताग्नि छोड़ने की बात एक जगह आती है, वहीं अन्य स्थल पर यह भी उल्लेख मिलता है कि हम काशीवासियों से सोमपान का अधिकार छीन लिया है–

**हैतद् अर्वाक् काशयोग्नीन्नाधत्त आत्त सोमपीथाः सम इति वदन्तः।**

हम अग्नि का आधान नहीं करते, बला से, पर हम सोमपायी हैं। 'बृहदारण्यक उपनिषद्' में एक कथा आती है कि काशीराज अजातशत्रु ने गार्ग्य बालाकि–से ब्रह्मोपदेश ग्रहण करते हुए कहा कि हम आपको हजार गौएँ देंगे। केवल मिथिला ही ब्रह्मक्रिया का ग्राम नहीं है, काशी भी है, लोग जाने क्यों जनक–जनक कहते हुए मिथिला की ओर ही दौड़ते हैं।

अब इन सभी सन्दर्भो पर विचार करें तो कुछ इस प्रकार अनुमान कर सकते हैं, यह अनुमान मैं कर रहा हूँ, उपलब्ध स्रोतों के आधार पर, यह कोई अन्तिम स्थापना नहीं है। मुझे ऐसा प्रतीत होता है कि काश्य लोग एक ऐसी परम्परा के वाहक थे जो यज्ञ के कर्मकांड–से सन्तुष्ट नहीं थे, यह परम्परा भृग्वांगिरसों की परम्परा है जो अन्तः प्रकाश का अनुसंधान करती थी, विश्वामित्र भृगुओं के सम्बन्धी थे, पुराणों की कथाओं के अनुसार काशीराजाओं के वंश में क्षत्रिय ब्रह्मविद्या के पारायण के द्वारा ब्राह्मणत्व को प्राप्त हुए। सोमपान के द्वारा एक रहस्यानुभूति की परम्परा, श्रौताग्नि के परिहार की अनुश्रुति और योगीश्वर शिव के वाराणसी अधिष्ठान में अपने आप एक संगति स्थापित हो जाती है।

काशी के वाराणसी नाम की एक व्याख्या 'जाबाल उपनिषद्' में मिलती है। अग्नि ने याज्ञवल्क्य–से पूछा, अनन्त अव्यक्त आत्मा को कहाँ ढूँढ़ें? याज्ञवल्क्य ने कहा–अविमुक्त में। अग्नि ने फिर पूछा, अविमुक्त कहाँ है?

उत्तर मिला वारणा और नाशी के मध्य में प्रतिष्ठित है। वारणा क्या है, नाशी क्या है? उत्तर मिला, सभी इन्द्रियकृत दोषों का निवारण जो करे वही वारणा, जो उत्पन्न हो गये इन्द्रियदोषों का नाश करे वही नाशी। अविमुक्त क्षेत्र देवजयन क्षेत्र, समस्त प्राणियों का ब्रह्म है, यहीं रुद्र तारक ब्रह्म का उपदेश करते हैं। 'जाबाल उपनिषद्' की कथा जो स्टेला क्रामरिश की व्याख्या–से जोड़ें तो अर्थ स्पष्ट हो जायेगा। काशी का वाराणसी रूप में रूपान्तरण एक कर्मकांड परम्परा का क्रमशः ज्ञानकांड परम्परा में रूपान्तरण है। यह संयोग मात्र नहीं है कि इसी स्थल पर जैन तीर्थंकर पार्श्वनाथ ने कैवल्य का उपदेश किया और इसी स्थल पर तथागत ने धर्मचक्र प्रवर्तन किया। वस्तुतः काशी चित्काशी के रूप में बहुत समय पूर्व–से प्रतिष्ठित थी। जातकों में एक काशीराज का नाम बार–बार आता है, 'ब्रह्मदत्त, अतीते वाराणसियं ब्रह्मदत्ते राज्यं कारेंते'–से कई बोधिसत्त्वों की कहानियाँ शुरू होती हैं, यह ब्रह्मदत्त नाम भी सार्थक है और धर्मचक्र प्रवर्तन के समय ही वैदिक पंडित और गुरुभाई से तथागत बुद्ध का ब्रह्म के विषय में संवाद भी काशी में हुआ। इन सब तथ्यों को संकलित करें तो अपने आप प्राचीन काल की काशी की एक तसवीर उभरती है।

काशी का एक अर्थ काश फूलों की नगरी, दूसरा अर्थ मुट्ठी है, तीसरा अर्थ प्रकाश है। काशी एक सुन्दर वनीय परिवेश में बहती नदी के किनारे काश का प्रस्तार था, उजली और दीप्तिमयी गंगा की तट–रेखा शरद में काश के फूलों–से शुभ्रतर हो जाती रही होगी। इसकी आकृति मुठ्ठी की तरह अर्ध चन्द्राकार थी मानो मुठ्ठी में किसी ने रत्न–राशि समेटकर रखी हो। काशी के उत्तर पूर्वी छोर पर बस्ती थी और एक बड़े भूभाग में नदी के दक्षिणी छोर पर महाश्मशान था, बीच में आनन्दकानन तपोभूमि, साधनाभूमि, ऐश्वर्यभूमि का अद्‌भुत सामंजस्य रहा होगा।

प्राग्बुद्ध काल में व्यापारी इसे जित्वरी कहते थे, अवश्य ही बहुत समृद्ध व्यवसाय यहाँ विकसित होंगे, उसमें काशी का रेशम व्यवसाय बहुत पुराना है। उस काशी में विद्या की साधना जीवन की पूर्णता में चलती रही होगी, तभी वह सभी विद्याओं के गुरु महेश्वर का एक अधिष्ठान बनी। काशी में कई सरोवर दो–दो अन्तः सलिलाएँ, किरणा और धूतपापा के कारण गंगा का विशेष माहात्म्य रहा होगा। आज की काशी तो मकानों और नालों का जंगल है, पर प्राचीन काशी सही मायने में मुक्तिदायिनी रही होगी। चैतन्य के आवरणों को निर्ममता–से हटानेवाली रही होगी, मृत्यु की भयावहता पर

मुक्त रूप–से हँसनेवाली रही होगी और प्रकाशमय जीवन को साधनेवाली रही होगी, उसकी सम्पूर्णता में।

आज भी वह काशी हमारी जातीय स्मृति में वैसी की वैसी है, उसी तरह समस्त ऐश्वर्य को भोगते हुए भी उसकी उपेक्षा करनेवाली और गंगा को प्राणों की नाड़ी बनाने वाली। काश! काशीवासी वैसे काशीमय हो सकें।

*–जीवन अलभ्य है, जीवन सौभाग्य है (1994)*

# अधूरेपन-से पूर्णता की ओर

काशी में आने पर विश्व एक–दूसरे रूप में दिखता है। काशी–से बाहर जो कुछ है, वह तो दिखता ही है, कुछ अधिक अतिरेक के रूप में दिखता है। बुराई भी, भलाई भी, चा:तुरी भी, गावदीपन भी, असली भी, नकली भी, सबकी छटा यहाँ मिल जायेगी। एक ओर शिक्षा की चरम अधोगति दिखेगी, मालवीयजी महाराज सुनें तो नींद नष्ट हो जाये, दूसरी ओर निष्काम भाव–से विद्या की साधना, एक ओर तमाम तरह की प्रवंचनाओं के जाल, यह करने–से यह सिद्ध होगा, यह करने–से वह सिद्ध होगा, दूसरी ओर शुद्ध निष्काम निस्पृह सात्विक उपासना का आयोजन। इसलिए काशी आने पर पूर्णता का प्रत्यक्ष हो जाता है। इसका अतीत जितना पूर्ण रहा है, उतना ही इसका वर्तमान भी पूर्ण है। अचेत रूप–से काशी चित्काशी है, चैतन्य को प्रकाशित करनेवाली नगरी है।

राजनीतिक दृष्टि–से उपेक्षित हो, कोई बात नहीं, व्यावसायिक दृष्टि से भी पुराना पड़ रहा है यहाँ का व्यवसायी, कोई बात नहीं, कुछ–न–कुछ दूसरे क्षेत्रों में नया उभरता रहता है। कोई–न–कोई विशेष स्पन्दन यहाँ अवश्य है, अन्यथा एक साथ औघड़ भगवान् राम अवधूत और दूसरे आचार के स्वामी करपात्रीजी एक समय काशी में न होते और एक–दूसरे के प्रति आदर भाव रखने वाले न होते।

मधुसूदन सरस्वती जैसे परमहंस, वेदान्त–दर्शन के प्रखर पंडित और भक्ति काव्य की आनन्द मन्दाकिनी बहानेवाले और ठेठ देसी भाषा में राम का गुणगान करनेवाले गोसाईं एक साथ न होते और संस्कृत के निर्जीव पंडितों का गोस्वामी तुलसीदास पर आक्रमण एक ओर, और मधुसूधन सरस्वती की एक श्लोक में तुलसी काव्य की आशंसा सबके विरुद्ध

दूसरी ओर, मुखरित न होती, इस काशी के आनन्दवन में तुलसीदास जंगम तुलसी के पौधे हैं, उनकी कविता–मंजरी पर स्वयं राम भ्रमर होकर सुशोभित होते हैं।

उसी काशी नगर में दक्षिण–से आये भास्कर राय बस गये, उसी में तैलंग स्वामी। उसी में महामहोपाध्याय गोपीनाथ कविराज के गुरु स्वामी विषुद्धानन्द रहे, जिन्होंने अपनी सूर्य विद्या–से पदार्थों का रूपान्तर करके दिखा दिया था। वहीं महामहोपाध्याय पं. शिवकुमार शास्त्री हुए, जिन्हें लोग विश्वनाथ का संचरणशील विग्रह मानते थे। इस नगरी की दो विद्याएँ प्रमुख थीं, व्याकरण और ज्योतिष, एक मुख, दूसरी आँख, व्याकरण को विश्व को समझने के लिए पूर्णतः समर्थ दर्शन के रूप में काशी ने प्रतिष्ठित किया और महामहोपाध्याय सुधाकर द्विवेदी और बापूदेव शास्त्री जैसे ज्योतिर्विदों ने उन्नीसवीं शताब्दी के ज्योतिष ज्ञान के सामने चमत्कार ही उपस्थित कर दिया। संगीत के क्षेत्र में काशी का अवदान आज भी वैसी ही अविच्छिन्न गरिमा के साथ उद्भासित है।

यह भी सही कि दामोदार गुप्त (आठवीं सदी के लेखक) के साक्ष्य–से यह भी सिद्ध है काशी धूर्तता और वैश्विक जीवन की चालबाजी में अप्रितम था, किसी–न–किसी रूप में वह सुयश भी सुरक्षित ही नहीं वृद्धि पर है। गलियों का सँकरापन और मन की उदारता, घाट पर नहानेवाले पंडितों का अर्ध दिगम्बर भाव और गुलाब और बेला के गजरों–से सजी शाम की रईसी अवश्य अब कम हो रही हैं, पर भीतर का विनोदी फक्कड़पन काशी की रग–रग में प्रवाहशील है।

इस काशी में कुछ अरसे बाद आया। सुना व्याकरण विद्या के एक शिखर पंडित कालिकाप्रसाद शुक्ल इस बीच दिवंगत हुए। वे वैयाकरण शिरोमणि तो थे ही, रससिद्ध भक्त कवि भी थे। उनका राधा काव्य साहित्य अकादमी द्वारा सम्मानित हुआ था। लोगों ने बताया, उनके बारे में कोई खबर विशेषकर राजधानी में नहीं छपी। मैं भी पहले तो बहुत दुखी हुआ, फिर सोचा, समय की गति बलवान है। एक ऐसा समय था कि नदिया में निहायत गरीब ब्राह्मण रहते थे रामनाथ तर्कवागीश। छोटी–सी मड़ैया, तीन बीघे खेत, इमली का एक पेड़, यही सम्पत्ति थी और इसी में–से अपना, अपनी पत्नी का और अपने चार–पाँच शिष्यों को पेट भरते थे और अपने शास्त्र में मग्न थे।

उनकी पत्नी शंख की चूड़ियाँ भी नहीं खरीद सकती थीं, सूत रंगकर कंगन बनाये हुए थीं, नदी नहाने गयीं, वहीं, नदिया की रानी भी दासी समेत पहुँचीं, वह नहाकर पहले ऊपर आयी, रानी के वस्त्रों पर उनके गीले बस्त्रों के कुछ छींटे पड़ गये, दासी ने कहा ऐसे महादरिद्र की पत्नी जो शंख की चूड़ी भी नहीं जुटा सकता, ऐसा ताव रखती है। पंडिताइन भी तमककर बोलीं–जिस दिन तुम्हारी रानी का हीरे का कंगन टूटेगा तुम्हारी रानी विधवा होगी, उस दिन नदिया में कोई भी रोनेवाला नहीं रहेगा, पर जिस दिन यह सूत का कंगन टूटा, उस दिन नदिया अनाथ हो जायेगी। रानी घर गयी। कोपगृह में बैठ गयीं, राजा तक समाचार पहुँचा, वे बजाय रानी को मनाने के सीधे पंडितजी के यहाँ पहुँचे कि मैं कितना पापी हूँ कि हमारे यशस्वी पंडित शंख की चूड़ी तक नहीं खरीद सकते, पंडित–से अनुरोध करने गये कि राज्य–से धन स्वीकार कर लें। वहाँ बैठे, परिचय दिया, पंडित ने आशीर्वाद दिया, राजा ने कुशल–मंगल पूछा, पंडितजी ने उत्तर दिया, सब कुशल है। राजा ने डरते हुए उनसे पूछा–कोई विप्रतिपत्ति? (बंगला में इसका अर्थ विपत्ति, विपन्नता, संस्कृत में एक और सन्देह) पंडित ने सहज भाव से उत्तर दिया, एक है। न्याय शास्त्र के हेत्वाभास प्रकरण में, पर आप उसमें क्या सहायता कर सकते हैं, करें तो बतलाऊँ। कुछ मौसम अनुकूल हो तो गुरुजी के पास जाऊँ तब सन्देह निवृत्त होगा। राजा हतप्रभ चले गये, पता लगाते रहे, पंडितजी जब अपने गुरुजी के यहाँ गये, तब पधारे और पंडिताइन के पैरों में पड़े मैं आपका पुत्र हूँ, राजा मानकर, पुत्र मानकर मेरी अभ्यर्थना स्वीकार करें। वत्सल माँ तैयार हो गयी और घर का स्वरूप बदल गया। पंडितजी आये, कुछ बोले नहीं, सिर्फ यही कहा–तुम सहधर्मचारिणी हो, तुम्हें अधिकार था, तुमने राजा–से लिया, पर मैं इस राजकीय प्रतिग्रह–से जुड़कर विद्या की रक्षा नहीं कर सकूँगा।

तुम आधा खेत लेकर अलग हो जाओ। एक किनारे मैं नयी कुटिया बनाऊँगा। तुम राज बिलसो, मैं तो गरीबी में ही राज करूँगा। पत्नी पैरों पर पड़ी, कहा, प्रायश्चित। पंडित कठोर, उन्होंने जितना धन तुम्हें दिया, उसके समेत अपने हिस्से की जमीन सब दान दे दो। हम लोग आधी जमीन में गुजर करेंगे।

वह समय बहुत पुराना नहीं है। उन्नीसवीं सदी के प्रारम्भ में संस्कृत कॉलेज में दक्षिणा लेकर संस्कृत पढ़नेवाले नहीं मिलते थे।

उसी जमाने में थे शिवकुमार शास्त्री, जिन्होंने अपने साथियों के द्वेष–से खिन्न होकर पद छोड़ दिया। इस काशी में पंडितों की पालकी चलती थी तो हर–हर महादेव के नारों–से गलियाँ, सड़कें गूँज उठती थीं। आज भी पंडित हैं, विद्वान् हैं, पर वह स्वाभिमान कुछ कम हो गया है, लुप्त अब भी नहीं हुआ है इसलिए बौद्धिक तेज भी घटने लगा है। तब लम्बे अरसे तक अंग्रेजी हुकूमत के दौर में भी स्वाभिमान था, पं. गंगाधर शास्त्री–से घर पर मिलने लार्ड कर्जन को जाना पड़ा था। वस्तुतः पंडित या कलावंत की स्वाभिमानी विपन्नता राजा की सम्पन्नता की पूर्ति है और राजा का विनीत आग्रह भाव पंडित की निस्पृहता की पूर्ति है।

आज संसार बहुत बँटा हुआ है, बात एकता की करता है, ऊपरी मन से, पर एकता का सही अर्थ नहीं जानता। एकता अपने अधूरेपन के ज्ञान में आभासित होती है। आदमी अपने को अधूरा समझता है, तभी पूर्णता की ओर अग्रसर होता है। किसी दूसरे की प्रेरणा से, किसी दूसरे के इशारे–से कोई पूर्णता की ओर नहीं बढ़ता। हमारा पूजापाठ, यज्ञ–उत्सव सब इसी पूर्ति कौ तलाश में सबमें अपने को समाहित करने के प्रयत्न हैं।

बनारस में मैंने कहा बहुतेरी पूजाएँ कराई जाती हैं, कुछ ठेके पर भी कराई जाती हैं, पर इस बार बनारस आया तो ऐसी पूजा में सम्मिलित होने का सौभाग्य मिला, जिसका प्रवर्तन प्राचीन समय में नये सिरे–से आद्य शंकराचार्य ने किया और आधुनिक युग में विशेष रूप–से उत्तर भारत में अभिनव शंकर श्री करपात्रीजी ने किया। उन्हीं के शिष्य श्री दत्तात्रेयानन्दनाथ ने ललिता श्रीविद्या की उपासना का यज्ञ ठाना हुआ है, इसमें ललिता महात्रिपुरसुन्दरी के श्रीचक्र का अर्चन हो रहा है और श्रीचक्र पर कुंकुम या अक्षत से ललिता सहखनाम के एक–एक नाम चढ़ाए जा रहे हैं, एक लाख बार सहस्रनाम दुहराए जायेंगे और इसमें सहभागी सभी दीक्षित हैं, कोई दक्षिणा पर नहीं है।

किसी कुबेर की सहायता भी नहीं है। साधक शिरोमणि जगदम्बा की प्रसन्नता और निखिल त्रिभुवन की समरसता के लिए यह याग कर रहे हैं। इस पूजा में विश्व की सभी शक्तियों, सभी वृत्तियों, सभी ज्ञानमार्गी, बौद्ध, जैन भी छूटे नहीं हैं। सभी गुरुओं, सभी देवताओं और सभी भुवनों की स्थापना होती है। ऐसी पूजा है जिसमें धर्म के साथ अधर्म को भी आहुति दी जाती है, क्योंकि पूर्ण सच्चाई तो धर्म–अधर्म मिलकर है और पूर्णतर सच्चाई इन दोनों के परे पहुँचकर है।

इस पूजा का स्वरूप काशी में पहली बार इस पैमाने पर देखने को मिला। कोई गुह्याचार नहीं है, कोई दम्भ नहीं है, सब देख सकते हैं। सब प्रसाद पा सकते हैं। अर्चन के लिए श्रीविद्या के किसी–न–किसी लघु बृहत रूप की दीक्षा दीक्षित व्यक्ति को प्रतिज्ञा करनी पड़ती है कि पेड़ न काटो, स्त्री का निरादर न करो, कोई प्रश्न पूछें तो जो तुम्हें समझ में आये उत्तर दो, स्त्री के विषय में निन्दा की बात न करो, क्योंकि प्रत्येक छूटी स्त्री में त्रिपुरसुन्दरी की कोई न कोई कला विराजमान है। प्रत्येक में अभ्युदय की सम्भावना है। इसमें दीक्षित व्यक्ति को प्रतिदिन 'अहं' और 'मम्! 'मैं' और 'मुझको' के भाव के विसर्जन की प्रतिज्ञा लेनी पड़ती है और समस्त ब्रह्माण्ड की तृप्ति की मनौती माननी होती है। यह भावात्मक ज्ञान का एक प्रकार है। दक्षिण भारत में इसे बहुत गोपनीय रखा गया है, पर वर्तमान समय में इस विद्या का प्रभाव सुदूर अमेरिका तक पहुँच गया है और वहाँ भी श्रीविद्या अनुशीलन केन्द्र खुल रहा है।

काशी अवधूत नगरी है, विभूति साधना, पर विभूति है चिताभस्म। इसी भाव में महाभाव जगता है और चाहे राजनीति और राजनीतिग्रस्त बुद्धिवादी, कालिकाप्रसाद शुक्ल जैसे दुर्लभ विद्वान और स्वामी करपात्री जैसे शिखर विचारक की अनदेखी करें, पर विश्व उस साधना की महत्ता की ओर शीघ्र अग्रसर होगा, क्योंकि बहुत कुछ चुक गया है, ज्ञान भी, मानुषभाव की, पृथ्वी का नैसर्गिक सौन्दर्य भी, अब मनुष्य प्रेतत्व की ओर जाता दिखता है, प्रेत को सजीव बनानेवाला ज्ञान अवतीर्ण हुआ चाहता है।

*–रथयात्रा (2002)*

❑❑

# मैत्रेयी पुष्पा

मैत्रेयी पुष्पा का जन्म 30 नवम्बर, 1944 को अलीगढ़ ज़िले के सिकुर्रा गाँव में हुआ। आरम्भिक जीवन ज़िला झाँसी के खिल्ली गाँव में बीता।

बुन्देलखंड कॉलेज, झाँसी से हिन्दी साहित्य में एम.ए. किया। आप हिन्दी अकादमी, दिल्ली की उपाध्यक्ष रहीं।

**प्रकाशित कृतियाँ :** *चिन्हार, गोमा हँसती है, ललमनियाँ तथा अन्य कहानियाँ, पियरी का सपना, प्रतिनिधि कहानियाँ, समग्र कहानियाँ* (कहानी-संग्रह); *बेतवा बहती रही, इदन्नमम, चाक, झूला नट, अल्मा कबूतरी, अगनपाखी, विजन, कही ईसुरी फाग, त्रिया हठ, गुनाह-बेगुनाह, फ़रिश्ते निकले, नमस्ते समथर* (उपन्यास); *कस्तूरी कुंडल बसै, गुड़िया भीतर गुड़िया* (आत्मकथा); *वह सफ़र था कि मुक़ाम था* (संस्मरण); *खुली खिड़कियाँ, सुनो मालिक सुनो, चर्चा हमारा, आवाज़, तब्दील निगाहें* (स्त्री-विमर्श); *फ़ाइटर की डायरी* (रिपोर्ताज)।

*फ़ैसला* कहानी पर टेलीफ़िल्म *वसुमती की चिट्ठी* और *इदन्नमम* पर *मंदा हर युग में* धारावाहिक का प्रसारण।

**प्रमुख सम्मान :** *सार्क लिट्ररेरी अवार्ड,* द हंगर प्रोज़ेक्ट (पंचायती राज) का *सरोजिनी नायडू पुरस्कार, मंगला प्रसाद पारितोषिक, प्रेमचन्द सम्मान,* हिन्दी अकादमी का *साहित्यकार सम्मान,* मध्य प्रदेश साहित्य परिषद का *वीरसिंह जूदेव पुरस्कार, कथाक्रम सम्मान, शाश्वती सम्मान,* उत्तर प्रदेश हिन्दी संस्थान का *महात्मा गांधी सम्मान* आदि।

**सम्पर्क :** 104, महागुन मार्फ़ियस, प्लॉट नं. ई-4, सेक्टर 50, नोएडा–201303 (उ.प्र.)।

# नमस्ते समथर

मैत्रेयी पुष्पा

राजकमल पेपरबैक्स

*इस उपन्यास के सभी पात्र काल्पनिक हैं। कोई साम्य संयोग ही माना जाए।*

राजकमल पेपरबैक्स में
**पहला संस्करण :** 2021
**दूसरा संस्करण :** 2023



---

**राजकमल पेपरबैक्स :** उत्कृष्ट साहित्य के जनसुलभ संस्करण

---

राजकमल प्रकाशन प्रा.लि.
1-बी, नेताजी सुभाष मार्ग, दरियागंज
नई दिल्ली-110 002
द्वारा प्रकाशित

**शाखाएँ :** अशोक राजपथ, साइंस कॉलेज के सामने, पटना-800 006
पहली मंजिल, दरबारी बिल्डिंग, महात्मा गांधी मार्ग, प्रयागराज-211 001
1, अनमोल सोराबजी संतुक लेन, धोबी तलाव, मरीन लाइंस, मुम्बई-400 002
वेबसाइट : www.rajkamalprakashan.com
ई-मेल : info@rajkamalprakashan.com

बी.के. ऑफसेट
नवीन शाहदरा, दिल्ली-110 032
द्वारा मुद्रित

**मूल्य : ₹** 250

NAMASTE SAMTHAR
*Novel* by Maitreyi Pushpa

ISBN : 978-93-90971-55-8

बुन्देलखंड कॉलेज, झाँसी को समर्पित

क्या यह सच नहीं है कि जिसके पास ताक़त नहीं होती, उसके पास हिम्मत होती है!

यह किसी ख़ास समय का वाक़या नहीं है कि आज है, कल नहीं होगा। साल-दर-साल ऐसे ही क्रूर हस्तक्षेप होते हैं तभी तो इस सदी की कहानी ऐसी है।

**—मैत्रेयी पुष्पा**

**दीनदयाल** इंटर कॉलेज, मऊरानीपुर।

यह कॉलेज का क्लास रूम ही था जिसमें कक्षा बारह के छात्र आपस में बातें कर रहे थे। अभी-अभी अर्थशास्त्र का पीरियड ख़त्म हुआ था और हिन्दी विषय पढ़ाने वाले मास्साब आने वाले थे। विद्यार्थी बीच के समय में अपनी गपशप में मशगूल थे और हिन्दी तथा हिन्दी मास्साब के बारे में ही बातें कर रहे थे।

"हिन्दी मास्साब आकर कहानी पर बात करेंगे, देख लेना। ऐसा समझाएँगे जैसे हमें आज ही कहानी-कला का ज्ञाता बनाने वाले हैं। आज से ही हम कथाकार बनने की ओर बढ़ने लगेंगे।" यह शिवदयाल था, साँवली रंगत का लम्बे क़द का छात्र।

"हाँ, देखा तो है, कहानी पढ़ाते समय समझाते जाते हैं—पहले ध्यान दो कि कहानी कौन कह रहा है? अगर लेखक ही कहे जा रहा है तो ऐसी कहानी को तुम श्रेष्ठ कथा नहीं मान सकते। हम कोई सत्यनारायण व्रत कथा नहीं सुन रहे। फिर कथा-शैली भी तो होती है, भले पुरानी हो मगर नए ढंग से कही गई हो।" यह सियाशरण था।

मास्साब समझाते जाते हैं और छात्र आपस में उस विवरण को दोहराते हैं।

"यार, मास्साब की एक बात ग़लत है कि हम कुछ पूछना चाहें तो मौक़ा नहीं देते। अब मास्साब ही बताएँ कि कहानी लेखक नहीं लिखेगा तो लिखेगा कौन?"

पर मास्साब समझ जाते हैं, तभी तो कहते हैं, "मैं तुम्हारा आशय समझ रहा हूँ। तुम लेखक को ही कथा का नायक मान लेते हो। अरे मूर्खो, कहानी तो कथा

के पात्र लिखते हैं, लेखक उनका मुनीम होता है, मुनीम। समझे?" शिवदयाल ने मास्साब जैसी एक्टिंग की।

छात्रों से पूछो, फिर क्या हुआ?

"फिर क्या होता? छात्रों की चुप्पी ही अनुशासन के नाम पर जारी थी। तर्क करना मास्साब की तौहीन करने के बराबर था।"

"हम छात्र, कहानी कला के बारे में सुनते-सुनते कहानी के प्रति काफ़ी उदासीन हो चुके थे। सियाशरण ने तो चार पंक्तियाँ तुकबन्दी में लिख दीं और खड़े होकर बोला, "मास्साब, मैंने तो कविता लिखी है, कहानी का झंझट समझ में नहीं आया।"

"सियाशरण, तुम कथा के मर्म से भटक रहे हो। हिन्दी साहित्य क्या ख़ाक पढ़ोगे?"

कविता लिखना भी कोई साहित्य की साधना है? मनमाना राग अलापो, जैसी-तैसी तुकबन्दी कर डालो, बस!

"और अब तो तुकबन्दी भी नहीं करनी, जो कहना है अतुकान्त कविता के नाम पर दावे से कहो।" मास्साब ने खिन्न होकर कह दिया।

"कविता का कुटिल शत्रु" मास्साब को होली के अवसर पर यही उपाधि दी गई थी और लड़के बहुत ख़ुश हुए, लड़कियाँ अपनी ख़ुशी जाहिर करने में झिझक रही थीं।

*

जो भी था, हिन्दी का पीरियड था और मास्साब को आना ही था। बारहवीं कक्षा के छात्रों को उपस्थित रहना ही था।

अपने क़स्बे के तय किए हुए अभिवादन—'प्रणाम सर' के बाद सारे छात्र अपनी-अपनी सीट पर बैठ गए जबकि मास्साब ने अब तक 'सिट डाउन' बोला भी नहीं था। मगर अब यही इस इंटर कॉलेज के चलन में शामिल था।

मास्साब हमेशा ही टिपटॉप आते हैं, सो आज भी थे। वे हमेशा ही सफ़ेद कमीज और नेवी ब्लू पैंट पहनकर आते हैं, यह पोशाक आज भी थी। तिरछी

माँग निकालकर सँवारे हुए बाल उनको सलीकेदार बनाते हैं। कुल मिलाकर मास्साब की पर्सनैलिटी प्रभावशाली है, साँवला रंग भी उन पर फबता है। लम्बा क़द उनका रुतबा बढ़ाता है—यह सारा वर्णन कक्षा के ही नहीं, पूरे स्कूल के छात्र-छात्राओं के अनुसार है। और अब उनका करिश्मा देखो—

मास्साब के आज के पहले सवाल ने ही विद्यार्थियों का मन मोह लिया।

"कभी समथर गए हो?"

समथर जैसी जगह को छात्र जानते तो थे लेकिन वहाँ जाना क्यों चाहिए, यह समझ के बाहर था। मगर मास्साब ने दिलचस्पी जगा दी।

"जी मास्साब।" उनका समवेत स्वर कमरे में गूँजा जो समथर गए हुए हैं।

"अरे वहाँ जाने का मतलब केवल जाना-आना ही नहीं, वहाँ क्या कुछ देखा है, इसका बड़ा अर्थ है।"

"मास्साब, हमने क़िला देखा है। बाहर से ही नहीं, भीतर जाकर भी कि वहाँ शत्रु सेना से बचने के और दुश्मनों पर वार करने के लिए कैसे-कैसे इन्तज़ाम किए गए थे।" यह राघव था, लगभग अठारह वर्ष का युवक।

सियाशरण ने भी क़िले के बारे में बताया, महल का ज़िक्र किया।

शालिनी ने भी क़िला देखा है, वह भी स्कूल की ओर से गई थी।

मास्साब ने छात्रों की तारीफ़ की, उनकी पर्यटनप्रियता को शाबाशी दी। मगर यह भी कहा—"क़िला देख आना, समथर देख आना नहीं है।"

विद्यार्थियों में से एक भोला सा विनम्र सवाल आया, "मास्साब, समथर क़स्बे में यों तो स्कूल है, कॉलेज भी है और भी कई जगहें ऐसी हैं जो यहाँ भी हैं, मऊरानीपुर में। बस वहाँ का क़िला अपने आप में विशेष है।"

"बच्चो, आपके झाँसी ज़िले की यही तो ख़ासियत है कि इसके पूरे भूखंड में क़दम-क़दम पर ऐतिहासिक धरोहरें हैं, चप्पे-चप्पे पर वीरता की मुहरें हैं। तुम जहाँ भी जाओगे क़िला मिलेगा, यहाँ तक कि गाँवों में भी। अमरा कोई शहर या क़स्बा नहीं है मगर वहाँ भी क़िला प्रहरी की तरह खड़ा है। दुश्मनों को मात देने के लिए सिपाही रहें न रहें, क़िले की दीवारें चुनौती देती रहती हैं। बुन्देलखंड क़िलों से बना है।

"इतिहास में जाएँ तो समथर एक रियासत रही है। पता है?"

पीछे से उमाशंकर फुसफुसाया, "अब जो और ज़्यादा मास्साब को पता है सो बता काये नहीं देते। यह भी कोई इम्तहान का समय है जो सवालों को घुमा-फिराकर पूछ रहे हैं!"

राघव ने भी दबे स्वर में कह ही दिया, "तो ले चलो न एक दिन हमें समथर। दिखा लाओ जो पूछ रहे हो। हमारा भी ऐतिहासिक टूर हो जाएगा, साथ ही पिकनिक भी। माहौल ख़ुशनुमा रहेगा, साथ में लड़कियाँ भी रहेंगी।"

"चुप राघव।" सियाशरण ने बरज दिया।

मास्साब ने कुछ नहीं सुना मगर सब सुन लिया।

छात्र समथर जाने की सफ़री कल्पना कर-कर के तमाम योजनाएँ बनाने में लगे थे। कुछ गुपचुप, कुछेक चर-पचर।

मास्साब ने मेज़ पर डस्टर मारा। सारी कक्षा चुप हो गई। छात्र गुरुर्ब्रह्मा, गुरुर्विष्णु के ध्यान में लीन हो गए।

विद्यार्थियों की क्या ग़लती उनको मास्साब भी पढ़ाने के लिए उत्सुक नहीं दिख रहे थे। राघव ने तो नीचा स्वर करके बोल ही दिया, "मास्साब तो गाँव के गड़रिया जैसे लग रहे हैं जो भेड़ों को एक तरफ़ हाँक कर अलगोजों पर कोई प्यार की धुन बजाने लगता है। देखा है मास्साब का चेहरा?

"हम भेड़ों की तरह एक दिन ज़रूर समथर की ओर हाँके जाएँगे।"

आज मास्साब कुर्सी पर नहीं बैठे और न उन्होंने पढ़ाने के लिए अपनी किताब ही खोली। उन्होंने ब्लैकबोर्ड की तरफ़ देखा तक नहीं।

मास्साब ने कह ही दिया—

"मेरे मन में बार-बार यह विचार उठता है कि तुम्हारे साथ मुझे समथर जाना चाहिए। यह आकांक्षा जल्दी ही पूरी होगी मगर किस दिन होगी अभी यह निश्चित नहीं है। 'समथर' यह शब्द या क़स्बा भर नहीं, बहुत कुछ है, समझो तो।"

शालिनी उत्साह में भरी पूछने लगी, "मास्साब, ऐसा ही कुछ देखेंगे जैसे ओरछा जाकर क़िला देखा, शीशमहल और राय प्रवीण का महल देखा?"

"अरे नहीं, वहाँ जो कुछ देखोगे, वह राजा-रानी और राजनर्तकी की कथा से अलग होगा। होंगे तो वहाँ भी राजा, मंत्री और संतरियों जैसे इरादों वाले लोग। अपने-अपने समय का तक़ाज़ा है, जो बदले हुए समय को भी चंगुल में रखना

चाहता है।" मास्साब का यह गूढ़ कथन छात्रों की समझ में कितना आया कितना नहीं, लेकिन समथर जाने की उत्सुकता जाग उठी।

*

यों तो मास्साब ने बताया कि वे समथर जिस उद्देश्य से छात्रों को ले जाना चाहते हैं, उसमें पर्यटन तो शामिल है ही लेकिन एक महिला भी है जो वहाँ अपने व्यक्तित्व में बड़ी है—मास्साब के अनुसार।

फिर तो छात्र-छात्राओं के तमाम प्रश्न थे।

—वह महिला कैसी है? क्या करती है? क्या वह समथर की ही है? अगर वहाँ की नहीं है तो वहाँ कैसे पहुँची? कहाँ से पहुँची?

राघव का स्वभाव थोड़ा शरारती है, बोला—"अबे तुम कब सुधरोगे? रूपवती है तो क्या तुम उससे ब्याह करोगे?"

तभी सियाशरण अपना सीधा हाथ उठाकर बोल पड़ा, "मास्साब, उन महिला का ब्याह हो गया?"

"उद्दंड हो सब के सब! तुमको उसके ब्याह से क्या लेना-देना?" मास्साब का चेहरा गुस्से की मुद्रा में था। यह देखकर शालिनी ने मीठी आवाज़ से काम लिया और अपना सवाल कर दिया, "उनका नाम क्या है मास्साब? उनका जीवन कैसा रहा, आप बताइए न।"

मास्साब अब शान्त थे, चेहरा भी सामान्य हो गया।

"बच्चो, मैं तो ख़ुद ही समथर जाने से पहले उन महिला के बारे में बताना चाहता था। उनकी सूरत का वर्णन नहीं करूँगा मैं, सूरत कुदरत की देन होती है। बात सीरत की होनी चाहिए और जानकारी दुरुस्त होना लाज़िमी है। ज़रूरी नहीं कि किसी व्यक्ति के बारे में जो हवाओं में बातें हों, वे बातें सच ही हों। बहुत सी बातें ग़लत सिद्ध होती हैं, जैसे उस डाकू के बारे में हुईं।

"मिसाल के तौर पर बता रहा हूँ कि एक बार हम चम्बल की घाटियों में अपना साहस आजमाने गए थे। हम तीन दोस्त थे। घाटियों-घाटियों होते हुए हम तीन दिन बाद पहूज नदी के आसपास पहुँचे। रास्ते में बकरियाँ चराते हुए

गड़रियों ने बताया कि पहूज नदी के ऊँचे-नीचे भरकों में डाकू बेटासिंह का डेरा है आजकल।

"हमें रोमांच हो आया। आपस में सलाह की कि यहाँ से लौट चलें। जान का ख़तरा क्यों मोल लें? मगर फिर विचार करें कि डाकू बेटासिंह हमें देखते ही गोली तो नहीं मार देगा। गड़रिया को भेजकर कुछ सूचना ले लें।

"अपने ऊपर लानत भी आई कि डाकू से गड़रिया बिलकुल भी नहीं डर रहा और हम भीतर-ही-भीतर सिकुड़ने लगे। यही है हमारी हिम्मत? इसी को लिखेंगे हम अपनी साहस-कथा की तरह?

"मगर आदमी तो आदमी है, सबसे पहले वह दशहत का पुतला है, साहस तो ऊपर का मुलम्मा है जिसे वह जब न तब धारण कर लेता है। सच बात यह है कि हम तीनों दोस्त अकेले बेटासिंह के नाम से नहीं, डाकू के कारनामों से डरे हुए थे। हमारी बहादुरी थरथर काँप नहीं रही थी, उसे लकवा-सा मार गया था।

"एक साथी ने हौसला पकड़ा और कहा—'यार, बेटासिंह आदमी ही तो है, शेर-चीता तो नहीं। यों तो पहूज के भरकों तक पहुँचते-पहुँचते कितने ही ख़तरनाक प्राणी मिल सकते हैं। मान लो कि डर के आगे जीत है।'

"हम आगे बढ़ते जा रहे थे कि गड़रिया हमें सामने से भागता हुआ आता दिखाई दिया। जहाँ के तहाँ ठिठक गए हम। न जाने क्या ख़बर ला रहा है।

"गड़रिया जल्दी ही पास आ गया। वह हाँफ रहा था। बहुत कुछ कहने की कोशिश कर रहा था लेकिन उसकी साँस नहीं जुड़ रही थी।

"'बेटा...सिंह...इतै ही आरये हैं।' वह बकोशिश बोल पाया। और अपनी कमीज की बाँह से माथे का पसीना पोंछने लगा।

"'अबे, हमारे बारे में बेटासिंह को किसने बताया?' हमने पूछा तो उसने कोई जवाब नहीं दिया।

"हमारा साथी हुकुम सिंह गर्म हो गया और तड़ककर बोला, 'साले, बताता है या नहीं? पिस्तौल हमारे भी पास है।'

"'साहब बताया तो हमने ही है।'

"'तो तें मुखबिरी कर रहा है कि बकरियाँ चरा रहा है?'

"'साहब, यहाँ बकरियाँ कौन चराता है? सारे चरवाहों को बेटासिंह चरा रहा

है। मुखबिरी हमारा पेशा है, नहीं तो पहूज नदी की घाटियों में हम खाएँ क्या? रेत के ढूहों में क्या खेती करी जाएगी?'

"हमारा मन गड़रिया को पीटने का था लेकिन बेटासिंह का आदमी निकला यह गड़रिया तो! अब हाथ उठाए न उठे। पिस्तौल भी कमर पर काँप रही थी।

"अब हमें वहाँ चलता-फिरता जो इक्का-दुक्का आदमी दिखा, वह मुखबिर ही लग रहा था। भेदिया दिख रहा था। घाटियाँ ही गुप्तचर हैं।

"'साहब, आप हेरो तो, सरदार तो वे चले आरये। संगै उनके साथी दिगमान सिंह हैं और...'

"'और वो औरत भी चली आरई है, सो वो कौन है?' हमने पूछा।

"गड़रिया ने गौर से बेटासिंह को साथियों के साथ आते देखा और पूरी तरह पहचानकर बोला, 'साहब, वे साबरा हैं। साबरा पतुरिया। तुम जानो, सरदार नाँच का सौखीन है सो पतुरिया तो अड्डे पर रहती ही है।'

"'साबरा!' हुकुम सिंह ने पतुरिया का नाम दोहराया।

"'ये सब के सब क्या हमसे मिलने ही आ रहे हैं या इनके मन में और कुछ?'

"'साहब, काऊ के मन की हम का जानें? हमारे जानें तो वे भेंट के लाने ही आरये हैं।'

"'भेंट के लाने? हम का इनके समधी लगते हैं?'

"मन में आया कि जब तक बेटासिंह आए इस गड़रिया को पहले कूट लें। हमें घुमा-फिराकर धमकी दे रहा है। अपने काबू में रखना चाहता है।

"गड़रिया को कूट डालने का अरमान कि गड़रिया की तरफ़ देखने की हिम्मत तक काफूर हो गई—सामने बेटासिंह और दिगमान सिंह आ खड़े हुए। उनके पीछे एक औरत भी आ गई।

"औरत! यह तो देखी है। अपने यहाँ ब्याह में तो नहीं आई थी यह पतुरिया! मगर ज़ुबान पर एक शब्द भी नहीं आया क्योंकि उसके साथ हथियारबन्द डाकू खड़े थे।

"बेटासिंह, दिगमान सिंह और उस औरत के हाथ में गुलदस्ते थे।

"गुलदस्ते...इस बीहड़ में! यहाँ तो रेत के ढूह और ऊँची-नीची घाटियाँ!

"ये गुलदस्ते कौन से गुलाबों के थे। जामुनी रंग की बारहमासी और सत्यानासी के पीले फूलों से बने हुए थे।

"बेटासिंह और दिगमान सिंह ने हम तीन साथियों को गुलदस्ते पेश किए। औरत अपना गुलदस्ता हमें पेश करने आगे आई।

"'सलाम साबरा बेगम!' हमने आदाब में कहा।

"साबरा तुरन्त पहचान गई और बोली, 'बड़ी तहजीब सीख ली है मेरे जानू। कोरा सलाम?'

"तो क्या साबरा ने हमें पहचान लिया! यही तो अपने घर के ब्याह में नाचने आई थी...बिलकुल यही।

"हमारे साथ आया हुकुम सिंह भी झुक-झुक कर सलाम करने लगा।

"बेटासिंह अपनी रायफल लिये तना खड़ा था।

"और मैं मन-ही-मन साबरा की स्मरण-शक्ति ख़त्म हो जाने की दुआ मना रहा था कि आगे कुछ न बोले। मगर उसने विशेष निगाह से देखते हुए कहा, 'तुम उसी डुकरा के नाती तो हो जो हमसे रंडी कह रहा था।'

"हम झेंप गए क्योंकि उस वाक़या को हम भी नहीं भूले थे कि साबरा हमारे यहाँ ब्याह में गाने और नाचने के लिए बुलाई थी। वह अपनी साथिनों के साथ आई भी थी।

"हमने साबरा के लिए अलग बैठक में रहने का इन्तज़ाम किया था। लेकिन गाँव के शोहदे ही क्या कम थे कि रिश्तेदार अपनी दिलदारी के साथ और जुड़ गए। भयंकर ताका-झाँकी होने लगी। हमें इस औरत के लिए दुख हुआ था।

"बस इसी कारण हमने अपने बुज़ुर्ग दादा को कमरे के दरवाज़े पर कुर्सी डालकर बिठा दिया था कि साबरा के साथ कोई छेड़छाड़ न हो। यह हुआ भी कि दादा के कारण उधर कोई आया नहीं। बदमगजी हुई नहीं। हम भी बड़े सकून में रहे। प्रोग्राम का वक़्त हो गया।

"मगर...यह क्या हुआ? और कैसे हुआ?

"खाने के पहले ही साबरा और उसकी दो साथिनें अपने बैग ले-लेकर बस स्टैंड पहुँच गईं।

"तीन-चार लड़के भागते हुए आए।

"'हुकुम सिंह भइया, साबरा भाग गई।'

"'साबरा भग गई! कितै भग गई?'

"'वे बस स्टैंड पै ठाड़ी, मोटर में बैठ रही थीं।'

"हम ताबड़तोड़ बस स्टैंड की ओर भागे। बस स्टैंड पर इधर-उधर बड़ी बेसब्री से देखा। बहरहाल हमारी निगाह में साबरा आ गई।

"साबरा मिल गई तो जैसे ब्याह में होने वाला नृत्य कार्यक्रम मिल गया।

"'मैम साब! साबरा मैम! आप जा क्यों रही हो? आपका प्रोग्राम तो अभी हुआ ही नहीं है।'

"'माते, प्रोगराम नहीं हुआ है तो हमने पइसा भी नहीं लिए हैं। यहाँ तक कि तुम्हारा अन्न-जल भी कबूल नहीं किया, हाँ।'

"'अरे, तुम जा काये रही हो? बताओ तो क्या बात बुरी लगी?'

"'बुरी बात? अपने बूढ़े दादा से पूछियो हम क्या बता दें।' साबरा का चेहरा लाल हो रहा था। रूज से या गुस्से से?

"हुकुम सिंह घबरा गए।

"बेटासिंह भी सनसनाते से दिखे जैसे उनको भी सारा वाक़या मालूम हो।

"हुकुम सिंह को याद आ गया, सारा कुछ स्मरण हो आया कि साबरा ने क्या जवाब दिया था—

"'माते, तुम्हारे दादा बुढ़ऊ ने हमारा एन आदर किया। हमें पूछ रहे थे—'काय रंडी, तुमने खाना खालऔ?

"'यह बात एक बार नहीं, चार बार पूछी और चारऊ बेर हमसे रंडी ही कही। बताओ, हमें यह सब सुनाने के लिए बुलाए थे?

"'अपने बुढ़ऊ से पूछिओ कि रंडी से रंडी ही कही जात है? हमारा कोई रसूख नहीं है? अरे, हम अपने आप नहीं आए। हमारे दरबाजे तुम चार बार नाक रगड़ने आए थे।'

"साबरा का वह रूप हमें भूलता नहीं और नहीं भूलता वह 'रंडी' शब्द जिसके ज़रिए इस औरत का अपमान हुआ। पुराने क़ायदे बड़े जालिम रहे हैं जो नाच-गान की कलाओं पर कलंक की तरह क़ाबिज आज भी हैं।

"अब साबरा के सामने हमने सिर तो झुकाया ही, आँखें भी बन्द कर लीं,

यह दहशत और अपराधबोध की मिली-जुली प्रतिक्रिया थी।

"बहरहाल गड़रिया के लिए तो हमारे दिल में गालियाँ ही उछल रही थीं। बदमाश ने हमें बदमाशों के बीच ही लाकर खड़ा कर दिया। यों तो हमारे साथी के पास भी पिस्तौल थी और वह रास्ते भर अपनी बहादुरी की डींगें हाँकते हुए आया था लेकिन अब तो वह काँप-सा रहा था।

"भय से बड़ा कोई दुश्मन नहीं। हथियार दोनों तरफ़ बराबर हैं लेकिन बात दहशत और निडरता पर आकर टिकी हुई है।

"गड़रिया अपनी मुखबिरी बाक़ायदा निभा रहा था।

"'साहब जी, बेटासिंह सरदार आ गए हैं, आप इनका स्वागत नहीं करेंगे? आप पहले आँखें तो खोलिए।'

"गड़रिया हँसा था जैसे हम लोगों का मखौल उड़ा रहा हो। गड़रिया की हँसी को बेटासिंह की बहादुरी की छत्रछाया मिली हुई थी।

"हमारे साथी अब गड़रिया को 'भाईसाहब' कह रहे थे।

"अब गुलदस्ते हमारे सामने थे। बेटासिंह भी अभिवादन में झुका हुआ! साबरा ने भी बार-बार सलाम किया। तहजीब का माहौल खड़ा हो गया।

"बेटासिंह भी डाकू जैसा डाकू नहीं था। न उसकी दाढ़ी और न रुतबेदार मूँछें। क्लीन शेव्ड नौजवान। कपड़े भी साफ़-सुथरे। हल्के नीले रंग की कमीज और जींस। कौन मानेगा यह डाकू है? अचरज से देखा उसे।

"साथी बोला, 'ऐसे आँखें ठहराकर क्या देख रहे हो, ये आजकल के डकैत हैं, मानसिंह के ज़माने के नहीं। जींस पहनकर नहीं आएँगे तो क्या धोती-कुर्ता पहनकर आएँगे? पुलिस की वर्दी पहनकर रहते आए हैं मगर अब ससुर पुलिसिया ख़ुद ही डकैती का धन्धा करने लगे हैं सो इनको वो ड्रैस मिलती नहीं।'

"जो भी था, बारहमासी और सत्यानासी के गुलाबी और पीले फूलों के गुलदस्तों की रंगत से बीहड़ में बहार आ गई।

"बेटासिंह डकैती के समय जितना क्रूर बताया जाता है, अब उतना ही विनम्र होकर खड़ा था। वह चाहता तो हमारी घड़ी उतरवा लेता, पैंट की जेब में जो हज़ार-दो हज़ार रुपए पड़े थे उनको छीन लेता और उससे हम यही आशा भी रख रहे थे।

"मगर उसने कहा, 'आप पढ़े-लिखे लोग लेखक-पत्रकार तो होंगे ही, नहीं तो यहाँ तक क्यों आते? हमें पहले से आपकी अवाई मालूम होती तो हम आप से कोई अच्छी सी किताब ले आने के लिए कहते।'

"'किताब!' हमें आश्चर्य हुआ।

"'अरे, किताब काये नहीं? हमारे पास बच्चन जी की 'मधुशाला' है और प्रेमचन्द की 'गोदान'। हमें ये दोनों किताबें माधोपुरा की डकैती में मिली थीं। मिलवे को तो हमें उतै तमाम गहने-गुरिया भी मिले थे पर हम गहनों का क्या करते? सब बेच डारे। किताबें ही बची हैं, हमें लगत है कि किताबें सोना-चाँदी से क़ीमती हैं।'"

मास्साब बेटासिंह डाकू से बहुत प्रभावित दिखे, कहने लगे कि वह डाकू ज़रूर था मगर नायाब इंसान था।

मास्साब बताने लगे, "हमसे बेटासिंह ने पूछा कि हम उस पर विश्वास करते हैं या नहीं?"

"'कैसा विश्वास?'

"'यही कि हम आपका अपहरण करके नहीं ले जाएँगे लेकिन वहाँ तक ज़रूर ले जाएँगे जहाँ जाकर हमें घंटा चढ़ाना है।'

"'घंटा!'

"'हाँ, रतनगढ़ की देवी पर घंटा चढ़ाने की मानता हमने मानी है, वह भी किसी विद्वान सत्पुरुष के हाथों।'

"'आप ही चढ़ा आते महाराज।' कहते हुए हम थोड़े काँपे थे।

"'अरे, हमें चढ़ाना होता तो अब तक रुकते? रतनगढ़ की देवी सब जानती हैं कि हमारे हाथों कितनों की हत्या हुई और कितनी कुँआरियों के शील उजड़े। वे हमारे हाथ का तो जल तक न ग्रहण करें।' कहते हुए बेटासिंह के चेहरे पर पछतावा सा उभर आया।

"'अरे! हम तो कई बार सुन चुके हैं कि बेटासिंह घंटा चढ़ा गए और पुलिस खड़ी की खड़ी रह गई।'

"'गुरुजी, ये सब समाज में चर्चा की बातें हैं। ऐसा ही हम भी सुनते हैं मगर हम देवी से धोखा नहीं कर सकते।'

"'धोखा? हमारी समझ में यह पहेली नहीं आ रही सरदार।'

"'पहेली बाद में समझ लियो, पहले घंटा चढ़ाने की हामी भरो।'

"'हओ महाराज, घंटा चढ़ा दें।'

"'तो अब सुनो कि हम ख़ुद घंटा चढ़ावे से क्यों बच रहे हैं? यह उन दिनन की बात है जब देवगढ़ रियासत में आने वाले रतनगढ़ पर अलाउद्दीन खिलजी ने हमला कर दिया था। रतनगढ़ में अलाउद्दीन का मुक़ाबला करने के लिए दो बहन-भाई थे। ये बहन-भाई अलाउद्दीन की सेना से जमकर लड़े, लड़ते रहे। अपनी बहादुरी के चलते हार नहीं मानी।

"'लेकिन बर्बर वहशी शासक के सामने दोनों भाई-बहन जब पस्त होने लगे और उम्मीद टूटने लगी तो अपनी ही तलवारों से दोनों ने ख़ुद को ख़त्म कर लिया।

"'अपनी धरती के लिए लड़ने वाले दोनों बलिदानियों के सम्मान में पहाड़ी पर अलग-अलग मन्दिर बने हुए हैं। तब से आज तक उनकी पूजा-वन्दना होती है। दीपावली की द्वितीया के दिन भारी मेला भरता है। 'रतनगढ़ वाली माता' के नाम से मन्दिर पूरे इलाक़े में मशहूर है। जनता में मान्यता है माता के नाम की मन्दिर में धजी बाँध दो तो साँप का विष भी उतर जाता है। माता के नाम की व्यक्ति पर मेहर आने लगती है।'

"जनता की मान्यता या बेटासिंह का विश्वास...हम मास्साब लोग कितना यक़ीन करें? करें या न करें, सामने उपस्थित बेटासिंह तो हमको रतनगढ़ की माता के मन्दिर पर ले जाने के लिए अड़ा है।

"उसके दो साथी भारी घंटा मोटरसाइकिल पर लिये चले आए।

"बेटासिंह बोला, 'आपको पता है कि आज दीपावली के बाद की दौज है। हम एक साल पहले मानता मानकर आए थे। हमें जहरीले साँप ने काट लिया था। अब एक साल हो चुका, हम ज्यों-के-त्यों जिन्दा हैं। आपको और क्या सबूत चाहिए? अब आप घंटा चढ़ाइए।'"

मास्साब ने सौ टके की बात कही थी, "देवताओं के लिए सबूत नहीं दिए जाते, ये तो सब आदमी के लिए बनाई गई शिनाख़्तें हैं।"

मास्साब ने निष्कर्ष निकालते हुए छात्रों को समझाया, "आदमी बुरा होता है न अच्छा। आस्तिक होता है न नास्तिक। सब परिस्थितियों का खेल है जिनका

वह मोहरा बनता रहता है। स्थितियों के हवाले से ही रास्तों के मोड़ पेच बनते जाते हैं।"

*

मास्साब ने उस महिला का नाम खोल दिया जिसकी कथा कहना चाहते थे। वह कुन्तल थी। बिना माँ-बाप की बेटी। भाई-बहन भी कोई नहीं।

बुआ अपने पास ले आईं बच्ची को।

बुआ का नाम शारदा शर्मा था और फूफा थे राजकिशोर शर्मा। इसी नाते कुन्तल की जाति ब्राह्मण मानी गई। यों तो कुन्तल का जन्मस्थान गाँव—भदरवारा था लेकिन शुरू से ही बुआ के पास मऊरानीपुर में रही। शिक्षा और संस्कार भी बुआ के घर पर रहकर ही मिले।

उम्र भी यहीं बढ़ती रही।

कृष्ण बिहारी श्रीवास्तव तो कुन्तल को कुन्तल की तरह ही देखते थे। वह कब छोटी थी और कब बड़ी हो गई इसका हिसाब उनके पास था ही नहीं।

आसपास के लोगों से सुना कि शारदा की भतीजी कुन्तल जवान हो गई है।

शारदा बुआ ने भी अपनी पड़ोसिन से बातचीत के दौरान कहा था, "जिज्जी, लड़की की बढ़वार ईख के गन्ने की तरह होती है। देखते-ही-देखते कुन्तल कितनी बड़ी हो गई। ब्याह लायक़।"

मास्साब ने इस निगाह से कुन्तल को अब तक देखा न था। उनकी निगाह में तो कुन्तल बस कुन्तल थी, बड़ी या छोटी नहीं, लम्बी या नाटी नहीं।

वह तो एक दिन ख़ुद कुन्तल ने ही कहा था, "कृष्ण बिहारी, देखा तुमने हमारा लाल दुपट्टा? और रेशमी सलवार?"

कृष्ण बिहारी को यकायक 'उसने कहा था' की छोटी सी सूबेदारनी याद आ गई थी जिसने लहना से कहा था—'देखते नहीं यह रेशमी शालू'।

तब कृष्ण बिहारी ने यह गाना गा दिया था—हवा में उड़ता जाए मेरा लाल दुपट्टा मलमल का, मेरा लाल दुपट्टा मलमल का, हो जी, हो जीऽऽ...

दुपट्टे ने बड़ा गजब ढाया, कुन्तल उनसे दूर-दूर रहने लगी।

कृष्ण बिहारी ने जब इस दूरी का कारण पूछा तो कुन्तल ने बुआ का कहा वाक्य सुना दिया, "सयानी हो गई हो, उस लड़के के आसपास न फिरा करो।"

"क्यों कुन्तल? सयानी कहाँ से हो गई हो? हमें भी बताओ।"

"धत्...।" कुन्तल ने कहा और भाग गई।

उसने एक काग़ज़ पर लिखा था, बुआ कहती है लड़के की परछाईं से लड़की को बच्चा रह जाता है। परछाईं से बच्चा होना पाप होता है। पाप से हमें दूर रहना है। तुम बुरा मत मानना कृष्ण बिहारी।

कृष्ण बिहारी ने बुरा तो नहीं माना लेकिन बुआ की मान्यता को उन्होंने निरी मूर्खता माना। मगर ऐसी बहुत सी मान्यताएँ हैं जिनका आधार कुछ भी नहीं होता मगर वे कब-कब से चली आ रही हैं।

प्रेम कृष्ण बिहारी को है तो प्रेम कुन्तल को भी कम नहीं। इस प्रेम की बदनामी होने वाली है, यह भी तय है। कुन्तल ने यह बात कृष्ण बिहारी से कह दी।

"बदनामी हमारे समाज की दुर्व्यवस्था के कारण होती है।" लड़के ने कहा।

अब इसमें क्या सन्देह कि कुन्तल में कृष्ण बिहारी को ऐसी चुम्बक महसूस होती जो अनजाने ही उसकी ओर खींचे लिये जाती।

ऐसी घड़ी भी आई कि आकर्षण ने आग पकड़ ली और वे उस आग में जलने के लिए तैयार हो गए। अब कृष्ण बिहारी अपने इस साहस को क्या कहें जो अपने प्रेम को छिपाए भी और प्रकट होने से रोक भी नहीं पाए।

हुआ यही कि छिपाते-छिपाते हुए भी मोहब्बत खुल पड़ी। और जहाँ तक यह पैगाम पहुँचा वहाँ दोस्त थे और दुश्मन भी थे। प्रेम अपने हादसों के रूप में विस्फोट बन बैठा।

ऐसा न होता तो एक दोस्त अरविन्द उनको ग़ज़लों का कैसेट दे जाता? उन दिनों ग़ुलाम अली की ग़ज़लें अपने शिखर पर थीं। ग़ज़लों ने जो असर किया कृष्ण बिहारी इश्क में दीवाने हो गए। उन्होंने सोचा ग़ज़लों पर तो केस कर देना चाहिए। उन्होंने अपनी भावनाओं को जज्ब करने का हुनर तपस्या की तरह सीखा। भड़कती हुई प्रेम भावनाओं को आग की तरह पीते रहे। इश्क को हवा देना ख़ुद को भस्म करना है।

अतः न ग़ज़लें सुनेंगे और न कुन्तल की परछाइयाँ उन्हें घेरेंगी। रात को सपने नहीं, नींद आएगी। नींद माने सुकून।

कैसेट अपने दोस्त को लौटाकर ग़ज़लें भूल जाना चाहते थे। मगर अपनी विलक्षण स्मरण शक्ति का क्या करें जो कुन्तल से प्रेम करने के बाद और भी तीव्र हो गई।

ग़ज़ल याद आ गई—

*कौन सी बात है तुम में ऐसी, क्यों इतने अच्छे लगते हो।*

यह बात आमने-सामने पूछ नहीं सकते मगर दिली इच्छा है कि कुन्तल से पूछें? उसकी भाव-भंगिमा देखें।

मगर बुआ कहती हैं कि सब भाग भोग की बातें हैं, आदमी के हाथ में कुछ नहीं होता। कृष्ण बिहारी इससे आगे मानते हैं कि आदमी के हाथ में प्रेम तो बिलकुल ही नहीं होता। प्रेम का खूँटा तो समाज के बीच गड़ा है और खूँटे से बँधा रस्सा सामाजिक पंचों के हाथों में है। इस धर्मवाहक रस्से को जो तोड़ेगा वह अधर्मी और पापी कहलाएगा।

धर्म की बात और सामाजिक मान्यता...

अब बुआ कुन्तल के ब्याह की चिन्ता में थीं जैसे कि संरक्षक हुआ करते हैं। बुआ ने नाई से लेकर पंडित तक से अपनी इच्छा व्यक्त कर दी कि जहाँ कहीं भी जाति-गोत्र से मिलता वर मिले कुन्तल का ध्यान रखें।

बुआ ने कृष्ण बिहारी को कुन्तल का शुभचिन्तक मानकर उनसे भी निवेदन कर दिया—"बेटा, कोई अच्छा सा पढ़ा-लिखा, खाता-कमाता और सेहत से तन्दुरुस्त लड़का तुम्हारी नज़र में हो तो बता दो। तुम्हारे कई दोस्त होंगे।" बुआ के चेहरे पर यह बात कहते हुए अपूर्व सन्तोष था।

कृष्ण बिहारी बुआ के सामने गहरी साँस लेना नहीं चाहते थे लेकिन प्रकृति की माया कि साँसें किसी के न रोकने से रुकें न चलाने से चलें। 'बुआ' शब्द गहरी साँसों में ही डूब गया।

बुआ ने अपनी बात आगे बढ़ाई, "बेटा, लड़का तो एक मेरी नज़र में भी है।" कहकर बुआ अपने पास रखे लोटे से पानी पीने लगीं।

तनिक भारी शरीर और भरे-पूरे चेहरे की, गोरे रंग की बुआ काश यहीं रुकी रहतीं मगर ज़ुबान पर दिल की बात आ ही जाए तो रुके कैसे?

"हाँ, तो लड़का तो मेरी नज़र में है पर बात तो जात-बिरादरी की है। आन जात का है वह लड़का। कैसे पटक दें हम अपनी भतीजी उसके यहाँ? आसपास के लोग और नाते-रिश्तेदार हमारे ऊपर थूकेंगे।"

कृष्ण बिहारी श्रीवास्तव यहाँ अपना मत कैसे रखें और कैसे यह पूछें कि कुन्तल इस बारे में क्या कहती है?

बुआ ने ही बात साफ़ कर दी, "बेटा, अब कुन्तल से पूछें तो वह क्या कहेगी, सो हम जानते हैं पर बिरादरी में तो हमें उठना-बैठना है, अपने बाल-बच्चों के ब्याह-शादी करने हैं। जिम्मेदारी हमारी है, कुन्तल की नहीं।"

बुआ की बातों से कृष्ण बिहारी की उम्मीद बँधी कि कुन्तल का झुकाव पक्का है, वह घर में भी अपना मत कृष्ण बिहारी के पक्ष में देगी। यह जो बहिष्कार है, बुआ की ओर से है।

मास्साब की इस बात पर छात्र उदास हों या आशान्वित हो जाएँ? द्वंद्व का मसला हो गया।

मास्साब कक्षा समाप्त करके बाहर निकल गए।

*

कृष्ण बिहारी श्रीवास्तव!

जब से मऊरानीपुर के कॉलेज में शिक्षक नियुक्त हुए थे तब से विद्यार्थी ही नहीं, वहाँ के लोग भी उनको मास्साब कहने लगे थे और वे अपने नाम से ज़्यादा 'मास्साब' के सम्बोधन से प्रचलित हुए।

इन्हीं मास्साब के पास कुन्तल के जीवन की कई-कई तसवीरें हैं। और कई-कई ख़बरें तथा कई-कई यादें! और क्यों न हों हमउम्र थीं कुन्तल।

यह नहीं कि मास्साब कुन्तल के साथ-साथ कहीं गए हों लेकिन मास्साब के लगाव में कुन्तल इस तरह रहीं जैसे वे कुन्तल के चित्रों की चलती-फिरती एलबम हों।

जब मऊरानीपुर के इंटर कॉलेज में कुन्तल पढ़ाती थीं तब तो आँखों के सामने ही थीं। पुस्तकालय सँभालते हुए उनको मास्साब ने अपनी आँखों देखा था। वे भी अपनी पसन्दीदा किताबें वहाँ से लेते थे। किताबों के बहाने आना-जाना रहता।

वे दिन कितने अच्छे थे, कितने सुहावने। रातें शेरो-शायरी वाली।

मास्साब छात्रों को क्या सुनाएँ और क्या अपने भीतर ज़ब्त करे रहें? 'कुन्तल से प्रेम' यह वाक्य तो ऐसा है कि खोलने से नहीं खुलता, अपने आप ही खुलता जाता है।

प्रेमिल दृश्यों में बिछोह का दिन वह आया जब कुन्तल मऊरानीपुर छोड़कर समथर जाने की तैयारी करने लगीं।

'भारती साहित्य संस्था' ने उनको अपने यहाँ नियुक्त करके बुला लिया।

कुन्तल के मन का काम, रुचि का काम! साहित्य और कला की मज़बूत ज़मीन तैयार करने की ज़िम्मेदारी।

बेशक कुन्तल ने मन-ही-मन अपना गौरव माना कि उनको इस योग्य समझा गया। योग्यता और कर्मठता में चार चाँद लगे।

अब लक्ष्य यही रहना है कि झाँसी के अमर इतिहास के साथ कला और संस्कृति का योग बने। साहित्य और कला की धारा बेतवा नदी की तरह कलकल-छलछली बहती रहे जो समथर क़स्बे से निकले।

कुन्तल की कल्पनाएँ, उनके सपने और सम्भावनाएँ मिलकर मनोरम दृश्य बनाते जिनकी ज़मीन समथर होगी।

छात्रों की आँखों में, उनके चेहरों पर जिज्ञासा की कमी नहीं।

मास्साब ने आगे कहा—

"कुन्तल ऐसी स्त्री हैं जो अपनी दो आँखों से हज़ारों चीज़ें देख लेती हैं। उनके मन में हज़ारों सपने पलते हैं।

"बात यह भी है कि वे जितना दख़ल प्रेम में रखती हैं उतना ही कर्म में। वे मानती हैं—सपने देखने से बात नहीं बनती, सपने धरती पर उतारे जाएँ तब तो कोई बात बने।" यह सब कहते हुए मास्साब उत्साह में आ गए।

मगर...

"समाज में प्रेम का गला लोग ऐसे ही घोंट देते हैं जैसे कोई मनभावन

सुगंध देते हुए कोमल फूल को मसल दे।

"कुछ ऐसा ही राजनीति का चक्कर है जो जनता को ऐसे काटती है जैसे छुरी खरबूजे को..."

पिछला वाक्य मास्साब का नहीं, कुन्तल का है। मऊरानीपुर में पढ़ाते हुए और समथर आने के बाद कुन्तल को कुछ ऐसा ही अनुभव हुआ।

कहानी ख़त्म-सी हो रही थी, छात्र-छात्राएँ उदास हो आए।

मास्साब अपने ख़ास लहजे में बोले—

"अरे प्रेमकथाओं के शौक़ीनो, कुन्तल की कहानी एक दिन में ख़त्म होने वाली नहीं, स्त्री-कथा की तरह लम्बी डगर पकड़ेगी।"

"कैसे पकड़ेगी लम्बी डगर? आप तो यहाँ हैं मास्साब और कुन्तल समथर में। कैसे जानेंगे उनके बारे में आप और हम?" यह राघव खड़ा होकर पूछ रहा था।

"अरे बालक, नाता भी कोई चीज़ होता है फिर नाता प्रेम का हो तो वह पहाड़ और समुद्र भी लाँघ जाता है, मोबाइल फ़ोन की तरह!" कहकर मास्साब जी भरकर मुस्कराए कि उनका साँवला चेहरा खिल उठा।

अब किसी को क्या-क्या बताएँ कृष्ण बिहारी...कुछ भी तो नहीं बताया आज तक और उनको यहाँ की आबादी सीधे सज्जन पुरुष मानती रही।

वह तो अब आकर जब कुन्तल की कथा सुनाने का भाव जागा तो छात्रों को कुन्तल के प्रेम का महत्त्वपूर्ण हिस्सा दिखा दिया क्योंकि प्रेम के बिना व्यक्ति का व्यक्तित्व अधूरा सा लगता है।

छात्रों का तर्कभाव कम नहीं होता, यह कृष्ण बिहारी को इन दिनों इस क़दर महसूस होने लगा है कि वे अपने कथा कौशल पर व्यथित से हो आए हैं।

विद्यार्थियों का मानना है—

—मास्साब चरित्रवान हरगिज नहीं हैं, कुँआरी कुन्तल से प्रेम करते रहे हैं।

—अरे यार, प्रेम करना कोई गुनाह तो नहीं, कहानी-उपन्यासों में लिखा है।

—बेशक गुनाह है, हमारे धार्मिक ग्रन्थ दावे से कहते हैं।

—छोड़ो-छोड़ो, हम विद्यार्थी हैं, हमारी प्रेम करने की उम्र नहीं, घर के लोग कहते हैं। ब्रह्मचर्य में प्रेम करना पाप है।

—यार, इन मास्साब ने कुन्तल जी से पढ़ते समय प्यार करना शुरू कर दिया था। अब ये उपदेश देने लगे।

—उपदेशों को हमेशा शक की नज़र से देखना चाहिए, यह गाँठ बाँध लो।

*

मास्साब ने विद्यार्थियों की कही-सुनी बातें शालिनी के ज़रिए जान लीं और सच भी मानीं क्योंकि शालिनी लड़कों के बीच उपस्थित थी।

मास्साब की अपनी राय में दो फाँकें पड़ गईं—आगे कुन्तल-कथा कहें या नहीं? ये लड़के तो कुन्तल के जीवन पर वालीबॉल जैसा खेल खेलने लगे हैं।

मास्साब लोगों की घटिया गपशप के कारण कुन्तल से मिलन का परित्याग करना चाहते हैं। कई बार संकल्प लिया है लेकिन प्यार की यह लत किसी भी नशे से बाज़ी ले सकती है, छुटाए नहीं छूटती।

मास्साब के अनुभवों में कुन्तल का एक-एक क्रिया-कलाप जमा है, सजीव है...

अब क्या कर रही होगी? अपना दिन कैसे शुरू किया होगा?

क्या पुस्तकालय से कोई ऐसी किताब लाई होगी जिसमें प्रेम के दरमियान विरह के वर्णन हों। हो सकता है कुन्तल ने 'अभिज्ञान शाकुन्तलम्' उठाने का विचार किया हो। शकुन्तला की तरह मोर-हिरन नहीं तो चिड़िया-कबूतरों को दाना डालती हो।

पूजा-पाठ तो करती नहीं थीं, सुना है कि गले में तुलसी की माला डाल ली है। गीता का पाठ भी नियम से करती हैं। वह तो कुन्तल पहले से ही करती हैं। तभी तो मास्साब ने मऊरानीपुर से जाते समय सरस्वती प्रतिमा के साथ एक सुन्दर फ्रेम में जड़ी एक तसवीर दी थी।

मास्साब की नज़रों के सामने आज भी वह दृश्य सजीव हो उठता है। जब उस तसवीर को वे कुन्तल को दे रहे थे तो उनको लग रहा था जैसे इस चित्र से बहुमूल्य सौगात कोई चीज़ हो नहीं सकती।

तसवीर अख़बार के काग़ज़ में लिपटी थी और रंगीन कलावे से बँधी थी। सगुन-असगुन नहीं मानते मास्साब लेकिन कुन्तल के लिए न मालूम क्यों किसी भी सगुन को विचारने से गुरेज नहीं करते।

चाहते तो इस तसवीर को वे खोलकर ले जाते और गर्वित होकर दिखाते कि वे कुन्तल को साड़ी-सूट के तोहफ़े देकर निहायत स्त्री की नज़र से नहीं देखते, वे उनसे बड़ी और ऊँची अभिलाषाएँ जोड़ चुके हैं। बस इसीलिए यह सौगात उनके सम्मान में ही नहीं, उनके भविष्य के निर्माण के लिए।

कह भी दिया, "अपने यहाँ जाकर खोलना इस पैकेट को। और फिर मुझे बताना कि मेरा यह इरादा कैसा लगा उसको जिसको मैं हर हाल में उन्नत मार्ग पर अग्रसर देखना चाहता हूँ।"

कुन्तल और मास्साब का दिया तोहफ़ा! मास्साब को सब कुछ याद है...

कृष्ण और अर्जुन की तसवीर!

रथ के सारथी कृष्ण अपने साथी अर्जुन से युद्ध के लिए निवेदन करते हुए।

तसवीर के नीचे, फ्रेम के ऊपर मास्साब की लिखावट में दो पंक्तियाँ लाल रंग में चमक रही थीं, जिन्हें वे अकसर सुनाया करते हैं—

*मर जाने पर स्वर्ग मिलेगा जय होने पर भूतल राज*
*इससे ही निश्चय भारत तू हो जा खड़ा युद्ध को आज*

यह सब देखकर कुन्तल मुस्कुरा उठेगी।

यहाँ अर्जुन कौन और कृष्ण कौन?

मास्साब इस सवाल का जो उत्तर देंगे, कुन्तल को मालूम है। जाहिर है कृष्ण और अर्जुन अपने युग में थे और उनके रूप में आज हम हैं, अपनी-अपनी चुनौतियों का सामना करते हुए...

आज मास्साब किस तरह याद करते हैं कुन्तल को?

'मुझे क्या, वह कुछ भी करे या न करे। चाहे तो जोगिन बनकर वन-जंगलों में निकल जाए या इकतारा बजाकर गलियों में नाचे' यह सब सोचते हुए मास्साब को मुक्ति-सी महसूस हुई क्या?

नहीं, थोड़ी देर बाद ही कैसेट में भरी ग़ुलाम अली की गाई ग़ज़ल बेचैनी भरे दर्द की तरह उठी—

*तेज़ हवा ने हम से पूछा, रेत पे क्या लिखते रहते हो*
*हम से न पूछो हिज्र के क़िस्से...अपनी कहो अब तुम कैसे हो*

कुन्तल को भूलना मुश्किल ही नहीं, असम्भव है। रह-रह कर उसकी याद आती है। अनब्याही रह गई! ख़ाली-ख़ाली दिन और सूनी-सूनी रातें...उसकी चढ़ती उम्र को दीमक खाने लगी, इसका ज़िम्मेदार कौन है?

ग़ज़ल की ये लाइनें कृष्ण बिहारी की ग्लानि को दोगुना और चौगुना बढ़ाती जाती हैं। मास्साब सुकून के रास्ते तलाशते फिरते हैं—अब वह पढ़ाई जारी रख रही है। उसको लोग प्रशंसा की निगाहों से तो देखते हैं न? लड़कियों के लिए एक दिन मिसाल बनेगी कुन्तल।

क्या मास्साब कुन्तल से मिलना नहीं चाहते थे? बेशक मिलना चाहते हैं लेकिन समाज में बदनामी होना आदमी के मरने से ज़्यादा बुरा है। मास्साब बदनामी से नहीं, अपने आप से डरने लगते हैं।

कई बार सोचा कि जहाँ कुन्तल गई है, वहीं तबादला करा लिया जाए मगर उस क़स्बे में जाने से उनकी रूह काँपने लगती। क्या पता बिछोह की सताई कुन्तल उनसे लिपटकर रोने ही न लगे।

'तो? एक दिन रोने के बाद फिर थोड़ेई रोएगी?' मास्साब का विवाह हो गया है, कुन्तल के लिपटने और रोने की चर्चा चाहे जब की जाएगी।

मास्साब भी उन लोगों के सिरमौर हैं कि प्यार करें भी और छिपाएँ भी। सो डरे-डरे से रहते हैं।

प्रेम का चमत्कार देखो कि कुन्तल जब मास्साब से मिली तो ख़ुशी-ख़ुशी मिली।

साथ में देसी घी का हलुआ भी लाई।

"हलुआ किसके लिए है कुन्तल?"

"अपने लिए मैं कब हलुआ बनाती थी?"

"हमारे लिए?"

"नहीं, अपनी ख़ुशी के लिए।"

"तुम्हारी ख़ुशी क्या?"

"कृष्ण बिहारी, ख़ुशी का मतलब होता है प्रसन्न होना मगर यह एक ही तरह से प्रसन्न होना नहीं होता इसलिए सबकी ख़ुशी अलग-अलग होती है जैसे दुख अलग-अलग होते हैं।"

मास्साब क्या कहते? कहना-सुनना तो कुन्तल को था।

"जैसे कोई ब्याह करके ख़ुश है, गृहस्थ को अपना धर्म मानकर ख़ुश है। वह सांसारिक परम्पराओं, रिवाजों को निभाने वाला हमारे समाज में सर्वसुख सम्पन्न माना जाता है। कृष्ण बिहारी, तुमने अपना धर्म निभाकर समाज का वंशानुगत विकास किया है। तभी तो तुम्हारे विवाह में भोज हुए होंगे।

"मैं तो मीठा हलुआ लाई हूँ क्योंकि मैंने अपना शैक्षिक धर्म निभाया है, बस। अब मुँह मीठा करो।"

"अच्छा! बताओ तो क्या हाल हैं?"

"छोड़ो यह सब।"

यह उत्तर मास्साब को अच्छा नहीं लगा कि वे अब इस क़ाबिल नहीं कि कुन्तल अपनी पूरी ख़बरें बता दे। उफ़! लड़कियों के पास अपने ही हथियार होते हैं जो अदृश्य रहकर गहरा वार करते हैं। यह बात झूठ नहीं है।

'कुन्तल को पद मिला है या किसी ने उसको अहंकार का टीका लगा दिया है?' मास्साब इसके सिवा क्या सोचें?

कुन्तल उनको ग़ौर से देख रही थीं। तभी तो कहने लगीं, "कृष्ण बिहारी, ख़ुद महसूस हुआ होगा कि पुरुष कितनी जल्दी ठेस खा जाते हैं।"

"ताना दे रही हो।"

"ताना नहीं, असलियत है यह तो।

"कृष्ण बिहारी, आप कुछ भी कर डालिए, किसी की ज़िन्दगी के कोमल तन्तुओं को रौंद डालिए और डंके की चोट परम्परा के नाम का झंडा फहराइए, सब जायज है लेकिन स्त्री का अपना निजी जितना भी है पुरुष को ख़ुश करने के लिए है, उसके अहं को तुष्ट करने की ख़ातिर है।"

कुन्तल का कहा-सुना ज्यों-का-त्यों याद है मास्साब को। भले उसने प्यार में कहा हो या गहरा तंज कसा हो, सब कुछ अपना-अपना लगता है।

मऊरानीपुर सूना हो गया! क्या कुन्तल सारी रौनकें ले गई? जब कभी अपना संग-साथ याद आता है, मन की मुरादें ख़ुशी से दिल भर देती हैं तो मास्साब इंटर कॉलेज से लौटते समय सीधे अपने घर नहीं जाते, अपनी मोटरसाइकिल बड़े बाज़ार की ओर मोड़ देते हैं जहाँ सर्राफे की दुकानें हैं। यहीं तो आए थे, कुन्तल के साथ यहीं आए थे। देखते रहते हैं उस दुकान को!

कुन्तल ने पूछा भी था, "मास्साब, सुनारों की दुकानों पर हमारा क्या काम? आपको कोई गहना-वहना अपने घर के लिए लेना है?"

मास्साब ने कोई उत्तर नहीं दिया था। कुछ नहीं बताया था।

वह तो रघुनाथ सोनी ने ही मास्साब को गुलाबी काग़ज़ की एक पुड़िया पकड़ाई थी और कहा था, "खोलकर दिखाएँ मास्साब?"

"नहीं-नहीं, हम ही खोल लेंगे।"

बड़ा बाज़ार निकल गया। मास्साब अब कुन्तल के साथ रास्ते पर थे और नुनाई बाज़ार की ओर मुड़ने लगे, बोले, "सब्ज़ी लेनी है, घर के लिए।"

कुन्तल ने बैगन, टमाटर और ककोरा छाँटने में मदद कराई और सब्ज़ी का झोला मास्साब ने भर लिया।

जब अपने-अपने रास्ते जाने की बारी आई तो सड़क से हटकर खड़े हुए मास्साब और कुन्तल को नज़दीक, बिलकुल नज़दीक बुला लिया।

अब वे गुलाबी काग़ज़ की पुड़िया खोलकर चमकती सोने की अँगूठी को दिखाने लगे कि ख़ुद ही चकाचौंध होने लगे अपने उपहार पर!

"यह क्यों?" कुन्तल के मुँह से निकला और पूछा, "किसके लिए है?"

मास्साब गुलाबी काग़ज़ पर रखी सुनहरी अँगूठी को लिये एकटक कुन्तल की ओर देखते रहे।

फिर भरे गले से बोले, "यह तुम्हारे लिए।" आँखें भी भर आईं।

अँगूठी देने के लिए हाथ आगे बढ़ा दिया। समाँ ऐसा भावुक था कि कुन्तल सोच भी नहीं पाई कि ले या न ले। बस देखती रह गई—

अँगूठी पर लिखा था—'कुन्तल'।

*

समथर आने के बाद सबसे पहली चिन्ता यह हुई कि रहने की जगह कहाँ मिलेगी। वैसे वहाँ के लोगों से कह तो दिया था कि संस्था का काम तो तभी सँभालूँगी जब रहने के लिए कोई मुकम्मल इन्तज़ाम हो जाए।

मुकम्मल इन्तज़ाम का मतलब कि यह जगह संस्था से ज़्यादा दूर नहीं होनी चाहिए नहीं तो आने-जाने में दिक़्क़त होगी। कुन्तल का यही विचार था।

लेकिन संस्था के लोगों ने बड़ा दिल दिखाते हुए दिलासा दी थी कि आपकी सुविधा का ध्यान रखा जाएगा मैडम।

एक बार समथर आ जाने पर फिर आप समथर की स्थितियों-परिस्थितियों के अधीन हो जाते हैं, यह समथर की ही नहीं, हर शहर-क़स्बे की कहानी है।

अब जहाँ कुन्तल को जगह पसन्द आए वह संस्था से दूर निकले और संस्था के पास वाली रिहाइशें उनको अपने अनुकूल न लगें। ऐसा ही होता है। अगर ऐसा न हो तो घर-मकान ढूँढ़ने की समस्या ही क्यों रहे? कुन्तल के मन में यही आ रहा था।

ऊपर से यह भी कि समथर कोई महानगर तो है नहीं, क़स्बे का व्यक्ति बड़ी बारीकी से किराएदार की व्यक्तिगत ज़िन्दगी को खँगालना अपना अधिकार समझता है। कुन्तल अविवाहित हैं तो अब तक अविवाहित क्यों हैं, यह सवाल किराएदार पर क्यों लादा जाता है, समझ के बाहर है। अविवाहित और स्त्री, मामला और भी गड़बड़ लगने लगता है। क्या स्त्री का अविवाहित रहना सामाजिक अपराध है? कुन्तल सोचती हैं।

बहरहाल जो जगह मिली संस्था से ख़ासी दूर थी। कुन्तल ने आनाकानी की तो संस्था के लोगों ने बताया, "मैडम, आपको लेने-छोड़ने तो गाड़ी आया करेगी।"

सुकून मिला कि अपने रहने के लिए कमरा और रसोई मिला।

कुन्तल ने करीने से सामान लगाया। कमरे में एक सिंगल बेड पड़ा था, सुविधा हुई। एक मेज़ और एक कुर्सी भी थी। अब से पहले एक विद्यार्थी यहाँ रहता था।

कुन्तल अब अपने इस कमरे को करीने से सजाने लगीं।

मास्साब की दी हुई तसवीर यहाँ लगाएँ या अपने ऑफ़िस में लगाएँ, इस

बाबत सोचती रहीं। अन्त में अर्जुन और कृष्ण वाली तसवीर अपने ऑफ़िस ही ले गईं और वहीं लगा ली।

कुन्तल उपसंयोजिका के आदरणीय पद पर आसीन हुईं।

*

दिन-महीनों के हिसाब से समय सरकता गया।

जिस 'भारती साहित्य संस्था' के लिए कुन्तल की योग्यता और कार्यकुशलता को देखते हुए उपसंयोजिका की पदवी देकर सम्मानित किया था, वहीं जलते-झुलसते शिकायतनामे उनकी मेज़ पर फेंके जा रहे हैं।

उपसंयोजिका अपनी समिति के लिए चुने हुए दो सदस्यों के लिए गुनहगार हैं, यह प्रमाणित होने वाला है। इसमें इनकी शासकीय अनुभवहीनता भी शामिल है।

घनश्याम शर्मा और विजय कुशवाहा जब इस संस्था में आए तो उनको भी पता नहीं होगा कि वे कुन्तल के लिए कैसे संकट पैदा कर देंगे।

कुन्तल अपनी मेज़ पर रखे खुले शिकायतनामे पढ़ने लगीं। उत्तेजित-सी हुईं लेकिन मौन बैठी रहीं। और फिर निरुपाय-सी होकर गहरी साँस लेकर रह गईं।

दोपहर तक कुन्तल ने आत्म-निर्णय लेते हुए सोच-समझ लिया कि महिला ने जो शिकायतनामा पेश किया है और इसे सार्वजनिक कर दिया है तो इसका काट अभी असम्भव है। देखें क्या कार्रवाई होती है इस आरोपपत्र के आधार पर।

बार-बार विजय कुशवाहा और घनश्याम शर्मा के चेहरे सामने प्रकट हो उठते और कुन्तल के मन में हाहाकार मचा देते। बार-बार वह शर्मिन्दा हो उठतीं। ये दोनों तो आदर्श चरित्र हैं। अपनी तीस-तीस साल की बेदाग़ सर्विस की है इन्होंने। स्त्रियों के लिए संवेदी रहे ये दोनों सदस्य स्त्रियों को ही छेड़ेंगे? इस सवाल पर कुन्तल का दिल डूबने लगा।

फिर तर्क उठा, क्या महिला से कोई सवाल नहीं होगा कि कब ऐसा हुआ, किस जगह हुआ? इल्ज़ाम लगाए हैं तो सबूत भी जुटाने होंगे। अब किस-किस

को बताएँ कि दोनों सदस्य कार्यक्रमों में हाथ बँटाने आए थे। मीटिंग्स होती हैं, शिकायत करने वाली मोहतरमा से मिलने का कोई मौक़ा नहीं आता।

कुन्तल गुमसुम-सी रहने लगीं। अपने ही कमरे में जैसे आरोपों की आवाज़ें उठ रही हों और दीवारें क्षत-विक्षत हो रही हों। क्या इस भारती साहित्य संस्था का अध्याय शुरू होने से पहले ही ख़त्म हो गया?

अब कुन्तल की ज़िम्मेदारी क्या बनती है? कि सदस्यों पर आरोप के मुद्दे को उचित परामर्श और अनुशासन के दायरे में लाया जाए।

दोनों सदस्यों की उतरती अवस्था लांछनों से घिर गई। अब कौन होगा जो हमारा साथ देगा? कोई नहीं...

यहाँ सब के सब सवाल करते हैं।

यहाँ लोग सुधार करने की बात पर बिगड़ जाते हैं।

नहीं मानते यहाँ बेहतरी के लिए कई बदलावों की ज़रूरत है।

कुन्तल सोयें तो सोयें कैसे? चैन आए तो नींद आए।

उठी बैठी थीं। डायरी खोल ली। कुछ लिखें? दिल में कितना कुछ उमड़ रहा है, बरसा दें स्याही के रूप में?

—लिखें कि इस संस्था में न अपनी गरिमा का ख़याल लोग रखते हैं न दूसरों की इज़्ज़त करना जानते हैं।

—लिखें, यदि किसी पर इल्ज़ाम लगाना है तो सबूत भी होने चाहिए।

—यदि कोई महिला है तो उसको महिला होने के नाते ऐसी विशेष छूट कभी नहीं दी जानी चाहिए जो समाज में विद्रूपता की मिसाल बने।

—आरोप, इल्ज़ाम लगाना बड़ा सरल है और ये हमेशा बे-सिर-पैर की मनगढ़ंत बातें होती हैं जो इस संस्था में हुईं।

—हम यहाँ साहित्य, कला और संस्कृति के विकास के लिए अग्रसर हैं, किसी पर हमला करने नहीं आए। हम समिति में शामिल होने के लिए योग्य सदस्य लाए हैं, पुलिसिया कार्रवाई के लिए कोई रंगरूट नहीं।

—जो हो रहा है, उससे यह संस्था तमाशा बनी जा रही है क्योंकि यहाँ के कर्मचारी फौहश भाषा का धड़ल्ले से इस्तेमाल कर रहे हैं।

कुन्तल अब कुछ नहीं लिखना चाहतीं। जितना लिखेंगी उतना ही दुखी होंगी।

वह तो मास्साब का वाक्य मन में आ गया—

'अरे कुन्तल रिपोर्ट तो यह भी है कि तुम गालियाँ देती हो। क्या-क्या कह डालती हो, ख़ुद याद करो।'

कुन्तल अबकी बार हँस पड़ीं।

यह मज़ाक़ अद्‌भुत है कि अपने शब्द कुन्तल की ज़ुबान पर रख दो—'जैसे हमारी समिति के सदस्य कहते हैं, वैसा करो नहीं तो नौकरी नहीं बचेगी।'

क्या कमाल किया है इस कारनामे ने...कुन्तल स्तब्ध-सी थीं।

गुमसुम बैठी रहीं।

यह कथा तैयार होकर सार्वजनिक हो तभी तो सच और झूठ का पता चलेगा।

बताया जाए कि संस्था के वे दो सदस्य जिन पर दोष लगाया गया है, वे आपसे क्या चाहते थे?

जब खोलकर या खुलकर लिखने की हिम्मत नहीं होती तो लुका-छिपी का खेल खेला जाता है।

खेल वह भी बाहर ही बाहर! अगर बात सच है और अपमानित करने वाली है तो इसकी रिपोर्ट सबसे पहले संस्था के संयोजक के यहाँ करना लाज़िमी था। मगर संस्था में किसी को भनक नहीं और बाहर बदनामी की आँधी चलने लगी।

कुन्तल पछताने लगीं, 'मैं इस संस्था की धूल को भी चन्दन बनाना चाहती थी। अब मामला महिला जाँच समिति में उठाया जाए या कहीं और, कोर्ट-कचहरी में। मेरा कहना यही है इल्ज़ामों को स्पष्ट करो। उसी फौहश भाषा को बोलो जो कुन्तल की ज़ुबान पर रख दी गई है...अगर ऐसा नहीं है तो यह सारा केस-क़िस्सा झूठ है। मेरा बयान यहाँ यही है—यही मेरी कविता!

*मैं माफ़ी नहीं माँगूँगी अपने उस किए की,*
*जिसको लोगों ने मेरा अपराध कहा है*
*मुझे क्षमा नहीं चाहिए उनसे,*
*जो मेरे किए पर फ़ैसला देने को तैयार बैठे हैं।*
*मैंने नहीं बनाया मुन्सिफ किसी को,*

*और न वकालत की अपनी भी*
*जब किसी रिश्ते से मैं बावस्ता नहीं*
*फिर क्यों ताकाझाँकी है मेरी दुनिया में?*

कुन्तल ने चाहा कि इस समय मास्साब भी होते। कविता लिखकर कई दिन से दबा-दबा-सा मन मुक्त हुआ।

मास्साब...रोज़ मिलने का सबब भी क्या है?

वे शादीशुदा आदमी हैं। पत्नी घर में है, वे सोचते भी होंगे—'किसी ने कुन्तल के पास आवाजाही के बारे में कह दिया तो मेरी स्त्री कुन्तल पर सौतन का रिश्ता चस्पाँ कर देगी।' हाँ, ठीक है उनका आना ज़रूरी हरगिज नहीं है।

मगर सोचने की बात यह भी है—

मास्साब यहाँ आने से अपने आपको रोक क्यों नहीं पाते?

कुन्तल का कोई क़र्ज़ है उन पर जिसे उतारने चले आते हैं?

'मेरा दिल बहुत घबराता है' यह तुम्हारा कथन मास्साब के लिए काफ़ी नहीं है कुन्तल?

'इस संस्था में सामंजस्य नहीं, साज़िशें अपना दायरा बढ़ा रही हैं' यह वाक्य मास्साब से किसने कहा था कि वे उद्विग्न हो उठे थे। चिन्तित इतने थे कि उन्होंने उस रात खाना भी नहीं खाया था, कुन्तल को पता चल गया था। या उनका चेहरा देखकर ही पहचान गई थीं? लेकिन यहाँ वे कहाँ...अपने फ़ोन पर कितना-कितना समझा चुके थे मास्साब, "संयोजक हों या कर्मचारी, सब के सब बड़े-बड़े लोगों के लिए अपनी श्रद्धा भक्ति रिजर्व रखते हैं। यह मानकर चलो कि ऐसे भक्तों को अफ़सर और नेता लोग छोड़ते नहीं। मंत्री लोग तो ऐसों को पालकर रखते हैं। ये काम आने वाले लोग माने जाते हैं।"

"हमारी ओर से कभी अफ़सर और नेताओं के आदर-भाव में कमी तो नहीं हुई। बस संयोजक जी के मनमाने काम नहीं किए। मास्साब, ये लोग सोचते हैं, कुन्तल को एक निश्चित अवधि में बँधा समय मिला है, वह इस टाइम को काटेगी।

"मास्साब, मैं यहाँ टाइम काटने नहीं आई, इस संस्था का समय बदलने

आई हूँ। यहाँ तारीख़ और सन बदलते हैं, कार्य प्रणाली नहीं बदलती, सुस्ती और नकारापन नहीं बदलता। लकीर पीटते जाना भी नकारापन है।"

"तो तुम लड़ती ही रहोगी? फिर इनसे काम कैसे लोगी?" यह प्रश्न तो है।

कुन्तल को याद है, मंजरी पांडे ने कहा था—'संस्था के कर्मचारियों से जूझ लेना पहले तो, सारा समय निकल जाएगा।'

वीना महेश्वरी ने भी राय दी थी—'काँटों का ताज सिर पर सजाकर मत इतराओ, यह ताज ही तुम्हारा सिर झुका देगा।'

उस समय का उत्साह क्या कहिए! दिल में जो था, ज़ुबान पर भी वही कि—हम साहित्य से आँखें चुराकर निकल जाएँ तो ज़िन्दगी की आँधियों का सामना कैसे करेंगे...

"अब तो भले ही कोर्ट की भी धमकी आने वाली हो सम्मन के रूप में।"

"बेशक! यहाँ कुछ भी हो सकता है।"

हँसी आ गई थी कुन्तल को, तिर्यक हँसी में मुस्कराए थे उनके होंठ।

"मास्साब!" फ़ोन पर बोली कुन्तल।

"हाँ, कहो, क्या कहती हो?"

"यही कि डाकुओं पर सजा बुलते तो हमने देखी हैं लेकिन इस क़स्बे में एक स्त्री के लिए साहित्य संस्था चलाना दुश्वार हो रहा है। अपराध माना जा रहा है।

"सुना है न आपने, पत्रिका निकालना ही लूटपाट का धन्धा बताया जा रहा है। आप बताइए, संस्थाओं के लिए साहित्यकार क्या दो टके की चीज़ हैं?

"फिर...यह पढ़ा है मैंने सुनें आप।"

"मास्साब, हमने क्या किया किताबें पढ़कर? क्या किया साहित्य रचकर? क्या पाया दिन-रात अपना ख़ून जलाकर? क्यों तपते रहे संवेदना की भट्ठी में? उस ताप का हासिल यही है कि हम झूठे इल्ज़ामों के जवाब हाज़िर करते रहें!

"हमें भी समझ लेना चाहिए कि जर्जर होती पद्धतियों में नया बदलाव साहित्यकारों को भी मंज़ूर नहीं। वे समझ गए हैं कि हमने उनके निठल्लेपन का पर्दाफ़ाश किया है। और उनके लाभ-लोभ की डोर काट दी है।

"हम क्या कहें, क्या न कहें, जिनका नाम लेकर हम तारीफ़ों के कसीदे पढ़ते रहे उनके सीने में तो गुफा बन चुकी है। वहाँ अँधेरे के सिवा कुछ नहीं।

प्रत्यक्ष रूप से मौजूद व्यक्ति गवाह के तौर पर बोल गया—मैं वहाँ नहीं था।

"अब इस्तीफ़े के सिवा आगे क्या है?"

"बिलकुल, कह दो न कुन्तल, कह दो—संस्था के आका तुम्हारा शुक्रिया। मेरी भोली बातों को भुला देना कि मेरा वादा ही मुझे पटखनी देने लगा है।"

कुन्तल मास्साब को देखती रह गईं। सोचा था मास्साब इस्तीफ़े से रोकेंगे।

"कैसे कह पाऊँगी? अब तक तो कहती रही कि यह संस्था मेरी ताक़त है।"

"ताक़त..." मास्साब खोखली-सी हँसी हँसे।

"देख तो रही हो यहाँ कितने रंगों के आदमी हैं। किस-किस रंग में उतरोगी?"

"अपने ईमान के रंग में।" वे धीमे से बोलीं।

"ऐसे क्या देख रही हो, पलकें तो झपकाओ।"

"मास्साब, मकतल में आदमी पलकें झपकाता है क्या?"

*

छात्र लड़के-लड़कियाँ तो होते हैं मगर खोजी भी कम नहीं होते। सियाशरण और राघव तो खोजियों के सरदार ठहरे।

जिस दिन मूसलाधार बरसात हो रही थी और मास्साब के घर की खपरैल आँधी के चलते थोड़ी तितर-बितर हो गई थी, बरसात का पानी वहीं से कमरे में गिर रहा था। मास्साब के पास छात्र ही सहायक के रूप में उपलब्ध रहते हैं। बस, उन्होंने सियाशरण और राघव को खपरैल ठीक करने और कमरे में क्या-क्या भीगा, यह देखने भेज दिया।

राघव और सियाशरण मास्साब के निजी कमरे में घुसे तो देखा कि एक अटैची भीग रही है। खपरैल ठीक करने के पहले ही अटैची भीग चुकी है। अब अटैची खोलकर देखने का धर्म तो छात्रों का बनता ही था कि मास्साब के काग़ज़ात तो अटैची में नहीं रखे थे। रखे हैं तो भीगे तो नहीं?

बस इसी छानबीन में वे काग़ज़ भी नज़रों में आ गए जो मास्साब ने कभी डायरी के रूप में लिखे थे और कभी नोट्स की शक्ल में।

पढ़ने पर ज्ञात हुआ कि कुन्तल जी किन स्थितियों से गुज़री हैं और...'भारती

साहित्य संस्था' में क्या चल रहा था। सियाशरण इस तरह पढ़ता गया कि राघव भी सुनता चले।

सारा क़िस्सा सुनकर राघव चिन्तित सा हो गया। कितना मुश्किल रास्ता है कुन्तल जी का!

मास्साब को लड़कों ने बताया कि उन्होंने डायरी पढ़ी है और नोट्स देखे हैं। नहीं बताते तो गुरुदोष लगता।

मास्साब ने गहरी साँस ली फिर लम्बी साँस छोड़ी। आगे बोले—"हमारे यहाँ ही क्या, पूरे देश में संस्थाओं का यही हाल है। समथर की कुन्तल स्कूलों में, कॉलेजों में और सामाजिक राजनैतिक संस्थाओं में इसी अवस्था में पाई जाएँगी। यह मास्साब की डायरी पढ़ लेने की बात नहीं है, यह देश भर में संस्थाओं की दुर्दशा पर चिन्ता करने की बात है।"

*

मास्साब कुन्तल के मामले में बहुत पर्दा रखने की बात साध नहीं पाए। उनके साथी और यार-दोस्त ये छात्र ही तो थे, विश्वसनीय भी लगे क्योंकि वे ज्यों-ज्यों कुन्तल कथा सुनते जाते, गम्भीर होते जाते।

मास्साब सोचते, ये लड़के और लड़कियाँ किसी प्रेम सम्बन्ध का मज़ाक़ भी तो बना सकते हैं मगर इसी कक्षा की सुमन कहती है—"मास्साब, क्या पता हममें से कितनों को कुन्तल होना पड़े। उसी आग से होकर निकलना ज़रूरी हो जाए।"

मास्साब अब क्या कहें, वे अध्यापक की मुद्रा में आ गए, उन्होंने अपना चश्मा उतारकर एक नरम कपड़े से साफ़ किया और सुमन को विशेष नज़र से देखा। मास्साब विजय-भाव से बोले—

"देखो, जो मैं कहने जा रहा हूँ वह मेरी बात नहीं है, एक बड़े और नामी लेखक ने लिखा है—'जो लोग भावुक होते हैं सिर्फ़ रोते हैं, वे रो-धोकर रह जाते हैं पर जो लोग हँसना सीख लेते हैं, वे कभी-कभी हँसते-हँसते उस ज़िन्दगी को बदल भी डालते हैं।'"

मास्साब ने अपने और कुन्तल के सम्बन्ध में एक शेर भी फ़रमाया और

ऐसे कहा जैसे सुमन को सम्बोधित हो—

*उसे फ़िकर कि हर बात मुझसे कह डाली*
*मुझे यह वहम कि एक ख़ास बात बाक़ी है।*

आज कक्षा में मास्साब की वही अदा थी जो किसी शायर की हो सकती है। उनके ख़याल में अध्यापक कक्षा में सिर्फ़ अध्यापक ही न दिखता रहे, वह कभी शायर हो, गीतकार हो, क़िस्सागो हो और यहाँ तक कि अभिनेता भी हो। छात्र आपके उपदेश सुनने में दिलचस्पी नहीं रखते, आप उनको विभिन्न कलाओं, मुद्राओं और कथा-कहानियों के ज़रिए विषय में गहरे उतार सकते हैं, कविता और शेरो-शायरी में वे बहुत रुचि लेते हैं।

अब?

अब मास्साब में वह सामर्थ्य न बची थी कि कुन्तल के संघर्षमय जीवन की असलियत को छिपा जाएँ। पता नहीं यह लुकाना-छिपाना उनको अपराध-सा क्यों लग रहा था, ख़ासकर छात्र-छात्राओं के प्रति शिक्षक का चौर्यभाव। क्यों छिपाना चाहते हैं मास्साब? इसलिए कि कुन्तल से उनका प्रेम सम्बन्ध रहा है? क्या अब वे अपने प्रेम को मिटा चुके हैं? क्या प्रेम जैसी पवित्र भावना को कोई मिटा पाया है? क्या प्रेम को मिटा डालने का भ्रम डालकर वे दुनिया को धोखा दे रहे हैं या अपने आपको?

मास्साब के सामने यह ज्वलन्त प्रश्न नाचता रहता—कुन्तल ने प्रेम किया या उन्होंने कुन्तल को चाहा, बदनाम कुन्तल हुई। क्या कुन्तल अपनी दिली इच्छा से अविवाहित रह गई है? क्या उसके विवाह की बात चलाई नहीं गई थी? इन सब बातों का ऐसा जाल फैलता जाता है कि मास्साब उसमें फँसे हिरन की तरह छटपटाते हैं। फिर वही जुमला सुमिरते हुए सोने की कोशिश करते हैं कि—'वही ऊपरवाले की माया है, वह जो कुछ करता है ठीक ही करता है।'

'ऊपरवाले की माया है'—यह बात छात्रों की समझ के परे थी। छात्राओं में मुखर रहने वाली सुमन ने यह बात सुनकर मास्साब को घेर लिया, "मास्साब, माया किसी ऊपरवाले की नहीं होती, ऐसे मामलों में माया आप जैसे आज्ञाकारी श्रवणकुमार बेटे फैला देते हैं। आपने ही सारी माया फैलाई और बात इस रूप

में फैली जैसे कुन्तल शादी से घृणा करती थीं। कुन्तल से किसी ने पूछा क्या? आपने उनका सामना किया क्या? विवाह ऐसी भीषण घटना है जो प्रेम पर पहाड़ की तरह गिरती है और उसको चकनाचूर कर देती है। कुन्तल न जाने किस मिट्टी की बनी हैं कि बिना छीजे आज भी साबुत हैं। सेल्यूट कुन्तल!"

मास्साब थोड़े झेंप गए। कहना चाहते थे, छात्रों को मुँह नहीं लगाना चाहिए मगर यह बात कह नहीं पाए। मन-ही-मन पछताए ज़रूर। और सोचने लगे कि कितना कुछ तो बता दिया इन बेतहजीब छात्रों को...

क्या-क्या?

यही कि 'भारती साहित्य संस्था' ने क्या-क्या सौगातें दीं कुन्तल को। कितने ऊल-जलूल सम्बोधन और गालियों भरी सीडी। उसके अंगों को लेकर मरदानी गालियाँ...

कुन्तल किसके सामने अपना दिल खोलें? अपनी बेइज़्ज़ती में आए पत्थर जैसे शब्द, बेहूदगी की इबारत...को कैसे कहें?

कुन्तल ने तो फौहश गालियों को संस्था का परसाद समझकर ज़हर की तरह पी लिया...कुछ विष ऐसे भी होते हैं जिनसे कंठ नीला नहीं पड़ता आत्मा बुझ जाती है। यह नई बात नहीं।

संस्था के संयोजक :

वे भले आदमी हैं। शरीफ आदमी हैं। क्या शरीफ लोगों का लिहाज़ नहीं होता कर्मचारियों में? कुन्तल यही कहती हैं तो मास्साब समझाते हैं कि कर्मचारियों में किसी का लिहाज़ नहीं होता, उनमें सिर्फ़ भय होता है वह भी अपनी नौकरी जाने का भय। वेतन में रुकावट का भय और पगार में कटौती का भय। वे सम्बद्ध संस्था के लिए काम करेंगे, यह विश्वास धोखा है। हर कर्मचारी अपने लिए काम करता है, अपनी आजीविका बचाने के लिए। यही उसका उद्देश्य होता है ज़्यादातर।

यों तो यहाँ संयोजक हैं, और सदस्यगण भी हैं लेकिन जो ग़लत हो रहा है उसके ख़िलाफ़ सामूहिक आवाज़ नहीं है। कुन्तल ने चारों ओर नज़र दौड़ाई, हर दिशा से आशा बाँधी लेकिन साथ आने वाले अपने ही दो पाँव थे। वही साथ निभाते रहे।

आख़िर में मास्साब ने समझाया था :

—मेरे छात्रो, तुम्हारे जीवन में ऐसे मुकाम आ सकते हैं जहाँ समितियाँ होती हैं, कमेटियाँ होती हैं और संगठन भी होते हैं। यहाँ सामूहिक आवाज़ से केवल नारे लगाना या चीख़ना-चिल्लाना तात्पर्य नहीं बल्कि चलती जा रही कुव्यवस्था को सुधारना है। बड़ा उदाहरण यह है कि अगर गांधी जी आगे नहीं आते, आन्दोलन और अनशन नहीं करते, जगह-जगह पैदल यात्रा नहीं करते तो क्या देश उठ जागता? अब हमारे देश में संस्थाएँ सोई रहती हैं और वहाँ काम करने वाले ग़ैर-ज़िम्मेदार होते हैं अर्थात् ग़लत लोगों के हाथों में संस्था थमा दी जाती है जैसे चापलूस, बेईमान और गबन करने में सिद्धहस्त लोगों के हाथ।

*

किसी जलनखोर मास्टर ने प्रिंसिपल ऑफ़िस में शिकायत कर दी कि श्री कृष्ण बिहारी श्रीवास्तव अपनी हिन्दी विषय की कक्षा में एक आवारा औरत की कहानी सुनाया करते हैं जो बे-नाथ बैल की तरह कुँआरी ही बूढ़ी होने को है।

मास्साब के कलेजे पर चोट लगी, अपनी शिकायत पर नहीं, कुन्तल के लिए 'बे-नाथ बैल और कुँआरी बूढ़ी' का सम्बोधन देने पर। किससे कहें कि ये बेअक्ल लोग औरत के बारे में इतने अज्ञानी क्यों हैं? क्या कुन्तल के संघर्षों को नहीं देखते? उसे जो दुख दिया जाता है, वह नज़र नहीं आता? इस क़स्बे में औरत होने का मतलब ही विवाहिता या विधवा होना है, माता या बाँझ होना है यानी जो कुछ वह पुरुष की कृपा से हो जाए वही होकर धन्य हो जाना है?

छात्रों में भी इसी बात का ज़िक्र था लेकिन छात्र सचेत होकर मास्साब की बातें सुनते। मास्साब ने पहले ही कह दिया था—तत्त्व निकल गया तो रह क्या जाएगा? ख़ाली हाँ में सिर हिलाने और 'जी मास्साब' कह देने से कथा-तत्त्व पकड़ में नहीं आएगा।

सियाशरण संकोची छात्र हरगिज न था, बोला :

"मास्साब, रानी लक्ष्मीबाई, झलकारी बाई के अलावा सीता, सावित्री, दमयन्ती जैसी तमाम स्त्रियाँ हैं, इनकी कहानी सुनी हैं और हम बार-बार सुनने

को उत्सुक रहते हैं। इस कुन्तल की कथा तो सबके सामने है, इसमें सुनाने की क्या बात है? और यह भी कि कुन्तल का चरित्र भी सब जानते हैं।"

मास्साब पल भर के लिए सियाशरण को ग़ौर से देखते रहे। फिर कहना शुरू किया—"यह बताओ कि हमारे आसपास लक्ष्मीबाई जैसी रानी कितनी हैं? झलकारी बाई की तरह युद्ध में जाने का मौक़ा किस औरत को है? सावित्री और दमयन्ती जैसी भी नहीं हैं। आसपास ज़्यादा-से-ज़्यादा कुन्तल जैसी ही मिलेंगी जो सामाजिक, राजनैतिक और प्रशासनिक रूप से थपेड़े खाती रहती हैं।" और मास्साब ने मन-ही-मन अपनी ओर भी इशारा किया कि ज़्यादा-से-ज़्यादा प्रतिशत ऐसे लोगों का है जो बदनामी के डर से, बुरे कहलाने के डर से कुन्तल जैसी स्त्री का साथ नहीं दे पाते क्योंकि उसमें सुशील कन्याओं और गृहिणियों जैसे लक्षण नहीं होते। लड़की हमारे समाज में कई स्तरों पर समस्या के रूप में देखी जाती है। जैसे जब जन्म लेती है तो लड़की पैदा नहीं होती, समस्या पैदा होती है। थोड़ी बड़ी होती है तो उसका बढ़ता हुआ शरीर समस्या बन जाता है क्योंकि उस स्त्री शरीर के शिकारी चौकन्ने हो जाते हैं। इज़्ज़त-आबरू की पताका अपनी पीठ में गाड़े वह इसी समस्या से जूझती रहती है कि यह झंडी नीची न हो जाए। यह भी बात सर्वमान्य है कि बेटी पैदा होती है और बाप के मन में उसके विवाह की चिन्ताएँ जाग जाती हैं। विवाह के साथ दहेज जुड़वाँ की तरह आता है। यदि विवाह सम्पन्न हो भी जाता है तो लड़की को उस शादी की शर्तों में इस मज़बूती से बाँधा जाता है कि वह टस-से-मस न हो सके। यदि बन्धनों की कसावट को ढीला करती है तो समाज की निगाह में अपराधिनी की तरह आ जाती है। यदि पति मर जाता है तो विधवा के रूप में असगुनों के कलंक ढोती है। लड़की तो समस्याओं के अम्बार तले दबी प्राणी है।

इस बात पर सियाशरण ख़ासा उदास हो गया था। उदास लहजे में ही बोला, "यह लड़की है या हमारी दबी-कुचली मानवता?"

मास्साब ने सियाशरण के प्रश्न का कोई उत्तर नहीं दिया मगर उस छात्र को ऐसी नज़र से देखा, मानो कह रहे हों—तुमने तो स्त्री जीवन का सार समझ लिया।

*

आज दूसरा दिन न होता तो मास्साब पिछली मन:स्थिति से बड़ी मुश्किल से निकलते क्योंकि वे सामाजिक समस्याओं पर शोध कर रहे थे।

छात्र थे कि उनको उस पटरी पर लाना चाह रहे थे जहाँ से सीधे सब कुन्तल के स्टेशन पर उतरें।

"मास्साब, कुन्तल जी अब कैसी हैं? आपसे बातें करती हैं?" यह बात शालिनी ने पूछी थी।

कुन्तल का नाम सुनते ही मास्साब कुछ प्रसन्न से दिखे। अब कुछ बताएँ-न—बताएँ कि स्थिति में न फँसे रहने का निश्चय करते हुए बोले, "अरे, बातें! बातें हमसे न करेंगी तो किससे करेंगी? हम यह सब इसलिए बताना चाहते हैं कि व्यक्ति जिससे मोहब्बत करे उस पर विश्वास भी करे।"

शालिनी यह सब सुनकर मुस्कराकर रह गई और उसने अपनी नज़रें अपनी किताब 'गद्य पारिजात' पर जमा लीं।

मास्साब मन-ही-मन ख़ुश तो थे ही, शालिनी ने उस ख़ुशी को उजागर करने का बहाना दे दिया।

मास्साब कक्षा में बोल रहे थे, "कुन्तल मामूली स्त्री नहीं है। यहाँ से समथर चली गई, अनजानी जगह और अनजाने लोग।

"कुन्तल का मानना है कि लोगों से पहले व्यक्ति को उस क़स्बे या शहर की इमारतों से परिचित होना चाहिए। वहाँ के रास्तों को पहचान लेना चाहिए। इमारतें मित्रता निभाती हैं और रास्ते तुमको रिहाइशों का परिचय देते हैं।"

कुन्तल के बारे में क्या बताएँ मास्साब और क्या-क्या छिपाएँ, समझ में नहीं आ रहा था। हाँ, इतना मान लिया कि कुन्तल ने उनको आने के लिए विशेष आग्रह किया है, यह यहाँ बताने की बात नहीं है। मगर अपने ही जेहन में यह सवाल भी उठा कि समथर जाएँगे तो छिपाएँगे कैसे?

तब-का-तब देखा जाएगा। प्रेम के मामलों में अधिकतर बातें तब-की-तब ही देखी जाती हैं।

बहरहाल, मास्साब के व्हाट्सअप पर जो कुछ सन्देश कुन्तल ने दिए हैं, वे तो बता ही सकते हैं और छात्रों को समझा सकते हैं कि यह सब तो तुम्हारे ऐतिहासिक ज्ञान के लिए बताया जा रहा है।

इतना सब सोचकर मास्साब अपने प्रति उठते सन्देहों से मुक्त हुए और कुन्तल के सन्देश पढ़ने लगे जो शालिनी से मुख़ातिब थे।

"क़िला है। ऐसा ही क़िला जैसा कि अपने बुन्देलखंड में जगह-जगह होता है। यह क़िला इस मामले में फ़र्क़ है कि इसके तीन गेट हैं और इन दरवाज़ों के नाम अलग-अलग हैं।

"पहला गेट कटरा कहलाता है।

"और दूसरा गेट चौपड़।

"तीसरा गेट आगा नाम से जाना जाता है।

"समथर इस मामले में शानदार है क्योंकि क़िले की प्राचीर, जिसे यहाँ रेनी कहा जाता है, अपनी ताक़तवरी में बेमिसाल है।

"यहाँ महाराज साब आतंकी वृत्ति के नहीं। वे हमसे भी मिलना चाहते हैं। हम जाएँगे, उनसे भेंट करेंगे। सतखंडा महल देखेंगे कि सात खंड किस-किस तरह बनाए गए हैं।

"देखने के लिए ही नहीं महसूस करने के लिए यह जगह प्रेरित करती है। रियासत है और रियासतों को अंग्रेज़ों ने क़ब्ज़े में कर लिया था मगर किसने सोचा था कि आज़ादी आएगी और रियासतें क़ब्ज़ेदारी से मुक्त हो जाएँगी। आज तो लोकतंत्र के ज़रिए रणजीत सिंह यहाँ के विधायक हैं। समथर अब कहने भर की रियासत है।

"अपना मऊरानीपुर भी बहुत याद आता है। यहाँ सब कुछ है लेकिन कवि घासीराम व्यास और घनश्याम दास पांडेय जैसों की भव्य मूर्तियाँ नहीं हैं।

"क्या यहाँ कोई रचनाकार नहीं हुआ कि महाराज समथर उनकी प्रतिमा की प्रतिष्ठा करा देते जैसे सुशीला नैयर ने मऊरानीपुर में इन दोनों कवियों की प्राण प्रतिष्ठा कराई।"

मास्साब आगे कहते हैं—

"कुन्तल ने क़िले और महल की कुछ तसवीरें भेजी हैं, हम अपने फ़ोन पर तुम सबको दिखा देंगे। बाक़ी जब तुम्हें समथर ले चलेंगे, तब ख़ुद ही देख लेना।"

मास्साब ने आज रात आठ बजे का समय दिया था—कुन्तल की कहानी के लिए। छात्रों को उम्मीद थी कि आज की कक्षा कुन्तल-कथा की कक्षा

होगी लेकिन मास्साब ने क्लास में आते ही पाँसा पलट दिया। ऐसा लगा जैसे मास्साब पर साक्षात् सरस्वती सवार हो गई हैं। बोले—"क़िस्से-कहानियाँ ही सुनते रहोगे? कोर्स ख़त्म नहीं करना है? परीक्षा की चिन्ता नहीं है? जिनको क़िस्सों में दिलचस्पी है, वे रात को हमारे घर आ जाएँ और जाजिम पर बैठकर दास्तान सुनें जैसे धरती पर बैठकर सत्यनारायण की कथा सुनते हैं।"

"मास्साब, कहानी कुन्तल की ही रहेगी?" एक छात्र बोल पड़ा।

मास्साब ने पहले तो उस छात्र को घूरा फिर बोले, "अबे तुम्हें आम खाने से मतलब है या पेड़ गिनने से?"

"मास्साब, हम तो अपने गाँव के बाग़ में पेड़ भी गिनते हैं।"

मास्साब को ग़ुस्सा आना ही था सो उन्होंने लताड़ा, "पहले पेड़ ही गिन लो। बेहूदे, तुम कब सुधरोगे? नालायक कहीं के!"

कक्षा में सन्नाटा था क्योंकि मास्साब ने 'बेहूदा' जैसा अपशब्द अब तक कभी प्रयोग नहीं किया था।

शायद मास्साब को भी अपनी भाषा पर सोचना ज़रूरी लगा कि वे तो हमेशा भाषा के अनुशासन पर ज़ोर दिया करते हैं मगर आज उनको क्या हुआ? हो न हो, यह कुन्तल के प्रेम का उद्वेग फूट पड़ा हो। प्रेम होता ही ऐसी बला है जो किसी भी नियंत्रण से इनकार करता रहता है।

मास्साब अब अपना लहजा नरम करते हुए कहने लगे, "जानते तो हो कि इम्तहान में पेपर हिन्दी विषय का होगा जिसमें कुन्तल के बारे में नहीं, महादेवी वर्मा के काव्य पर प्रश्न होंगे। सुमित्रानन्दन की कविता अर्थ करने के लिए आएगी और मैथिलीशरण गुप्त की कृति 'यशोधरा' पर निबन्ध लिखने को कहा जा सकता है। तुम लोग यहाँ लगाए हुए हो कुन्तल-कुन्तल!"

"मास्साब, आपने सुनाया था कि कुन्तल आपकी किसी बात पर दहाड़ मारकर रो पड़ीं। उनके रोने को लेकर हम पूछना चाहते थे कि कुन्तल आख़िर इस क़दर क्यों रोईं और आपने उनसे ऐसी कौन सी बात कह दी थी?"

मास्साब ने अपने छात्र को गहरी नज़र से देखा मगर फिर वे उस छात्र की बात को नज़रअन्दाज़ कर गए। अब क्या बताएँ कि कुन्तल उनके प्यार को नाटक बता रही थीं, तब उन्होंने कह दिया था—'कुन्तल, माँ-बाप होते हैं तो

औलाद होने के नाते उनके भी कुछ अरमान होते हैं और वे अरमान अपने बच्चे के प्रेम से ही पैदा होते हैं तो उनका आदर और प्रेम ठुकराना हमारे बस का नहीं और ऐसा कुछ करके हम सुखी भी क्या रहेंगे? हम नाटक नहीं कर रहे, तुमसे प्यार करते हैं, इससे इनकार कहाँ?'

अब यह अलग बात है कि कुन्तल मास्साब के प्रेम को नाटक भी कहे मगर उनके संग-साथ को छोड़ना भी न चाहे। यह सब कहते हुए मास्साब ने गहरी साँस ली जैसे यह तकरार भी प्यार की सुन्दर अभिव्यक्ति हो। कुन्तल की उँगली की अँगूठी गवाही है।

तो आगे सुनो अब—

कुन्तल सोचने-समझने में सुस्त क़िस्म की महिला नहीं थीं। किशोरावस्था से यौवन तक उनमें जो ज्वार था, उसे उन्होंने तरह-तरह से खोल डाला। विवाह-शादी वाली बात तो जैसे उन्होंने टाल ही दी मगर अपनी अभिव्यक्ति के लिए जो एक माध्यम मिल गया वह 'भारती साहित्य संस्था' थी। इस संस्था को जी-जान लगाकर सँवारना उनके सन्तोष का कारण हो सकता है। इसी संस्था का उत्कृष्ट इतिहास लिखने के लिए कुन्तल तैयार हुईं।

यद्यपि कुन्तल ने किसी को नीचा दिखाने की बात सोची नहीं। मार्क्सवाद, प्रगतिवाद की किसी भी वाद को लागू करने की ज़िद जताई नहीं मगर यहाँ कलाकारी करने वाले उस्ताद रोज़-रोज़ दिखाई देने लगे। समिति के सदस्यों में भी समर्थन और विरोध के द्वंद्व चलते रहते। कहने को तो सभी नए रास्तों की ओर बढ़ रहे थे लेकिन उनको रूढ़ियाँ और परम्पराएँ मुक्त होने नहीं दे रही थीं। मर्यादाओं भी राह रोकने के लिए सामने...

मास्साब कहना चाहते थे कि उनको भी तो मर्यादाओं और परम्पराओं ने घेर लिया। तभी तो कुन्तल विहीन होकर गृहस्थी चलाने के लिए बाध्य हुए। कुन्तल अकेली छोड़ दी। पता नहीं ये सामाजिक बेड़ियाँ कब टूटेंगी? उदारता के साथ जीवन कब जी पाएँगे?—सोचते-सोचते मास्साब जब सचेत हुए और सामने कक्षा को देखा तो पाया—रामेश्वर जम्हाई ले रहा है। तब बोल पड़े, "ये सब बातें ही तो तुमको समझनी हैं। सामाजिक व्यवस्था से ही आदमी का जीवन प्रभावित होता है क्योंकि उसी के अन्तर्गत धार्मिक और राजनैतिक व्यवस्थाएँ बनती हैं।

ढोंग-पाखंड झूठी मर्यादाएँ मनुष्य को गुलाम बनाने के लिए लागू रहती हैं।"

"चलो अब कुन्तल की साहित्य संस्था की ओर चलते हैं—

"अजब कोड़ेबाज़ी और गजब खेल।"

यह कुन्तल का बयान है—हमने नीम अँधेरे में पढ़ लिया क्योंकि वह इबारत सादा नहीं थी, उसके शब्दों में तेज़ाब से धुली हुई चाँदी चमक रही थी। यह भाषा भी हिन्दी नहीं थी। थोपी हुई अंग्रेज़ी थी। बेशक यह सभ्यों की भाषा थी जिसमें हाकिम लोग चीख़ते और चिल्लाते हैं। ग़ौर कीजिए इस 'सभ्य भाषा' में हम रो नहीं सकते। बस उस भाषा को देखकर कुन्तल ऐसी अशक्त हो गईं जैसे उनकी नस-नाड़ियों में बहता ख़ून किसी ने सोख लिया हो। कुन्तल समझदार हैं। शासकों को जब मातहतों और नागरिकों पर कोड़ा चलाना होता है तो वे इसी भाषा के कटीले द्रव में कोड़ा भिगोकर प्रहार करते हैं। जता देते हैं कि सामान्य साधारण लोगों के ऊपर गुज़रते हादसों का दौर कभी ख़त्म नहीं होता।

कुन्तल अब तक तो समझ ही गई हैं कि इस लोकतांत्रिक महादेश की कथा हादसों, कोलाहलों और दहशतों की आधारभूमि बनती रही है। इसमें कमी अगर हुई है तो जनता ने इसको अपना भाग्य माना है और बकरे की माँ की तरह ख़ैर मनाती रही है।

मगर ख़ैर कहाँ...

हुक्मनामा आया—समिति के दो सदस्यों को संस्था से बाहर किया जाता है। घनश्याम शर्मा और विजय कुशवाहा संस्था की किसी बैठक में भाग नहीं लेंगे। किसी कार्यकलाप का हिस्सा नहीं होंगे।

अरे! यह क्या हुआ? और क्यों हुआ?

दोष ग़लती कुछ भी नहीं बताई।

यों तो कुन्तल घबरा गईं लेकिन हिम्मत तो हर हाल में आ जाती है क्योंकि घबराहट आख़िर कब तक रह सकती है। अब घबराहट नहीं, बेचैनी है। और उसमें उतरने की ज़रूरत।

आज कुन्तल 'भारती साहित्य संस्था' में ज़्यादा देर ठहर नहीं सकीं। घर चली आईं। वहाँ रहते हुए लोगों से डर सा लगने लगा कि समिति के दोनों प्रमुख सदस्यों को 'बाहर कर देना' सबको पता चल गया होगा। कुन्तल सबकी नज़रों

में दोषी ठहर जाएँगी। किस-किस से मुँह छिपाएँ?

घर आकर चाय पी और पलंग पर लेट गईं। मन में अन्धड़ मचा था और यह अन्धड़ उस रिपोर्ट को अपने साथ उड़ाए लिए जा रहा था जो कुन्तल ने संस्था के महोत्सव का ब्योरा देने के लिए बनवाई थी।

क्या शानदार समय था और क्या गर्वीला माहौल! समथर में 'भारती साहित्य संस्था' का जलवा हो गया। पूरे तीन दिन चला था जश्न। कविता पाठ हुआ, साहित्य के विद्वानों के व्याख्यान हुए, जागरूकता लाने वाले नाटक हुए। समथर की जनता का साहित्य और संस्कृति के प्रति ऐसा लगाव-झुकाव देखकर ही समथर को दाद देने का मन करता है। दलित विमर्श और स्त्री विमर्श यहाँ लोगों ने पहली बार देखा। शहीद भगत सिंह और स्वतंत्रता सेनानी चन्द्रशेखर आज़ाद के नाम पर बनाए गए रंगभरे आशियाने, रानी झाँसी का क़िला, यह सब बनाया गया और सजाया गया।

आसपास के विद्यालयों, विश्वविद्यालयों से शिक्षक और छात्र शामिल हुए। तीन दिन का यह साहित्य महोत्सव 'भारती साहित्य संस्था' का गौरव बन गया जिसमें संस्था के कर्मचारियों के आगे-आगे चलने वाले घनश्याम शर्मा और विजय कुशवाहा ही थे। ये दोनों तीन दिन महोत्सव में ही रहे, घर नहीं गए।

क्या इसलिए ही ये निशाना बने?

या संस्था से विदा किए गए श्रीमानों के निशाने पर आ गए?

अच्छे काम के सौ दुश्मन होते हैं और बुरे काम के सौ साथी।

"हाँ, दुश्मन तो ये दोनों ही हैं कुन्तल जी। अब इनसे महिला समिति ही निपटेगी। थाना-कचहरी हो तो ताज्जुब न करना।" एक सदस्य कह रहा था।

"यह किस बात का बदला?" कुन्तल रुआँसी हो आईं।

"अरे बदला! काहे का बदला मैडम?"

"आप अच्छी तरह जानते हैं कि काहे का बदला।"

"अच्छा तो फिर यों रहने दो कि आपने इतनी तारीफ़ें बटोरी हैं तो ये तोहमतें कौन झेलेगा?" कहने वाले का नाम नहीं जानती कुन्तल। मगर फिर भी शक्ल-सूरत पहचानी-सी लग रही है।

मास्साब ने सदस्यों के लिए समझाया था, "संस्था की उपसंयोजिका होकर

क्या तुमको कोई ख़बर नहीं? अब इतना तो समझ लो कि जो आदेश आया है, वह पालन करने के लिए है। आदेश समझाने के लिए नहीं दिया जाता।"

"तो मास्साब, हमें अपने सदस्यों के अपमान का आदेश पालन करना होगा या पूछना बनता है कि आख़िर उन्होंने कौन सा अपराध किया? यदि सारे ऊल-जलूल आदेशों का पालन ही करते जाएँ तो मेरे कार्यकाल में अनियमितताओं की पूरी सूची तैयार कर देंगे ये लोग। संस्था की बर्बादी का उदाहरण मेरा कार्यकाल बन जाएगा।"

"अरे कुन्तल, मालूम हुआ है कि इन दोनों सदस्यों की पहले भी शिकायत हो चुकी है और तुम कहती हो कि वे शिकायतें झूठी निकलीं।"

"हाँ, झूठी हैं, झूठी निकलीं। दुख तो इसी बात का है कि ऊँचे ओहदों पर बैठे लोग झूठ को सच मानकर एक्शन लेने लगते हैं।"

"आख़िर तुमसे किसी को दुश्मनी है क्या?"

"दुश्मनी मुझसे नहीं, संस्था में हुए कार्यक्रमों से है। बताइए जब हिमांशु जोशी की कहानी 'अन्ततः' पर नाटक कराया था तब किसको पता था कि समथर की जनता इस नाटक की मुरीद हो जाएगी। एक सोलह-सत्रह साल के नवयुवक की कहानी की वह रामलीला देखता है तो राम हो जाता है और कृष्णलीला देखता है तो मुरली बजाकर गायों के बीच कृष्ण हो जाता है।

"मास्साब, जनता में राम और कृष्ण के लिए अपार आकर्षण और मोह है। नाटकों की लोकप्रियता संस्था पर भारी पड़ने लगी। अभी नाटकों के फ्लॉप शो होते तो सहानुभूति मिलती और पीठ पीछे मज़ाक़ भी उड़ाई जाती।

"मास्साब, हम संयोजक जी से बात करेंगे। शिकायतें तो उनके पास ही जाएँगी। वे ही तय करेंगे कि हमने संस्था पर धब्बा लगाया है या नहीं? वे तो इस संकट से उबार सकते हैं। लेकिन वे तो यहाँ हैं नहीं। जब तक वे आएँ, बात गोपन रह भी पाएगी? उपाय में बस ईश्वर याद आने लगा और भूले-बिसरे देवता सुमिर डाले। यकायक ही अंधभक्ति जाग पड़ी और यह भी ज्ञात हो गया कि संकट के समय वे ही देवी-देवता याद आने लगते हैं जिनको केवल मूर्तियों के रूप में देखा है। मगर मान रहे हैं कि वे देवता ही फ़ाइल पलट देंगे और नया फ़रमान जारी कर देंगे जिससे कुन्तल उजले मुँह इस संस्था से विदा हों।"

वह दिन याद है कुन्तल को जिस दिन संयोजक जी को फ़ोन किया था और उन्होंने निराश नहीं किया था। वे फ़ोन पर बोल रहे थे—फलां से मिल लीजिए, मैंने बात कर ली है।

अब यह गुहार देवताओं ने सुनी या संयोजक जी ने, कुन्तल की आस्था ईश्वर में बढ़ गई या संयोजक जी के प्रति कृतज्ञ हुईं।

यों राजनीति के अनुभव में कुन्तल शून्य हैं मगर यहाँ तो पूरा राजनैतिक माहौल है। संयोजक जी से लेकर उनका स्टाफ उन्हीं तेवरों में रहता है जैसे यहीं से सरकार चल रही हो। कुन्तल का भरम पूरी तरह टूट गया यह 'भारती साहित्य संस्था' साहित्य संस्कृति के लिए है या राजनीतिक उठापटक के लिए? संयोजक जी ख़ुद को मंत्री से कम नहीं मानते। ऐसा सब देखकर कौन न घबरा जाए।

'मुझे पागल कुत्ते ने काटा था जो मैं इस संस्था में काम करने आ गई! यह पोस्ट जिसका नाम उपसंयोजिका रख लिया। वैसे उपसंयोजिका सम्बोधन कुन्तल ने यहाँ आने के पहले सुना नहीं था सो अजीब भी लगा था।'

*

"कुन्तल को हमने यों तो बहुत बहादुर माना था लेकिन एक दिन जब वह आईं तो बहुत उदास थीं।" यह बात मास्साब ने छात्रों को बताई थी और ख़ुद भी उदास हो गए।

"क्यों उदास थीं?" एक छात्र प्रश्न कर बैठा और इसी को मास्साब डर रहे थे कि वे उदासी का सबब बताएँगे क्या? कुन्तल कितनी उदास थी या बेहद दुखी थी, वह भी कैसे वर्णन करेंगे? छात्रों की जिज्ञासा सिर चढ़कर बोलती है, अब वे क्या छिपाएँगे और क्या बताएँगे कि अपनी बात विश्वसनीय बना सकें?

क्या यह कह देंगे कि कुन्तल उनके कन्धे पर सिर रखकर जार-जार रोई थीं? क्या यह खोल सकेंगे कि कुन्तल के दुख को बँटाने के लिए वे उसको अपनी गोद में सुला लेना चाहते थे और छोटे बच्चे को जैसे नरम-नरम थपकी दी जाती है ठीक वैसे ही थपकी देना चाहते हैं। और ऐसा उन्होंने किया भी था।

लेकिन अपना यह मासूम कारनामा नहीं खोला छात्रों के सामने।

मास्साब ने बात दूसरे रास्ते पर डाल दी—

"अब यह नहीं जानना चाहोगे कि कुन्तल क्यों दुखी थीं? जाहिर है कारण भी उन्होंने हमीं को बताया होगा।"

विद्यार्थी उत्सुक हुए। मास्साब को कहानी में आगे के लिए उत्सुकता जगाना आता है।

"तो सुनो, अगर कुन्तल साहित्यकारों के लिए इनाम-खिताब बख़्शने को तैयार न होती तो ऐसा घटित हरगिज न होता।

"वह तो हिन्दी दिवस था और हिन्दी दिवस हिन्दी के लेखकों के लिए तो एक पर्व जैसा ही दिवस होता है। अत: तय हुआ कि इस दिन कुछ युवा लेखकों को सम्मानित किया जाए कि हिन्दी में लोगों की रुचि बढ़े, युवा पीढ़ी हिन्दी भाषा की ओर आकर्षित हो। यह एक अच्छा क़दम होगा।

"सम्मान मानपत्र ही होते हैं। जिनके नाम सम्मानित करने के लिए सूची में शामिल हुए वे समिति के उस सदस्य की रज़ामन्दी से हुए जो सबसे सीनियर और मुख्य माना जाता था। कुन्तल ने जो नाम सुझाए उनका युवा लेखकों की तरह ख़ासा योगदान था।

"इन सात लेखकों को लिखित रूप से यह सूचना दे दी गई कि उनको हिन्दी दिवस पर सम्मानित किया जाएगा।

"मगर एक कुत्सित साज़िश कैसे हुई और क्यों हुई यह कुन्तल की समझ के बाहर था।

"फ़ैसला पलट गया उसी रात!

"जिनको सम्मानित करने की लिखित सूचना दी गई थी, उनको अब सम्मान न मिलने के लिए क्षमा-पत्र लिख दिया गया!

"यह क्या हुआ? कुन्तल इस व्याघात से झल्ला उठीं। बेचैनी की इन्तहा थी।

"यह षड्यंत्र किसने किया?" कुन्तल अपने सूने कमरे में चीख़ने को हुईं।

"पता चला कि कुन्तल ने जो नाम अन्तिम सूची में रखे थे वे संयोजक जी के कार्यालय से ही निरस्त कर दिए गए और उनकी जगह वे नाम जगह पा गए जो उस सम्मान के लिए उपयुक्त नहीं थे। जोड़-तोड़ वाले थे।

"कुन्तल के पास फ़ोन आने लगे। जिनका अपमान किया गया वे कुन्तल

को लताड़ने लगे। भला-बुरा जितना कह सकते थे, कह रहे थे। कुन्तल मुँह दिखाने के क़ाबिल नहीं। सोशल मीडिया का समय है। बात देश से विदेश तक मिनटों में पहुँच जाती है। 'भारती साहित्य संस्था' पर कालिख पोतने जैसे बयान दिए गए। 'कुन्तल इस्तीफ़ा दो' के नारे लगे।

"कुन्तल को न दिन में चैन, न रात में नींद। यह किसने खेल खेल दिया? अख़बारों से संवाददाता आए और पूछने लगे। कुन्तल क्या उत्तर दें? अँधेरा कर दिया चारों ओर, घेर लिया उनको। यह किसका हुक्म हुआ? संयोजक जी अनभिज्ञ रहे क्या? हाँ, इनाम-खिताबों में संयोजक जी कहाँ दिलचस्पी लेते हैं। मगर यहाँ कुछ राजनैतिक तरफ़दारियाँ तो रही होंगी। ऐसा होता है तभी सम्मान अपनी विश्वसनीयता खो देते हैं।

"संयोजक जी बहुत भले सही मगर उनके लिए भी तो लोग भले नहीं हैं। उनके ख़ास मित्र ही उन पर टिप्पणी कर रहे थे—संयोजक जी की क्या बात, वे तो बस ऐसे ही हैं। योंही...

"किस-किस से जूझें कुन्तल? इधर दो सदस्यों पर ख़ारिजनामे की तलवार लटकी हुई है। उधर यह हिन्दी सम्मानों का बवाल उठ खड़ा हुआ। लानतों की बारिश हो रही है। यह समथर शहरनुमा क़स्बा नहीं, लखनऊ दिल्ली हो रहा है, भोपाल मुम्बई बन गया है। लेखकों-कवियों की दुनिया में अपमान के बाजे बजाए जा रहे हैं।

"'पदवीयाफ़्ता लोगों से आप पार नहीं पा सकते' कुन्तल का मन हुआ यह वाक्य अपनी डायरी में दर्ज कर दें।

"सम्बन्धित लोगों को फ़ोन कर-करके हलकान...समिति के सदस्य बाहर रहेंगे तो कार्यक्रमों की और पत्रिका की योजना के लिए मीटिंग कैसे होगी। यह संस्था अपने पुराने ढर्रे पर ही रेंगने में सुकून पाती है, तभी तो लोग इसे पीछे खींचने में लगे हुए हैं।

"उपसंयोजिका बनने की सजा है यह! ईमानदारी का दंड है! तभी तो अन्यायियों के सामने गिड़गिड़ा रही हैं। साहित्य में स्त्री-समर्थक छवि की कुन्तल अपने पक्षकार के रूप में यहाँ सिर धुन रही हैं।

"बहरहाल कुन्तल लौट आईं।

"कमाल हुआ करते हैं संस्थाओं के मामले में। जो काम संयोजक जी के कहने पर और एक महत्त्वपूर्ण सदस्य के दख़ल देने पर एक दिन में हो जाना चाहिए था उसे एक महीने में किनारे लगाया गया। ऐसे आदेश उस आकस्मिक चोट की तरह होते हैं जो असहनीय दर्द और घावों के साथ क्षण भर में उभर आती है मगर ठीक होते-होते अरसा गुज़र जाता है।

"एक महीने बाद ही सही, अब जान में जान आई। 'भारती साहित्य संस्था' अपने रास्ते चल पड़ी। वे दो सदस्य नहीं, दो चालक हों जैसे। इस संस्था को सही रास्ते पर ले चलने वाले ड्राइवर।"

मास्साब ने सारा मामला देखा और अपना निर्णय दिया—"कहे कोई कुछ भी, स्त्री में गजब की हिम्मत होती है। इन दिनों तो कुन्तल हमको सावित्री का रूप लग रही थीं जिसने अपनी ज़िद के आगे यमराज को हरा दिया था। जिन साहब ने दोनों सदस्यों को बाहर कराया था वह यमराज का ही अवतार हैं। क्या उनको यह सोचना नहीं चाहिए कि उपसंयोजिका और समिति के सदस्यों पर लोग इस तरह हावी रहेंगे, मनमाने फ़ैसले लादेंगे तो इस संस्था की छवि क्या बनेगी?"

कुन्तल बार-बार सोचती हैं, यहाँ के लोग ऐसे कुंठित हैं कि संस्था का ही नुकसान करने में लगे रहते हैं।

*

मास्साब ने अपना मत व्यक्त किया—

वैसे कुन्तल पूजा-पाठ करने वाली स्त्री नहीं। व्रत-उपवास में भी उनका विश्वास नहीं। जीते-जागते मनुष्यों की पीड़ा और परेशानियाँ कुन्तल की राह रोक लेती हैं कि उनको देवलोक तक जाने नहीं देतीं। मकसद सिर्फ़ यही रहता है कि पग-पग पर बाधा खड़ी होने दें जिसका सपना लेकर कुन्तल आई हैं।

महसूस तो यही होता है कि जहाँ आज वे खड़ी हैं वहाँ अजेय शक्तियों का मुकाम है। संस्था के और संस्था के बाहर के लोग जिन साहित्यकारों, कलाकारों को नापसन्द करते हैं, उन्हें फँसाने-गिराने के लिए जाल बिछाते रहते हैं। ऐसे जालों की बदौलत वे रचनाकार संस्था से सम्मानित नहीं हो पाए जिन्होंने काम

किया और अच्छा काम किया। मगर जी-हुजूरी नहीं की।

शासकों के हाथ लम्बे होते हैं—चाहे वे सरकारी शासक हों या संस्थागत। अब दूसरा पाँसा फेंका गया—संस्था के पास इतना पैसा नहीं है कि सदस्यों को किसी काम की एवज दिया जाए। पत्रिका के सलाहकारों को हटाया जाए। पत्रिका को बहुत ही मामूली काग़ज़ पर लाया जाए। ऐसी ही तमाम बातें...पत्रिका से जुड़ी टीम उखाड़ दी गई।

दबी ज़ुबान से यह भी कहा गया—कुन्तल मैडम को तो हर चीज़ का श्रेय लेने की पड़ी रहती है। यहाँ उनको वेतन नहीं मिलता क्या? शोहरत समेटने में लगी हुई हैं।

"पैसा!" मास्साब ने कुन्तल का ग़ुस्से से भरा स्वर सुना था और आगे जो कहा—"कवि सम्मेलनों में कवियों का कनफोड़ू शोर और इस शोर के लिए मनमाना पैसा! कोलाहली बैंड जो कानों के पर्दे फाड़ने पर उतारू रहते हैं। यह संस्था साहित्यिक गतिविधियों के लिए है या जगरातों और चंडी पाठ के लिए? यहाँ अकादमिक काम नहीं होंगे, घटिया मनोरंजन पर लाखों फूँक दिए जाएँगे। क्या यहाँ अनपढ़ टाइप के लोग भर गए हैं?"

मास्साब ने बताया, कुन्तल तो अब किसी की कोई बात सुनना ही नहीं चाहती थीं। मगर वे चुप बैठी थीं तो मास्साब के लिए अपनी बात कहने का मौक़ा तो था ही। उन्होंने कुन्तल के ग़ुस्से भरे चेहरे की ओर देखा तक नहीं और शुरू हो गए—

"यह पढ़े-लिखे और अनपढ़ की बात नहीं है। बात यह है कि चाहे प्रेम हो या विद्या हो अथवा कला हो, सबके लिए आर्थिक मदद चाहिए ही। यह सहयोग से चल रही संस्था है, आर्थिक प्रभाव क्या पड़ता है पत्रिका को चलाने में, यह तो देखा ही जाएगा। हम बड़ी अच्छी-अच्छी बातें सोचते हैं, कल्याणकारी योजनाएँ लाना चाहते हैं, अकादमिक पहल करना चाहते हैं लेकिन जो आर्थिक ढाँचा है वह आगे आकर खड़ा हो जाता है और हमारी भावनाएँ उसके अधीन हो जाती हैं।

"यह भी जान लो कि हमारा समाज कैसा है? मनोरंजनप्रिय है। बैंड और नाच-गाने के लिए तो चन्दा भी दे देगा, पत्रिका के लिए विरले भी आगे आने से हिचकते हैं। यह कोई छिपा मामला नहीं है कि साहित्य, कला तथा नाटक

आदि से ज़्यादातर मध्यवर्ग जुड़ता है। उच्चवर्ग के लिए तो पब, पार्टियाँ और कैसीनो वग़ैरह होते हैं। और ऐसे लोगों में उदारता देखने को नहीं मिलती। तब ऐसे में हमारे सपने कहाँ रहें?"

श्रोता विद्यार्थियों की समझ में मास्साब का यह कथन कितना आया कितना नहीं यह तो पता नहीं। हाँ, एक छात्र उठकर बोला—"मास्साब, हमको संकल्प कर लेना चाहिए कि हम नौकरी कोई भी करें, कैसी भी करें मगर एक पत्रिका हिन्दी भाषा में निकालने की कोशिश ज़रूर करें।"

"हाँ, कुन्तल तो यही कहती हैं कि दूसरे विषय भले आजीविका के लिए पढ़े जाएँ मगर साहित्य ज़िन्दगी के लिए पढ़ा जाता है।"

हर बार एक वाक्य कानों को कोंचता हुआ दिल में उतरता जाता था—'जब तुम्हारा मनचीता यहाँ नहीं होता, तुम्हारी बनाई योजनाएँ यहाँ लागू नहीं हो सकतीं तो क्यों यहाँ पड़ी हो बेगार करने के लिए।' यह जो कुछ कहा गया संस्था के एक सदस्य द्वारा ही कहा गया था।

'बेगार!' यह शब्द नहीं सुनना चाहतीं कुन्तल। इस संस्था को उन्होंने तो पुण्यस्थली माना है। किसी ईश की इबादत नहीं की, भारती साहित्य संस्था की इमारत में प्रवेश करने से पहले दरवाज़े पर शीश झुकाया था। इस ज्ञान के मन्दिर की बदौलत वह आवाज़ जन-जन तक पहुँचेगी जो इंसानियत के पक्ष में स्वर को और पुख़्ता करे। लेकिन यहाँ कितना क्या हो पाएगा? मन गिर गया उनका।

आज खाना खाने का भी मन नहीं हुआ। पत्रिका के उत्साह और उल्लास पर आर्थिक हथौड़ा मारकर भारी चोट कर दी है कुन्तल को। सारा दिन उदास-उदास निकल गया। हँसना-बोलना मुहाल हुआ।

मगर ऐसे कब तक? उदासी का उपाय भी तो चाहिए।

अपनी सारी उदासी निगलकर पेट भर लिया और मान लिया कि उनको भूख नहीं लगी।

*

यों याददाश्त तीखी और कड़ुवी करने से कोई फ़ायदा नहीं। पत्रिका जैसे भी

निकली, निकली तो। काग़ज़ थोड़ा घटिया क़िस्म का रहा मगर रचनाएँ तो स्तरीय थीं। कुन्तल देख-देख के न हारें, ऐसे ही जैसे कोई स्त्री अपने नए जन्मे बच्चे को देखती है!

यों ही नहीं, लोगों की प्रतिक्रियाएँ भी आईं। मतलब कि पत्रिका का नोटिस तो विद्वानों ने भी लिया है। नए आकार-प्रकार की पत्रिका बहुत लुभा रही थी।

तभी एक प्यारे महाकवि का पत्र आया।

"प्रिय कुन्तल जी,

"यह देखकर बहुत अच्छा लगा कि भारती साहित्य संस्था की पत्रिका आपके सम्पादन में आई है। पहला अंक देखकर अपनी प्रतिक्रिया आपको निजी रूप से भेज रहा हूँ। सो आप मित्र हैं ग़लत न समझेंगी। पहली बात तो यह है कि आपको तय करना होगा कि पत्रिका किन और पत्रिकाओं के पड़ोस में रहना-बसना चाहती है।"

आगे जो कुछ लिखा था उसका लब्बोलुआब यही था कि कुन्तल को पत्रिका निकालना नहीं आता। कुछ रंगीन चित्र मैगजीन को भड़काऊ और भद्दा बना रहे हैं। कुन्तल का अपना चित्र उसमें क्यों है? आदि आदि।

किस-किस बात पर उदास हों कुन्तल? चारों ओर से उदासी की आँधी चली आ रही हैं। अब ऐसा क्या करें कि सबको पसन्द आए?

हे भगवान, जिस पत्रिका को कुन्तल सोने के पंख लगी चिड़िया समझ रही थीं उस पर महाकवि ने ऐसा ढेला मारा कि चिड़िया मरी तो नहीं, मगर बेहोश हो गई।

हे कुन्तल अपने समथर क़स्बे को मत लिये फिरो। साहित्य की पहुँच दिल्ली, लखनऊ, पटना और भोपाल जैसे बड़े शहरों तक है जहाँ अकबर के दरबार जैसे साहित्यिक और सांस्कृतिक दरबार सजे रहते हैं। हर जगह नवरत्न मिल जाएँगे। उन नवरत्नों की अवहेलना कहीं-न-कहीं हुई है, सोचकर देखो। कवि शिरोमणि ऐसे ही तुमको नहीं धिक्कार रहे।

'मैं किस-किस को बुलाती, किसको छोड़ देती?' यह भी तो पहेली है।

अब महाकवि ने पत्र लिखा है तो जवाब देना ही होगा नहीं तो कुन्तल फिर से महाकवि के अपमान की दोषी ठहरा दी जाएँगी।

महाकवि ने सोचा होगा—इस स्त्री को उपसंयोजिका किसने बना दिया!

कुन्तल जवाब लिखें या न लिखें? महाकवि के दो-तीन शिष्य भी अपनी-अपनी प्रतिक्रिया दे रहे हैं जो कुन्तल को धिक्कारने के ही स्वर में हैं।

कुन्तल ने गहन चिन्तन किया और सोचा—क्या महाकवि संस्थाओं के कार्यक्रमों में तब्दीली लाने के पक्षधर नहीं? उनको इन रास्तों में मिलने वाली चुनौतियों से वास्ता तो पड़ा होगा क्योंकि वे ख़ुद दो-तीन संस्थाओं के महत्त्वपूर्ण पदों पर हैं। यहाँ तो ताल ठोककर चुनौती दी जा रही थी कि त्रैमासिक पत्रिका का मासिक पत्रिका के रूप में पहले रजिस्ट्रेशन ही करा लो तो जानें।

कुन्तल क्या बताएँ कि उनको पत्रिका की अवधि और स्वरूप बदलने की कोई ज़िद नहीं थी, उसमें छपे ठस्स और बड़े-बड़े लेखों से आपत्ति थी। भाषा पर एतराज था। पाठकों के पढ़ने की भी सीमा होती है, पत्रिकाएँ उनकी क्षमता की परीक्षा लेने के लिए नहीं छापी जातीं। आम जन की भाषा में रचनाएँ आना बहुत ज़रूरी है। साहित्य की दुनिया ईश्वर की बनाई दुनिया नहीं, यह मनुष्यों द्वारा मनुष्यों के लिए बनाया गया संसार है जिसमें बेहतर मनुष्य के पैदा होने का स्वप्न सृजित होता है।

मास्साब ने समझाया—"देखो, यह बात समझ लो कि यहाँ साहित्य के महान आचार्यों का और अकादमिक राजनीतिज्ञों का इतना मज़बूत कलेजा नहीं है कि वे तुम्हारी योजना पर तुम्हें शाबाशी देंगे। यहाँ नवागन्तुकों और दूरदराज के रचनाकारों की ये लोग जो हालत करते हैं, उन पर अब हमारी नाराज़गी नहीं, बेचारगी पर दया ही निछावर होती है। ये बेचारे हर समय डरे हुए रहते हैं कि कोई नया आकर इनकी गद्दी न उखाड़ने लगे! वैसे यह असम्भव बात तो नहीं है कि नयों से बचते-बचाते भी ये लोग करारी टक्कर खा जाते हैं।"

"मैं समझ गई, अब किसी सूरत में इन महापुरुषों के हाथ ऐसा मौक़ा नहीं लगेगा कि इनकी साँठगाँठ चल सके। यहाँ संस्था के सिंहासन पर दाँव लगाकर जुआ नहीं खेला जाएगा कि आप ब्लफ खेल दें।"

मास्साब ने हामी में सिर हिलाया और तीख़ा सवाल पूछ दिया—"यह बताओ कि अपने कार्यक्रमों में तुमने महाकवि को कब-कब बुलाया है?"

"कभी नहीं।"

"कह तो माथा उठाकर ऐसे रही हो जैसे तुमने महाकवि का मान-मर्दन कर दिया हो। अपनी औक़ात नहीं समझी?"

मास्साब से क्या कहती कुन्तल! गुरुभाव ने होंठ नहीं खुलने दिए।

*

संस्था की गतिविधियों के ब्योरों से छात्रों का क्या लेना-देना? फिर भी मास्साब अपनी रुचियों के हिसाब से छात्रों को यहाँ तक खींच लेते हैं। उनकी संस्थागत दिलचस्पियाँ हद दर्जे तक शुद्ध होते हुए भी लाभ-हानि के मसलों की मिलावट कर ही लेती हैं। यों तो संस्थागत इन पुरस्कारों की बातें, सम्मानों पर चर्चा अकसर ही करने लगते हैं मास्साब, जिनसे बारहवीं के छात्रों का कोई लेना-देना नहीं।

जब कई बार यह अपना प्रिय विषय दोहरा लिया मास्साब ने तो एक बालक ने पूछ ही लिया, "बड़ी-बड़ी उम्र के लोगों को भी इनाम दिए जाते हैं? इनाम तो बच्चों को मिलते हैं, उनके दद्दा-कक्काओं को नहीं।"

मास्साब जो मर्म समझाना चाहते थे वह इनाम बच्चों या बड़ों को मिलता है, यह मुद्दा नहीं। वे बताना चाहते थे कि इनाम पुरस्कारों को लेकर साहित्यिक और कला के साथ सांस्कृतिक व्यवस्था का क्या हाल है।

मास्साब बताने लगे, "हमारा मन कितना ही स्वच्छ-साफ़ हो लेकिन वहाँ लालच की चुम्बक भी फिट रहती है और यह प्राकृतिक है। कई बार तो यह चुम्बक अपने लालच को इस क़दर शक्तिशाली बना देती है कि मुक़ाबले में योग्य और सुपात्र को पटखनी दे और फिर उठने ही न दे। हमारे महाकवियों ने ऐसी मिसालें पेश की हैं। लेखकों ने अपनी बेईमानी का इतिहास बना दिया है। कलाकारों की कहानी इससे भिन्न नहीं। संस्था बड़ी हो या छोटी, बेईमानियाँ बराबर की होती हैं।

"तो सुनो, एक बार की बात है, एक साठ साला पुरुष अपनी पुरस्कार लोलुपता के ऐसा वशीभूत हुआ कि उसने रातोंरात अपनी कहानियों को उपन्यास की जिल्द में बँधवा लिया। सब जानते हैं उपन्यास दो-चार दिन में

तो लिखा नहीं जा सकता। लेकिन शॉर्टकट हर जगह होते हैं।" आगे की बात यह रही—

अपने नाम से भूमिका लिख दी, रातोंरात। लोग कहेंगे करिश्मा!

अरे, करिश्माई रचनाकारों को ही तो पुरस्कार प्राप्त होते हैं। साथ में अपना मीठा व्यवहार काम आता है, पाले हुए सम्बन्ध सहायता करते हैं। सो बस उस लेखक का काम बनने लगा। ज्यूरी के तीन सदस्यों में से दो सदस्यों में लेखक के पक्ष में आँखों की इशारेबाज़ी हुई और पुरस्कार तय हो गया!

कहाँ की किताब? किसकी किताब? फिर कौन पूछता है?

इसे कहते हैं पुरस्कृत होना...

मास्साब समझाते जा रहे थे उसी बीच एक विद्यार्थी उठ खड़ा हुआ।

"मास्साब, जो उपन्यास आए थे यहाँ, उनका क्या हुआ?"

"बच्चे, उनका कुछ नहीं हुआ, जो कुछ संस्था में ऐसी अस्वीकृत किताबों का होता होगा, वही हुआ होगा, किसको उन पुस्तकों की परवाह थी?"

पुरस्कृत लेखक के लिए बधाइयों के ढोल-नगाड़े बजने लगे। टीवी और रेडियो पर ख़बरें आने लगीं। जगह-जगह स्वागत होने लगा।

सारा छल-फरेब उत्सव में बदल गया।

जोड़-तोड़ की निकृष्टता ने जमीर का सफ़ाया कर दिया।

छात्र बोला, "तभी तो मास्साब, इनाम बच्चों को मिलना चाहिए। बच्चे इतनी जोड़-गाँठ कैसे करेंगे?"

"अरे बेटा, बच्चे बेईमानी नहीं करेंगे, उनके अभिभावक तो करेंगे। बच्चा उनसे ही चालबाज़ियाँ सीखते हुए बड़ा होता है। नाइंसाफ़ी, बेईमानी के व्यायाम बड़ों को करते देखता है और दुनियादारी में पारंगत होता है।"

मास्साब की बातें सुनकर कुन्तल आत्ममंथन करने लगती हैं—

'क्या मैंने अपने पाँवों पर कुल्हाड़ी ख़ुद ही मारी है? क्या मैं नहीं जानती थी कि आदमी दस-बीस रुपए के लिए भी बेईमानी कर बैठता है। फिर इस संस्था की ओर से दिए जाने वाले पुरस्कारों की राशि क्यों बढ़ा दी?

कितनी ही दलीलें दी जा सकती हैं—लेखकों का भला चाहा था, नई पीढ़ी को उत्साहित करना था, संस्था का परिचय सम्मान के साथ देना था। माना कि

बहुत कुछ था मगर यहाँ ईमानदारी और बेईमानी की मुठभेड़ भी अवश्य थी। पान-फूल और शॉल देकर आदर-भाव प्रदर्शित करने में क्या हर्ज था? ये समथरिया साहित्यकार तो डाकुओं के इलाक़े से भी आते हैं, इनको संस्था की माली हालत का पता क्यों देना था? तुम क्या जानती नहीं कुन्तल कि पुरस्कारों और सम्मानों की लूटपाट तो दिल्ली तक में हो रही है जहाँ कड़ी सुरक्षा व्यवस्था है।

सोचा तो यही था कि नीरज और बच्चन सरीखे कवि यहीं से निकलेंगे। ये तो कवि सम्मेलन में फागें सुना आए जो ईसुरी की नहीं थी, खचोरे बसोर ने बनाईं। दूसरे कवि ढड़कोले उरई वाले थे जिन्होंने होली पर गाई जाने वाली अश्लील फागें सुना डालीं। कवि सम्मेलन में तुकबन्दियों का बोलबाला रहता है। ऐसे ही तो साहित्यिक माहौल बर्बाद होता है। और साहित्यिक कवि इस तरह ही बदनाम किए जाते हैं। नहीं, कुन्तल यह नहीं मानतीं।

बदलाव के नाम पर जो भी हुआ, हो गया। अपनी समझ से जिनको सम्मानित किया गया वे योग्य थे मगर उपेक्षित थे। उन्होंने अच्छा काम किया था लेकिन संस्थाएँ उनको नज़रअन्दाज़ करने का अपराध करती रहती हैं और गजब यह कि इसी क्रियाकलाप की संस्थाएँ अपनी न्याय प्रक्रिया मानकर चलती हैं। इसमें आश्चर्य भी क्या कि यही सिलसिला चल रहा है जैसे यह कोई पवित्र परम्परा हो। इसका कारण कोई और नहीं ख़ुद रचनाकार हैं, वे ही अपने स्वार्थ में, लालच में और दम्भ में ज्यूरी को भी प्रभावित कर लेते हैं। लेखक और कवि कुछ दिन नाइंसाफ़ी भरे फ़ैसलों पर सिर धुनते रहते हैं मगर आगे फिर वही होता है जो पहले हुआ था। रूढ़ियाँ इसलिए मनभावन हो जाती हैं कि इनके लिए आदमी के पास तर्क नहीं होते या भविष्य का लालच सवाल नहीं उठाने देता।

कुन्तल का आत्मविश्वास इसलिए भी बढ़ गया कि राजधानी में पुरस्कार वापसी का अभियान चल रहा था लेकिन समथर में ऐसी कोई घटना घटित नहीं हुई। छोटी जगह पर जनता का अपूर्व विश्वास, संस्था के प्रति अपना स्नेह दिखाने वाले लोग समारोह में शामिल हुए।

समथर के नवयुवा लड़के अब तक जो मोबाइल फ़ोन पर खेलते हुए मगन रहते थे, व्हाट्सएप पर अभद्र अश्लील टिप्पणियाँ करते और लड़कियों को भेजते थे, अब वीर शहीदों को नमन करते हुए साहित्यिक गतिविधियों में रुचि दिखाने

लगे। यह संस्था युवकों के सहयोग से गति पकड़ने लगी। युवक-युवतियों का उत्साह देखकर ही कुन्तल को संस्था से नए आयाम जोड़ने का साहस आया जैसे यह युवा पीढ़ी साहित्य-समायोजनों की ताक़त हो।

उन्होंने अपने अनुभव से जाना है कि हमारी नाट्य संस्थाएँ जब नाटक करने की सोचती हैं तो उनके विषय पुराने लेखक और उनकी कृतियाँ रहती हैं। पता नहीं निर्देशकों का ध्यान जाता है या नहीं, वे नए लेखकों की कृतियों को उठाने से परहेज़ करते हैं।

ऐसा ही होता रहा तो आज के छात्र प्रेमचन्द, जयशंकर प्रसाद, भीष्म साहनी आदि पुराने लेखकों के सिवा इस ज़माने के किस लेखक की रचनाओं से परिचित होंगे? माना कि वे नए लेखकों के लिखे हुए को पढ़ते हैं। टीचर से समझते हैं लेकिन दृश्यों का अपना महत्त्व होता है, अपना प्रभाव होता है और यह असर लगभग स्थायी हो जाता है।

माना कि फणीश्वरनाथ रेणु बहुत नए नहीं हैं लेकिन उनकी रचनाओं को लेकर नाटकों पर कम क्या बहुत कम काम हुआ है। फिर नए-नए लेखक।

अबकी बार रेणु का शाहकार!

कुन्तल की ख़ुशी का ठिकाना नहीं। रेणु के रचना संसार का ख़ज़ाना खुल गया। इस क़स्बेनुमा शहर में रेणु जी की नायिकाएँ थिरकने लगीं—बिरजू की माय उर्फ़ लाल पान की बेगम, पंचलैट के प्रेमी-प्रेमिका, हीरामन हीराबाई, पचकौड़ी मिरदंगिया और भोला संवादिया।

'साहित्य और समथर'! एक किताब लिखी जा सकती है जब खचोरे बोलता है—इस्स! नैना जोगन सी तड़ाक-फड़ाक बोलती है रतिया धोबिन! समथर गाँव नहीं, क़स्बा नहीं, नाटक-ठेठर का शहर हो रहा है। नाटक का आदमी चारों कोने आदर पा रहा है।

मास्साब कहते हैं, आदमी नहीं, नाटक का पात्र। लोग मुनरी और गोधन की कहानी देख आए हैं, अब भूलते नहीं। मुनरी जैसी लड़कियाँ क्या यहाँ दस-पाँच भी नहीं? गलियों में गोधन 'सलम सलम' वाला गाना गाते निकल जाते हैं—हम तुमसे मोहब्बत करके सलम...

समथर के शौक़ीन लोगों ने झाँसी जाकर सिनेमा देखना छोड़ दिया। और

आज तक कहा जाता है कि जिस दिन 'मैला आँचल' की किताब का नाटक हुआ था उस दिन तो चिरगाँव से लेकर बड़ागाँव तक के ही नहीं, ओरछा तक के आदमी नाटक देखने आए थे। आँखों देखी बात में सच क्या और झूठ क्या? कुन्तल के पास तो लिखी हुई और छपी हुई पक्की इबारत रखी है जो नाटक की ही नहीं, साहित्य की प्रभावकारी रिपोर्ट है—

—कोई पचास साल की एक महिला शामियाने के बाहरी गेट पर सिपाही से बहस कर रही थी कि वह तो यहाँ चली आई, उसके पति को अपनी मोटरसाइकिल के लिए जगह खोजने में देर हो गई, उनको भी आ जाने दो।

सिपाही हाथ जोड़कर बोला, "मैडम आपकी बात ठीक है लेकिन जैसे ही यह गेट खोला, लोगों का रेला चला आएगा।

"मैडम नाटक नहीं हो पाएगा। लोग हुड़दंग मचा देंगे।"

पत्रकार लिखता है—"यह मैला आँचल उपन्यास पर नाटक हो रहा था। ऐसा भी नहीं था कि इसे अनुराग कश्यप ने निर्देशित किया हो, ऐसा भी नहीं था कि शबाना आजमी एक्ट कर रही हों और ऐसा भी नहीं था कि रियलिटी शो का मज़ा आने वाला हो। मगर आश्चर्य यह कि इस क़स्बे में ही नहीं, इस ज़िले में और आसपास रेणु के ऐसे क़द्रदान आए कहाँ से? यह ऐसी चाहना थी जिससे बड़े और नामी एक्टर-एक्ट्रेसों को रश्क हो सकता है।

इस भारती साहित्य संस्था ने जिस तरह सांस्कृतिक और राजनैतिक हस्तक्षेप किया है, यह दंग करने वाला है।

यह ऐसा समय है जब साहित्यिक संस्थाओं ने अपने सम्मानित लेखकों का पक्ष छोड़कर पूरी वैचारिकी पर ताला जड़ दिया है तो इस छोटी सी संस्था का जड़ता को तोड़कर साहित्य के मूल सरोकारों को विमर्श में ला देना आश्चर्य पैदा करता है। ऐसे समय में जब चेतन भगत और सुरेन्द्र मोहन पाठक जैसे लेखक पुस्तक मेलों में टॉमबॉय हो चले हैं, समथर के मैदान में पाश, धूमल, गोरख या बल्ली सिंह चीमा के बड़े-बड़े पोस्टर पर छात्रों को बातें करते देखना नए सवेरे की निशानी है।

सीट न मिलने के कारण मैंने पूरा नाटक खड़े-खड़े देखा। अब जिन लेखकों, रचनाकारों और नाट्यकर्मियों को क्रमशः पाठक और दर्शक न मिलने

की शिकायत है, उनको मेरा जवाब है कि—आप मर चुके हैं। अपनी मृत्यु के शोकगीत को साहित्य मत कहिए। अपने आपको ज़िन्दा कीजिए।"

यह रिपोर्टर! फ्रीलांसिंग रिपोर्टर!!

*

यह बात संस्था के एक कर्मचारी ने ही कही थी—

"मैडम, अब कुछ दिलजले प्रकट हो जाने के लिए बेताब हैं।"

"क्यों?" कुन्तल को बात पची नहीं।

"अरे, कुछ जानदार और शानदार दिखाई देता है तो कइयों की नज़रों में फाँकें पड़ जाती हैं।" कहकर वह नाटे क़द का कर्मचारी कुन्तल के चेहरे के भाव देखने लगा।

"किसने क्या कहा विनोद?"

"किसी ने नहीं। बस आपस में कानाफूसी कर रहे थे। आप संयोजक जी को मैगजीन देने गई थीं न? वहाँ संयोजक जी के पास कोई था?"

कुन्तल ने उस दिन को सहज ही याद कर लिया लेकिन वहाँ दूसरा-तीसरा कौन उपस्थित था, यह याद करने की कोशिश करनी पड़ी। जब याद आ गया उस दिन का दृश्य तो बोलीं, "विनोद, दो लोग तो चपरासी और क्लर्क थे और तीसरे वहाँ मलखान सिंह थे।"

"मलखान सिंह ने आपकी पत्रिका देखी थी न? देखकर कुछ कहा भी था क्या?"

"हाँ, कहा था। लेकिन यह सब तुमको कैसे मालूम, विनोद?"

विनोद मुस्कराया और बोला, "यह बात मुझे ही नहीं मालूम, यहाँ बहुतों को पता है।"

अब अपने मुँह से ही कैसे कहें कुन्तल कि मलखान सिंह ने कहा था— "आपके यहाँ से शिकायतें आ रही हैं मैडम। साहित्य के नाम पर जो मेला लगाया था, उसमें गण्यमान्य लोग पैसे देकर बुलाए थे। अपनी मर्ज़ी से तो पन्द्रह लोग भी नहीं आए।"

कुन्तल 'अरे' कहकर आश्चर्य से देखने लगी थीं।

"हम झूठ नहीं कह रहे मैडम।" मलखान सिंह ने डंके की चोट कहा।

"मलखान सिंह जी, आप झूठ नहीं बोल रहे तो मैं भी झूठ नहीं बोल रही। संयोजक जी आपके सामने बैठे हैं, पूछ लीजिए इनसे, ये तो उस साहित्य-मेले में आए थे।"

संयोजक जी मुस्कराए।

कुन्तल ने संयोजक जी से अपनी पक्षदारी की नहीं, सच की तरफ़दारी की आशा बाँधी।

वे बोले, "कुन्तल जी, मलखान सिंह जी को यक़ीन आ जाए, इसके लिए आप उस दिन के फ़ोटोग्राफ़ इनको दिखा दीजिए।"

मलखान सिंह अपनी गंजी खोपड़ी पर हाथ फिराते हुए कहने लगे, "मुझे फ़ोटोग्राफ़ देखने की ज़रूरत नहीं। मैं इनकी संस्था में प्रमुख सदस्य की तरह शामिल हूँ और उस संस्था के ख़िलाफ़ रिपोर्ट आ रही हैं।"

कुन्तल यकायक चौंक पड़ीं और बोल भी पड़ीं, "रिपोर्ट! हमारे काम के ख़िलाफ़ रिपोर्ट! हम नहीं मानते ऐसी रिपोर्टों को।"

संयोजक जी चुपचाप सुनते रहे लेकिन मलखान सिंह ने अपनी मंशा ज़ाहिर कर दी—"हम तो आपको सावधान कर रहे हैं।"

"आप डरा रहे हैं मुझे?"

"आप डर जाएँ, यही आपके भले में भी है।"

कुन्तल 'ना' की मुद्रा में सिर हिलाने लगीं। अन्त में बोलीं, "नामुमकिन।"

"अपने आप जाँच हो जाएगी, मैडम।" मलखान सिंह की गर्दन तन गई।

कुन्तल हँस दीं। कटीली-सी हँसी संयोजक जी के कमरे में फैल गई।

"आरटीआई जानती हैं न आप?" मलखान सिंह की एक और धमकी।

कुन्तल कुछ देर चुप रहीं जैसे चुप्पी ही उनका जवाब हो। या सोच लिया हो कि मलखान सिंह जैसे मूढ़ मनुष्य को भुगतना उनकी और संस्था की नियति में शामिल है। यहाँ 'शठं शाष्ठ्यम् समाचरेत' वाला सिद्धान्त भी मूर्खता का ही दृश्य बनेगा।

संयोजक जी के चेहरे से लग रहा था कि वे दुविधा में घिरे हुए हैं। कुन्तल

की पक्षदारी में खड़े भी होना चाहते हैं और मलखान सिंह की बात का विरोध भी नहीं करना चाहते क्योंकि मलखान सिंह जिगरी दोस्त हैं और भारती साहित्य संस्था में प्रमुख सदस्य भी हैं।

कुन्तल ने मन-ही-मन कहा—मैंने तो संयोजक जी को मलखान सिंह के लिए कृष्ण की भूमिका में देखना चाहा था जो सही मार्ग दिखलाते।

अब कहने-सुनने के लिए क्या रह गया था...अब आशा, अभिलाषाओं के लिए भी भारती साहित्य संस्था में जगह कहाँ बची थी?

ऐसे कैसे चलेंगे कार्यक्रम? इन मलखान सिंहों से कैसे पार पाई जाएगी?

जाँच कराएँगे, कराएँ जाँच।

रिपोर्ट कौन कर रहा है, इससे यह कुन्तल अनभिज्ञ नहीं। इनके ही पुराने मित्रों ने और चेले-चपाटों ने यह बीड़ा उठा रखा है कि कुन्तल नाम की स्त्री या तो इनका हुकुम बजाएगी या फिर इतनी परेशान की जाएगी कि ख़ुद ही इस्तीफ़ा देकर मलखान सिंह के गुंडों से मुक्ति पा ले।

माना कि कुन्तल जब संयोजक जी के दफ़्तर से लौट रही थीं तो उनको वे छह-सात सीढ़ियाँ उतरना मुश्किल हो गईं जिनको वे बिना देखे झटपट उतर जाती थीं। वह ताक़त कहाँ गई? ताक़त तो है मगर उत्साह झर गया...।

जब अपने कमरे पर आईं तो थके मन और लस्त-पस्त शरीर के साथ आई थीं।

विनोद शुभचिन्तक कर्मचारी की तरह बार-बार कह रहा था, "मैडम, यह मलखान सिंह नाम का आदमी रुतबे का भूखा है। आप भी इसको सलाम बजाइए, यह अपने घुटनों पर झुक जाएगा। जाति-वाति की बात ज़्यादा करता है। सुना है, संयोजक जी को भी दबाए रखता है। उनको दब्बू कहता है।

"मैडम, आप किसी से भी पूछ लो, छोटे वर्कर्स के साथ कैसे व्यवहार करता है।"

"छोड़ो विनोद, हमको अपने काम से काम है मगर कोई यह चाहे कि हम किसी के अदले में चलें, सो मुमकिन नहीं।"

"फिर तो मैडम इस संस्था में जंग जारी रहेगी क्योंकि ये नए-नए रंगरूट हैं जिनको राजनैतिक ताक़तों का सहारा मिला हुआ है।"

"मैं जानती हूँ विनोद। मैं जानती हूँ कि जब-जब राजनैतिक शय पर संस्था के लोग नाचने लगते हैं तब-तब तांडव होने के आसार पड़ जाते हैं। अब कौन-कौन सी बात उजागर की जाए..."

मास्साब ने ऐसे ही नहीं कहा था—

"कुन्तल, कुछ लोगों से दूरी बनाकर रखना। मलखान सिंह से पंगा न लेना। उजड्ड आदमी है। पढ़ा-लिखा बनता है। पढ़ा-लिखा...अनाधिकार चेष्टा करना सबको दिखता है क्योंकि उसकी गर्दन अपने क्षत्रिय भाव से अकड़ी रहती है जो किसी भी शिक्षित व्यक्ति की तरह उसके लिए गवाही नहीं देती। राजपूत, ठाकुर और क्षत्रिय, ये ऐसे शब्द हैं जो इंसानियत से कम और दादागीरी से ज़्यादा जुड़े रहते हैं जैसे इनको सरेराह तेग-तलवार लेकर ही चलना हो। कितना दकियानूस भाव है यह, पुराना और घिसा-पिटा रुतबा।

"कुन्तल, अपनी शालीनता की रक्षा हर कोई नहीं कर पाता क्योंकि आदमी को अहंकार बड़ी जल्दी घेर लेता है और यह भी तय है कि ये अहंकारी लोग ही अपनी प्रशंसा के लिए अनावश्यक कामों पर भी हाथ आजमा लेते हैं।

"हाँ, नहीं तो इस आदमी को 'होली मिलन' के अवसर पर उस गायक को क्यों बुलाना था जो भारती साहित्य संस्था को कूड़ाघर कहता है, संयोजक जी को गालियाँ देता है। इन साहब ने उस गालीबाज गायक को ऐसी मनमानी रकम अदा कर दी कि अदायगी से संस्था हाँफ उठी।"

मलखान सिंह डाल-डाल तो कुन्तल पात-पात!

'होली मिलन' का सारा ख़र्च, सारा ब्योरा संयोजक जी को लिख भेजा।

परिणाम अच्छा तो हुआ कि सम्बन्धित मुलाजिम अपने पद से हटा दिए गए। लेकिन यह क्या कि मलखान सिंह पर आँच तक न आई। उनके लिए प्रमुख सदस्य का ओहदा सुरक्षित रहा।

जो भी हुआ, कुन्तल ने इसे प्लस-माइनस का योग मान लिया। ऋण और धन की कुंडली होती ही होगी।

मास्साब कहा करते हैं—अधिकांश स्त्रियाँ सांस्कृतिक, सामाजिक और राजनैतिक संस्थाओं में पुरुष वर्चस्व को ही ढो रही होती हैं। एकाध कुन्तल पितृसत्ता का जमकर विरोध करती है।

मास्साब अपने छात्रों से यह भी कहना चाहते हैं कि कई बार मृग मरीचिका पानी जैसे रूप में सामने आ जाती है और आदमी धोखा खा जाता है। यहाँ सन्देह करने की प्रवृत्ति सहायक हो सकती है। अत: सन्देह करना हमेशा बुरा नहीं होता। मास्साब ने मलखान सिंह पर सन्देह किया और कुन्तल को सावधान किया।

*

कुन्तल के मन में विद्या की रानी सरस्वती का सुन्दर निवास है।

कुन्तल भारती साहित्य संस्था को अपनी सरस्वती को अर्पित करना चाहती हैं। शारदे माँ बड़ी-छोटी जगह नहीं देखतीं इसलिए वह बड़े शहरों में ही क्यों रहेंगी, यहाँ तक भी आना पड़ेगा।

'यहाँ जब कविता पाठ होगा, ईमानदारी का आचमन होगा।' यह कुन्तल ने सरस्वती की देवी मूर्ति के सामने संकल्प लिया है।

न्याय की वीणा बजाती सरस्वती अब संस्था में प्रवेश कर गई हों जैसे।

कुन्तल के सामने कुछ कवियों के नाम की सूची रख दी गई।

लाने वाले व्यक्ति की ओर सिर उठाकर देखा कुन्तल ने और पूछा—

"यह क्या? यह सूची कहाँ से आई?"

"ये कवि ही आपको बुलाने हैं मैडम।"

"नहीं, यह नहीं चलेगा। दूसरे कवि रास्ते में नहीं पड़े हैं जो पड़े ही रहेंगे।"

"आप क्या कह रही हैं मैडम? बात कवियों की नहीं, बात संगठन की भी है। संगठन से ही तो संस्था है।"

"तो जनता के कवियों का मंच छीनकर सिफ़ारिशियों को दे दिया जाए?"

"अरे!"

"मुझे संस्था का ध्यान है, कह देना श्री मलखान सिंह जी से।"

"आपके यहाँ रहने का फ़ायदा क्या है फिर?"

कुन्तल को अबकी बार हँसी आ गई। सोचने लगीं, इस प्रश्न का उत्तर आख़िर क्या दिया जाए?

"हमें आप लोगों ने यहाँ फ़ायदा कमाने के लिए रखा हुआ है? यदि ऐसा

ही था तो हमारे नियुक्ति-पत्र में भी यह सब लिख दिया होता। तब हम यहाँ आने या न आने को लेकर विचार करते।"

"अच्छा! आप विचार भी करतीं?"

"बेशक।"

बात यहीं ख़त्म नहीं होगी, समझ रही थीं वे।

संयोजक जी के पास कुन्तल की लिखित शिकायत पहुँच गई। यह सब उनके सामने उस मीटिंग में घटित हुआ जहाँ इस संस्था के अलावा दूसरी संस्थाओं के लोग भी उपस्थित थे।

कहने वाला सदस्य खड़ा होकर बोला, "सर, कुन्तल मैडम कहती हैं कि वे संस्था के अलावा किसी दूसरे मुद्दे का एजेंडा चलाने नहीं आईं। ये मोहतरमा संस्था के लिए किसी बाहरी सहयोग की कोशिश नहीं करेंगी। यहाँ तक कि उस दल की मज़बूती के लिए भी नहीं सोचेंगी जिस दल ने इस संस्था को बड़ा सहयोग देकर खड़ा किया है। क्या यह ठीक है सर? क्या मैडम संस्था के हित में सोचती हैं?"

संयोजक जी चुप थे। उनकी चुप्पी को किसी भी पक्ष में लिया जा सकता था। जैसे कुन्तल ने मान लिया कि संयोजक जी सदस्य की शिकायत से सहमत हैं। और इस सदस्य ने मान लिया होगा कि संयोजक जी कुन्तल के नकारात्मक व्यवहार पर कुछ बोले नहीं, तब क्या इन मैडम को क्षमा कर दिया?

कुन्तल ने दुविधा साफ़ कर दी, "सर, ये साहब झूठ नहीं बोल रहे हैं। मैंने यही कहा था कि मैं यहाँ किसी व्यक्ति विशेष का या दल का एजेंडा चलाने नहीं आई हूँ।"

मास्साब ने कितना समझाया था बाद में—"तुम्हारी बेबाक़ी भी हद से गुज़र जाती है। संयोजक जी क्या तुमको अपना चुना हुआ ग़लत व्यक्ति नहीं मान रहे होंगे? तुम्हारा नाम अपने विश्वासपात्रों की सूची से क्या नहीं काट देंगे?"

कुन्तल का स्वर तब तीख़ा नहीं था, "जो भी हो मास्साब, संस्था को लेकर यहाँ लोग राजनैतिक दाँव खेलने लगते हैं जो नज़र नहीं आते मगर असर दिखा जाते हैं। देखा नहीं कि राजनेताओं की दुन्दुभी बजाने का कोई मौक़ा नहीं छोड़ते, वह भी गुपचुप। राजनैतिक धन्धा करने की गोपनीय शर्तें होती हैं, तभी

तो बड़ी-से-बड़ी संस्थाएँ खोखली हो जाती हैं, समाज में सम्मान खो देती हैं।"

*

कुन्तल के सामने यह बात तो उसी दिन आ गई थी जब संस्था में आने के कुछ दिन बाद ही दो प्रार्थनापत्रों में आर्थिक निवेदन किए गए थे।

प्रार्थनापत्र भी जानी-पहचानी पत्रिकाओं की ओर से प्रेषित किए गए। कुन्तल एक बार नहीं, बार-बार उलट-पलटकर देखती रहीं।

ऐसे निवेदन संस्थाओं के लिए न किसी तरह का अजूबा होते हैं न अचम्भा?

कुन्तल अब आत्मीय भाव से उन पत्रों को देख रही थीं और मान रही थीं कि यह संस्था अपना महत्त्व रखती है तभी तो ऐसे पत्र आए हैं जैसे अकादमियों को भेजे जाते हैं। पत्रिकाओं ने धन की माँग की है सो बेजां नहीं है। पत्रिकाएँ भी साहित्य महोत्सव करना चाहती हैं, ख़ुशी का विषय है।

मगर धनराशि देखकर कुन्तल को हँसी आ गई। सहयोग से चल रही संस्था से सहयोग माँगा जा रहा है!

फिर कुन्तल ने पत्रों को कई बार पढ़ा और माना कि छोटी जगह में चली भारती साहित्य संस्था अब लोगों के लिए असमंजस का विषय है। इस संस्था के कार्यक्रम आश्चर्य में डालते हैं। ज़रूर यह संस्था ग़रीब लोगों के बीच अमीरों द्वारा पोषित है।

कुन्तल को मालूम है कि दोनों पत्रिकाएँ आर्थिक रूप से अपने आप में सक्षम हैं क्योंकि एक के पास तो धन की कमी नहीं, दूसरी पत्रिका के लिए विज्ञापन लाइन में लगे रहते हैं। क्या इस संस्था की परीक्षा ली जा रही है?

'मना कर दें' कुन्तल ने निश्चय किया। हज़ारों की राशि यहाँ कहाँ से आई जिसको दान कर दें। माना कि ये दोनों लोग संयोजक जी से नज़दीकी रखते हैं, लेकिन यह निकटता ऐसी भी नहीं कि कोई अपनी ही जेब कटा दे। क्या संयोजक जी का यह सिद्धान्त है कि—लव मी, लव माय डॉग।

ऐसा तो नहीं लगता क्योंकि एक धार्मिक अनुष्ठान के लिए एक बड़ी राशि देनी थी और कुन्तल तैयार नहीं थीं, संयोजक जी ने हस्तक्षेप नहीं किया था। माना

था कि कुन्तल ठीक कह रही हैं—'भारती साहित्य संस्था का काम साहित्य, कला और संस्कृति के उन्नयन के लिए रहा है और आज भी है, आगे भी रहेगा। यहाँ अखंड रामायण, दुर्गा शप्तशती, चंडी पाठ जैसे कार्यक्रमों के लिए धनराशि नहीं।'

'कुन्तल अपने लिए बैर की खेती कर रही हैं, ज़हर बो रही हैं। जब यह ज़हरली फ़सल लहलहाएगी तब कहाँ तक बचेंगी और कहाँ छिपेंगी। बीच रास्ते पड़ी मिलेंगी। और कोई उठाने वाला नज़र न आएगा।'

कहने वालों की कमी नहीं, वे कुछ भी कह रहे थे। और ये संयोजक जी के ख़ास आदमी थे। इसलिए ही संयोजक जी की पक्षधरता पर कुन्तल का विश्वास नहीं जमा मगर विश्वास कर लिया। यों तो नियम तोड़ने वाले भी यहाँ आते रहे हैं जिनको लोग जानते-पहचानते हैं। वे लोग विश्वसनीयों की तरह कहीं-न-कहीं लाभ लेने के समय इस्तेमाल किए जाते हैं। ऐसा संस्थाओं में होता रहता है तभी तो यह खेल जारी है।

जैसी कि उम्मीद थी—संयोजक जी के कार्यालय से फ़ोन आया—'दे दीजिए, जो माँगा है, कोई हर्ज नहीं।'

कुन्तल चौंकी। ऐसा कैसे हो सकता है? हर्ज क्यों नहीं?

क्या माँगने वाले का इस संस्था से ऐसा क़रीबी रिश्ता है कि वे यहाँ की आर्थिक स्थिति से पूरी तरह वाक़िफ़ हैं?

उस समय कुन्तल को संस्था के लोगों ने भी समझाया था—

'संयोजक जी किसी भी धनराशि का सवाल आपसे सीधे थोड़े ही करेंगे? हाथ घुमाकर नाक पकड़ना क्या वे जानते नहीं? यह भी जानते हैं कि उनके भक्त आपसे इस काम को करा लेंगे।'

कुन्तल ऊहापोह में...क्या संयोजक जी का मानना यह है कि इस धार्मिक संस्था को धन दे दिया जाए तो धार्मिक अनुष्ठान में इस संस्था के यश-गीतों की पताका फहराई जाएगी।

फिर तो दूसरे लोग भी संस्था से अनुदान की उम्मीद करने लगेंगे। और पूरी न होने पर कुन्तल को दोष मढ़ेंगे।

संयोजक जी...इन दिनों उनके भक्ति-भाव भी देखते ही बनते हैं। वे कभी चंडी पाठ करते हैं तो कभी महादेव के मन्दिर में घंटा बजाते हैं।

समझ में यही आता है कि यह संस्था कितनी ही साहित्यिक सांस्कृतिक होने का दावा करे, राजनैतिक दबावों में आने से बच नहीं सकती। बचने की कोशिश लाख दर्जे की भी जाए, लेकिन जब बात धन पर आ जाती है, तब अपनी पक्षधरता राजनीति की ओर मोड़ दी जाती है।

कभी न डरने-झिझकने वाली कुन्तल आज तरह-तरह से सोच रही हैं। पता नहीं कहाँ गई उनकी स्त्री-प्रवक्ता की बेबाक छवि? कहाँ गुम होने लगीं प्रखर साहित्यकार और सामाजिक कार्यकर्ता? आज निखालिस उपसंयोजिका?

कुन्तल कहाँ से कहाँ निकल गईं कि अचानक चेत आया—

'नहीं', सिर झुकाने के लिए तमाम दर-दरवाज़े मिलेंगे। कुन्तल के भीतर जो कड़ा स्वाभिमान है, वह बिखर जाने के लिए तो नहीं है।

उफ़! कुन्तल गहरी साँस लेकर रह गईं—साहित्यकार जब सरकारी या ग़ैर-सरकारी संस्था का नियुक्तिनामा जैसा आदेश स्वीकार कर लेता है, उसका स्वाभिमान उसी दिन से लचीला होने लगता है? गर्दन या रीढ़ सीधी रखकर स्वाभिमान को ज़िन्दा रखने की कल्पना तो की जा सकती है लेकिन वास्तव में स्वाभिमान ज़िन्दा रह पाता है या नहीं, यह बड़ा प्रश्न है।

'सन्तन को कहा सीकरी सों काम' जैसे सिद्धान्त पर चलने वाली कुन्तल क्या अब सीकरी के इशारों पर नाचने लगेंगी? आख़िर क्यों मजबूर हैं? यहाँ से न लाभ चाहिए, न बड़ी पदवी की आकांक्षा है तो फिर क्यों याचक भाव जागा है? केवल इसलिए कि वे इस संस्था की उपसंयोजिका हैं?

उपसंयोजिका हैं तो फ़ैसला लेने का भी अधिकार है। अपने स्तर पर निर्णय क्यों नहीं लेतीं? संयोजक जी की मूर्ति मन में मालिक की तरह स्थापित कर ली है क्या? उनके हुजूर में खड़े रहना है कुन्तल को! हर बात में उनकी आज्ञा?

नहीं, नहीं। बिलकुल नहीं।

यों तो कुन्तल का मन आकुल रहा। बहुत बार सोचा कि संयोजक जी से मिल लें और पूरी बात बता दें। मगर उनका मन राजी नहीं होता यहाँ से कहीं जाने और समझने के लिए। जो अपने अधिकार में है उसे छोड़ना कमज़ोरी और कायरता है।

कुन्तल ने जो सत्यनिष्ठा से किया, वह सत्यनिष्ठा का पर्याय माना नहीं गया।

बाहर बात उड़ी कि कुन्तल ने धार्मिक संस्था को अनुदान न देकर देवताओं का अपमान किया है। इस औरत में हिन्दू धर्म के प्रति आस्था नहीं है।

संस्था के संयोजक जी ने कुन्तल को बुलाकर समझाया, कि उनको कुन्तल पर पूरा भरोसा है और वे कोई एतराज भी नहीं उठा रहे मगर उनको समाज का मिज़ाज देखकर चलना चाहिए। धार्मिक संस्थाएँ हमारे समाज में पूज्य और आदरणीय मानी जाती हैं। यह भी मत भूलो कि धार्मिक संस्था चलाने वाले कुछ बड़े दिल के होते हैं तो कुछ टुच्चे भी होते हैं।

—इस बात पर कुन्तल शर्मिन्दा तो नहीं हुईं, दुखी हुईं मगर यह वादा करना भूल गईं कि आगे ऐसा कुछ न होगा।

*

मास्साब जिस दिन स्कूल के मंच पर कविता पाठ कराने की बात चला रहे थे, तभी उनको 'भारती साहित्य संस्था' में होने वाले कविता पाठ की याद आ गई।

बेशक इस प्रकरण में कुन्तल भी गुँथी हुई थीं।

सियाशरण धीमी आवाज़ में बोला, "बात कोई भी हो मास्साब उसमें कुन्तल की बातें ज़रूर जोड़ देंगे।"

राघव ने इशारा करके सियाशरण को चुप रहने के लिए कहा और अपने चेहरे से स्वीकृति का ऐसा भाव दिखाया जैसे वह कुन्तल को नायिका मान बैठा हो, दिलचस्प नायिका। बात आगे बढ़नी चाहिए, दृश्य ज़रूर दिलचस्प होंगे।

यों तो सारी कक्षा क्लास रूम में उपस्थित थी, बस मास्साब अपना पीरियड लेकर जा चुके थे। अब लिहाज़ और रोक-टोक की कोई बात ही नहीं। कक्षा में वार्तालाप चलने लगा। अब तक छात्र इस तरह चुप हो गए जैसे ध्यानमग्न हों लेकिन अब—

—यार लोगो सुनो, मास्साब बेचारे कुन्तल को भूल नहीं पाते सो कहने लगते हैं—कुन्तल ने यह किया, कुन्तल ने वह किया। जैसे उसने क्या से क्या कर दिया।

—मेरा तो पूछने का मन करता है कि मास्साब आपने क्या किया? डरपोक नायक का पार्ट खेला? यही कि प्रेम के नाम पर प्रेम करो और विवाह के नाम

पर विवाह! न तो प्रेम के नाम पर विवाह और न विवाह के नाम पर प्रेम!

—पहले ज़माने के मजनूँ ऐसे ही होते थे वियोग से लबरेज, आँसुओं से तर।

—बात यह भी है कि मास्साब अगर कुन्तल से ब्याह कर लेते तो हमें रोज़ाना ये कहानियाँ कौन सुनाता? पत्नी की कहानी तो उन्होंने आज तक नहीं सुनाई।

—यार, पत्नी की कहानी कौन सुनाता है? पत्नी को आदमी अपनी औरत मानता है और प्रेमिका को परायी स्त्री। इस परायी स्त्री के मनचाहे क़िस्से सुनाने का समाज में चलन है। ये दिलचस्प भी लगते हैं। लैला-मजनूँ का क़िस्सा आदमी खेत-खलिहान में भी कहने-सुनने लगेगा, सावित्री की कथा ऐसे मनमोहक तरीक़े से कहता नहीं। सावित्री तो बेचारी सती होती है।

—सच्ची बात है। लड़कों ने एक साथ समर्थन किया।

मगर राघव का अपना दृढ़ मत था—

मास्साब ने कुन्तल को सरेराह धोखा दिया है। अगर मास्साब अपना प्रेम निभाते तो कुन्तल की ज़िन्दगी कुछ और ही होती।

छात्र तो वहाँ चार-पाँच थे जो अपना-अपना मत दे रहे थे—"कुन्तल की ज़िन्दगी वही होती जो मास्साब की पत्नी की ज़िन्दगी है। क्या वह ज़िन्दगी आज की कुन्तल की ज़िन्दगी से अच्छी होती? मास्साब तो ख़ुद कुन्तल को एक बहादुर स्त्री मानते हैं, तभी तो हमें कुन्तल-कथा सुना रहे हैं।"

"नहीं-नहीं," दूसरे छात्र ने ना में सिर हिलाया, "मास्साब कुन्तल को पोदीने के पेड़ पर चढ़ाकर ख़ुद को बचा रहे हैं।"

"किससे बचा रहे हैं ख़ुद को? उन्होंने समाज की रीति-रिवाज के अनुसार सब कुछ किया है यानी ब्याह, शादी और गृहस्थ।"

"यही तो धोखेबाज़ी है कि आप तन से कुछ और मन से कुछ और।"

राघव लड़कों की बात का समर्थन करता हुआ बोला, "हाँ भाई, यह बात तो है। कुन्तल की कथा मास्साब बेधड़क सुना रहे हैं अगर इसकी भनक उनकी पत्नी को लगे तो कह देंगे—कक्षा में कहानी कला पर लेक्चर लेना था।"

राघव आगे बोला, "चलो अब वो असल बात तुमको बता ही दूँ कि मास्साब कुन्तल के साथ ही नहीं, पत्नी के साथ भी धोखा कर रहे हैं। उनको जब बुख़ार आया था तो उनकी पत्नी अपने मायके में थीं और हम उनके पास

थे। विकट बुख़ार था। ऐसी हालत में अपनी तकिया के नीचे से निकालकर एक कैसेट हमें पकड़ाया और बोले, 'इसे लगा दो, शायद कुछ शान्ति महसूस हो। दिल घबरा रहा है...'

"हमने आज्ञा मानकर कैसेट लगाया और इंस्ट्रूमेंट ऑन कर दिया।

"गाना बज उठा :

*'एक चमेली के मँडुये तले / दो बदन प्यार की आग में जल गए*
*एक चमेली के मँडुये तले...*
*प्यार हर्फ़े-ए-वफ़ा, प्यार उनका ख़ुदा, प्यार उनकी किताब...*
*दो बदन प्यार की आग में जल गए...'*

"मास्साब कुछ बोलना चाहते थे मगर चुप थे। आँखें बन्द कर लीं। जब आँखें खोलीं तो बोले, 'यह कैसेट कुन्तल के पास पहुँचा देना...'"

*

मास्साब का चेहरा आज ऐसा था जैसा ऑडिट करने वाले आदमी का हो। शायद आज कक्षा में सुनाने के लिए कोई मनपसन्द कहानी मास्साब के हाथ नहीं लगी क्योंकि मन में कुछ वित्तीय ज़ानकारियाँ और उदासियाँ थीं।

लड़के-लड़कियों को किस तरह बताएँ कि अब समिति के बैठकों में क्लेश होने लगा था। एक रुपए-पैसे का हिसाब माँग रहा है तो दूसरा आरटीआई लगाने की धमकी दे रहा है। तीसरा किसी भी हालत में अपनी बात मनवाने के लिए कुन्तल की मेज़ पर मुक्के मार रहा है...बड़ा दहशतज़दा नज़ारा बन गया।

यह साज़िश आज की नहीं, कुन्तल समझ रही थीं। समिति के ये सदस्य उनसे पूछकर नहीं चुने गए मतलब कि इस चुनाव में उनकी राय नहीं ली गई। यह सब प्रायोजित था। अब यह समझने में भी क्या संशय कि किसी प्रायोजित योजना को असफल कर देने वाली कुन्तल निशाने पर तो आएँगी ही।

क्या यह संस्था तमाशा बन जाएगी?

मास्साब ने यह बात अपनी ओर से जोड़ी, "कुन्तल को समझ जाना चाहिए

था कि संस्था कितनी भी स्वायत्त हो, सरकारी दायरे और राजनैतिक दबाव से मुक्त नहीं होती।"

कुन्तल अपने सपनों के टूट जाने की अभ्यस्त नहीं थीं। उन्होंने प्रेम करना चाहा, प्रेम किया। विवाह में रुचि नहीं थी, विवाह नहीं किया। जो भी किया या करना चाहा उसमें ईमानदारी ही आधार रही। अत: यहाँ भी ख़ुद को ऐसी स्थिति में नहीं रख सकती थीं कि कविता-पाठ के नाम पर कवियों की रचनात्मक योग्यता पर धूल डालकर भाँड़ों को मंच पर बिठा दें। मंच कोई सिंहासन नहीं होता, वह बहुत पवित्र होता है क्योंकि कला का बसर वहाँ होता है। चापलूसी, सिफ़ारिश और इधर-उधर से प्रभावशाली पदों पर बैठे लोगों के दबाव में आकर अपने जमीर का सौदा करना उनके लिए गुनाह है। वे न दबेंगी न किसी को दबाएँगी। कला और साहित्य को आगे बढ़ाती इस संस्था की गरिमा सर्वोपरि है।

यह सब सुनाते हुए मास्साब छात्रों की ओर भविष्यवाणी की तरह अपना सन्देश छोड़ चुके थे। साथ ही यह भी कहा, "कुन्तल तुम्हारे भविष्य का भगवान ही मालिक है।" कहकर मास्साब ने ठंडी साँस ली।

"मास्साब, यहाँ एक भगवान नहीं, एक के बाद एक भगवान पैदा होते जाते हैं," कुन्तल ने कहा था।

"वह क्या? क्या मामला है?" मास्साब को जानने की इच्छा हुई।

"समिति के सदस्य जिस आका ने चुने हैं, उसी को यहाँ का उपसंयोजक क्यों नहीं बना दिया था? मैं जानती हूँ दो सदस्यों को कहाँ से उकसाया जा रहा है। संस्था में उठापटक मचे, यही उनका उद्देश्य है।"

"क्या हुआ, बताओ तो।"

"अब मीटिंग-मीटिंग की रट लगाए हुए हैं।"

"सो क्यों?"

"उनको एक कर्मचारी से हिसाब लेना है। वह भी अभी।

"मीटिंग उस कर्मचारी के आने पर बुलाई जाएगी, जिससे आपको हिसाब लेना है। मानती हूँ कि वह एकाउंट से सम्बन्धित है, लेकिन जब वह छुट्टी पर है तो मुकम्मल जवाब कौन देगा?"

"आप मीटिंग बुलाने से बच रही हैं, यही न?" वे कहते हैं।

"पिछली गड़बड़ियों को ढके रहने देना चाहती हैं, है न?"

यह सब जब बारी-बारी दो लोग बोले तो कुन्तल को मामला संशयपूर्ण लगा। ये लोग मिल-जुलकर कोई षड्यंत्र तो नहीं कर रहे?

"देखिए, बेशक आपको एकाउंट के मामले में गड़बड़ियाँ दिख रही हैं लेकिन मेरे सामने मेरी ज़िम्मेदारी है।"

"अच्छा! आप मीटिंग नहीं करेंगी?" वह सदस्य लाल आँखें दिखाने लगा और चेहरा तना हुआ था।

अरे यहाँ कोई कुछ नहीं बोल रहा। क्या सभी की मंशा यही है कि ये सदस्य कुन्तल से उलझें?

"आप जो कहना चाहते हैं, मैं समझ रही हूँ लेकिन अपनी ड्यूटी भी अच्छी तरह जानती हूँ।"

"अच्छा!" उस क्रोधित सदस्य ने अपने लहजे में कहा।

उसी का साथी बोला, "मैडम भी इस मामले में अपना खाता खोले हुए हैं। अब इसमें शक क्या?

"मैडम को पता नहीं है कि हम कौन हैं और कैसे हैं।" वह आदमी यह सब कहकर हँस पड़ा। हँसी ज़हरीली थी।

कुन्तल चुप। कहने के लिए जो कुछ था, सब भूल गईं। या चुप्पी में ही भला है, यह सोच लिया?

यकायक मन में विचार आया, कहीं दोनों पत्रिकाओं के मालिकों को इस व्यक्ति ने ही गारंटी तो नहीं दे दी थी कि यह उनको बीस से पच्चीस हज़ार रुपए तक भारती साहित्य संस्था से दिलवा देगा। इन साहब को डाका नहीं मारने दिया तो ये यहाँ हमला करने आ गए। मौक़े की तलाश में तो तभी से थे।

ये लोग, ऐसे लोग कैसे अद्‌भुत बाज़ीगर हैं कि संस्था से कार्यक्रम छीन ले जाते हैं। कवि सम्मेलन हो या नाटक, ये ख़ुद मुख़्तार बनकर खड़े हो जाते हैं। आश्चर्य नहीं कि उपसंयोजिका के ऊपर एक नेतानुमा कवि का राज है। इन्हीं की बदौलत अब कवि सम्मेलन के नाम पर चुटकुला सम्मेलन होने लगे हैं। फूहड़ जोक्स से जनता का मनोरंजन करते हैं।

जब कई महीनों तक कुन्तल की कोई बात नहीं चल पाई तो उन्होंने अपनी असन्तुष्ट आत्मा को धैर्य बँधाने के लिए कुछ पंक्तियाँ अपनी डायरी में दर्ज कर लीं। यथा :

एक कवि हैं जिनको विशेष माना जाता है और सरस्वती वन्दना के बाद उनकी चरण वन्दना सम्पन्न होती है। कविता के क्षेत्र में व्यक्ति पूजा का बोलबाला है।

मंचीय कवि अच्छे होते हैं, अच्छे हो सकते हैं बशर्ते वे श्रोताओं की श्रवण शक्ति का ख़याल करते हुए अपने स्वाभाविक स्वर में कविता पढ़ें।

कवि नीरज ने कभी ऊँचा और कानफोड़ स्वर नहीं लगाया।

एक धूम-धड़ाका कवयित्री इस तरह कविता पढ़ती हैं जैसे उन पर देवी आ गई हों। चरचराकर शब्दों को रौंद डालती हैं और तब श्रोता उनको हाथ जोड़कर प्रणाम करते हैं।

जनता धीरज रखती हुई चुप रहती है क्योंकि हो-हल्ला तो कविता के मंच पर अच्छा-ख़ासा हो रहा होता है।

जाने दीजिए इस हुल्लड़बाज़ी को क्योंकि प्रसंग अभी और भी हैं।

यह प्रसंग भी कविता का ही प्रसंग है।

कुन्तल दिल्ली गई हुई थीं। दिल्ली में कुतुबमीनार, चिड़ियाघर, मुगल गार्डन, जंतर-मंतर और मंडी हाउस आदि जगहें देख ली थीं। नाट्य विद्यालय और श्रीराम सेंटर ख़ास तौर पर दिलचस्पी का विषय रहा।

मास्साब से बोलीं, "लालक़िला और देख लेते।"

मास्साब ने बताया, "लालक़िले में कवि सम्मेलन चल रहा है।"

कुन्तल को जैसे किसी आश्चर्यजनक संसार की ख़बर मिल गई हो, एक अनुपम-सी रचनात्मक अनुभूति गहराई। समथर पीछे छूटने लगा।

अब तो, सामने मंच था और मंच पर कवि! कुन्तल के मन में मधुर सी जिज्ञासा उठती आती थी कि इस कवि का नाम क्या है?

"राजेन्द्र राजन!" श्रोता जो वहाँ बैठे थे, आपस में कह रहे थे और राजेन्द्र राजन अपनी सामान्य-सी क़द-काठी के साथ सामान्य आवाज़ में कविता सुनाने लगे।

'कवि, सुनाओ वह तान जिसके लिए हम बिलकुल अनाड़ी हैं।' कुन्तल ने सोचा।

*आने वाले हैं शिकारी मेरे गाँव में*
*जनता है चिन्ता की मारी मेरे गाँव में*
*फिर वे ही चौराहे होंगे, प्यासी आँखें उठाए होंगे*
*सपनों भीगी रातें होंगी, मीठी-मीठी बातें होंगी*
*मालाएँ पहनानी होंगी, फिर ताली बजवानी होंगी*
*दिन को रात कहा जाएगा, दो को सात कहा जाएगा*
*आने वाले हैं मदारी मेरे गाँव में, जनता है चिन्ता की मारी...*

"मास्साब! क्या कविता है! हमारे क़स्बे में कभी सुनाई जा सकती है?"

"क्यों नहीं? असल में तो ऐसी कविताएँ हमारे गाँव-क़स्बों में ही सुनानी चाहिए। चुनाव के समय ऐसे दृश्य वहाँ जगह-जगह दिखाई देते हैं।

*शब्दों शब्दों आहें होंगी, लेकिन नक़ली बाँहें होंगी*
*तुम कहते हो नेता होंगे, लेकिन वे अभिनेता होंगे*
*सब कुछ है फिर भी माँगेंगे, झुकने की सीमा लाँघेंगे*
*आने वाले हैं भिखारी मेरे गाँव में, जनता है चिन्ता...*

कुन्तल मास्साब की ओर देखकर मुस्कराई लेकिन मुस्कराहट उदासी का पता दे रही थी।

*

जेल...

आप कहेंगे कि मास्साब ने बालकों को जेल की कहानी क्यों सुनाई?

नहीं, यह जेल की कहानी कवियों के साथ ही घटित हुई घटना है।

कल्पना कीजिए कि दो फ़ीट ऊँचा मंच है, जिस पर चार कुर्सियाँ रखी गई हैं जिन पर जेल के दो बड़े अधिकारी और दो वरिष्ठ कवि शोभायमान हैं। चारों

के गले में गेंदा के फूलों की मालाएँ हैं। ये मालाएँ उनके गले में सज़ायाफ़्ता क़ैदियों ने पहनाई हैं। जब माला पहनाई गईं तो दोनों अधिकारियों और दोनों वरिष्ठ कवियों ने क़ैदियों के सामने सिर झुकाया। माला का यह प्रताप था, फूलों की माला का!

अब मौक़ा हुआ कविता सुनाने का तो 'लेडीज फ़र्स्ट' के नियम का पालन करते हुए एक मोहतरमा को मंच पर कविता पाठ करने बुलाया गया। मोहतरमा मंच पर गईं। उन्होंने चारों ओर नज़र दौड़ाई, क़ैदियों की अच्छी-ख़ासी तादाद में उपस्थिति किसी भी कवि को आत्मविश्वास से भर देती। वह अपनी सर्वश्रेष्ठ कविता सुनाना चाहता। सो जो कवयित्री जेल में कविता सुनाने के लिए चयनित हुई थीं, उन्होंने कविता सुनाना आरम्भ किया।

सावन का महीना था, रक्षाबन्धन नज़दीक था। कवयित्री का भ्राता प्रेम भी दुख की धार में बहने लगा, ऐसा बहा कि करुण रस की नदिया बन गई क्योंकि इस कविता के करुण रस के साथ क़ैदियों की आँखों से झर-झर बहता नीर मिल गया। एक-एक बन्दी रोने लगा। कोई-कोई सुबक-सुबक कर रोये और कोई 'अरी बहना' कहकर।

कहने को तो हम कह सकते हैं कि अपनी कविता से मोहतरमा ने बन्दी रूपी अपराधियों को द्रवित कर दिया मगर यह राखीबन्धन की कविता उनके लिए किसी सकारात्मक बदलाव या सत्कार्यों को करने की शपथ का ज़रिया नहीं बनी। कुन्तल की यह मान्यता पक्की होने लगी कि स्त्री को माहौल कोई भी दे दो, वह भावुकता का तरल पैदा कर ही डालती है। समय-मौक़ा नहीं देखती।

कुन्तल ने पूछा, "इन साहिबा को किसने बुलाया था?"

संस्था के एक अधिकारी बोले, "मैडम, बुलाया तो हास्य कवि नरेन्द्र शर्मा को था मगर उन्होंने इनको भेज दिया। ये उनकी शिष्या हैं। जब हमने कहा कि संस्था एक स्तरीय कवि या कवयित्री को बुलाना चाहती है तो हास्य कवि कहने लगे कि आप लोग इनको नहीं आने दोगे तो यह महिला स्तरीय कैसे बनेगी?"

तो सिफ़ारिश की सीढ़ियाँ चढ़कर कवि सम्मेलन तक आने वाले लोग समिति के शीश पर नाचने लगते हैं।

आका लोग, जिनको 'न' सुनने की आदत नहीं होती वे मनमानी करके रहते हैं। करिए मनमानी, समिति की एक सदस्य जिसने विद्यालय में हॉल दिलाने की ज़िम्मेदारी ली थी, साफ़ इनकार कर गई। फिर भी कार्यक्रम करना संस्था की ज़िम्मेदारी बन गई क्योंकि कार्यक्रम की घोषणा हो चुकी थी।

कार्ड भी छप गए थे।

अब यहाँ भगवान कुछ करता तो वह भले के लिए ही करता लेकिन यहाँ का एक कवि देवता मचल गया—कार्ड पर उसका नाम प्रमुखता से नहीं है। अर्थात् वह मुख्य अतिथि बनकर ही मानेगा। और अपना नाम सुनहरे अक्षरों में देखेगा।

'वैसे दुनिया की कोई ज़िद बुरी नहीं होती' इस सिद्धान्त को मानने वाले समिति के प्रमुख सदस्य कहने लगे—"लादी, जहाँ सवा लादी अर्थात् जहाँ इतना ख़र्चा हुआ है वहाँ कुछ और सही।"

"कुछ और नहीं, पाँच सौ कार्ड छप गए हैं। इनको क्या फेंक दोगे?"

"देखो चखचख करने का कोई फ़ायदा नहीं। वह कवि देवता जो मचला है, साधारण आदमी नहीं, संस्था के ऊपर बैठे इन्द्र भगवान का बग़लगीर है।"

जितने लोग उतने ही राय-सुझाव। उपसंयोजिका मौन...उदास...।

'तुम्हें जो दीखे सो करो' का ढेला सा मारा उपसंयोजिका ने।

सामूहिक निर्णय की अपनी त्रासदी यही होती है कि कई बार ग़लत निर्णय भी लागू हो जाते हैं या कर दिए जाते हैं।

कार्ड दोबारा छपे रातोंरात। संस्था के बाहर इस बात की भनक तक नहीं गई।

बहरहाल : नए ज़माने की नई दिलचस्पियाँ!

शामियाने में समारोह था। कॉलेजों के छात्र-छात्राओं से शामियाना भरा था। आप यह मत समझिए कि इतने युवा कविता प्रेमी थे। नहीं जी, यह नई उम्र की नई फ़सल 'अस्तित्व बैंड' पर दीवानी हो रही थी। छात्र-छात्राएँ कुर्सियों पर चढ़कर थिरक रहे थे, सोफ़ा सेटों पर मटक रहे थे। ऐसा धमाधम उत्साह कि अस्तित्व बैंड की तुमुल ध्वनि में हमारी श्रवण शक्ति परीक्षा काल से गुज़र रही थी। इस शोर और कोलाहल में कौन सा संगीत है बैंडवाले ही बता सकते थे।

उफ़! इस शोरगुल से कवियों का लेना-देना?

हो सकता है नई चाल के कवि आमंत्रित हों।

कवि गोष्ठी या कवि सम्मेलन जाने कब शुरू होगा दो घंटे से तो अस्तित्व बैंड ही दम नहीं ले रहा।

शोर-शराबा, छात्रों की सोफ़ातोड़ उछलकूद!

"कॉलेज में इम्तहान चल रहे थे और हम शर्मिन्दा हुए इधर-उधर चेहरा छिपाने की कोशिश में फेल हुए जा रहे थे।"—उपसंयोजिका का कथन।

शान्ति भंग कि अनुशासनहीनता? नहीं, कुछ नहीं जी, आज का चलन है, सर्वप्रिय चलन।

यह सब तो रोके नहीं रुक रहा है। इस समारोह का आधे से ज़्यादा समय निकल गया और वे महाशय अभी तक नहीं आए जिन्होंने पाँच सौ कार्ड कूड़े में फिंकवा दिए और पाँच सौ अपने मनमाने ढंग से छपवा लिए।

बहुत से लोग आना ज़रूरी नहीं मानते, कार्डों पर अपना नाम टाँकना ज़रूरी मानकर चलते हैं। ठीक भी है आप जाएँ, मंच पर बैठें तो सौ-पचास आदमी ही देखेंगे लेकिन कार्ड तो हज़ारों आँखों के सामने से गुज़रेंगे। एक लिखा, सौ बका, ऐसे ही नहीं कहा गया। ऐसी तमाम बातें।

कुन्तल के मन में बार-बार चल रहा था—पद मिलने से क़द घट जाता है? इस कुर्सी ने बेज़ुबान कर दिया है। इस संस्था की इज़्ज़त रखते-रखते ख़ुद ही बेइज़्ज़त हुई जा रही हैं।

*

संस्था में जब कभी चलताऊ ख़बरों का सामना होता, कुन्तल सिर झटककर आगे बढ़ जातीं। सोचकर मुस्करा देतीं कि इन कर्मचारियों के चेहरे चलते-फिरते अख़बार हैं। संस्था की ख़बरें रोज़ छपी रहती हैं।

'मुझे इस संस्था में काम करने का समय नाप-तोल कर मिलता है। व्यर्थ की बातें रास्ते में आएँगी तो समय नष्ट होने की सम्भावना है। मगर बात यह भी सच है कि इन लोगों की ग़लती नहीं। घर-परिवार हो या कि कोई संस्था, अलग-अलग समाज ही क्यों न हों, मानव स्वभावों में राजनीति रची-बसी होती है। इसके बिना लोगों को अपना जीवन सूखा-फीका लगता है।

इसके आगे यह कि जिस परिवार में कोई खींचतान न हो, वह भी कोई परिवार है?

उदाहरण तो उन दो परिवारों के दे सकते हैं जिनकी कथा पूरा समाज दिन-प्रतिदिन कहता-सुनता है। एक रामायण का परिवार, दूसरा महाभारत का कुटुम्ब।

मान लीजिए ये परिवार बड़ी शान्ति से सौहार्द से और बिना भेदभाव के आदर्श वातावरण बनाए रहते तो इनकी कथा का रूप क्या होता? क्या आम आदमी इन ग्रन्थों से ख़ुद को जोड़ पाता?

तो परिवारों वाली राजनीति ही संस्थानों में भी होती है। इनकी जय-पराजयों को समय के पटल पर रखकर मनुष्य को परखती रहती है। राजनीति की चौकन्नी नज़र तो गुमशुदा को भी तलाश लेती है। सबूत यहाँ की ख़ेमेबन्दी है जो यहाँ के लोगों को सुस्त नहीं रहने देती। अब यह भी मान लेना चाहिए कि जहाँ केकड़ा वृत्ति नहीं होती, वहाँ लोग आगे बढ़ने की जद्दोजहद से नहीं गुज़रते। खींचतान मनुष्य के विकास की धुरी है। तो मानकर चलना चाहिए कि भारती साहित्य संस्था जागरूक संस्था है।

कुन्तल चौकन्नी स्त्री है! यही बात संस्था के प्रमुखों को सुहाती नहीं।

अत: एतराज उठाया गया उपसंयोजिका या संयोजिका को संस्था में रोज़-रोज़ आने की ज़रूरत नहीं। ये तो मीटिंग के समय के लिए चुने जाते हैं।

कुन्तल की ज़िद कि अगर यहाँ के लिए चुने गए हैं तो संस्था का काम करना हमारा फ़र्ज़ है।

"तो आपको गाड़ी क्यों भिजवाई जाए?"

"गाड़ी मुझे नहीं, काम के लिए भिजवाई जाए।"

"यहाँ आपकी ज़रूरत नहीं है।"

"तो फिर आप वे काम क्यों नहीं कर लेते जिनकी संस्था को ज़रूरत है।"

"सब काम हो तो रहे हैं।"

"यह तो आप कह रहे हैं।"

"आप क्या कह रही हैं?"

"यहाँ पिछले ढर्रे में बदलाव की ज़रूरत है।"

"कैसा बदलाव?"

"बदलाव में आप विश्वास नहीं करते इसलिए बदलाव की कल्पना या उसका सपना आपके पास है ही नहीं।"

"तो आप यहाँ अपने सपने पूरे करने आई हैं?"

"बेशक, मैं साहित्य और संस्कृति के लिए नए सपनों को लागू करने आई हूँ। और मुझे कोई रोक भी नहीं सकता क्योंकि समाज के हित में सकारात्मक कार्यों को रोकने के लिए कोई क़ानून नहीं बना।

"आप मुझे लाने वाले वाहन को रोकने की धमकी देते हैं मगर मुझे कैसे रोकेंगे?" कुन्तल ने ये बातें ऊँचे स्वर में नहीं कही थीं लेकिन सामने खड़ा गोरा लम्बा आदमी चेहरे से लाल पड़ा जा रहा था।

कुन्तल को इस समय उत्तेजित होने की भी क्या ज़रूरत? संयोजक जी भी ऐसी उलटी बातों का समर्थन करेंगे तो त्यागपत्र देने में देर नहीं करेंगी कुन्तल।

एक सज्जन बड़ी हमदर्दी के साथ सलाह देने लगे, "मैडम, आपकी ऊँची पोस्ट है, उसकी गरिमा है। गरिमा के साथ अपने घर रहिए। यहाँ काम करने के लिए रोज़-रोज़ क्यों आना? मीटिंग हो या दूसरे कार्यक्रम हों तो अलग बात है। समझिए मैडम।"

"फिर तो हमें अजगर की अवस्था में रहना चाहिए, आराम से...। देखिए हमारे पास जो विद्या है, जो कला है और जो हुनर है उसी के विस्तार के लिए हम यहाँ प्रस्तुत हैं। साहित्य पढ़े हैं, साहित्य करेंगे, वह साहित्य जो ज़िन्दगी का मर्म बताता है, जीवन का धर्म बताता है।"

कुन्तल ने सोचा, इन बेचारों की कोई ग़लती नहीं है, इन्होंने इसी तरह का व्यवहार यहाँ देखा है जैसा कि वे कह रहे हैं। अब होने वाला हस्तक्षेप इन सबको अटपटा तो लगेगा ही।

इसमें शक नहीं कि यहाँ कोई अनहोनी न घट जाए, यह सोचकर कुन्तल का कलेजा काँपता रहता है। कुन्तल यह मानकर चली थीं कि व्यक्ति का साहसी होना तब प्रमाणित होता है जब वह साहस भरे काम कर गुज़रे।

कुन्तल के नए-नए कामों से बेजार लोगों ने ही तो उनको लाने-ले जाने वाला वाहन रुकवा दिया था। कहा गया था कि यह संस्था पर अनावश्यक बोझ है।

लोगों के मन की हुई।

कुन्तल को ऐसा महसूस हुआ जैसे उनके पाँव बाँध दिए हों कि संस्था से उनकी जगह ही मिटा दी हो।

मास्साब भी कुन्तल की कथा कहते-कहते रुक गए जैसे मास्साब को अपना ही दुख सुनाना हो। और सुना नहीं पा रहे हों।

"तो...तो..." बस मास्साब 'तो' कहकर रुक जाते।

शालिनी खड़ी हुई और बोली, "मास्साब, कुन्तल जी की गाड़ी रोक दी तो इसमें इतना दुख करने की कौन सी बात है? समथर में ऑटो और बस जैसे साधन होंगे भी। फिर किसी साथी की मोटरसाइकिल से भी संस्था तक जा सकती थीं।"

"तुम ठीक कह रही हो शालिनी। ऑटो, बस जाने के साधन हो सकते हैं मगर किसी साथी की मोटरसाइकिल की बात एक-दो दिन तो सम्भव है, रोज़-रोज़ का आना-जाना अफ़वाहों की वजह बन सकता है। यहाँ जब थीं, मेरी मोटरसाइकिल पर जाकर उन्होंने चकल्लस का सामना किया था।"

राघव बोला, "मास्साब, व्यक्ति भले पैसे को महत्त्व न देता हो लेकिन धन के प्रभाव से अछूता नहीं रहता। कुन्तल मैडम अपने आने-जाने का ख़र्चा उठाने में सक्षम थीं मगर तैयार नहीं थीं। यों संस्था के लिए उनकी जान हाज़िर थी।"

मास्साब ने इस बात का जवाब नहीं दिया कि बात आई-गई हो जाए।

कुन्तल कहतीं, "मास्साब, हम आशाओं के कितने ही तम्बू गाड़ें, उखाड़ने वाले लोग तूफ़ान तलाश ही लाते हैं। यह सब कुछ मलखान सिंह के दिमाग़ की उपज है। मास्साब, संस्था तक की दूरी पैदल नहीं नापी जा सकती। मेरा पद केवल सजावट का नाम है, जो मुझे मंज़ूर नहीं। मैं नेता, मंत्री नहीं हूँ जो बिना काम के वेतन लेती रहूँ।"

कुन्तल का स्वर अपने बारे में ऐसा कुछ कहते हुए भर्रा जाता, आँखें भी पनिया आतीं...निठल्ली होना कितनी लज्जा का विषय है।

मास्साब के चेहरे से भी लग रहा था कि कुन्तल की लगन पर तरह-तरह से रुकावट डालना दुख और अपमान की बात है। घटना छोटी हो या बड़ी, यह माने नहीं रखती लेकिन मास्साब जैसे ख़ुद अपनी आँखों सब कुछ देख रहे हों। उनको जीवन्त दृश्य बनाना आता है।

बार-बार कह रहे थे, 'जो भी हुआ, मानो कुछ नहीं था, कुछ भी नहीं

लेकिन जिसके साथ बात घटी है और कुन्तल के अन्तर्मन पर तो इस घटना ने दुख के साथ अपमान की पक्की मुहर लगा दी। घर में बैठी कुन्तल इस स्थिति से कैसे उबरें?'

एक मन यह भी बोले—कोई नियम तो नहीं था कि संस्था का काम तुम अपने मन से करो। यह तो तुम्हारे सम्मान में स्वीकार कर लिया गया कि संस्था के लिए काम करना है तो साधन भी कर दिए जाएँगे। यह सब किसी एक ने तय किया था और यही सब किसी दूसरे ने ख़त्म कर दिया।

'मैं कार में ही क्यों जाऊँगी?' अपने आप से प्रश्न किया।

'तो?'

'मैं बस में क्यों नहीं जा सकती?'

'बस में भी तो पैसे लगेंगे। जो कुछ वेतन के रूप में मिलता है थोड़ा-बहुत, उसी में से इतने पैसे मैं ख़र्च कर सकती हूँ। तीसरे दिन जाऊँगी, मगर अपनी सोची हुई योजनाओं को मरने नहीं दूँगी। सच तो यही है कि वे हमारे रास्ते रोक लेंगे, हमारे पाँव तो नहीं काट लेंगे। पानी का वेग है इंसान की गति, एक ओर से रोको तो दूसरी ओर से निकलने लगता है। वहाँ गति में विश्वास है क्योंकि गति मानव स्वभाव है।'

कुन्तल के इस तरह के इरादों को लड़कों और लड़कियों के सामने बताते हुए मास्साब की आवाज़ में मज़बूती थी और उनकी गर्दन एकदम सीधी। उनके माथे पर कोई शिकन नहीं थी। शिकन की जगह थोड़ी दुविधा थी।

मास्साब ने तो ऐसा भी समझाया था कि कुन्तल को संसार-गति के अनुसार चलना चाहिए मगर कुन्तल ने गर्दन झटक दी थी जैसे मास्साब की सलाह उन्होंने झाड़कर फेंक दी हो।

"देखा, कितने कमीने लोग हैं और कायर भी, एक स्त्री से उनको कितना डर लग रहा है! मेरे लिए यही काफ़ी है कि बेईमान लोग मुझे हटाने-भगाने में अपनी सारी ताक़त झोंक रहे हैं।" कुन्तल ने कहा।

मास्साब की कहानी तो समथर में जगह-जगह प्रचलित है जिसको लेकर कई क़िस्सागो नमक-मिर्च लगाते हुए सुनाते-बताते मिल जाएँगे। उनमें से ही एक-दो बताते हैं कि कुन्तल की ऐसी ही ज़िदें अपने प्यार के मौसम में मास्साब

ने देखीं तो उनके मन पर भीषण लू लपट सी उतर आई और उन्होंने घबराकर वर्षा से शादी कर ली। हाँ, मास्साब की पत्नी का नाम वर्षा है।

अपनी अहमियत को और हैसियत को कुन्तल समझ रही थीं। चालें चलना इन लोगों का काम है न कि संस्था के लिए अपनी ड्यूटी समझना...ये बेचारे क्रोध के और घृणा के नहीं, दया के पात्र हैं कि इन्होंने अपनी योग्यता वैमनस्य के हाथों गिरवी रख दी है।

समझ में यह भी आ गया कि जान-पहचान और मित्रता के नाम पर जिनसे हम चिपके रहना चाहते हैं वे हमारे स्वभाव को इतनी अच्छी तरह जान जाते हैं कि हमारी एक-एक कमज़ोरी को मन में दर्ज कर लेते हैं कि मौक़े पर काम आएँ। ज़िन्दगी में ऐसे भोले भुलावे बहुत हैं...कुन्तल ने कठोर मन से याद किया।

गाड़ी, वाहन और घर से संस्था तक की दूरी! इस दूरी को अपने बलबूते पर करना लोगों की कल्पना के बाहर है लेकिन कुन्तल के साहस से परे नहीं।

'माना कि स्त्रियों में निर्भरता की भावना कूट-कूट कर भरी होती है, ऐसा न होता तो मर्द उन्हें सती कहकर चिता पर न चढ़ा देते? ज़िन्दा औरत को धर्म के नाम पर मौत के घाट उतार देते?' कुन्तल ने मास्साब को याद करते हुए कहा—याद कर लें मास्साब, क्या कुन्तल उनको छोड़कर चली नहीं आई थी?

'क्या तूफ़ान मचा है इस संस्था में जैसे प्रतिद्वंद्वियों ने मेरी जागीर छीन ली हो। कार न हो गई, सल्तनत हो गई। सरकारी लोग हों या संस्था के लोग, इनकी मानसिकता एक-सी ही होती है—ऑफ़िस में अपने कमरे की लम्बाई-चौड़ाई से दूसरे के कमरे के आयतन की तुलना करेंगे। मेज़-कुर्सी को लेकर झगड़ा शुरू करेंगे और ड्यूटी को लेकर ज़्यादा-से-ज़्यादा आरामतलबी चाहेंगे।'

ऐसा कुछ सोचने-समझने वाली कुन्तल को मास्साब अब सहृदय स्वभाव की नहीं मान पाते। यहाँ की क्रूरता में, झूठ, बेईमानी और तरह-तरह से मातहतों और साथियों के उत्पीड़न के दृश्यों ने उसे काफ़ी कठोर बना दिया है। इतना कठोर कि झुकना मुश्किल है तो टूट जाने को तैयार हो जाती है—इस्तीफ़ा लेकर... मगर फिर कमर कसकर मुक़ाबला करने को तैयार! तैयार हो जाती है, गीता के इस बयान को कहकर—

*मर जाने पर स्वर्ग मिलेगा जय होने पर भूतल राज*
*इससे ही निश्चय भारत तू हो जा खड़ा युद्ध को आज*

मास्साब इसी रूप में कुन्तल को याद करते हैं और अपनी मित्र, साथिन और अनकही प्रेयसी पर गौरव करते हुए कक्षा में छात्रों को उसकी और संस्था की कथा सुनाते हैं।

*

पठन-पाठन के तरीक़े और विद्यालयों की कक्षाएँ :

कुन्तल का यह कार्यक्रम धुआँधार तरीक़े से चल रहा था। अपने लिए किसी सवारी की उनको ज़रूरत नहीं थी क्योंकि बस से आने-जाने पर तो किसी की रोक-टोक नहीं थी।

बस में आना-जाना, चढ़ना-उतरना...साड़ी के पहनावे के साथ स्त्रियों को मुश्किल लगता है लेकिन कुन्तल क्या करें, साड़ी तो उनके व्यक्तित्व के साथ बँध गई थी। कुन्तल का चित्र : साड़ी पहने हुए स्त्री की तसवीर।

मास्साब समझ गए थे कि कुन्तल संयोजक जी से भी अब डरकर नहीं रहतीं। क्यों डरें जब संयोजक जी ही अपने स्टाफ के लोगों से डर गए और उनका वाहन छीन लेने दिया। मौक़ा आया तो वे संयोजक जी के पद की भी अकड़ निकाल देंगी, ऐसे ही जैसे कोई एक पुतले में से घास-फूस निकालकर फेंक दें।

"तुम्हारे व्यवहार को कोई क्षमा नहीं करेगा कुन्तल।" मास्साब ने कहा था।

वे छोटी सी हँसी हँसकर रह गईं। फिर बोलीं—

"मास्साब, मैंने कई किताबें पढ़ी हैं और पढ़ते हुए पाया है कि जिसने संसार के सबसे बड़े 'डर-शासन' पर आघात किया है, उसे सबसे कठोर दंड मिला है।

"आख़िर कठोर-से-कठोर सज़ा क्यों मिलती है? क्योंकि शासन ख़ुद डरा रहता है। माना कि नियमों पर चलना अच्छा होता है मगर सारे नियम अच्छे ही नहीं होते और हर व्यक्ति समाज में प्रचलित नियमों पर चले, इसके लिए वह बाध्य नहीं। लेडी विचलेंसी ने कितना सही कहा है—

*अगर आज हम पतित अधम हैं*
*इसका कारण ग़लत नियम हैं।*

*

भयमुक्त होती है प्रेम की राह। इस राह से अहंकार कोसों दूर रहता है और संस्था हो या समाज एक आदर्श वातावरण का निर्माण होता है।

आदर्श वातावरण? कि यहाँ विचलन की कमी नहीं...

अब भारती साहित्य संस्था की दीवारें अपने कान बिछा रही थीं। खिड़कियों से आवाज़ें आ रही थीं—

"होने वाला है अब एक आश्चर्य! होकर रहेगा वह अजूबा!

"वाह री कुन्तल मैडम! जादूगरनी हो मैडम जी!

"मज़े आ गए कार्यक्रम अधिकारी के, कैसा क़रीबी रिश्ता बनाया है मैडम से। हर काम में ये ही हरफ़नमौला बुलाए जाते हैं जैसे संस्था के और सब लोग मर गए।"

"यार, संयोजक जी का भी डर नहीं और न सीनियर-जूनियर का कोई ख़याल।"

"यह कार्यक्रम अधिकारी भी मिठबोला है।"

"अरे यह कहो कि सलाम बजाऊ नौकर है।"

"सलाम भी आदमी को नहीं, कुर्सी को देता है।"

जितने मुँह उतनी ही बातें!

"मैडम की कुर्सी...अब समझ लो आगे क्या होने वाला है? यही आदमी संस्था के लोगों से हड़ताल कराएगा कि मैडम की गाड़ी क्यों छीनी गई? एक महिला पूरी मेहनत से इस संस्था के लिए काम करती है और यहाँ, इसी संस्था में कुछ लोगों की साज़िश से उनके आने-जाने का साधन छीन लिया जाता है, इससे ज़्यादा मैडम के लिए असुविधा क्या पैदा करोगे, इससे ज़्यादा अपमान क्या होगा?"

*

मास्साब उन दिनों की बात जब सुनाते हैं तो ये लाइनें सबसे पहले जोड़ देते हैं जैसे ये पंक्ति सारा भेद खोल देंगी—

*धन के हाथ बिके सब क़ानून*
*अब किसी जुर्म की सज़ा नहीं*

आज कुन्तल की कथा नहीं, ऐसी दास्तान सुनाने लगे मास्साब जिससे सारी जनता जुड़ी थी। मतलब सारी जनता की कथा :

यह उन दिनों की बात है जब लोगों ने सोच लिया था कि समय का ऐसा चक्र चल रहा है कि यह उलटा-सीधा कैसा भी घूम सकता है, मतलब यहाँ तक कि दिन को रात और रात को दिन भी कहा जा सकता है...

ऐसा न होता तो लोगों की आँखों में बिजली के उजाले में अँधेरा भर जाता? कि सूरज दिपदिपा रहा है और आदमी राह टटोल रहा है! कोई रास्ता दिखाई नहीं दे रहा और न कोई जुगत सूझ रही। क्या आँखों के साथ बुद्धि भी मन्द पड़ते-पड़ते बुझ गई?

मास्साब ख़ुद कहते हैं कि उनके लिए यह वह दौर था जब वे एक बार आत्महनन की ओर अग्रसर होने लगे। आगे-पीछे दाएँ-बाएँ देखते हुए मास्साब की आँखें भर आतीं। वे अपनी कमीज की बाँह से आँसू पोंछने लगते।

एक बेहूदे दिन की शुरुआत पिछली रात से हो गई, जब यकायक ऐलान हुआ—'रात के बारह बजे से चलने वाले बड़े नोटों की करेंसी बन्द हो जाएगी। तुम्हारे बड़ी रकम के नोट काग़ज़ के टुकड़े भर रह जाएँगे।'

मास्साब ने बार-बार सोचा था कि इस घटना का ज़िक्र करें या न करें? लेकिन मन-ही-मन तय किया कि सदियों से विदेश आक्रमणों और देशी आपातकालों को इतिहास की तरह दर्ज किया जाता है ताकि आने वाली पीढ़ी को सूचित हो, तो इस आर्थिक आपदा की कथा कहने में क्या हर्ज है? मास्साब को जब भी याद आ जाती है उस रात की तो अपनी विकराल कुरूप ज़िन्दगी से डर लगने लगता है और जल्दी ही वे अख़बार में अपना भविष्यफल देखने लगते हैं। अपनी कुंडली जब ज्योतिष विद्या के प्रकांड पंडित को दिखाने की बात की तो पंडितजी ने भरे गले से कहा—'आजकल में लोगों की कुंडली नहीं, देश की

कुंडली देखना चाहता हूँ कि देश पर लगा यह 'काल सर्प योग' कब तक है?'

'महाराज, यहाँ पत्थर भी रोते हैं और दीवारें भी सुबकती हैं, विलाप कर-करके कहती हैं—हमारे पास काला धन नहीं है। हम ग़रीब किसान हैं, मज़दूर हैं। हमारा हाल तो देखिए...'

'हाल-बेहाल की बात मत करो, क़ानून है, क़ानून का पालन करो।'

अब आगे क्या?

बैंकों के आगे क़तारें, लम्बी से लम्बी लाइनें...

लाइनों में खड़ा आदमी घर में रखे तमाम बड़े नोट या थोड़े-मोड़े नोट लेकर चला आया...या हाज़िर हो गया।

वह टीवी के पर्दे पर कोई बोला था या घोषणा की थी अथवा किसी देवता ने आकाशवाणी...क्रुद्ध हो गए धरती-आकाश! प्रलय की आशंका!

नातेदार, रिश्तेदार, मित्र यहाँ तक कि दुश्मन भी, सबके सब मजबूर...

काला धन! काला धन! काला धन...

कैसा होता है काला धन? जितना जिसके पास है, सब का सब जमा करो। अपने पास रखा तो एक-एक नोट काला नोट हो जाएगा। पाँच सौ और हज़ार का नोट तो भूल से भी अपने पास न रखना।

उन दिनों किसको क्या कष्ट है, पूछने की ज़रूरत नहीं थी। आदमी सोचता था आज यह संकट पिछले जन्म के दुष्कर्मों का फल है! धर्म पालन करते-करते कहाँ अधर्म हो गया कि बेटी के ब्याह के लिए जोड़े-बचाए रुपए काले धन के नाम पर चले गए! छिन रही है जमा पूँजी।

ऐसा संकट आया कि दुश्मन भी दया विचारें मगर करें क्या, सब एक ही तरह से घेरे गए। कई मित्रों ने बैंकों के आगे लगी लाइनों में लगे बूढ़ों और थकी-हारी औरतों के फ़ोटो अपलोड किए।

गजब तो यह था कि तीन-तीन दिनों से लाइन में लगी गर्भवती औरतों के प्रसव बैंकों के आगे ही हो गए।

कुछ बूढ़े अपनी पासबुक सँभालते हुए ख़ुद को न सँभाल सके, धन-माया छोड़कर चल बसे। अपना काला-सफ़ेद तुम ही सँभालो।

ऐलान करने वालों ने यह बात हरगिज नहीं मानी कि देश में नब्बे प्रतिशत

लोग ऐसे हैं जिनके पास सिर्फ़ गुज़र-बसर के लिए पैसे हैं या उतने भी नहीं हैं। उनके पास भूख और ग़रीबी है जो सफ़ेद है न काली, जानलेवा है।

अपने देश की जनता के बारे में अज्ञानी नेता जनता पर कैसे फ़ैसले लादेंगे, यह तो चुनाव के समय सोचने की बात है।

पूछने का मन करता है इन नेता लोगों से कि जो ग़रीब बैंकों के आगे लाइनों में दिख रहे हैं, ये तस्कर, दलाल, अपराधी, व्यापारी और सट्टेबाज हैं? क्या इस तरह का कोई सर्वे हुआ है कि नोटबन्दी लागू कर दी!

यहाँ लोग बेहाल हैं और देश के कर्णधारों को लग रहा है—कितनी शान्ति से सम्पन्न हो रहा है यह यज्ञ, जिसमें आदमी की आहुति दी जा रही है। इस प्रदर्शन से आका लोगों पर गम्भीरता की छाप लगती रही और आम आदमी की ट्रैजिडी चरम पर पहुँच गई क्योंकि जेबें ख़ाली हो गईं।

'यह एक अभियान है, आर्थिक अभियान...लूट-खसोट न कहो इसको।'

'तो क्या कहें? ठगी का इतिहास? लुटेरों का पराक्रम? अथवा लूटतंत्र!'

*

फ़ैक्टरियाँ बन्द हो गईं।

कम्पनियों ने मुँह मोड़ लिया।

मज़दूर फाका करने लगे, मालिक ख़ुद बेहाल हो गया।

मज़दूरों की टोलियाँ निकल पड़ीं। 'चलें गाँव की ओर' के ध्यान में काफ़िले चलने लगे। न रेल, न मोटर, न कोई सवारी...क्योंकि पैसा नहीं।

'अरे गाँव जाकर क्या करोगे?'

'यहाँ रहकर भी क्या करेंगे?'

'अपने गाँव में खेतों से साग तो ला ही सकते हैं।'

'बकरी चराएँगे। वह दूध तो देगी। गुड़-शक्कर का साधन हो ही जाता है। इस शहर में रहना अब बनता नहीं। यहाँ तो पेशाब करने के भी पैसे लगते हैं। नोटबन्दी ने नाश कर डाला।'

कुन्तल की भारती साहित्य संस्था वीरान हो चली थी।

"मुन्नी कहाँ है?"

"बैंक गई है। बेटी की फीस भरनी थी।"

"सुमन और कुसुम?"

"मैडम, वे भी बैंक ही गई हैं। सवेरे चार बजे से लाइन में लगी हैं। अब तक नम्बर नहीं आया। दिन के दो बजने को आ गए। पाँच-पाँच सौ के दस नोट थे। कौन सी बड़ी रकम थी। अब नोट भी दो हज़ार का आ रहा है। चार हज़ार ही बदले जाएँगे।"

"अब एक मुश्किल हो तो भुगतो। दो हज़ार के नोट के छुट्टे कौन करेगा? मुसीबत पर मुसीबत!"

विजय चपरासी ख़ुद हलाकान था, कह रहा था, "तभी तो इतनी महँगाई कर दी है कि बिना दो हज़ार रुपया के तुम्हारे घर की सब्ज़ी-दाल नहीं आ सकती। टमाटर-प्याज जैसी चीज़ें अंगूर के भाव बिक रही हैं।"

"इस सरकार ने तो गजब ढा दिया।" इतना कहकर विजय ने अपनी जीभ काट ली।

"सरकार को दोष मत दो, चुनने वाले तो आप ही लोग थे।"

"बोया पेड़ बबूल का आम कहाँ से खाय।"

जितने मुँह, उतनी बातें।

मास्साब को उन दिनों जो कुन्तल की हालत थी, वह मालूम ही है। क्या-क्या योजनाएँ बनाई थीं, जैसे साहित्य की फ़सलें उगा देंगी समथर में, कला केन्द्र खोल देंगी और नाटक का मंच बाक़ायदा चलेगा।

अब? कुन्तल की हालत...

*घर से निकले थे हौसला करके*
*लौट आए ख़ुदा ख़ुदा करके*

यों तो ख़ुद को कितना ही समझाया था कुन्तल ने—यह केंचुए की तरह आहट पाते ही सिकुड़ जाने का समय नहीं है। माना कि नोटबन्दी को देश के आर्थिक पक्ष से जोड़कर देखा जा रहा है और काला धन वापिस लाने की दुहाई दी जा रही है। मगर काले धन वाले लोग क्या किसान और मज़दूर हो सकते हैं?

ग़ौर से देखिए एक भी सफ़ेदपोश बैंकों के आगे लाइन में नहीं हैं और न कोई नेता ही वहाँ मिलेगा। पूँजीपति तो वहाँ होंगे ही क्यों?

कितना हास्यास्पद है यह मंजर...ग़रीबों की परेड कराई जा रही है! इनके पास से काला धन मिलने वाला है!

आर्थिक अपराध और क्या होता है?

स्त्रियों के लिए तो एक मज़ाक़ तैयार हुआ कि जो कुछ उनके पास से निकल रहा है वह घर के पुरुषों से चुराया हुआ धन है। औरतों ने चुराया और सरकार ने पकड़ लिया! इस तरह महिलाएँ चोर हुईं?

बहरहाल अब तो लोग आपस में इस क़ाबिल भी नहीं रहे कि एक-दूसरे से उधार माँग लें।

कहीं से कोई आसरा नहीं, सहारा नहीं तो अपने प्राण ही सस्ते थे कि वे ही दे दिए नोटबन्दी को, आहुति के रूप में। नतीजतन लगभग डेढ़ सौ लोगों ने आत्महत्याएँ कीं। अपनी-अपनी मजबूरियों के सामने ज़िन्दगी हार दी।

क्या हमारे नेता जनता से नफ़रत करते हैं? फिर ऐसी युक्ति क्यों इस्तेमाल की गई जैसी ताक़त ज़हर में होती है?

अब कौन बोलेगा, हमारे साथ?

कुन्तल ने कहा था, "मास्साब, बैंकों के सामने से गुज़रकर जाना मेरे लिए आसान नहीं है। एक-एक व्यक्ति में मुझे अपना ही अक्स दिखता है। वहाँ खड़ी मैं बूढ़ी और बीमार औरतों की आहें-कराहें सुन रही हूँ। यह रोज़-रोज़ का तमाशा काफ़ी परेशान करने वाला है।"

महीना बीतने को आया, लोग काम-धाम भूलकर, शान्ति और चैन गँवाकर एक ही काम कर रहे हैं कि अपनी जमा पूँजी लेकर बैंकों के सामने खड़े रहें। हो तो यह रहा है कि इस पैदा किए गए हादसे का असर बड़े-बूढ़ों से लेकर पढ़ने वाले बच्चों तक पर आ रहा है।

शासक 'बुद्धिमान' लोग हैं। ऐसे बुद्धिमान कि इनको सवाल पूछकर या तर्क प्रस्तुत करके कुछ समझाया नहीं जा सकता। वे जानते हैं कि जो इस फ़रमान के ख़िलाफ़ लड़ाई लड़ेगा, उसे कोई गौरव मिलेगा, इसमें सन्देह है, हाँ, सज़ा मिलेगी यह निश्चित है।

वह भी एक दौर था जब गुलाम देश के निवासियों ने अंग्रेज़ों के ख़िलाफ़ लड़ाई लड़ी थी और आज़ादी हासिल की थी फिर आज के स्वतंत्र नागरिक कमज़ोरी क्यों दिखाते हैं?

क्या इस आर्थिक अत्याचार की कोई दंतकथा बनेगी? या इसके ख़िलाफ़ गीत गाए जाएँगे? सच में हम स्वतंत्र नागरिक हैं? इस देश का संविधान लोकतंत्र का हिमायती है? है तो सब कुछ, आज का आदमी ही पस्त हिम्मत हो गया है? और तभी तो यह नया राक्षस शहरों से गाँवों तक पहुँच गया।

कुन्तल को क्या लग रहा था या वह क्या व्यक्त कर रही थीं? कुछ नहीं, बस बहुत शक्तिशाली और बहुत महत्त्वपूर्ण, इन दोनों शब्दों से चिढ़ने लगी थीं।

'बगावत के बिना जुल्म का अन्त नहीं होता।' यह जुमला जैसे कुन्तल के दिल पर इबारत बनकर दर्ज हो गया।

*

यह मामला वह नहीं था जो पहले गुज़रा था।

अबकी बार तो कुन्तल ने किसी की लेखनी से उठता धुआँ देखा जो आँखों में लगा और घुमड़कर दर्द देने लगा।

कुन्तल के भी मसले तमाम हैं तो तमाम तरह की दिक़्क़तें भी उठ खड़ी होती हैं। या वे स्वयं भी खड़े कर लेती हैं विरोधी वितान? इस बात को कहने वालों की कमी नहीं कि कुन्तल को लोगों से पंगा लेने का चस्का लगा हुआ है।

चलो आ जाओ कुन्तल, करो सामना कि कौन आवश्यक या अनावश्यक रूप से प्रतिहिंसा से भरा हुआ है? नहीं, अभी फ़ैसला मत देना, लिखे को पढ़ना ज़रूरी है कि बात सच है या झूठ? पढ़ा—

"भारती साहित्य संस्था ने पिछले दिनों 'साहित्य सृजन में महिलाओं की भूमिका' विषय पर गोष्ठी कराई थी। मुझे और मेरे मित्र को आमंत्रित नहीं किया। हम साहित्य के लिए समर्पित लोग वहाँ श्रोता होने का लाभ भी नहीं उठा सके।"

इस गोष्ठी के बाद सुश्री कुन्तल ने लिखा—'साहित्य सृजन और स्त्रियों की भूमिका' कार्यक्रम के दोनों दिन यह बात मुझे सालती रही कि वरिष्ठ लेखिकाएँ

अपने बाद आने वाली लेखक पीढ़ी में दिलचस्पी नहीं दिखा रहीं। उन वरिष्ठों को मंच नहीं मिले तो जैसे श्रोता बनकर बैठने में उनकी तौहीन होती हो। क्या यही होती है साहित्यिक प्रतिबद्धता?

लिखने वाले ने लिखा—कुन्तल का वक्तव्य रोचक है और मेरे कथन की पुष्टि करता है कि ओछी ईर्ष्या का बोलबाला इस साहित्य संसार में ज़बरदस्त रूप से व्याप्त है।

आगे लिखा—मैं सहमत हूँ उनसे कि मंच मिले तभी क्या वरिष्ठ या युवा कार्यक्रम में आते हैं अन्यथा श्रोताओं में बैठना उनको अपनी प्रतिष्ठा के ख़िलाफ़ लगता है...पूछना चाहता हूँ कि क्या कुन्तल जी ऐसे कार्यक्रमों में उपस्थित रही हैं जहाँ उनकी कोई मंचीय भूमिका न हो?

—कुन्तल जी ख़ेमेबन्दी की शिकार होने लगी हैं। इसमें क्या शक है कि उपसंयोजिका नियुक्त होते ही उनके प्रशंसकों की एकाएक बढ़ोतरी होने लगी। 'भारती साहित्य संस्था' के कार्यक्रमों में कुछ स्थायी चेहरे नज़र आते हैं। और कुछ हम जैसे भी हैं जिनको कार्यक्रमों की सूचना तक नहीं दी जाती। यों निजी स्तर पर हमारे सम्बन्ध प्रगाढ़ हैं लेकिन वे हमें संस्था में घास क्यों डालतीं, यह रहस्य कायम है।

कुन्तल!

मास्साब!!

दोनों क्या कहें, क्या न कहें? इस कथा को कैसे सुनाएँ या छिपा जाएँ? व्यक्ति हो या परिवार, परिवार हो या समाज सबकी अपनी कथाएँ-उपकथाएँ नेपथ्य में चली जाती हैं जहाँ अँधेरे का पर्दा होता है।

बहरहाल जब पूछने वाले पूछ उठते हैं कि आज के साहित्य-लेखन के बारे में आप क्या सोचती हैं? इस संस्था में साहित्य के लिए आप क्या-क्या सपने लेकर आई थीं?

कुन्तल हँसकर रह जाती हैं।

ये पूछने वाले ऐसे नादान तो नहीं कि जो स्थितियों और परिस्थितियों से अनभिज्ञ हों, बस उपसंयोजिका के मुँह से खुलवा लेना चाहते हैं जिससे कि नमक-मिर्च लगाकर जगह-जगह छाप और छपवा सकें।

कैसे कह दें कुन्तल कि राजनैतिक हुकुमबरदारी का अपना शिकंजा होता है जो साहित्यिक संस्थाओं पर क़ब्ज़ा रखता है। साथ ही धार्मिक वैभव और समृद्धि के नाम पर साम्प्रदायिकता ने किस तरह से पाँव पसारे हैं। किसको पता नहीं है कि एक नाटक के प्रोग्राम के बीच ही सड़क पर गुंडे-मवालियों ने दंगा मचा दिया था और 'ईदगाह' कहानी पर होता नाटक आधे में ही बन्द करना पड़ा था। वहाँ सुनने-समझने वाला कौन था? क्षेत्र के राजनैतिक आका अपने लम्बे हाथ दिखाकर धमकी दे रहे थे। क़ानूनी दाँव-पेच क्या करें?

दहशत ही दहशत है...

तब क्या प्रतिरोधी लेखन चुप होकर कहीं छिप जाए? हमारी छोटी-छोटी प्रतिक्रियाएँ व्यर्थ का व्यवसाय हो गईं?

उफ़! गहराई में तो उतरना होगा। उतरना होगा उन साहसी गोताख़ोरों की तरह जो पानी में बिला जाते हैं और धरती की सतह छू आते हैं। जाँच लेते हैं कि वहाँ नई चीज़ क्या है?

यह अदम्य साहस ज़रूरी है। लेखन भी तो असामाजिक तत्त्वों से लड़ने का हथियार है जो बिना अध्ययन के, अभ्यास के हाथ नहीं आता।

कुन्तल को जानकारी है। मास्साब बार-बार बताते हैं कि उनसे लेखन और लेखकों की बात करो, अध्ययन के आधार का ज़िक्र छेड़ो तो कुन्तल कहने लगती हैं—

"आप ही बातें करके देख लो, मास्साब। कहो कि अध्ययन ही लेखन की आधार-भूमि है। तो इस वाक्य को प्रश्न के रूप में लेकर अपनी संस्था में ही लोग दिलचस्प जवाब देते हैं—

—यह पुराने समय का गढ़ा हुआ जुमला है।

—आज की बात करो, अभी की कि अध्ययन का समय है किसके पास?

—अतिव्यस्त ज़िन्दगी के अपने ही तक़ाज़े हैं।

—देखिए, फुल टाइमर लेखकों के ज़माने उनके साथ ही ख़त्म हो गए।

—याद है? पढ़ा तो होगा कि फुल टाइमर भूखों मरा करते थे।

—मान लीजिए हम अध्ययन में डूबे रहें और तब कुछ लिख लें तो खाएँगे क्या? मुफलिसी के सिवा क्या मिलेगा?

—प्रेमचन्द, निराला और नागार्जुन जैसों की ज़िन्दगी भला हम बर्दाश्त कर पाएँगे?

—आज का लेखक, आज का है। यहाँ तुरत-फुरत काम होने का रिवाज है। आज कछुआ लेखक नहीं, खरगोश की फुर्तीवाला स्टोरी टैलर चाहिए।

--देखा तो है आज का लेखक टिपटॉप ज़िन्दगी जीना चाहता है और जीता है। उसका सन्देश कोई कौआ-तोता नहीं ले जाता, पोस्टमैन के दिन भी लद गए। स्मार्टफ़ोन ज़रिया है हर बातचीत और सन्देश लेने-देने का।

—अब कोई बिरजू की माय मेला देखने जाने के लिए मँगनी की गाड़ी का इन्तज़ार नहीं करती उसके बॉबी या बंटी का पापा बुलट मोटरसाइकिल लाकर मोहल्ला जगा देता है।"

कुन्तल...

अब ऐसी ही कथा-कहानी आएँगी, ठीक है। नया ज़माना है, नए संसाधन हो गए। देश ने वैज्ञानिक रूप से तरक़्क़ी की है। चेतना की बात क्या?

मगर कहानी तो मनुष्यों की हो या पशुओं की जीवितों की ही होगी। जीवित पात्रों के दुख और सुखों की होगी। करुणा और संवेदना की होगी। नफ़रत, वैमनस्य और घोर दुश्मनी भी मनुष्य के जीवन में घटित होती है, ये सब मशीनों या पुराने संसाधनों के साथ नहीं होता।

तब? मनुष्य की कहानी कभी पुरानी नहीं होती।

हमारी हँसी-ख़ुशी या शोक-रुदन किस नई सूरत में आएगा? हमारा दिल तो जेट की रफ़्तार से नहीं धड़क सकता। नब्ज भी अपनी स्वाभाविक गति पर क़ायम है। क्या हमारी हँसी हमारे पुरखों जैसी नहीं है? या हमारी आँखों में जो आँसू आते हैं वे हमारे पूर्वजों के आँसुओं से फ़र्क़ हैं? सृष्टि जब तक चलेगी मनुष्य की भावनाएँ हर्ष और विषाद में मनुष्य की तरह ही रहेंगी। इसमें कल और आज का अन्तर नहीं आता क्योंकि मनुष्य अपने सुख-दुख को अनुभव करने वाला मनुष्य ही रहता है।

तब कथा-कहानियाँ जो भी लिखी जाएँगी मानव जाति की ही होंगी उसके क्रमिक विकास को दर्शाती हुई आगे बढ़ेंगी। हमें जो पशु-पक्षियों की कहानियाँ मिलती हैं वे भी मनुष्य जीवन के लिए ही दृष्टान्त के तौर पर रची जाती हैं।

कुन्तल की अपनी परिभाषाएँ...जिनके कारण उनको आधुनिक साहित्यकार मानने से गुरेज किया गया। नए ज़माने को नई रफ़्तार चाहिए।

कुन्तल क्या सोचें? इनमें कुछ तो अपने गुरूर के मारे हुए हैं और कुछ अपनी रचनाओं के लिए कुन्तल की अभ्यर्थना चाहते हैं। अपनी ओर से इस संस्था की पत्रिका को रचना भेज देंगे तो उनकी तौहीन हो जाएगी। हमारी महिला रचनाकारों का दर्प भी इस मामले में कम नहीं है तभी तो उन्होंने भी पत्रिका के लिए कविता-कहानी नहीं भेजीं। क्या यह संस्था ऐसी गई-गुज़री है? या पत्रिका का कोई स्तर नहीं?

मास्साब ने समझाया था—

देखो, जिनको बड़े-बड़े पुरस्कार मिल चुके हैं, उनकी रचना में तुम मीन-मेख़ मत निकाला करो। बेशक तुम्हारे इस तरह के व्यवहार से उनके अहं को ठेस लगती है।

कुन्तल क्या जवाब दें मास्साब को? कह दें कि जिनको पुरस्कार मिले हैं उनको ही मुबारक़ रहें वे इनाम। हम तो पाठकों की जानते हैं कि पाठकों को उनमें से कुछ लेखकों की रचनाएँ पढ़ने में दिक़्क़त आती है क्योंकि वहाँ भाषा का उलझा हुआ शब्दजाल फैला होता है। क्या वे सच में ही आम पाठक के लिए होती हैं या लेखक अपनी ही विद्वत्ता प्रमाणित करने के लिए ऐसी पुस्तकें लिखते हैं?

ऐसी गरिष्ठ रचनाएँ किताबों के रूप में पुस्तकालयों में शोभायमान रहती हैं। पाठक को बौद्धिक प्रदर्शन नहीं, जीवन का मर्म सरल भाषा में चाहिए।

पुरस्कारों की बात पाठकों के काम की नहीं मास्साब, पुरस्कृत रचनाकार का नाम मशहूर हो जाता है लेकिन किताब कौन सी थी, लोग भूल जाते हैं।

कुन्तल समझ गई थीं कि लेखकों में यह बीमारी होती है कि हर हालत में तारीफ़ सुनना चाहते हैं। आलोचना सुहाती नहीं। यही कारण है कि इन दिनों समीक्षक और महिला समीक्षक मामूली रचना पर चाँद-सितारे टाँकते नज़र आएँगे। उनको भी तो लेखन की दुनिया में अपना वजूद बचाकर रखना है। मज़े की बात यह है कि समीक्षक (स्त्री या पुरुष) समझ चुके हैं कि लेखिकाओं का नारी हृदय कोमल है, नाज़ुक होता है अत: वे असहमति के प्रहार से बेहोश हो सकती हैं।

इतना सब कुछ जान-समझ कर भी कुन्तल सवाल कर बैठी थीं—"जब इतनी ही आपसी समझदारी है तो साहित्य में सत्य और ईमान का हलफ़ क्यों उठाते हैं? पाठकों से छल करना साहित्य के लिए बहुत नुकसानदायक है। भले आप पुरस्कारों को माथे पर चिपकाए फिरिए।"

कुन्तल को यह सब कहकर जैसे शान्ति मिली हो। मगर मास्साब ने देखा था कि पत्रिका के सलाहकार जो तीन थे, अशान्त से थे।

"बिना नाम लिये इल्ज़ाम मत लगाइए मैडम।" एक ने कहा और विनम्र स्वर में कहा।

"मैडम, आपकी रचनाओं के कसीदे भी काढ़े गए हैं, वह सब क्या आपसदारी का मामला था?" वहाँ उपस्थित एक युवा लेखिका बोलीं।

कुन्तल इस अनुशासनहीनता पर झल्ला उठीं।

"आप लोग भी...साहित्य समाज की विद्रूपताएँ भी क्या इतनी पवित्र होती हैं कि इन पर कोई टिप्पणी कर दे तो आप श्राप देने लगेंगे!"

मास्साब ने उन्हें शान्त किया और बोले, "तुम्हें जो कहना है, कहो? हम भी तो जानें, जो हम नहीं जानते।"

"आप सब जानते हैं मास्साब, बस कहने से बचते हैं। होते हैं ऐसे, बहुत लोग होते हैं जो खरी बात कहने से बचते हैं। माना कि बच जाते हैं लेकिन वे अपने ही सत्य के अपराधी होते हैं।

"यह तो हम सब रचनाकार जानते हैं कि हम शहरों में सिमटे बैठे हैं। यहाँ रोज़मर्रा की ज़िन्दगी एक बँधे-बँधाए ढर्रे पर चलती है ऐसे ही जैसे कोई मशीन चलती है। एक ही लय, एक ही चाल, एक ही आवाज़! बस इसी तरह लेखन भी चलता है कि एक विषय उठा लिया और कई-कई लेखक वही-वही लिखने लगे। अगर ट्रांसजेंडर पर लिखने का एक का मन आया तो इसी विषय को लेकर किताबों की क़तारें सज गईं। स्त्री के सारे जीवन को स्त्री विमर्श पी गया। किसान की आत्महत्या भी बहुलता से आई। माना कि ये मुद्दे हैं लेकिन साहित्य दोहराव से परहेज़ करता है। और दोहराव के तो शतक लगाए जा रहे हैं...भले गुणवत्ता ख़त्म हो जाए।"

बिलकुल फ़िल्मों की तरह। फ़िल्मों की 'टीआरपी' का हिसाब-किताब टीवी

पर लगाया जाता है कि किस फ़िल्म ने कितनी कमाई की? फ़िल्मों का स्तर कला से नहीं, कमाई से नापा जाता है, उत्कृष्टता का पैमाना कमाई है।

बिलकुल इसी तरह किताब की गुणवत्ता भी 'बेस्ट सेलर' के हवाले कर दी गई है जिसकी जाँच हर तीन महीने पर होती है। मतलब कि पढ़ने-लिखने, देखने और समझने की बात छोड़ो। बिक्री की बात करो। कमाई की रकम दर्ज करो।

परिणाम क्या हुआ कि जिस तरह अब कोई फ़िल्म एक हफ़्ते से ज़्यादा हॉल के पर्दे पर नहीं ठहर पाती उसी तरह बेस्ट सेलर किताब भी अपनी नाव जल्दी ही खे ले जाती है और न जाने किस पार चली जाती है। रुकना, ठहरना आज की कला संस्कृति से बाहर है। और कहा यह जाता रहा है कि 'स्मृतियों में रह जाने वाला जीवन ही अमृत होता है।'

अब स्मृतियाँ साथ नहीं देतीं—कौन सी किताब? किसकी किताब? प्रचार कहाँ डूब गया?

यह कैसी खिलवाड़ है!

कुन्तल का दिमाग़ चकरा जाता है। अब कौन अध्ययनशील बनना चाहेगा?

आनन्द और चैन से साहित्य का भी लुत्फ लेने का ज़माना है। आज का आदमी ज़िन्दगी की भागदौड़ और एक-दूसरे की होड़ में मारामारी से त्रस्त है, अध्ययनशील रहकर और भी अशान्ति मोल ले लो। कहते तो हैं कि साहित्य बेचैन करता है, शान्ति भंग करता है। छटपटाहट पैदा करता है। कुन्तल के मन में तमाम कोलाहल हैं जिनमें से उठे सवालों के जवाब ढूँढ़ने के लिए वे बेचैन रहती हैं।

मास्साब ने ही पढ़ने के लिए दिया :

'स्वतंत्रता के ख़तरे और ग़ुलामी का आनन्द।'

"मास्साब, यह सब पढ़कर मन ऐसा अशान्त हुआ कि अपने ही ऊपर लानत आने लगी। क्या मैं शुतुरमुर्ग की जैसी ज़िन्दगी जीना चाहती हूँ? नहीं तो यह विचार मन में जब न तब क्यों आ जाता है—मैं अकेली, आख़िर किसके लिए दिन-रात जद्दोजहद करती हूँ? लोगों का मनचीता नहीं करती और दुश्मनी मोल ले लेती हूँ। आप तो कहते हैं मास्साब कि सारे जहाँ का दर्द तुम्हारे जिगर में है। मगर मुझे लगता है कि कितने-कितने लोग मुझमें समाहित हों लेकिन यह मेरा ही दर्द मेरे जिगर में है।"

मास्साब क्या कहें क्या न कहें, पसोपेश में पड़े देखते रहे। कहने पर आए तो कह दिया, "ठीक है, तुम्हारे सपनों को तुम यहाँ साकार कर पाओ तो करो। वैसे हम जितने सपने देखते हैं, आधे से ज़्यादा भूल जाते हैं।"

*

मसले बहुत थे कुन्तल के सामने। जब से इस संस्था में आई है, क्या-क्या नज़ारे देख रही हैं। बस तमाम झंझटों को देखते हुए उन्होंने अपनी कार्यशैली में बहुत से बदलाव किए हैं। यहाँ इस संस्था के मंच पर अपने पहले अवतरण के बाद कई सबक ले चुकी हैं। दूसरे साल भी वही सब दोहराने की कोशिश होगी जो कुन्तल को नागवार गुज़रा था। नहीं, यह तो यहाँ के लोगों को पता चल गया होगा कि मऊरानीपुर की कुन्तल यहाँ के आका लोगों को सलामी देने नहीं आईं।

अपनी सोच, अपना विचार! किसी के भी साथ विचारों को बाँट लो तो दुविधा ही हाथ आती है। तभी तो वे अपने कमरे के एकान्त में इत्मीनान की साँस ले पाती हैं। सम्भवत: कुन्तल अभी तक मऊरानीपुर की शिक्षिका का हिस्सा ही जी रही थीं। भले ही संस्था के कामों में जब-तब मास्साब की सलाह ले लेती थीं लेकिन अपने भीतर की कुन्तल को उनके साथ घुलाने-मिलाने में उनका पूरा-पूरा यक़ीन नहीं था।

यह भी सोचा कि अबकी बार के सम्मान, फ़ेलोशिप और नाट्यकर्मियों के लिए पारिश्रमिक तय करने के लिए बाक़ायदा कमेटी बनाई जाएगी।

इन विषयों के लिए कुन्तल ने यहाँ-वहाँ पूछकर नहीं, सहायक पुस्तकें पढ़कर नियम बनाने की बात सोची थी। यहाँ इस बारे में सोचने का रिवाज नहीं था। फ़ेलोशिप क्यों देनी चाहिए, किसको देनी चाहिए, कोई समझना नहीं चाहता। अरे फ़ेलोशिप क्या हज़ारों-लाखों की ही होती हैं, छोटी संस्था है छोटी राशि देगी। लोग जो संस्था को आर्थिक सहयोग देते हैं, वे जलसेबाज़ी के लिए ही नहीं देते, किसी स्कॉलर का भला हो, किसी विद्यार्थी को शोध में मदद मिले, ख़ास मकसद तो यही रहता है।

मगर बेईमानी की तलवार लटकी रहती है, सोचकर वे घबरा जाती हैं।

इन सब बातों पर संयोजक जी से तो राय-मशवरा करना ही होगा। नहीं तो कार्य-सिद्धि नहीं होने वाली।

*

'अबकी बार संयोजक जी का ख़ास आदमी जयप्रकाश सारे मसले तय करेगा।' कानोंकान यह ख़बर आई तो कुन्तल चौंक गईं।

यह ख़ास आदमी क्या मलखान सिंह को पीछे धकेलकर आगे बढ़ आया! संयोजक जी अपने ख़ास आदमी बदलने में ऐसे जल्दबाज़ नहीं।

'ऐसे जल्दबाज़ नहीं हैं संयोजक जी' क्या कह रही हैं कुन्तल?

कुन्तल अपना स्त्रीपन दिखा ही देती हैं, मतलब कि विश्वास करती हैं तो उसे विश्वासपात्र ही बनाकर रखती हैं।

संयोजक जी के खेल देखे नहीं हैं क्या—कहीं पर निगाहें, कहीं पर निशाना! जादूगरी दिखाने से बाज आते हैं क्या? इसी संस्था के ज़रिए जिला स्तर पर दो सदस्यों का चयन होना था जिनको संयोजक जी ने आश्वासन दिया था, वे तो इन्तज़ार करते ही रह गए और संयोजक जी मलखान सिंह के साथ ओरछा जाकर अपनी गोपनीय मीटिंग करके लौटे तो इन्तज़ारियों की जगह नए फ्रेश लोगों के नाम थे। इस संस्था का विस्तार अब ये नए चुने सदस्य करेंगे जिनके नाम क्रमश: मुकेश कुमार और उमाशंकर हैं।

हवाओं में तो यह बात भी थी कि इन्होंने संस्था को अच्छी-ख़ासी आर्थिक मदद दी है।

अब समथर की गलियों में बात यह भी फैल रही है कि कुन्तल मैडम को संयोजक जी राय-मशवरा नहीं, हुक्म देंगे।

कुन्तल ने यह सब सुना और समझ भी लिया कि यहाँ हाथी के दाँत खाने के और दिखाने के और। हमारे संयोजक जी हाथी का ही मानव रूप हैं।

देखा तो था जब पिछले समारोह में कुन्तल पर भाड़े के श्रोता बुलाने के इल्ज़ाम लगा रहे थे और कुन्तल बड़ी उम्मीद से संयोजक जी से अपनी

पक्षदारी चाह रही थीं, तब क्या हुआ था? संयोजक जी ने बड़ी नरम आवाज़ में कहा था—

"कुन्तल जी, जो ये लोग कह रहे हैं, आपका विरोध नहीं कर रहे। अगर इनके कुछ एतराज हैं तो उनको हिंसक नहीं कहा जा सकता।

"हमको सबका ध्यान रखना होता है। सबकी बात सुननी होती है। यह संस्था हमारी निजी नहीं, जनता की है।"

कुन्तल ने सब कुछ सुना और संयोजक जी की तसवीर मन में तड़ाक से टूटी। अपने आपको सँभालने में जुट गईं वे।

"मुझे बाहर जाना है कुन्तल जी, कुछ काग़ज़ों पर साइन कराने हों तो करा लीजिए।" संयोजक जी की वाणी में फिर शहद घुल गया।

कुन्तल के सामने जैसे रास्ता ही गुम हो रहा हो...

रास्ते तो वही रहते हैं, व्यक्ति का मन भटक जाता है और भटकता हुआ मन कहाँ से कहाँ को निकल जाता है!

आईं तो कुन्तल अपने ही घर थीं। अपने ही बिस्तर पर चाय का कप लिये अकेली बैठी थीं। ध्यान भी कहाँ था कि वे अकेली हैं। उनके ख़यालों में सारी संस्था साथ चली आई।

संयोजक जी के वे वाक्य सलाह नहीं, आदेश थे और जिन आदेशों की आप कभी कल्पना न करो, वे हुक्मनामे सज़ा की तरह लगते हैं।

'ज़रूर मेरे ख़िलाफ़ लोग खड़े हो गए हैं। मेरे विचार संस्था के लोगों को ही पच नहीं रहे। एक-एक का नाम तो क्या लिया जाए, बहुमत सम्मानों के लिए चुने गए लोगों के पक्ष में नहीं है, भले कुछ लोग मेरी हाँ में हाँ मिलाते हैं।

'संयोजक जी ने भी मुझे ऐसे देखा था जैसे मैं कोई मनमर्ज़ी का खेल खेलने जा रही हूँ। तभी तो यह कहने से भी नहीं चूके थे—कुन्तल जी, आदर्शों की भी कोई सीमा होती है।'

सम्भावित आशंकाओं पर कुन्तल सब्र खोने लगीं। पुरस्कार और सम्मान किसी भी संस्था की ईमानदारी की मिसाल होते हैं जो संस्था के लोगों की निष्पक्षता की गवाही बनते हैं।

'मैं कुन्तल, पथभ्रष्ट होने जा रही हूँ? अब तक के बेदाग़ जीवन पर यह संस्था बदनामी के दाग़ लगा देगी...

'नहीं, मैं नहीं मानूँगी। मेरी आत्मा किसी संयोजक, यहाँ तक कि किसी मंत्री-महामंत्री के आगे भी झुकने के लिए तैयार नहीं।'

दो दिन और एक रात ऐसे बीती जैसे अपने भीतर उधेड़बुन का चरखा बराबर चल रहा हो, जहाँ नींद और भूख जैसी ज़रूरतें स्थगित हो गईं।

इतनी भी चिन्तित होने की ज़रूरत नहीं...वे ख़ुद को समझातीं। मगर कुछ देर बाद ही बुआ का कहा वह जुमला याद आ जाता—'साँप निकल गया, यह गम नहीं, फिक्र इस बात की है कि लीक पड़ गई।' हाँ, यही बात तो है, कुन्तल सोचती हैं—'एक बार का समझौता बार-बार की शर्त हो जाएगा।'

*

'समान अवसर और साहित्य के कलात्मक विकास के लिए हमारी भूमिका जी—हुजूरी के रास्ते पूरी नहीं हो सकती।' कुन्तल का यह विचार पक्का हो गया। वह अपने मौन को अपना ही स्वर देने लगीं।

किसी की सलाह की ज़रूरत नहीं। समझाने वाले तो समझौता ही कराते हैं। तीसरे दिन कुन्तल अपने घर से बाहर निकलीं तो भावात्मक ज्वार हावी था।

यहाँ तक कि संस्था के गेट में घुसीं तो चाभी भरी गुड़िया की तरह चलती चली गईं। पीछे चपरासी आ रहा है, नहीं देखा और न दाएँ-बाएँ सिर घुमाया जैसे यहाँ कुछ देखकर क्या करेंगी। हाँ, संयोजक जी के कमरे के बाहर लगी चमचमाती नेमप्लेट देखकर ज़रूर ठिठकीं। मन हुआ कि एक बार बात करके अपना दृढ़ निश्चय बता दें।

मगर अन्दर से दो-तीन आवाज़ें आ रही थीं। भीतर दो-तीन आदमी ज़रूर हैं। चलो छोड़ो। मिलकर भी क्या होने वाला है।

इस भारती साहित्य संस्था के चौक में कुन्तल को बड़े बोर्ड से लेकर क्यारियों-फुलवारियों को देखना कितना सुहाना लगता था। चारमंज़िला इमारत में बने बड़े-छोटे कमरों के साथ अपना बड़ा सा कमरा, सोफ़ा सेट और बड़ी

चमकदार मेज़ के साथ ऊँची गद्देदार कुर्सी से सजा हुआ। रेशमी पर्दे सोफ़ियाने रंग के। सब कुछ शानदार मगर ईमानदार कुछ भी नहीं...सिवा मास्साब की दी हुई तसवीर के।

आज!

आज संस्था में कुन्तल से मिलने बचपन की सहेली कान्ति न आई होती तो कुन्तल की निराशा अपनी बढ़ोतरी पर रहते हुए आगे निकलती जाती।

कान्ति! इंटर कॉलेज में साथ पढ़ती थी। कुन्तल को याद आया कि वे दोनों छोटी ही थीं, चौदह-पन्द्रह वर्ष के दरमियान रही होंगी। तब साँवली-सी रंगत की बड़ी-बड़ी आँखों वाली कान्ति कुन्तल के साथ-साथ रहती। स्कूल से लेकर बस स्टैंड तक साथ-साथ जाती और कुन्तल को बस में चढ़ाकर ही अपने घर लौटती। दोनों आठवीं और दसवीं की छात्रा थीं। इंटर कॉलेज लड़कों का था लेकिन सहशिक्षा फ़िलहाल ही शुरू हुई थी।

कुन्तल को याद आया कि ताज़ा-ताज़ा शुरू हुई सहशिक्षा साथ पढ़ने वाले लड़कों के लिए रोमांचकारी थी। अत: वे कोई-न-कोई शरारत करना अपना कर्तव्य समझते थे।

कान्ति आई तो स्कूल का ज़माना आ गया हो जैसे।

दो अकेली लड़कियाँ पूरे क़स्बे में घूम रही हैं। गली-गली छान रही हैं और तो और टिकरिया की बग़ीची की हरी घास पर बैठी हैं। लड़के बाहर फ़िल्मी गाने गा रहे हैं। उनको 'सारी सारी रातें तेरी याद सता रही है।'

दोनों लड़कियाँ दूसरी लड़कियों की तरह नहीं थीं। उनको घुटन पसन्द नहीं थी। खुली हवा में खुले मिज़ाज की लड़कियाँ! कुन्तल लड़कों के गाने सुनकर ख़ुशी से झूम उठती और कान्ति अपनी दो चोटियाँ लहराती हुई हथेली पर ताल देती। उस छोटे से क़स्बे, जिसका नाम मोंठ था, को ये लड़कियाँ आधुनिक लड़कियों के शहर में ढालना चाहती थीं।

कान्ति! समथर आईं। पहली कान्ति में थोड़ा बदलाव है, बदन भर गया है।

मोंठ से समथर की दूरी है ही कितनी? बस, एक घंटा में बस का सफ़र पूरा। बल्कि और कम समय में ही।

कान्ति को क्या पता कि कुन्तल की इस संस्था के मंच पर उपस्थिति अब

तक असफल-सी हो रही है जिसकी ठेस भी छोटी नहीं। यह सब कुछ पूरे शहर के सामने व्यक्त किया गया इसलिए कचोट और तीखी हो गई। कुन्तल किस गौरव से सिर उठाकर यहाँ आई थीं, अपने प्रस्ताव असफल और योजनाएँ ध्वस्त होने पर अवसाद भरी शर्म ने घेर लिया।

खाने के बाद जब दोनों सखियाँ कमरे में अपनी-अपनी खटिया पर सोईं तो आधी रात तक नींद नहीं आई। बातों का सिलसिला स्कूल के दिनों से निकलकर लम्बा सफ़र करता हुआ इन दिनों तक आ गया। आ गया कि कुन्तल ही सिलसिले को जारी रखे रहीं और कान्ति स्नेहिल श्रोता की तरह सुनती रही। बात यह भी महसूस हुई कि जो बातें व्यक्ति अपने माता-पिता या भाई-बहनों से नहीं कह पाता वह बात दोस्त से कह देता है। कुन्तल ने भी कान्ति के सामने दिल खोल दिया। यहाँ होते छल-प्रपंचों पर तो कई बार कुन्तल की आँखों में आँसू आ गए।

ऐसे में कमरे में सूनापन फैल गया क्योंकि दोनों सखियाँ नि:शब्द थीं। कुन्तल जैसे अपनी ही अक्षमता की साक्षी बनकर यहाँ उपस्थित हों। आगे बोलीं, "कान्ति, लगता है कि यहाँ आने का मेरा निर्णय ही मेरा उपहास कर रहा है। सच, कई बार सोचती हूँ कि यहाँ आकर ग़लती की है मैंने। साहित्य की थोड़ी-बहुत सफलता से मुझे अपने बारे में ग़लतफ़हमी तो नहीं हो गई थी? क्या मुझमें साहित्यिक बनाम अकादमिक संस्थाओं का निरन्तर विकास करते जाने की क्षमता है?"

कान्ति कुन्तल का बयान ऐसे सुन रही थी जैसे कोई शोकगीत सुन रही हो, कुन्तल की अपनी ही असफलताओं का शोकगीत! ख़ामोशी के सिवा माहौल में कुछ न था। अगर कुछ था तो कुन्तल की काँपती-लड़खड़ाती आवाज़ में अपने लिए लानत का हलफ़नामा!

अच्छी मित्र की तरह कान्ति कुन्तल के दुख से ऐसे ही दुखी हुई जैसे एक अभिन्न सखी होती है। बात यह भी है कि यदि इस शोक को तिरोहित करने का उपाय न खोजा तो मित्र के नाम पर लानत है। वैसे भी कान्ति हँसमुख छवि में रहती है अकसर।

"बैन, उदास न हो, उपाय तो खोजने पड़े हैं।" बुन्देली में बोलकर कान्ति ने कुन्तल के लिए ज़्यादा-से-ज़्यादा अपनत्व पैदा कर दिया।

"उपाय? क्या उपाय? कौन सा उपाय? कोई उपाय नहीं चलता यहाँ।"

*

सच में अगर इस मुकाम पर कुन्तल की साहित्यिक अकादमिक आपदा के समय कान्ति न आती तो उनका काफ़ी समय चिन्ताओं के घेरे में फँसा मास्साब के इन्तज़ार में निकल जाता। और यह इन्तज़ार अफ़वाहों के लिए सुनहरा मौक़ा पैदा करता रहता। सब कुछ उलझा हुआ, बेतरतीब...कुछ समझ में ही नहीं आता। यहाँ तो साहित्य और कला की नींव ही कोई नहीं रखने देता। चले आ रहे ढर्रे में बेतरतीबी की दरारें पड़ी हैं।

कितना भरोसा किया मास्साब पर, मास्साब ही नहीं, उनके भीतर बस प्रेमी पर। क्या वे देख नहीं रहे? या उम्र के बढ़ते दौर में वे दुनियादार होते जा रहे हैं? कुछ नहीं...कुछ भी नहीं। उन्होंने कुछ नहीं सोचा तो कुन्तल ही क्यों उम्मीद लगाए।

क्या-क्या इल्ज़ाम होंगे, कौन जानता है?

जो भी हो, सारे सदस्यों के सामने ही नहीं, पूरे स्टाफ के सामने परीक्षण हो जाए। ये सारी बातें दबाई-छिपाई हुई नहीं हैं।

कान्ति ने सारा कुछ सुनकर सुझाव दिया—"ये सारी बातें तुम अख़बार में काये नहीं दे देतीं?"

"अख़बार?" कुन्तल धीमे से बोलीं।

"अरे, तुम तो ऐसे दबी-दबी-सी आवाज़ में कह रही हो जैसे तुमने ही कोई अपराध किया है और अख़बार में छपना नहीं चाहिए।"

"कान्ति, यहाँ हमारे साथ भी कौन आएगा? यहाँ के लोग हम पर केस चला दें तो ताज्जुब नहीं।"

"अरे, कैसी हारी-हारी बातें करती हो कुन्तल, अपना पिछला समय याद करो। अपने इंटर कॉलेज के टीचर्स का क्या हाल हुआ था! वो हिम्मत कहाँ गई? सच के साथ लोग आए ही थे, यहाँ भी आएँगे। संस्था के लोग हैं तो उनके सामने यहाँ जनता के लोग भी तो हैं। हमें बहुत कुछ पता है यहाँ का।"

"कान्ति, यहाँ कौन बोलेगा? हमारे साथ कौन आएगा?"

"घबराओ नहीं। हमसे तो लल्ला चच्चा के सुरेन्द्र कह रहे थे कि कुन्तल ने समथर में अपने लाने मुसीबत खड़ी कर ली है। संस्था के प्रमुखों की बातें नहीं मानेंगी तो वहाँ रुकेंगी कैसे? कहती हैं कि इस संस्था में धनराशि का बन्दरबाँट हो रहा है।

"हमने सुरेन्द्र से कही थी कि अगर लूट हो रही है तो कुन्तल लूट होने नहीं देंगी। लाभ-लोभ की बात तो सब जानते हैं और जानते हैं कि सामूहिक लूट किसी डाके से कम नहीं होती। अरे हमें क्या बता रए, वे तो शुरू से ही ऐसी हैं, धाँधली चलने नहीं देंगी।

"सुरेन्द्र, देख लेना वे पीछे हटने वाली नहीं। वे चुप हो जाएँ तो यह न समझ लेना कि उनकी आवाज़ ख़ामोश हो गई।

"सुरेन्द्र बोले, सब ठीक है।"

"'ठीक ही है, हम कुन्तल को आज से नहीं जानत और तुम हो कि क्या-क्या अफ़वाहें सुन आए हो।'

"अब सुरेन्द्र तो ठहरे निपट मूरख, तबही तो लोग उन्हें लल्ला का पिल्ला कहते हैं।

"सुरेन्द्र बोले, 'अबकी बेर तुम्हारी प्यारी कुन्तल समथर के थाने की हवा खाएँगी। ईमानदार बनती हैं, उनकी ईमानदारी को मानता कौन है? कान्ति बैन, ईमानदारी के सुबूत कहाँ से लाएँगी प्यारी कुन्तल? बेईमानी के दस सुबूत पैदा कर दिए जाएँगे।'"

कुन्तल को अबकी बार हँसी आ गई।

"कान्ति, सुरेन्द्र ने तो अच्छी वकालत की संस्था वालों की। तुम उनकी बातें सुनकर ही हमारे पास चली आईं?"

"आते न तो का करते बैन? बड़ी बेचैनी हो रही थी।"

कुन्तल अब मुस्करा रही थीं।

"हमारी सखी की बेचैनी कैसे ख़त्म होगी?"

"हमें कुछ नहीं कहना है, तुम तो सारी बातें लिख के हमें दे दो। हम तुरन्त अख़बार में छपवा देंगे।"

कुन्तल ने हामी में सिर हिलाया और कहा, "मैं तुम्हारी हिम्मत को ख़ूब पहचानती हूँ। और तुम्हारी जान-पहचान वालों से भी वाक़िफ़ हूँ। लेकिन एक बात यह भी है कि अख़बार वाले भी दोनों तरफ़ मिल जाते हैं। संस्था के लोगों से भी बयान ले जाएँगे जो मेरे ख़िलाफ़ होंगे, बल्कि मुझ पर ही इल्ज़ाम लगाते हुए मुझसे जवाब माँगेंगे।"

"वैसे समाचार तो अच्छा बनेगा, इस बहाने संस्था सुर्खियों में आ जाएगी।"

कान्ति ने बीते पुराने दिन याद दिलाए जब दो टीचर्स के ख़िलाफ़ शिकायत अख़बार में दे दी थी। वो अख़बार हम लाए हैं।

कुन्तल को भी याद आया कि बुआ ने कितना डाँटा था...

"अपनी पढ़ाई करे, सो नहीं, मास्टरों की शिकायत करती फिरती है। इस स्कूल से निकाल दी जाएगी तू।"

—ये मास्टर लड़कियों को समझते क्या हैं? भोली बकरी या मुर्ग़ी जिन्हें काटकर खा जाएँगे। ये गोश्त के भूखे कसाई हैं।

—तू यह भाषा कहाँ से सीख आई है?

—इन्हीं भेड़ियों ने सिखा दी है...बुआ।

क्या-क्या याद करें कुन्तल? कान्ति ने अख़बार का पुर्जा नहीं, आग का लूघरा दिखा दिया। वह ताक़त वापिस कर दी जिसको कुन्तल सहेली के पास रखकर भूल गई थीं, जो अब याद भी नहीं थी।

मगर...

संस्था में होती बेईमानी इतना बड़ा भ्रष्टाचार नहीं मानी जाएगी जितना कि देश में व्याप्त भ्रष्टाचार है और उसके ख़िलाफ़ आन्दोलन हुआ था।

"'छोटी-छोटी बेईमानियों का समूह ही बड़ा भ्रष्टाचार बनता है,' यह मास्साब बात चले पर कहा करते हैं।"

"आपने तो कह दिया मास्साब लेकिन हम जैसे लोग करें क्या? आपने मलखान सिंह को तो देखा है, संस्था में संयोजक की जगह अकसर वह ख़ुद को मान लेता है और ऐसे सवाल करता है जिनकी हम संयोजक जी से कभी उम्मीद नहीं करते। न यक़ीन हो तो आप शालिनी से पूछे लें कि शालिनी को हमारे निर्णय बदलकर लिखने के लिए कितनी बार कहा।

"मलखान सिंह ने अपना ख़ेमा बना रखा है, वहाँ होने वाली बातें दबी-छिपी नहीं हैं। उस ख़ेमे का एक सदस्य प्रभात पंकज तो मेरे मुँह पर कह गया था—'कुन्तल मैडम संस्था में काम करने नहीं, भ्रष्टाचार ख़त्म करने आई हैं। कृष्ण बिहारी श्रीवास्तव अध्यापक के साथ मिलकर संस्था के ख़िलाफ़ हड़ताल पर बैठेंगी। देखते जाओ कुन्तल मैडम के कारनामे!'"

इस तंज का क्या जवाब देतीं कुन्तल? सरेआम बेईमानी के पक्ष में बोलने पर उतर आए हैं लोग।

"अबकी बार आप मेरा नाम नोट कर लो मैडम, पुरस्कार मुझे मिलना चाहिए। आपने तो लेखकों, कवियों और पत्रकारों का इतना भला चाहा है कि पुरस्कार/सम्मान लखटकिया है।"

कुन्तल गहरी साँस लेकर रह गईं। इसे कहते हैं अपने पाँवों पर कुल्हाड़ी मारना। रचनाकारों का भला चाहा था, उनका हुक्म नहीं चाहा था।

हड़ताल...किसके ख़िलाफ़ हड़ताल? इनके, जो लालच के मारे संस्था के पुरस्कार को अपने नाम रिजर्व कराने में कोई लज्जा नहीं मान रहे? बौद्धिक समाज स्वार्थ को नहीं त्याग पाता तो आम इंसान की क्या बात करें...

यहाँ अतिरिक्त परेशानी यह है कि संस्था सरकार की तरह व्यवहार करती है। जब न तब अपने आपको मारना पड़ता है...मतलब कि अपने विचार की हत्या करनी पड़ती है। ठीक ही कहा जाता है कि 'आत्म हिंसा सबसे बड़ी हिंसा है।'

कुन्तल इसके सिवा क्या सोचें कि उनका अपना सोचा-समझा न्याय, न्याय नहीं माना जाता। अर्थात् कुन्तल संस्था के महत्त्वपूर्ण पद पर तो हैं लेकिन माननीय व्यक्तित्व नहीं।

दुविधा! मन यह भी कहता है कि आसपास घिरे लोगों की मान लो कुन्तल, मगर दूसरे ही पल लगता है कि यह ईमानदारी की हार होगी और इस हार का हक़ कुन्तल को नहीं है।

*

जिस तरह संस्था का महोत्सव किया, जिस तरह पिछली साल पुरस्कार और सम्मान दिए, अबकी बार भी उसी तरह, बिलकुल उसी तरह। कुन्तल के मन में कुन्तल ही बोलीं और उन्होंने मास्साब जैसे सलाहकार से भी इस बाबत ज़िक्र नहीं किया। सखी कान्ति ठीक कहती थी—'जितने लोग, उतने ही सलाह-मशवरे। हम तो कहते हैं कि तुम सुनो सबकी और करो मन की।'

कुन्तल ने पूछा था, 'कान्ति, क्या मेरा सोचा हुआ मेरा अहंकार है जिसकी भरपाई ज़रूरी लग रही है। दूसरे शब्दों में यह मेरा स्वार्थ है जिसे साहित्य और संस्कृति के नाम पर लागू कर रही हूँ?

'फिर तुम ही बताओ कि समाजोन्मुख साहित्यकारों के लिए कुछ करते ही चारों ओर से संस्था का शासन-प्रशासन और यहाँ तक कि सरकार के हित-अनहितों के अंकुश क्यों लग जाते हैं? ग़ौर करो तो पाओगी कि स्वायत्त संस्था के नाम पर रूप बदल-बदलकर शासन सत्ता ही हावी हो जाती हैं।'

कान्ति अच्छी श्रोता है कुन्तल जानती हैं और इसी सखी की मोंठ में ही रिहाइश है इसलिए भारती साहित्य संस्था से जुड़ाव भी है। पुस्तकालय में उसकी लिखी कविता की किताबें हैं।

"कान्ति, तुम पिछले साल यहाँ नहीं थीं। अरे हमारा समारोह न हो गया, राछरा (फ़ज़ीहत) हो गया।"

"सुनी तो हती हमने कि कुन्तल को भारी परेशानी हुई।" कान्ति का चेहरा उदास हो गया।

"अरे क्या बताएँ, यहाँ सबके अपने-अपने अहंकार हैं। किसी को सम्मानित लोगों पर उँगली उठाने का मौक़ा नहीं था। पूरी ईमानदारी से ज्यूरी का गठन हुआ था। सहमति-असहमति के लिए खुली छूट थी।

"चयन की प्रक्रिया पूरी होने के बाद सम्मानित नामों की फ़ाइल हमने संयोजक जी को भेज दी क्योंकि उनके हस्ताक्षर होने के बाद ही अन्तिम निर्णय माना जाता है।

"कान्ति, जब संयोजक जी के हस्ताक्षर होकर फ़ाइल आ गई तब हमने झाँसी के पत्रकारों को सूचना दी और समथर मोंठ के छोटे-छोटे अख़बारों में सम्मानों के बारे में छपा।

"साथ ही सम्मानित लोगों के नाम प्रकाशित हो गए।

"और हम लोगों ने सम्मान अर्पण के लिए 'वृन्दावन लाल वर्मा हॉल' बुक कर लिया।

"अब वक़्त की विडम्बना देखो कि अचानक गाज गिरी।"

"सो कैसे?" कान्ति चौंक सी गई।

कुन्तल ने जैसे ठंडी साँस ली हो और कुछ बताते न बन रहा हो...वे अपने हाथों को मलने लगीं। चेहरे पर दिल का भारीपन दिखने लगा।

एक बार को तो कान्ति ने कह दिया, "चलो छोड़ो। बीत गया सो बीत गया।" बुन्देली में व्यक्त कर पाई, "मायें बरन दो (भाड़ में जाने दो)"

यह तो कान्ति भी जानती हैं कि गले में अटका कौर तो पानी की मदद से सटक लिया जाता है लेकिन गले में अटकी बात फिर से भीतर सटकना मुश्किल होती है। कुन्तल का गला भर आया और बात गले में ही डूब गई।

कैसे बताएँ कि जिन मामलों में मलखान सिंह को हस्तक्षेप का अधिकार नहीं, उन्होंने उन मामलों को लेकर क़ब्ज़ेदारी जमा ली है। फ़ाइलों का मामला ऐसा ही हैं। कुन्तल की शक्ति इसी में जा रही है कि हर बार रुकावटों के पार कैसे जाया जाए? समय का बड़ा हिस्सा षड्यंत्रों से टकराते हुए निकलता है।

उधेड़-बुन यही कि जब संयोजक जी के हस्ताक्षर फ़ाइल पर हो गए तो मलखान सिंह को उसमें क्या देखना है? सब कुछ सार्वजनिक हो चुका है तो अब ये क्या गोपनीय रखना चाहते हैं?

कुन्तल अपने ही कुछ काग़ज़ लिये चुपचाप बैठी थीं जैसे आज के दृश्य का दुख भरा संवाद उनकी ज़ुबान पर अटका हो—सचिव को फ़ाइल लेकर मलखान सिंह ने फिर बुलाया है जैसे अभी और भी गुल खिलाने हों।

मगर यह सचिव तो नए-नए हैं, इनको अभी संस्था के कामों का पूरा ज्ञान नहीं। नए सचिव इन महाशय को कितना कुछ बता पाएँगे?

फ़ोन पर मलखान सिंह से कहा, "मैं आऊँगी कि आप जो समझना चाहते हैं समझा सकूँ।"

कुन्तल चली गईं। यों तो कई पुराने आहत भाव मन में आ-जा रहे थे और अनचाहे ही कुछ हादसे याद आ रहे थे लेकिन मुस्कराना उनके पद के प्रोटोकॉल

का हिस्सा था। वे मलखान सिंह के बराबर रखी कुर्सी पर बैठ गईं।

मलखान सिंह के सामने रखी मेज़ पर फ़ाइल खुली पड़ी थी।

मलखान सिंह ने खुली फ़ाइल पर लिखे सम्मानित नाम पर उँगली रखी और पूछा, "हू इज ही? कौन है यह?"

"ये तो प्रख्यात लेखक हैं, आप नहीं जानते?"

आगे का प्रश्न था, "स्वर्णलता का नाम यहाँ क्यों नहीं है?"

दूसरा प्रश्न : "ब्रजभूषण बहुत अच्छे कवि हैं। उनका नाम भी नदारद है!"

कुन्तल ने सिर्फ़ सिर हिलाया वह भी 'न' में। मलखान सिंह से वे बौद्धिक दृष्टिकोण की उम्मीद नहीं करतीं।

कुन्तल कैसे बताएँ कि श्रीमान मलखान सिंह, आपकी ओर से सम्मानों के लिए लेखकों/कवियों की जो ख़ुफ़िया तरीक़े से सूची आई थी उसमें उस महिला का भी नाम था और अच्छे, बहुत अच्छे कवि का भी लेकिन संस्था के नियम ऐसी ख़ुफ़िया सूचियों का बहिष्कार कर देते हैं।

कुन्तल समझ रही थीं कि संस्था में ये नए-नए रंगरूट राजनैतिक रास्ता पकड़कर यहाँ तक पहुँच जाते हैं और जहाँ मौक़ा मिले वहीं अपने चेलों-चापलूसों को घुसाने के लिए जोड़-तोड़ बिठाते हैं।

मगर श्रीमान मलखान सिंह का आख़िरी हुक्म हुआ—"यह फ़ाइल यहीं छोड़ जाइए।

"ओरिजनल फ़ाइल ही हमें चाहिए, फ़ोटोकॉपी नहीं।"

"आप क्या कह रहे हैं, हमारी समझ में नहीं आ रहा।"

"क्या कह रहे हैं हम? यही कि फ़ाइल की जाँच करनी है हमें।"

"अरे!"

"अरे क्यों?"

"अरे इसलिए कि इस फ़ाइल पर संयोजक जी के हस्ताक्षर हो चुके हैं, जो सम्मानों की स्वीकृति के लिए अन्तिम निर्णय के रूप में होते हैं।"

"यह आप ही तो मान रही हैं।"

"हाँ, हम ही मान रहे हैं। यह फ़ाइल न आपकी है, न हमारी, यह अब संयोजक जी की है।"

मलखान सिंह मामूली व्यक्ति नहीं, संयोजक जी के यार-दोस्तों में आते हैं और संस्था में भी उनका प्रमुख पद है। ऐसी छोटी-बड़ी बादशाहत का नशा बड़ा ही होता है। यहाँ कुन्तल क्या और कोई दूसरा क्या?

उन्होंने सम्मानों की फ़ाइल एक तरह से ज़ब्त कर ली।

कुन्तल को दबाव में लाने के लिए यह आदमी तो बेकार की फूँ-फाँ कर रहा है। बेचारा रुतबे का भूखा है और अपनी रुतबेदारी इस तरह दिखा रहा है कि संयोजक जी को भी धता बता रहा है। मगर सोचने की बात यह है कि इसके पास ऐसी ताक़त आई कहाँ से? यह हमारी नहीं, संयोजक जी की तौहीन कर रहा है।

'कुन्तल, संयोजक जी के हस्ताक्षर की रक्षा की ज़िम्मेदारी तुम्हारी है।' यह वाक्य किसी ने कहा नहीं, कुन्तल की चेतना में गूँजा।

मगर कुन्तल क्या करें जो आदमी संस्था के मकसद को ही नहीं समझना चाहता क्योंकि वह अपने दम्भ में चूर है। अब कौन से देवता मनाए जाएँ कि संस्था की यह नैया पार लगे। कुन्तल यों तो ऊपर से सामान्य दिख रही थीं मगर उनके भीतर गहन घोर पीड़ा मानो भारी उपद्रव मचाए हुए है।

कोई फ़ोन आता उनका दिल धड़कने लगता—अब कौन सा नया फ़रमान?

अब क्या होगा? सोचते-सोचते दिमाग़ लुगदी हो गया।

'काश कान्ति न जाती। कुछ दिन और रह जाती।'

'अब कौन है जो उनके स्वर में स्वर मिलाए? कौन है जो उनके म्लान मुख को देखे? यहाँ तो सिर्फ़ संस्था के क़ब्ज़ेदारों की दहशत से माहौल साँय-साँय कर रहा है। कौन मानेगा कि कुन्तल डर रही हैं। कुन्तल की डरने वाली तसवीर लोगों के पास नहीं है।

उदास-उदास और उदास...

कितने दिन? कितनी रातें? कितने सप्ताह? और आगे...

नहीं-नहीं। मास्साब को फ़ोन करके बुलाना ठीक रहेगा। कोई उपाय तो सुझाएँगे। बताएँगे कि वे ऐसी स्थिति में होते तो क्या करते? जब संयोजक जी भी निरुपाय हो जाएँ तो फिर क्या हो?

'मेरी जगह कोई और होता तो आत्महत्या की बात सोचता,' कुन्तल यह सोचकर अधमरी होने लगीं। पिछले सम्मानों की सूचना लेखकों को देकर

फिर उन सम्मानों के लिए अस्वीकृति भेजी, वह भी कुन्तल के नाम पर। डूब मरने वाली बात तो तभी हो गई थी, मुँह छिपाने की जगह नहीं मिल रही थी। कुन्तल की बहादुर ज़िन्दगी का हश्र यहाँ आकर ऐसा होगा, सपने में भी नहीं सोचा था।

कुन्तल के मोबाइल फ़ोन पर सम्बद्ध सचिव का नाम आया, उन्होंने फ़ोन नहीं लिया। बुरी सूचना के सिवा क्या हो सकता है उनके लिए?

यकायक यह सूझा कि मास्साब को फ़ोन किया जाए—

"हैलो, मैं कुन्तल।"

"अरे कुन्तल! हाँ बोलो, कैसा चल रहा है सब?"

"मैं सब कुछ फ़ोन पर नहीं बता सकती। विकट समस्या में घिर गई हूँ। आप बताएँ जब कहीं उस समस्या का निदान नहीं दिख रहा तो मुझे क्या करना चाहिए?"

"तुम क्या करना चाहती हो, पहले यह तो बताओ।"

"संयोजक जी से मिलना चाहती हूँ।"

"क्या इतना बड़ा मामला बन गया?"

"हाँ, एनाउंस किए हुए पुरस्कारों/सम्मानों को निरस्त किया जा रहा है। मेरे तो वजूद पर बन आई है। ऐसा हुआ तो कहीं मुँह दिखाने के क़ाबिल नहीं रहूँगी। समथर के लिए मैं उपहास की पात्र के सिवा कुछ न रहूँगी। आप बता दें मैं क्या करूँ? कहीं यहाँ के लोग पत्थर न मारने लगें।"

"जब इतनी बड़ी बात होने जा रही है तो संयोजक जी से मिलना ज़रूरी है। अपने लिए संकट पैदा मत करो। उनकी राय-सलाह ले लो। फिर वे तो फ़ाइनल एथॉरिटी हैं। अपने निर्णय ले सकते हैं, फ़ाइल पर उनके साइन भी तो हैं। अब डरने की बात तो होनी नहीं चाहिए।"

कुन्तल के जलते-झुलसते दिल पर ठंडे छींटे से पड़े।

"ठीक है," मास्साब ने धैर्य के साथ बताया, "संयोजक जी को अपने मित्रों और भक्तों की करतूतें भी तो मालूम हो जाएँगी। तब ये मित्र और भक्त लज्जा से मर मिटेंगे या नहीं मगर इनका पर्दाफ़ाश तो हो जाएगा।"

कुन्तल ने संयोजक जी को फ़ोन करने की अपेक्षा मैसेज करना उचित

समझा। संयोजक जी के सामने इतने खुलकर बात नहीं कर सकतीं जितनी खुलकर मैसेज कर पाएँगी।

फिर क्या था एक-एक करके बातें लिखती जातीं, 'सेंड' पर उँगली दबाती जातीं।

मन में एक आँवाँ धधक रहा था क्योंकि कुछ देर पहले ही फ़ोन आया था—सम्मान कैंसिल कर दो।

यह भी संयोजक जी को फ़ोन द्वारा सन्देश पर बता दिया कि ऐसा दबाव बार-बार आ रहा है।

ख़ैर, जो लिखना था लिख दिया और सोचती रह गई कि ये जनसेवक तो बनते हैं मगर जन-जन का अपमान करते हैं। ये धोखेबाज़, बहुरुपिए सेवक कहलाकर बादशाहत करते हैं।

हमारी ईमानदारी की फ़सल राजनैतिक रुतबेदारों ने चर ली। अब हम किस मुँह से यहाँ रहेंगे?

कुन्तल का सारा प्रलाप आत्मालाप ही था।

अचानक संस्था के सचिव आए और बोले, "मैडम, घबराइए नहीं, हम शानदार तरीक़े से अपना सम्मान समारोह आयोजित करेंगे।"

कुन्तल अविश्वास से भरी हुई मुँह खोले रह गईं।

"मैडम, जो समारोह के लिए हॉल बुक किया था वह कैंसिल कर दिया है। दूसरे हॉल में जश्न होगा कि ज़्यादा-से-ज़्यादा लोग भाग ले सकें।"

कुन्तल देखते-ही-देखते जैसे सुनहरी जाल में लिपट गईं। सचिव क्या-क्या कह रहे हैं—रास्ते भले ही ऊबड़-खाबड़ रहे हों मैम, आपकी इच्छाशक्ति का रथ वहीं पहुँचा जिधर तयशुदा मंज़िल है।

कुन्तल को लगा, काश मास्साब होते तो देखते!

*

कुन्तल ने जैसे अपनी निमीलित आँखें खोलीं, आसपास कोई न था, अपने सिवा। अपनी अन्त:शक्ति और उजड़ा-उजड़ा-सा व्यक्तित्व! जिनका जी भरकर सम्मान

किया था, समाज और देश के लिए जिनको आदर्श की सीढ़ी चढ़ाया था, आज उनकी ओर से ही कुन्तल के लिए आत्मपीड़क सिलसिला...माना कि वे अपने मनोभाव छिपाकर रखना चाहती हैं, इसलिए अल्पभाषी भी रहना चाहती हैं मगर संस्था के अपने और आसपास फैले संसार को आश्चर्य से देखती रह जाती हैं। संस्था में गड़बड़ी करके निजी लाभ लेने के सिवा इन लोगों के जीवन में और कोई चिन्ता नहीं? ये तो मन-वचन-कर्म से अपनी सेवाएँ समर्पित करने आए थे।

यहीं, वह मुकाम फिर आ गया जहाँ कुन्तल को सोचना पड़ा—यों तो हम सुकून भरे दिन बिताकर अपना काम कर सकते हैं लेकिन यह भी अजब स्थिति है कि इस 'हम' में कुन्तल ख़ुद शामिल हो नहीं पातीं।

कितनी बार दरख़्वास्त की है कि 'हमारा काम हमको करने दिया जाए। कि कवि और कथाकारों के साथ नाटककारों का चयन संस्था की मुख्य कमेटी को करने दिया जाए। कार्यकारिणी समिति फिर किसलिए चुनी गई थी?'

ये सब बातें संस्था की दीवारें सुनती रह गईं? कौन कहता है कि दीवारों के भी कान होते हैं, हमारी संस्था में गूँगी-बहरी दीवारें हैं और दरवाज़े आका लोगों के हुक्म सुनाने के लिए हैं। अब यह नया विधान हुआ है।

"सूची हम देंगे। ज़ाहिर है कि कवि, कथाकारों और कलाकारों का चयन हम करेंगे।" यह आदेश शाही फ़रमान की तरह आया।

कुन्तल को लगा जैसे उनका बहुत कुछ लुट गया है। अधिकार चले जाने पर क्या रह जाता है शेष? पहली प्रतिक्रिया मास्साब से मिलने की नहीं, गले मिलने की हुई। आवेग को ज़ब्त करना आसान नहीं लेकिन जब किसी का गला या सीना और बाँहें अनुपस्थित हों तो अँकवार किसका भरा जाए? अपना मज़ाक़ बनकर रह गया।

भीतर हाहाकार फूट रहा था जिसे सोखते जाना भीषण मजबूरी थी। अब यह भारती साहित्य संस्था क्या रह गई है कुन्तल के लिए? निश्चित ही यह भूमिका अशोभनीय रही। उपसंयोजिका के पद का ताज पहनकर इस प्रलय जैसी उठापटक का जोख़िम उठाना पड़ेगा, कहाँ पता था?

सचिव पद में छोटे हैं लेकिन सलाहकार का बड़ा रूप धारण करने के बाद

बोले, "मैडम, इसमें अनुचित क्या है? जितना बड़ा ओहदा उतना ही वज़नदार हुक्म। आप तो समझदार हैं। बेकार है इस बात पर उलझना।"

"बड़े ओहदेवाले को यह शोभा देता है कि वह संस्था के छोटे-छोटे निर्णयों में टाँग अड़ाएँ। ये लोग क़ायदे से काम होने देंगे तभी बड़े कहलाएँगे। अब तो ये टुच्ची हरकतें करने पर उतर आए हैं।"

"धीरज रखिए।" सचिव कहने लगे।

"मैं तो हर बार धीरज रख लेती हूँ। मगर आगे जो होता है वह नए सिरे से हमारी उम्मीद को झटका देता है।"

अब कोई क्या कहे?

'क्या इन बड़े-बड़े लोगों को कुन्तल नाम की स्त्री से डर लगता है? या यहाँ बरती जाने वाली ईमानदारी से भयभीत रहते हैं? नहीं तो क्या कारण है कि ये आका लोग मुझसे बात नहीं करते, सारा काम कुछ लोगों के ज़रिए मुझसे करा लेना चाहते हैं। पता तो है कि संस्था की कार्यकारिणी इनके भेजे हुए प्रस्तावों को मंज़ूर नहीं करेगी लेकिन इनके मातहत मंज़ूरी दिलाने के भरसक यत्न करेंगे क्योंकि इनकी रुतबेदारी की, अहंकार की दुहाई देते रहेंगे। संस्था के अन्तर्गत जैसे अपनी सरकार बना रखी हो और सरकार पर इनकी ही क़ब्ज़ेदारी हो।'

आवेश का वेग ऐसा था कि बहुत कुछ बोल गईं कुन्तल।

मास्साब बार-बार कहते हैं, "अपने दस्तख़त की क़ीमत जानती हो तुम? दस्त माने हाथ और ख़त माने कटाना। यानी दस्तख़त करके हम अपने हाथ कटा देते हैं। ये पद, ये संस्थाएँ और समितियाँ तो बहाने हैं, इन बहानों को लेकर यहाँ आदमी के जमीर की दुकानदारी चलती है। और इसी दुकानदारी के चलते संस्था का आर्थिक ढाँचा बिगड़ता है।"

यादें तो यादें हैं—अगले-पिछले दृश्य उजागर होने लगे। एक सज्जन विधायक जी के आदमी बनकर आए थे तो दूसरे एक सांसद के नातेदार थे। किसी का सम्बन्धी ज़िला स्तर पर बैठा ओहदेदार था। अब यह मामूली क़स्बा समथर और इसके बीच स्थित 'भारती साहित्य संस्था' किस-किस का वज़न उठाए? इन सबका मनचाहा कहाँ से जुटाए? संस्था की परिचायक पारदर्शिता

है, यही धुँधली हो गई तो बचेगा क्या और इसमें दिखेगा क्या?

कुन्तल!

ऊपर लिखी बातों को अपनी ज़िद की कसौटी पर कसती रहीं, समथर के कई लोग ऐसा कहते मिल जाएँगे।

कुन्तल उदास नहीं होना चाहतीं। ऊपर बैठे लोगों को सच्चाई का आईना दिखाकर वे ख़ुश हैं। ईमानदारी का रास्ता बताकर सन्तुष्ट हैं। मगर हुआ ऐसा भी कि कुन्तल की बदगुमानी की रपटें ऊपर के हाकिमों तक पहुँचाई गईं। अत: कुन्तल को सहजभाव से लेना स्वाभाविक नहीं रहा।

कितने बड़े समारोह में एक मान्यवर नेता मंत्री ने कुन्तल का मेहनत से किया काम और बड़े परिश्रम से निकाली पत्रिका को छोटे सचिव के नाम कर डाला। नीचा दिखाने के तमाम तरीक़े होते हैं। यह सारा मामला दर्शक और श्रोता भी समझ रहे थे। वह इसलिए कि यह सच्चा बयान छोटे सचिव ने ही दे दिया—"हम तो मैडम के निर्देशन में चलने वाले कार्यकर्ता हैं, इससे ज़्यादा कुछ नहीं। पत्रिका अगर अच्छी है तो श्रेय मैडम को है।"

कुन्तल की यह धारणा पुष्ट हुई कि हमारी दुनिया हुक्कामों के स्वभाव से मेल नहीं खाती। तभी तो जितनी रिपोर्ट्स संस्था के संयोजक को भेजी गईं, वे सब सच्ची साबित हुईं और तमाम मुखौटे उखड़कर गिर गए जिनका असर कुन्तल के आसपास अन्धड़ की तरह आया। ऐसे तनाव के बीच भरसक सहज बने रहने की कोशिश करती रहीं। वे जानती थीं, उनकी भूमिका क्या है और संस्था के लिए कर्तव्य क्या हैं। उन्होंने अपनी सीमा रेखा इस तरह खींच रखी थी कि उनका पाँव भूलकर भी उस रेखा के बाहर न जाए। इसी उधेड़बुन में नींद मुश्किल से आती थी। सोचते-सोचते रात बीतने को हो आती—आज इस समथर की संस्था के लिए प्राणपण से कोई स्त्री जुट जाएगी, ऐसी तो कल्पना ख़ुद उन्होंने भी नहीं की थी। अपने लिए शब्द जुटाना कितना मुश्किल है... बस इतना ही कि अभिलाषाएँ, सपने और संकल्प कभी मुस्कराने लगते हैं तो कभी खारे जल से आँखें भर देते हैं। क्या दुनिया का कारोबार ऐसे ही मनोभावों के साथ चलता है?

ऊहापोह का ऐसा आलम कि अपनी संस्था के ही कई कार्यक्रम हाथ से

निकल गए। ऊँचे ओहदे वाले लोग मालिक हो गए। कुन्तल का दिमाग़ इन दिनों घटित होने वाली तमाम बातों से भरा रहता। स्मृतियाँ दुख देने वाली थीं।

पता नहीं क्यों अपनी स्मृतियों को ताश की तरह फेंटती रहती हैं। क्या अब भी उम्मीद बँधी है कि ज़रूर कई ऐसी बातें निकलेंगी जो इस चलती हुई कहानी से बहुत अलग होंगी।

वह समय तो कितना अच्छा लगा था कुन्तल को जब उन्हें अच्छे-बुरे का न ज्ञान था और न पहचान की ज़रूरत। वह तो दूसरी सीढ़ी पर आकर अभावों और नफ़रत का साथ-साथ ज्ञान हुआ। बस तब से ही मन घृणा से छूटने का उपक्रम करने लगा। यह भी समझ में आया कि घृणा कभी नहीं छूटती जब तक कि प्रेम का पौधा न उग आए।

उन्होंने सामान्य होने के लिए जितने हो सकते थे, प्रयत्न किए क्योंकि दुश्चिन्ताएँ वजूद से चिपट गई थीं। यह मानकर भी सन्तोष कर लिया कि संस्था के कार्यक्रम अकादमिक नहीं होते तो इसलिए कि उनके मकसद दूसरे होते हैं।

मगर यह भी कुन्तल का अहद है कि यदि दूसरे किसी मकसद के लिए कार्यक्रम होगा तो उसके निमंत्रण पत्र पर कुन्तल का नाम नहीं जाएगा।

"यह लेडी कितने दिन और है? कार्यकाल...?"

उफ़! कुन्तल के प्रति ऐसा घृणा भाव! इस संस्था में कौन साथ चलना चाहेगा? वही कहावत चरितार्थ हो रही है कि 'जो राजा का नहीं होता वह किसी का नहीं रहता।'

ऐसा-वैसा तो कहा ही जाता है। संस्थाएँ चकल्लसों का ख़ज़ाना होती हैं। यह मानकर इस बात को भुला देना ही अच्छा है। फिर इस बात की दरियाफ़्त करना भी तो उनकी अपनी कमज़ोरी ही माना जाएगा। 'चोर की दाढ़ी में तिनका' कहने से भी लोग बाज नहीं आएँगे। जो भी कुछ था कुन्तल को वितृष्णा भरी थकान ने घेर लिया।

मगर क्या उनकी न्याय भावना कमज़ोर हो पाई? यह अलग बात है कि जिसे वे अपनी न्याय भावना मान रही थीं, और भी लोग मान रहे हों, ऐसा नहीं था। सबके अपने-अपने दृष्टिकोण थे। इसलिए ही विरोध और प्रतिरोध थे। सारे लोग तो ईश्वर को भी एक ही तरीक़े से नहीं मानते। कुन्तल कुछ इसी तरह

सोचतीं और यह भी मान लेतीं कि नेता लोगों के ग़ुस्से में अब कोई नयापन नहीं है। उनका ग़ुस्सा स्वार्थ की चमकीली सड़क पर तड़कता है। कुन्तल ने सामन्तों की अनेक कहानियाँ सुनी हैं जिनमें पौराणिक और मध्यकाल के क़िस्से शामिल हैं और वहाँ माना गया है कि क्षत्रिय राजपूत दुनिया के सर्वश्रेष्ठ लड़ाके रहे हैं, उन्हीं के न्याय और क़ानून का डंका बजता रहा है।

मगर...कुन्तल का विश्वास नहीं जुड़ पाता इन क़िस्सों से। वीरगाथाओं से। सवाल उठता है कि स्त्रियों के लिए ये राजे-रजवाड़े कितने कठोर और लगभग अमानुषिक थे। यहाँ न्याय की परिभाषा पर ग्रहण लगा हुआ है। अपनी पुरानी स्त्री-पीढ़ी इनके हाथों आग में भस्म होने की रस्म से गुज़रती है। आज कुन्तल अपने न्याय की दुहाई देती हैं तो यह पहेली भी है कि यह सामने वालों के लिए भी न्यायपूर्ण है? न्याय-अन्याय का फ़ैसला धन और सत्ता के आधार पर नहीं, सुख-शान्ति के आधार पर हुआ करता है।

तब? नेताओं के हाथों कुछ भी हो सकता है?

ऐसी साहित्य संस्थाओं का इतिहास जब लिखा जाएगा तो बेईमानी की इबारत भी दर्ज होगी? या इस इतिहास को नेताओं के चमचे लोग दर्ज करेंगे, राजनैतिक ग़ुलाम लिखेंगे तो अकादमिक परिभाषा क्या बनेगी? यही न कि साहित्य और संस्कृति से जुड़े लोगों से राजनैतिक आका नफ़रत करते हैं। संस्थाओं की कमान राजनीतिज्ञों के हाथों में होनी चाहिए।

इसमें दबी-छिपी बात यह होगी कि संस्थाओं को ग़ौर से देखा जाए कि राजनेताओं ने ही साहित्यकारों को आपस में लड़ाकर उन प्रतिभा-सम्पन्न शक्तियों को ख़त्म कर दिया जिनमें भविष्य के लिए उम्मीदें दिखती थीं। इसी विध्वंस में इन अनपढ़ों को अपनी विजय का आनन्द मिला! कहीं पढ़ी है यह बात!

यह तो प्रत्यक्ष है कि जहाँ-जहाँ प्रतिभा सम्बन्धी संस्थाओं पर राजनैतिक जकड़बन्दी है, वहाँ दलितों, शोषितों और उपेक्षितों पर वे अपनी ताक़त का इस्तेमाल ऐसे ही करेंगे जैसे मालिक नौकरों से पेश आया करते हैं।

कुन्तल एकालाप करने लगीं—

—वे साहित्य धर्म तो क्या, मानव धर्म भी भूल गए हैं।

—ये एक-दूसरे को ख़त्म करने के लिए हैं?

—यह चीज़ हमारे ही वजूद को भीतर-ही-भीतर खाने लगी है...

कुन्तल आज रात जागती रहीं। ऐसा ही तो होना था कि अपनी ही चुनी सलीब पर लटके रहना था। यों तो इधर सहज स्थिति थी मगर उधर अपना जमीर ज़िद पर अड़ा था। तो यह ऐसा ऊबड़-खाबड़ रास्ता था जिस पर धक्के खाती हुई वे अपने आप में ही लौट रही थीं।

एक मन कहता—सब भूल जाओ। जैसा हो रहा है होने दो।

मगर चेतना की ओर लौटते ही सारा मामला पलट जाता।

उफ़! किसके लिए माथे पर सलवटें पड़ती हैं, किसके लिए दिल में बेरहम गाँठें बन जाती हैं?

किसी के लिए नहीं। उन्हीं के लिए जो आशा-आकांक्षाओं की झोली उठाए साथ-साथ चल रहे थे। जो सत्यनिष्ठा के संकल्पों में यक़ीन रखते थे। उन्हीं के सोच में यह बात पैठ गई कि एक दिन सामन्तों की तरह नेताओं का दबदबा भी ख़त्म होगा। रचनाकार, कलाकार और पत्रकार ऐसी दुनिया बनाएँगे जिसमें झूठ, छल, बेरहमी, नफ़रत और अन्याय का लेशमात्र न होगा और ज़िन्दगी बेहतरीन होगी। रुतबेदारी की प्रथा को उखाड़ दिया जाएगा। तब आम आदमी का दमन सम्भव नहीं होगा।

कुन्तल...मानसिक यातना से गुज़र रही हैं क्योंकि उनके मन में इंसाफ़ को लागू करने की तमाम बातें हलचल मचाए हुए हैं। कितनी ही यादों ने उनका दिमाग़ अस्त-व्यस्त कर डाला और जो शेष बचा, वह दर्द है। ज़िन्दगी इस पीड़ा की भागीदार है...

"बदलाव का रास्ता आसान नहीं होता। हर क़दम पर तब्दीली ही विकास में सहायक होती है?" मास्साब कहते हैं।

'विकास' यह शब्द कुन्तल के लिए पनौती है। 'कलात्मक विकास' यह शब्दयुग्म सबसे बड़ा असगुन है।

'शब्द भी कभी पनौती और असगुन होते हैं? यह सवाल कुन्तल अपने आप से पूछतीं। हाँ, होते ही हैं क्योंकि जब-जब इन शब्दों को संस्था के कार्यक्रमों में लागू किया तब-तब उनका चरित्र निशाने पर आ गया। कब सोचा था कि यहाँ बहुत कुछ अजीब और अपेक्षाओं के विपरीत होगा। इन बातों को अपनी बुआ

से कहूँ तो क्या वे सब कुछ समझ पाएँगी? मुझसे ज़्यादा चिन्ता बुआ करेंगी। उन्होंने कहाँ ऐसा सोचा होगा? उनका बनाया नक़्शा तो बड़ा शानदार था।

यहाँ एक और सीडी का निर्माण हुआ है। कुन्तल अपने बारे में अपने गोपनीय अंगों को लेकर दी गई गालियों को अभी-अभी सुनकर आई हैं। उनकी कनपटियाँ थर्रा उठी हैं और चेहरा तमतमा गया।

कुन्तल दबे पाँवों चोर की तरह अपने ऑफ़िस के कमरे तक आईं। कुर्सी पर बैठकर दीवार को घूरती रहीं। क्या इसी तरह उनकी छीछालेदर होती रहेगी, बार-बार?

'इससे तो इस संस्था के लोग मुझे ज़हर दे देते। मैं कोई कमसिन लड़की तो नहीं थी। एक प्रौढ़ स्त्री के लिए यह फौहश तोहफ़ा! झेलो, अब झेलो...' कहकर कुन्तल पागल की तरह चिल्लाना चाहती हैं।

'आज जब ऐसी स्थिति है तो आगे मेरी हालत यहाँ क्या होगी? क्या जीवन में यों भी होता है? यह कैसा नश्तरों वाला मंज़र है कि कुन्तल रूपी स्त्री तिलमिला गई। बेशक यह किसी भी स्त्री के लिए मारक अस्त्र है।

'सीडी में मेरे कुँवारी रह जाने पर अश्लील ताने हैं। मास्साब को लेकर तमाम लांछन हैं। ज़हर पीने को देते तो मामला ख़त्म हो जाता, इस विष को पचाने का माद्दा कहाँ से आए? कब से कब तक आता रहे?

'अपने काम में स्त्री कुशल हो, इसे कौन देखता है...

'यह निश्चित ही नाट्य मंडलियों और यहाँ के कर्ता-धर्ताओं के लाभ-लोभ पर ताला जड़ने का परिणाम है।'

नाटकों के निर्देशक देवेन्द्र शर्मा तो ऐसी आवाज़ में कहकर गए थे कि कुन्तल भी सुन लें—यह औरत नाट्यकर्मियों के पेट पर लात मारने आ गई है।

मास्साब असमंजस में थे, "कैसे पता कुन्तल कि देवेन्द्र शर्मा आए थे?"

"उनकी सिगरेट का धुआँ छोटे सचिव के केबिन में भरा है। न यक़ीन हो तो पूछ लीजिए। और मैंने ख़ुद सुना है।"

मास्साब के चेहरे पर शर्मिन्दगी-सी उतर आई क्योंकि देवेन्द्र शर्मा मास्साब के गहरे मित्र हैं। कुन्तल को ख़ुद संकोच हुआ कि मास्साब को ऐसी स्थिति के बीच ला दिया। यह भी मित्रता है कि मित्र के कारनामे पर मित्र झेंप जाए।

कुन्तल का मन खिन्न था, खिन्न रहा। भारती साहित्य संस्था के लिए आगे की योजनाएँ स्थगित करने की सोचने लगीं। यादें आँधी की तरह आईं।

माना कि रेणु की कहानियों पर नाटक प्रभावी रहे थे। सहयोग इस क़स्बे के चार व्यापारियों का भी था। इस प्रदर्शन से क़स्बे के और आसपास के निवासियों के बीच कई लांछनों के बावजूद कुन्तल पर गरिमा की छाप लग गई। वरिष्ठों के रूप में कुछ घाघ लोगों की अर्थ भरी नज़रों और बेबुनियाद लांछनों का लक्ष्य बनने वाली यह महिला कॉलेज के छात्रों और अध्यापकों में लोकप्रियता पाने लगी।

कुन्तल की कल्पना में तो यह समथर क़स्बे के मंच पर दुखान्त भूमिका थी। मगर हमारे समाज को दुख झेलते पात्र ही रास आते हैं, यह कुन्तल अच्छी तरह जानती थीं। यह दुख और बदनामी ही माझेंगे उनको। तब से अब तक यही सोचा है।

मगर ऐसा उन्होंने कब चाहा था। वे तो इस संस्था के लिए कलात्मक और पूरी तरह साहित्यिक भूमिका में उतरी थीं। आशंकाएँ कम न थीं। न जाने कब बुरे ग्रह हमला कर दें फिर एक शुभ शगुन कैसे लाया जाए? टोने-टोटकों में विश्वास नहीं करतीं वे लेकिन अपनी जान से प्यारे कार्यक्रमों को बुरी नज़र से बचाने के उपक्रम करने के विचारों में खो गईं। लोगों ने तो बार-बार कहा था, आज भी याद है—

"इन नाटकों की क्या ज़रूरत थी? अपने क़स्बे में सिनेमा हॉल चल रहा है, मन आए तब नाच और ठेठर देखो। अब यहाँ का आदमी झाँसी-उरई नहीं जाता, अपने घर से आधा किलोमीटर का रास्ता पार करते ही हॉल में घुस जाता है।"

"सिनेमा ठेठर नाटक जैसे कैसे हो जाएँगे?"

"अरे नाटक से अच्छा, सौ विसे अच्छा होता है सिनेमा।"

"फोटू और ज़िन्दा पात्रों में कोई अन्तर नहीं होता क्या?"

"होता होगा, मगर इतना तो मानोगे कि बिरजू की माय बना मगरू मंच से हटते ही जवान पट्ठे की सूरत में नज़र आया और हमारी नज़रों से बिरजू की माय क़तई ग़ायब हो गई। सिनेमा में ऐसा नहीं होता, अनारकली तो अनारकली ही रहती है। इसका उत्तर कौन दे सकता है?"

कुन्तल ऐसी बहसों को सुनतीं और सोचतीं, नाटक वाले सिनेमा के आगे कभी घुटने नहीं टेकेंगे क्योंकि ये लोग रात-दिन नाटक के लिए मेहनत करते हैं जैसे इनकी ज़िन्दगी का उद्देश्य यही हो। ये लाभ के लिए नहीं, अपने सन्तोष के लिए समर्पित हैं।

*

कुन्तल को याद आता है भारती साहित्य संस्था के लिए जब उनको चुना गया तो मन में दो तरह की भावनाएँ आई थीं—

इस जगह जाकर क्या होगा? बरसों से बनी-बनाई लीक पर बैलगाड़ी की तरह चलने-सरकने वाली संस्था है। बैलगाड़ी में मोटर का इंजन तो लगाया नहीं जा सकता। आगे क्या?

मगर कुन्तल ने अपनी इस भावना को ज़ब्त कर लिया था—'यह तो निगेटिव थिंकिंग है, एक साहित्यकार को साहित्यिक संस्था के लिए ऐसा नहीं सोचना चाहिए।'

वे बहुत सी निराशाओं के बरअक्स आशाओं की बगिया उगा लेना चाहतीं और मन-ही-मन अपने सपनों को दोहराती रहतीं।

मगर आशाओं पर पड़ते पाले को भी नहीं भूलतीं—ज़िन्दगी के उसूल ही धूल में मिलाने की तैयारियाँ हैं यहाँ।

मास्साब ने बार-बार समझाया है, "कुन्तल, राजनैतिक हथकंडे कहाँ नहीं होते? इनसे तो तभी निकल पाओगी जब तुम संस्था से निकल जाओ। मैं समझ रहा हूँ कि तुम सिस्टम को ठीक करने के लिए ऐड़ी-चोटी तक का ज़ोर लगा रही हो लेकिन यह भी समझ लो कि यह सिस्टम तो उनका ग़ुलाम है जिनकी दी हुई संस्था में तुम काम कर रही हो।

"कुन्तल, जो ताक़तवर है, वही मज़बूत है। कमज़ोर की तरह सामना करना छोड़ दो।"

कुन्तल विमूढ़ की तरह देखने लगीं। और दोनों के बीच मौन छाया रहा।

"मास्साब!" वह धीमे से बोलीं।

"मैं जो कुछ सही मानकर कर रही हूँ, वह केवल मेरी ज़िद है?"

"मुझे ऐसा अन्दाज़ा था कि तुम यही पूछोगी।"

"और क्या? यही तो..." कुन्तल की आवाज़ सामान्य से धीमी थी।

"तब सुनो। मानो न मानो वह तुम्हारी मर्ज़ी है। असल में तुम भारती साहित्य संस्था के उपसंयोजक पद पर उपसंयोजिका बनकर फबी नहीं। इस जगह कोई पुरुष होता तो स्याह-सफ़ेद कुछ भी करता, थोड़े-बहुत किन्तु-परन्तु के बाद मान्य होता। तुम अपने नए-नए कामों में सफल होती हो, लोगों के सामने तुम्हारी स्त्री-छवि नाचने लगती है।"

"मास्साब!" कुन्तल कराह उठीं।

"सच में यह रोल मुझ पर फबा नहीं? क्या ज़िम्मेदारियाँ किसी पर फबने के लिए दी जाती हैं? मास्साब, राजाओं को राजगद्दी सौंपी जाती है, मुकुट दिए जाते हैं, क्या सच में ये सब किसी राजा पर फबने के लिए दिए जाते हैं या पद, पदवी और सिंहासन कुर्सी भी ज़िम्मेदारी का प्रतीक होते हैं?

"सच तो यह है कि हमारी संस्था के निर्णयों पर अनाधिकारिक चेष्टा के साथ कुछ लोग जो रोक लगाते हैं, यह दुष्कर्म उन महानुभावों पर नहीं फबता, मगर वे अपनी गरिमा के लिए क़तई चिन्तित नहीं...ऐसे लोगों को नेता कैसे कहेंगे आप?"

आज कुन्तल का मज़बूत और दृढ़ रूप देख रहे हैं मास्साब। एक दिन वह भी था जब मास्साब के कन्धे पर सिर रखकर वह सुबक-सुबक कर रोई थीं। धोखेबाज़ी से जब किसी को जलील किया जाता है तो उसका दिल उमड़ ही आता है।

कुन्तल के साथ भी चोर दरवाज़े से घुसकर लोगों ने ऐसा ही किया था।

विश्वास नहीं कर पाई थीं कि कुछ राजनेता पैसे के, शोहरत के, रुतबे के इतने भूखे होते हैं कि किसी का भी हक़ मारने में लज्जित नहीं होते। कैसे यक़ीन करतीं कि चुनाव से पहले और चुनाव के बाद वे अपने मुखौटे बड़ी होशियारी से बदल लेते हैं। वे नेक और शरीफ चेहरे तानाशाह हो जाते हैं नहीं तो इस साहित्यिक संस्था पर बाज का सा झपट्टा मारते क्या?

*

“कुछ बातें मान ही लेतीं तो क्या बिगड़ जाता कुन्तल?” दबी ज़ुबान से मास्साब भी कह देते हैं।

‘मास्साब, कौन हैं मास्साब? जिसके साथ मैं प्यार में आबद्ध रही हूँ। यह भी जानती हूँ कि प्रेमी परिवारी जनों से ज़्यादा अपना अधिकार मानने लगते हैं। मगर यह भी तो जानते हैं कि कुन्तल का मिज़ाज कैसा रहा है? अपनी अना पर न अड़ी होती तो मिस्टर कृष्ण बिहारी श्रीवास्तव, मैं उम्र रहते ही सात फेरे ले लेती, वह भी तुमसे नहीं, किसी और से।

‘तो कृष्ण बिहारी श्रीवास्तव, आप समझ रहे हैं कि मैं आपकी प्रेमिका बनकर गर्व से ऊँचा सिर किए हुए हूँ। भूल जाओ, जैसे कि मैं भूल गई हूँ और आपको ‘मास्साब’ का मुकम्मल सम्बोधन दे दिया है। यहाँ कोई सतर्कता नहीं है, सहजता से सारा कार्य-व्यवहार चल रहा है। ज़िन्दगी में ऐसे कई मुकाम आते हैं जिनके रास्तों को मोड़ देना पड़ता है, वह भी अपनी मर्ज़ी से।

‘तो आप ही मास्साब मुझे अकसर याद दिलाते हैं कि मैं दिल्ली में चलने वाले अन्ना आन्दोलन के तहत शिरकत करते कुछ लोगों का लोहा मान रही थी।

‘बेशक मान रही थी। हमारा क़स्बा समथर राजधानी से सैकड़ों मील की दूरी पर है, यहाँ अख़बार और टीवी के ज़रिए अन्ना आन्दोलन आता था, रेडियो अपनी भाषा में हमें आन्दोलन की ख़ूबी समझाता था।’

यों भी हम आन्दोलनों की दुनिया से ऐसे अनभिज्ञ नहीं थे कि इस जन आन्दोलन को अजूबे या क्रान्ति की नज़र से देखते। गांधी जी के असहयोग आन्दोलन और जयप्रकाश नारायण के आन्दोलन के बारे में क्रमश: पढ़ और देख चुके थे।

मगर फिर भी अबकी बार के आन्दोलन का विषय भ्रष्टाचार निवारण के रूप में अलग था। और भ्रष्टाचार के दलदल में फँसी जनता की चुप्पी में इसने भूचाल ला दिया। जो युवक दिल्ली के रामलीला मैदान में मंच पर डटे थे वे अपार भीड़ के बीच थे। जो बहुत साधारण कपड़ों में थे, टीवी दिखाता था कि एक तो अपनी कमीज को पैंट के अन्दर ही नहीं डालता था और अपने झल्लेपन

में सबसे अलग दिखता था। कुछ लड़के सिर पर गांधी टोपी लगाए दिखते थे जिन पर लिखा रहता—मैं हूँ अन्ना।

'अन्ना' आन्दोलन का प्रतीक चिह्न था। भविष्य का विचार करता हुआ ऋषि!

अन्ना का नारा लगाने वाला हर व्यक्ति जैसे कह रहा हो—'मुझे भ्रष्टाचार से मुक्ति चाहिए। अपने गाँव, शहर, नदियों और खेतों के लिए मुक्ति।'

लगता था रामलीला मैदान में चल रहे संघर्ष का कीर्तिमान स्थापित होकर रहेगा। भारत की राजनैतिक व्यवस्था में यह पहल अपनी प्रस्तुति में श्रेष्ठ है जिसमें नागरिकों और सत्ता का आपसी द्वंद्व है।

इस प्रदर्शन में जो नेता के रूप में उभरे उनकी पक्षधर जनता थी। वे बार-बार कहते थे—'हम राजनीति करने नहीं आए, राजनीति बदलने आए हैं।'

कुन्तल बड़े ध्यान से सारी बातें सुनती थीं। मास्साब की एक-एक बात जो उनके बारे में थी, सच्ची नज़र आती थी। त्याग, क्षमा, तप का सम्मान यही तो है।

लेकिन यह भी कि दया नहीं चाहिए और अधिकार छोड़ना अपराध है।

"मगर"...कहकर मास्साब एक पल रुके और जब कहने पर आए तो...

आज मास्साब क्या कहने लगे! क्या सच को उघाड़ने लगे?

"कुन्तल, क्या वे नेता आज उसी तरह के हैं जैसी कि उन्होंने अपनी तसवीर आन्दोलन के समय दिखाई थी? क्या उनकी वैसी ही नेक नीयत है? आन्दोलन पवित्र शब्द है और पवित्र प्रदर्शन है जिससे जनता की सच्ची भावनाएँ जुड़ जाती हैं। लोग उम्मीदें लगाते हैं और उन्हीं उम्मीदों के लिए अपने दिन-रात बिताते ही नहीं, परिश्रम और उद्योग करते हैं।

"वे हीरो टाइप नेता, जिनकी मुरीद स्त्रियाँ भी हो गई थीं, क्या अब उनसे अपने सुनहरे भविष्य की आशाएँ जोड़ सकती हैं? कहने का मन करता है कि—मेरे देश के नागरिको, तुम्हारी नियति यही है।" मास्साब मुस्कराकर बोले। मुस्कराहट सामान्य तो नहीं थी।

"हाँ मास्साब, नेता आन्दोलन से आएँ या संगठन से अथवा जनता के बीच से वादों और इरादों में बहुत फ़र्क़ होता है, ज़मीन-आसमान जैसा फ़र्क़।

"देखिए न मास्साब, नेताओं को और दलों को, चुनावों के आगे कुछ दिखता नहीं। और जो नए नेता लोग आए हैं उन पर तो राजनीति ने ऐसा विलक्षण प्रभाव

जमाया है कि चुनाव का मौसम आया और वे दानवीर कर्ण की भूमिका में प्रस्तुत हो गए। सरकारी ख़ज़ाने को दोनों हाथ लुटाया।"

यह ज़हरीली राजनीति गुड़ में ज़हर देने का असर रखती है। मन-ही-मन ये राजनैतिक कर्ण मान लेते हैं या सार्वजनिक रूप से जनता को दिखा देते हैं कि वे ग़रीबों-मजलूमों के लिए फ़रिश्ते उतरे हैं।

कुन्तल मास्साब की मुखमुद्रा देखकर पहचान गईं कि अब वे बात का विषय बदल देना चाहते हैं। निश्चित ही उनको यह डर है कि कुन्तल ज़्यादा तीखी न हो जाएँ। मास्साब चौकन्ने होकर इधर-उधर देखते हैं।

"अरे मास्साब, यहाँ मौक़ा देखकर ही दीवारें अपने कान खोलती हैं और मौन हो जाती हैं, बिलकुल ऐसे ही जैसे यहाँ का आदमी गूँगा-बहरा बनकर हमारे भेद ले जाता है। कहते हैं न 'समय होत बलवान/भीलन लूटीं गोपिका, वही अर्जुन वही बाण।'

"देख लिया न, राजनीति बदलने आए थे जो, वे सबसे ज़्यादा राजनीति करने लगे। तो फिर साफ़ है न मास्साब कि उनको अपने पक्ष में राजनीति बदलनी थी और डंके की चोट करनी थी राजनीति ही।"

"मैं जानता हूँ कुन्तल, तुम्हारी आशाएँ धूमिल हुई हैं लेकिन छोड़ो ये बातें, अब तो जिनके हाथ में लगाम है राजनीति का अश्व उनकी दिशा में ही चलेगा।"

कुन्तल दो क्षण मास्साब को देखती रहीं जैसे कहना चाहती हों कि यही सब मानकर अपनी ख़ैर मना ली जाए?

"मास्साब, मैं क्या कहूँ, क्या न कहूँ। जब न तब यह विचार आता ही है कि मैं संयोजक जी से जो आशा लगाए हुए हूँ, वह मेरी ख़ामख़याली ही तो नहीं?"

मास्साब मुस्कराए। आगे बोले, "तुम ख़ामख़याली की बात ही कहाँ करती हो, जब असमंजस में होती हो, पाश की कविता पढ़ने लगती हो, ख़ुद को समझाती हो। कुन्तल, इस राजनैतिक माहौल में या पहले घटित हुई घटनाओं में पाश सच्चे कवि की तरह उतरता है—

*मेहनत की लूट सबसे ख़तरनाक नहीं होती*
*पुलिस की मार सबसे ख़तरनाक नहीं होती*

*गद्दारी और लोभ की मुट्ठी सबसे ख़तरनाक नहीं होती*
*बैठे बिठाए पकड़े जाना बुरा तो है, सबसे ख़तरनाक नहीं होता*
*सबसे ख़तरनाक होता है मुर्दा शान्ति से भर जाना*
*तपड़ का न होना, सब कुछ सहन कर जाना...*

पाश आगे कहता है—

*सबसे ख़तरनाक होता है, हमारे सपनों का मर जाना...*
*अब! हम और हमारे सपने...*

इस कविता में से क्या छोड़ें, क्या ग्रहण करें? सब कुछ सुन-समझकर ही तो रामलीला ग्राउंड जाग उठा था। एक बूढ़े के साथ तमाम अनगिनत युवा चल पड़े थे। क्या पता था कि इन जोशीले और इंसाफ़ के लिए लड़ने वाले युवकों में चुनावी चमचे भी होंगे! यों तो यह लोकतंत्र का यज्ञ माना जा रहा था लेकिन इसमें पड़ती आहुतियाँ अन्ना हज़ारे के ही आसपास बिखर गईं। उन्हीं के नज़दीकियों ने बटोर लीं और यज्ञ ख़त्म नहीं हुआ, आग बुझने लगी।

हवनकुंड की आग बुझाकर ओम शान्ति शान्ति बोलने वाले लोग अपनी राजनैतिक गोटियाँ चलने में लग गए। एक से एक दाँव...जो जीता वही सिकन्दर और जो एक पाँव पर मंच पर तपती जलती धूप में खड़े रहे, देश के हित में नए-नए गीत गाते रहे, बुलन्दी भरे नारे लगाते रहे वे नेता बनकर रह गए आगे नारे लगाने वाले नेता, गीत गाने वाले नेता...

मगर फिर भी इतना तो माना ही जा सकता है कि छोटी-छोटी बग़ावतों ने भ्रष्टाचार के ख़िलाफ़ आन्दोलन का रूप लेकर देश ही नहीं, विदेशों में भी न्याय की पताका लहरा दी। नवयुवकों को आज़ादी के समय हुए आन्दोलनों की झाँकी दिखला दी। यह भी तय था कि आन्दोलन दिखा ही नहीं, लिखा भी जाएगा। आन्दोलन का ज़िक्र ही आन्दोलनों का इतिहास बनता है। साथ ही यह भी कि हमारे स्वतंत्रता सेनानियों के सिर की गांधी टोपी जुल्म से इनकार करने वालों का शिरस्त्राण है।

*

कुन्तल अपने दिल की बातें किसको बताएँ?

मास्साब को? उनको तो बता-बताकर थक गईं। जो आदमी यहाँ है ही नहीं, वह सुनकर कितना समझेगा?

यों कुन्तल ने ऐसी भी कोशिश की है कि मास्साब ही सारी बातें समझकर उनको अपनी राय दें। अकेली तो कई बार अपनी ही सोची-समझी बात पर भटक जाती हैं। दोबारा विचार करने लगती हैं या फिर से परखने लगती हैं।

यों तो जब कान्ति आई थी, जिस पर विश्वास कर सकती थीं और अपनी सखी को बुद्धिमती भी मानती थीं।

संस्था की समस्याएँ कान्ति के सामने रखीं, जब दोनों सतखंडा महल देखने गई थीं। देखने के पहले एक जगह बैठ गईं और कुन्तल अपनी समस्याएँ सुनाने की बात सोचने लगीं लेकिन बताने-सुनाने से ख़ुद को रोक लिया। कान्ति तो इस समय इस ऐतिहासिक स्थल के जादू में खोई है, एक अपूर्व-सा आनन्द है चेहरे पर और वे संस्था की ऊल-जलूल बातें लेकर बैठ जाएँ, यह तो कान्ति की ऐतिहासिक एकाग्रता में विघ्न ही कहा जाएगा। अभी मन में उमड़ती-घुमड़ती बातें वहीं-के-वहीं रोक ली थीं कुन्तल ने और सतखंडा महल के बारे में ही इस तरह बता रही थीं जैसे यहाँ की गाइड हों।

'गाइड' कैसे हो सकती हैं कुन्तल? उनको भीतरी हिस्सों का क्या पता? बस कल्पना कर रही थीं क्योंकि कुन्तल कल्पना अच्छी कर लेती हैं। मगर सवाल कान्ति भी अच्छे-से-अच्छे कर लेती है, पूछने लगी—

"ये राजा साब का महल है, जनता जा सकती है इसके भीतर?"

कुन्तल हँसने लगीं और बोलीं, "हम जनता थोड़ेई हैं, महाराज साहब के मिलने वाले हैं। जाने को जा सकते हैं।"

"यही तो हम कह रहे थे कि राजा लोग अपने रजवाड़े में आसानी से नहीं आने देंगे। हमें भी कौन-सी ग़रज़ पड़ी है! जेई महाराज साब मोंठ में हमारे द्वारे वोट माँगने आए थे, तब हमने इनका आदर कुर्सी पर बैठा कर किया था। अब फ़रक़ तुम ही देख लो।" कान्ति ने अपना मत दिया।

"मन में तो यह भी आया कि मोंठ वाली रमा को भी बुला लिया होता तो तीन सखियों की यह ऐतिहासिक पिकनिक अद्‌भुत होती। रमा ओरछा तो

अकसर ही साथ गई हैं।" कुन्तल ने इच्छा ज़ाहिर की।

कान्ति को भी याद आईं रमा जब कटरा में क़िले के द्वार तक पहुँची। रमा ने ही कान्ति को बताया था कि क़िले का पहला द्वार कटरा कहलाता है और दूसरा द्वार चौपड़। यहाँ भी तो एक बार रमा आई थीं।

कान्ति को तीसरे द्वार का भी नाम पता है, कुन्तल को आश्चर्य हुआ। 'अग्गा', यह भी कोई नाम हुआ!

बहरहाल क़िले तो क़िले होते हैं, लगभग सब के सब एक से। अपनी मज़बूती में मज़बूत।

उन दिनों कुन्तल सारे उलझाव और तनाव भूलने लगी थीं क्योंकि न तो संस्था के टेंशन थे और न मलखान सिंह की घुड़कियाँ।

आभास ऐसा भी हुआ था कि अब मलखान सिंह के मन में कोई रंजिश नहीं रही शायद। वह शान्त रहता है।

संयोजक जी का व्यवहार भी बढ़िया है। अपनी भावनाओं से जोड़कर देखते हुए कुन्तल को संयोजक जी समथर के राजा जैसे लगते, रोबीले व्यक्तित्व के साथ भी विनम्र।

*

दिन में देखे सपनों से निकलीं कुन्तल संस्था के लिए कार्यक्रमों का सुनहरा जाल बुनने लगतीं। इस क़िले के क़स्बे के बीच अपना राजमहल खड़ा कर लेतीं। रियासत में चीफ़ रहे अनवर हुसैन बार-बार याद आते। वे हिन्दू-मुस्लिम एकता के स्तम्भ सरीखे थे। ऐसा तो ज़रूर होगा कि कला और संस्कृति के ज़रिए यहाँ शास्त्रीय गान गूँजें, कत्थक के घुँघरू बाजें।

ये सारी बातें कुन्तल ने चौपड़ में घूमते हुए कान्ति के साथ बाँटी थीं। बाज़ार से अपनी पसन्द के कपड़े लिये, साबुन और क्रीम भी। कान्ति की पसन्द का साबुन पीयर्स सोप याद करके लिया।

रास्ते में बातें करती हुई आईं। कुन्तल ने मुख्य रूप से ऐसी ही बातें कीं जिनमें अपनी सोची योजना अपने कार्यकाल तक अच्छी तरह सँभाले

रहने की ही नहीं, लागू करने की साहसी वृत्ति बनाए रखी थी।

—नाट्य मंडलियों का पुराना बोलबाला नहीं रहेगा।

—पुराने नाट्य निर्देशकों की बाँट-बँटाऊ नीतियाँ ख़त्म होंगी।

—नाटकों में नई कथाएँ प्रदर्शित होंगी।

—पिछली कोशिश असफल नहीं हुई, नया कथा-समय रचा गया।

—कॉलेज से युवा कलाकार लिये जाएँगे और उनको ज़रूरी प्रशिक्षण दिया जाएगा।

—कलाकारों को व्यक्तिगत रूप से पारिश्रमिक संस्था देगी।

ऐसी कई बातें कुन्तल के मन में आईं जो उन्होंने संयोजक जी के आगे रख दीं।

संयोजक जी का भव्य चेहरा जैसे विचारों में डूब गया हो। उनकी आँखें कुन्तल की लिखी सूची पर जम गईं।

ऐसा लग रहा था जैसे धैर्यपूर्वक संयोजक जी इस सूची को लागू करने के लिए माहौल को छान रहे हों।

कुन्तल अपनी लाल किनारी वाली साड़ी के पल्लू को सँभालती हुई संयोजक जी की सहमति की आशा में सामने वाली कुर्सी पर बैठी थीं। यही साड़ी जो आज...।

"कुन्तल जी!"

"जी हाँ।"

"कुन्तल जी...आपकी सोची योजना को लागू करने के लिए तो यह समय ही पलटना पड़ेगा।" संयोजक जी का स्वर गम्भीर था।

कुन्तल असमंजस में पड़ी मुँह खोले संयोजक जी को देखती रह गईं। सोचा नहीं था कि नाटक के क्षेत्र में नई दुनिया खोलने का स्वागत संयोजक जी को क़तई नहीं भाएगा। ऐसा उदास उत्तर मिलेगा कि निराश करने के लिए काफ़ी है।

क्यों भाएगा? कुन्तल ने इस प्रश्न पर विचार नहीं किया।

'इस नई कॉलेज-मंडली से यहाँ के संयोजक और कार्यक्रम अधिकारियों जैसे लोगों को क्या मिलेगा?' वे इस भेद पर नहीं उतर पाईं।

संयोजक जी ने ही समझाया, "यह छोटी जगह है कुन्तल जी, लगभग यहाँ गँवई लोग ही हैं। आप मोहल्ला-दर-मोहल्ला छान मारिए अपने लड़कों को नाटक में काम करने के लिए जो लोग रज़ामन्द हो जाएँगे वे ही अपनी लड़कियों को नाटक में पार्ट नहीं करने देंगे।"

"ऐसा तो नहीं होना चाहिए सर। लड़कियाँ लड़कों के साथ पढ़ती भी तो हैं।"

संयोजक जी ने गहरी साँस ली और कुन्तल को ऐसे देखने लगे जैसे यह स्त्री इस प्रौढ़ अवस्था में इतनी नासमझ है!

"समथर की संस्कृति को समझिए। यहाँ रियासतों का दौर ख़त्म हो गया लेकिन रियासतों में चलती आ रही प्रथाओं का असर ख़त्म नहीं हुआ। यहाँ स्वाँग-तमाशे में काम करने वाली लड़की को पतुरिया कहते हैं और पतुरिया का अर्थ आप समझती होंगी।"

कुन्तल अब क्या कहें, क्या समझाएँ? पतुरिया अर्थात् वेश्या।

किसी को कुछ नहीं समझाना। इस संस्था के लोग केवल अपने लाभ की बात समझते हैं। कमीशन की बात समझते हैं। दलाली में विश्वास करते हैं। ये बातें तो कुन्तल को समझनी हैं।

कुन्तल कहाँ-कहाँ नहीं गईं। आसपास के गाँवों में गईं, लाबन और बुढ़ावली तक छान मारे, उधर अमरा और सेमरी तक खोज आईं। वहाँ गानेवालियाँ तो मिलीं, मंच पर अभिनय करने वाली नहीं।

गाँव में लड़के की बरात चली जाने के बाद औरतें रात के समय जो 'जुगिया' करती हैं, आदमी और औरत का सजीव अभिनय करती हैं, वे नाटक में अभिनय क्यों नहीं कर सकतीं? लड़कियाँ नाटक के मंच पर आने से क्यों गुरेज करती हैं? उनका तर्क था कि वे मर्दों के सामने जुगिया नहीं करतीं। यानी मर्दों का ऐसा दबदबा आज भी बना हुआ है कि लड़कियाँ या स्त्रियाँ अभिनय के ज़रिए भी असलियतों को सार्वजनिक नहीं कर सकतीं।

'कुन्तल तुम स्त्री अधिकारों की बात करती हो, स्त्री चेतना के लिए आश्वस्त होना चाहती हो जबकि यहाँ सपने भी मर्दों से छिपकर देखे जाते हैं। माता-पिता और संरक्षकों की रस्सियों से बँधी लड़कियों के लिए तमाम दुःस्वप्न थे—

—हमारी लड़कियाँ नाचेंगी तो इनके ब्याह कैसे होंगे?

—एक बार नाच लीं तो इनको चस्का लग जाएगा। जगह-जगह नाचने चली जाएँगी।

—क्या ख़बर कि कोई नाटकवाला ही भगा ले जाए।

—इतना तक है कि मंच पर नाचनेवाली लड़की जब समथर की गलियों में निकलेगी तो तमाम लुंगा उसे घेरेंगे।

—आदमी नाचनेवाली के घुँघरू और मेहनताने को धन्धे की नज़र से देखता है और नीच हरकतों पर आने में देर नहीं करता।

—कला को आवारगी और बदमाशी से जोड़ने वाले जगह-जगह मिल जाएँगे क्योंकि संगीत और नृत्य के लिए विद्यालय और संस्थाएँ गिनी-चुनी हैं, वह भी बड़े-बड़े शहरों में।

—यहाँ समथर जैसी जगहों पर कला को कला की तरह नहीं, तमाशे की नज़र से देखा जाता है क्योंकि यहाँ क्लासिकल परख का अभ्यास नहीं।

कुन्तल ने तरह-तरह से सोचा मगर अन्त में यही नतीजा पुख़्ता रहा कि यह संस्था चाहे तो यहाँ कला और साहित्य को विकसित कर सकती है। लेकिन लगता है कि इस संस्था की तरह ज़्यादातर संस्थाओं की सीमा यही होती है कि जैसा चलता आ रहा है, चलने दो। इसे चलने देने में कोई दौड़भाग नहीं, नई कोशिशें नहीं, कमीशन का लाभ अलग।

ज़ाहिर है कॉलेज के छात्रों के साथ मेहनत करनी होगी, दलाली अपनी राह जाएगी, यानी ख़त्म। कौन करे ये मुफ़्ती मशक्कत?

*

बहरहाल...

मलखान सिंह की अध्यक्षता में बनी कमेटी से प्रस्तावित 'पाजेब और चीफ़ की दावत' पर नाटक होने की बात मंज़ूर हुई।

कुन्तल आज दफ़्तर में रुकी हुई थीं। गम्भीर ऐसी जैसे पत्थर की मूर्ति हो। सोच में पड़ी थीं मगर अंधी की तरह, जिसे कुछ न दिख रहा हो। संयोजक, सचिव, छोटा सचिव, बाबू और चपरासी...ये सब पुरुष हैं मगर उपसंयोजिका?

यह नाम ही अलग है—संयोजक का स्त्रीलिंग। स्त्री को प्रमुख कौन मानता है? वह प्रमुख हो, तब भी 'औरत ही तो है' का हल्कापन पीछा नहीं छोड़ता।

कुन्तल उठीं और घर की ओर चलने को हुईं मगर पाँव आगे बढ़ें तब न। सूना घर पीड़ा और बढ़ाएगा। यहाँ उपहार में मिले तिरस्कार और बहिष्कार अलग हमला करेंगे। कोई है जो समझे इस न्याय-अन्याय को?

कुन्तल चलीं तो लगा कि पीछे-पीछे पूरी संस्था के लोग चले आ रहे हैं, बढ़ती हुई भीड़ को देखने की उनमें हिम्मत नहीं। जब कुछ सूझ ही नहीं रहा तो तनाव ही बढ़ने लगा।

मास्साब पास होते तो?

नहीं, क्यों होते यहाँ मास्साब? और क्या कहते अगर होते भी तो? कुन्तल की तरह दुख महसूस कर सकते थे? उनकी आँखों में दुख पिघलकर आँसू बन गया होता?

अँधेरे घर का ताला खोला कुन्तल ने, दरवाज़े ने रास्ता दे दिया।

उजाले के नाम पर कुछ उजाले जैसा था जिसमें अपने मोबाइल फ़ोन को पकड़े बैठी थी बिस्तर पर। क्यों रिचार्ज नहीं कराया अपना फ़ोन? दो-चार अश्लील गंदे मैसेज आ जाते तो क्या छीज जाता उनका? इतनी घबरा गईं कि फ़ोन ही उठाकर एक ओर रख दिया।

मेज़ पर करीने से रखी किताबें मखौल सा उड़ाते लगीं। वहाँ रखे पेन और पैड को उन्होंने करुणा की दृष्टि से देखा, इस दृश्य में जानलेवा अपमान पूरी ताक़त के साथ वजूद को कुचल रहा था। एक ही स्वर, एक ही आवाज़...'भ्रष्टाचारी लोग मेरा तमाशा बना रहे हैं। इस तमाशे की पटकथा मलखान ने लिखी है जिसमें उपसंयोजिका के अपाहिज होने का जश्न है। ऐसा होगा, यह ज़रूरी नहीं लेकिन ऐसा हो सकता है कि किसी समारोह में कुछ शोहदे कुन्तल का नाम लेकर सीटियाँ मारें, यह विदूषकी क्रिया दर्शकों के मनोरंजन के लिए होगी।'

किस पर भरोसा हो? यहाँ पहले अपना भरोसा ही जमा लें कुन्तल जिनको परे धकेलकर किनारे कर दिया गया। तो किनारे खड़ा होकर देखो सारी लीला। मलखान सिंह का जलवा भी देख लो, तुम्हारे लोग भी उसकी शय पर कैसा अद्भुत नृत्य कर रहे हैं!

रात हो गई, आधी रात...नींद के महूरत आसपास न थे। अगर कुछ नज़दीक था तो वह था संयोजक जी का चेहरा...

'उफ़! मैं इनको अभी कितना आजमाना चाहती हूँ? उनकी आँखों में कितना लिहाज़ बचा है? शायद इतना कि...

सन्देश आया था—

"इस साल के सम्मानों को तय होने के लिए ऐसे भी तीन महीने का विलम्ब हो गया है। आप इस कार्य को जल्दी पूरा करने की कोशिश करें।"

अब कौन कहे कि संस्तुतियाँ मँगाना मेरा काम नहीं, यह यहाँ के कार्यालय की ज़िम्मेदारी है।

विज्ञापन केवल समथर के लिए ही नहीं छपते, पूरे झाँसी रीजन के लिए जाते हैं। लेकिन छपाई में गड़बड़ियाँ दिखाई दे जाती हैं।

अबकी बार तो ऐसा भी हो रहा है कि विज्ञापन दो बार दिए गए मगर जो नाम आए वे अर्हता पूरी नहीं करते। जो नाम ठीक लग रहे थे उनमें से सम्मानों के लिए चुनाव हो सकता था।

मगर संयोजक जी की मंशा ऐसी भी हुई कि विज्ञापन तीसरी बार दे दिया जाए।

'नहीं, तीसरी बार विज्ञापन नहीं दिया जा सकता। नियम दो बार ही देने का है,' यह कार्यालय से कहा गया।

'नहीं, क्यों नहीं?'

सिंहासनों पर बैठे साहबों का रुतबा दहाड़ने लगा।

'उफ़! यहाँ सच्चाई, योग्यता, कार्यकुशलता को ठुकरा देने का चलन है। ठीक है लेकिन दृढ़ता तो मेरी अपनी है—जिसके तहत 'नहीं' कहना मेरा हक़ है। और हक़ छिनते जाना वजूद की तौहीन होते जाना है।' कुन्तल का विचार।

*

तरह-तरह से समझाने वालों को कुन्तल शुभचिन्तक न कहें तो क्या कहें?

—मैडम, इन लोगों से पंगा मत लीजिए। ये लोग सारे हथकंडे जानते हैं। उन

हथकंडों के आगे आपकी सच्चाई और ईमानदारी की हिमायत धरी रह जाएगी। आप ही बताइए, आप शुरुआत से ही यहाँ की नीति-अनीति पर अपनी राय विरोध में दर्ज करती रही हैं, क्या यहाँ कुछ बदला?

—मैडम, लेन-देन का मामला भी आपसी सहमति से मिल-बाँटकर चला लिया जाता है।

—आपने अभी तक नहीं समझा कि आपकी बात पर, असहमति पर ग़ौर नहीं किया जाता।

—आपसे सवाल ज़रूर किए जाते हैं। मलखान सिंह कहाँ तक अपनी पहुँच रखता है, पता है आपको?

आगे कुछ सुनने की ज़रूरत नहीं थी। कुन्तल समझ गईं कि यहाँ कुछ भी ग़लत नहीं है, वे ख़ुद ही ग़लत हैं।

*

उसी रात...

अपने एकान्त कमरे में जिसके किंवाड़ अन्दर से बन्द थे। कमरे में रोशनी उतनी ही थी जितनी कि कुन्तल चाहती थीं।

उनकी ज़रूरत इस समय रात का खाना नहीं था क्योंकि उनको भूख नहीं थी।

उनको फकत अपनी क़लम की ज़रूरत थी जिसे वे रोज़ रात को किताब पढ़ते समय उपयोग में लाती थीं कि मुद्दों की पंक्तियों के नीचे पैन से लाइन खींचती जाएँ। इन लाइनों में जैसे कुन्तल की ज़िन्दगी के भविष्य के संकेत छिपे हों। फ़िलहाल भी कुछ पंक्तियों ने उनको आवाज़ दी...

मन-ही-मन याद करती हैं कुन्तल एक-एक पंक्ति किन्तु उनके होंठों के बीच से आवाज़ नहीं निकल पाती। उनको लगता है आदमी के दिल से लेकर गले तक शब्दों का भंडार समाया रहता है लेकिन वह स्पष्ट कितना कम कर पाता है! कितने भावपूर्ण शब्द तो हृदय में ही डूब जाते हैं कि फिर बाहर आते ही नहीं। आज भी जो कुछ मन-ही-मन विचर रहा है क्या किसी से कह पाएँगी?

दुख, शोक और पछतावे बाँटने का भ्रम होता है बस, बँटता कुछ भी नहीं है। यह भी सच है कि हमारा मन ही वह सामर्थ्य रखता है कि पहाड़ से दुखों और तिरस्कारों को सहन करता हुआ आगे बढ़ता जाए।

कुन्तल अब शान्त रहना चाहती थीं।

शान्ति कहाँ होगी? शान्ति कैसे मिलेगी? यह सब बहुत से लोग पूछते देखे गए हैं। पता नहीं किसी को किसी से कोई मुकम्मल जवाब मिला या नहीं? इस समय वे तो मास्साब से भी अपनी व्यथा कहना नहीं चाहतीं। पता नहीं क्यों सोच लिया है कि व्यथा बाँटने से उनके निर्णय हल्के पड़ जाएँगे।

*

कुन्तल ने अपनी आशा, अपने विश्वास को ख़त्म होने से बचा लेना चाहा। उनका मानना इस वक़्त दृढ़ हुआ कि हज़ार रास्तों से निराशाएँ आएँगी मगर इन निराशाओं का सामना भी तो मनुष्य ही करेगा। हथियार डाल देने से तो कुन्तल कायर ही मानी जाएँगी।

बार-बार इसी वाक्य को दोहरा लेती हैं—'कुन्तल उदास नहीं होते, उपाय खोजते हैं। खोज इंसान के लिए, इस दुनिया के लिए ज़रूरत के रूप में हमेशा से रही है। उदासीनता से ज़िन्दगी चलती नहीं, ठहर जाती है और तुम्हारा स्वभाव ठहर जाने का पक्षधर नहीं। यह आत्मालाप ईश्वर के सुमिरन की तरह वे बराबर करती रहीं।

इसी दरमियान मन इधर-उधर भागा। बस कोई उपाय मिले।

सचिव से कहा—'आप भी यही चाहते हैं कि इस संस्था में दबंगई दिखाने वाले लोग राजनैतिक स्तर के मंत्रियों, संतरियों की धौंस देते हुए हमें अपने अनुसार चलाते रहें? दुख इस बात का है कि राजनैतिक कुर्सियों के बादशाह अपनी साहित्यिक और सांस्कृतिक योग्यता में क्या हैं...वे ख़ुद भी जानते हैं लेकिन यहाँ के सलाहकार सदस्यों पर सवारी गाँठना चाहते हैं।

'बताइए, आप क्या वही चाहते हैं जो ये 'जहाँपनाह लोग' चाहते हैं?'

'मैडम!' सचिव विनम्र थे, 'हमारे चाहने से क्या होता है। अगर होता तो

ऐसा कभी न होता जिससे हमारा ईमान झूठा पड़ जाए। हम तो आज भी आप के साथ खड़े हैं लेकिन हम यह नहीं चाहते कि आपके ऊपर ही कोई फंदा कस जाए। आप मुजरिम बना दी जाएँ।

'मैडम, नौकरी हमारा खूँटा है, इससे बँधना तो हमारे हाथ में था खुलना अपने हाथ में नहीं है। इस बात से भी हम परेशान हैं कि इस संस्था से जो इनाम और फ़ेलोशिप जैसे उपहार निकलते हैं, हज़ारों की राशि में होते हैं। बड़ी राशि अकसर लालच पैदा कर देती है।'

कुन्तल सचिव की ओर देखती रह गईं। आज उनका साँवला चेहरा बुद्धिमान पुरुष का रूप लग रहा था। वे आगे क्या कहेंगे, सुनना चाहिए।

'आपने सारे उपाय कर लिए, देख लिया होगा कि शासन व्यवस्था के हथकंडे कैसे होते हैं और समझ लिया होगा कि लाभ के साथ लोभ जुड़ा ही रहता है। यह लोभ ही तो आपकी ईमानदारी, न्यायप्रियता और सच्चाई को कुचल रहा है।

'कुन्तल जी, आप इस जकड़बन्दी से छुटकारा चाहें तो वह कैसे मिले? अभी तो लम्बी अवधि तक आपको रहना है।'

कुन्तल सचिव की ओर मासूम बच्चे की तरह देख रही थीं कि आगे भी शायद कुछ और...

'आपके बारे में यह बात भी चलने लगी है कि कुन्तल मैडम को सम्मानों या धन के मामलों से जुड़े कार्यकलापों में हद दर्जे की दिलचस्पी क्यों है? कोई ख़ास कारण न हो तो वे बराबरी में बैठे संस्था के सदस्यों की राय पर रोड़े अटकाएँ? लाभ, लोभ और सौदेबाज़ी...कुछ भी कहो उनके व्यवहार को।'

उफ़! यह भयानक सोच!

आज के दिन यहाँ रुकीं तो अवसाद में चली जाएँगी।

कहीं भी चली जाएँ, मन का सन्ताप वहीं का वहीं...

घर, अपना बिस्तर, अपना कमरा...कमरे में अपनी मेज़-कुर्सी। मेज़ पर रखी किताबें! किताबों के पास सरस्वती की प्रतिमा।

समथर क़स्बे के घरों के आगे दरवाज़ों पर, बाज़ार में दुकानों पर और छोटे-मोटे कार्यालयों के मुख्य प्रकोष्ठ तक, एक ही सुमिरन, एक

ही प्रार्थना और एक ही पुकार लिखी देखी है उन्होंने—'श्री लक्ष्मी जू सदा सहाय करें'।

अपनी इस गहन उदासी में कुन्तल किस देवी-देवता के आगे गुहार लगाएँ अब? आसपास के मनुष्यों में तो उनकी बात समझना तो बाद में, सुनने को तैयार नहीं होते लोग। कुन्तल की आँखें गरम-गरम पानी से भर आईं। अकेली कुन्त्रल अकेले कमरे में रोती रहीं।

उनको लगा कि मास्साब की दी हुई सरस्वती की प्रतिमा उनके मौन विलाप को सुन रही है। अगर सुन रही है तो जान भी रही होगी कि कुन्तल ने यहाँ के कर्मचारियों से लेकर साहित्य और कला से जुड़े लोगों के साथ भारतीय साहित्य संस्था का कैसे सँभाला है भार...

कभी यह हाथ टूटता तो कभी वह हाथ छूटता मगर सामूहिक साहित्यिक और कलात्मक क्रिया को झटका न लगता। कोई किधर भी नहीं मुड़ेगा। राजनैतिक डंडा घूम रहा है, हम सब अपनी निजी ताल और चाल पर हैं।

'माँ सरस्वती, आँखें बन्द करके नहीं, न्याय भरी नज़र खोल दे। अपनी शक्ति का संचालन कर हमारी ओर। वह विद्या भर दे हमारी झोली में कि अंग-अंग लहराकर ईमानदारी की ताल देने लगे। तेरी वीणा का ही तो आशीष है कि इंसाफ़ की ज्योति लेकर हम इस कला भवन में उतर आए हैं।

'विशेष कुछ नहीं, ख़ास कुछ भी नहीं, हे वीणावादिनी! अब हमारा किया तेरा ही होगा। अब तुझको ही उसका उचित-अनुचित देखना है क्योंकि तेरे ही गले में हमने धवल पुष्पों की माला अर्पित की है।

'आज मैं कमज़ोर नहीं पड़ना चाहती। मुझे तुझसे विद्या का बल चाहिए। यही वीणा दे कि झंकार उठे और अन्यायियों के बीच गूँजे। हे सरस्वती, तेरी यह मूर्ति तेरे ही रूप में मेरे साथ न जाने कब से है! अब यहाँ जो निर्णय मैं लूँगी वह मेरा नहीं, तेरा ही होगा। मैंने अपने गुरुओं से जो विद्या सीखी है, शिक्षा ली है, वह तेरी ही देन तो है।

'मेरा निर्णय नहीं बदलेगा। शिक्षा लेते वक़्त यह प्रतिज्ञा भी तो ली थी कि ईमानदारी के फ़ैसले वापिस लेने के लिए नहीं होते क्योंकि सच्चाई और ईमान की तौहीन करने की किसी को छूट नहीं।'

कुन्तल ने थरथराती हुई उँगलियों से सरस्वती को छुआ।

सरस्वती स्थिर थीं जबकि उँगलियाँ कँपकँपा रही थीं। कुन्तल का अन्त:करण न जाने वीणा की किस ताल पर नाच उठा और शरीर का बेदम होता भार, फूल सा हल्का हो गया।

कुन्तल सरस्वती रूप होने लगीं और अब उनको संस्था की उपसंयोजिका बनना है, निर्णय देना है—'निर्णय पर हमारे हस्ताक्षर हैं, निर्णय वही रहेगा।'

अच्छा...

कुन्तल को वह सूची याद आई जो बार-बार उनके पास भेजी गई, लगभग चार आदमियों के द्वारा लाई गई।

'तो अब उस सूची को लागू करना होगा।' कुन्तल ने धड़कते दिल से सोचा था।

'यहाँ उपसंयोजक की जगह किसी साहित्यकार को क्यों चयनित करते हैं? जब राय एक राजनैतिक आदमी की महत्त्वपूर्ण हो जाती है तो किसी राजनैतिक व्यक्ति को ही यहाँ भी ओहदा दिया जाना चाहिए।

'मेरे रूप में एक साहित्यकार के दिल पर लगे ज़ख़्म आका लोगों के हुक्म के रूप में टीसते हैं। दर्द को सहते हुए अपना समय निकाला है। मत कहो कि इस पद से कोई गरिमा जुड़ी हुई है, इस गरिमा पर सरकारी तंत्र का क़ब्ज़ा है। ऐसा सब देखते हुए ही मेरे मन से वे लोग उतरते चले गए जो हर ओर से अपने लालच को पूरा करना चाहते थे। हिन्दी सेवी होने के नाम पर वित्तीय मदद लेना जैसे उनका अधिकार हो। यहाँ कितने आग्रह, कितनी ख़ुशामदें और कितनी चापलूसियाँ...क्या यह वही अकादमिक दुनिया है जिसमें कबीर, प्रेमचन्द, निराला जैसे रचनाकारों को अग्रणी माना जाता है?'

*

सिफ़ारिश के रूप में या आदेश की पर्चियों से कुन्तल प्रभावित नहीं होतीं। संस्था से वित्तीय लाभ के याचकों से दूरी बनाकर रखती हैं। भले ही उनके दृढ़ निश्चयी हृदय को हिलाने के प्रयत्नों में कमी नहीं रखी जाती। वे शिकंजे

के बाहर निकलने के लिए शिकंजे की मज़बूती को टटोलती हैं। टटोलना भी ऐसा कि स्पर्श सहलाने जैसा लगे, तभी तो उनको तोड़ने का जतन हो पाता है। अब यह भी परीक्षाकाल था कि शिकंजा कुन्तल तोड़ती हैं या कुन्तल को शिकंजा ही तोड़ डालता है...

यों तो कुन्तल तरह-तरह की बातें सुनती रहती हैं जो उनकी ज़िद पर गुज़रती हैं। एकाध लोग उनको सुनाते हुए निकल जाते हैं...घर-गृहस्थी वाली औरत होतीं तो क्या ऐसी होतीं? बेनाथ-पगहा की बैल सरीखी है, जी चाहे जिधर चल दे। कुँआरी रह जाना सन्ताप का रास्ता हो जैसे।

*

जहाँ तक कई फ़ाइलों पर संस्था के मुख्य तीन लोगों के हस्ताक्षर के बाद संयोजक जी के हस्ताक्षर का सवाल है, कुन्तल की भावना गहन रूप से संयोजक जी की उदारता से जुड़ी थी।

नहीं पता था कि कालान्तर में संस्था प्रमुख के सोच में कोई अन्तर आ सकता है। अन्तर आने का कोई कारण भी नहीं था।

बहरहाल संयोजक जी के दस्तख़त हुए बिना तो सारे निर्णय व्यर्थ हैं।

क्या करें कुन्तल? सचिव के हाथ फ़ाइल भेज दें? या किसी चपरासी के हाथ? कुन्तल के उद्देश्य को संयोजक जी अच्छी तरह समझते हैं। और यह उद्देश्य उनके हस्ताक्षर बिना पूरे नहीं हो सकते।

वे ख़ुद ही गई थीं संयोजक जी के पास! यह भी एक सुनहरा दिन था। ऐसे संजोग शुभ महूरत में ही जुड़ते हैं। संस्था के लिए कितने दरवाज़े खुलेंगे और संस्था की ईमानदारी का परचम फिर एक बार लहराएगा। भारती साहित्य संस्था की साख अक्षुण्ण है। ये सारी बातें संयोजक जी जानते हैं।

और...

अब दोपहर चढ़े कुन्तल और संयोजक जी कुर्सियों पर आमने-सामने थे।

बातें हुईं। संस्था के हालचाल पूछे और उन्होंने जाने।

बहुत समय संयोजक जी के पास नहीं था। शायद कोई ज़रूरी मीटिंग होने

वाली थी क्योंकि चपरासी बार-बार पर्ची रख जा रहा था। बाहर से कई लोगों की बात करने की आवाज़ें भी आ रही थीं।

कुन्तल का वहाँ ज़्यादा देर तक बैठना मुनासिब नहीं था, उन्होंने ख़ुद ही सोचा। और उठने का उपक्रम किया।

"सर, फ़ाइल छोड़े जाती हूँ। साइन करने के बाद लौटा दीजिएगा। या मैं ही फ़ोन पर पूछ लूँगी।"

एक दिन...दो दिन :

कुन्तल के फ़ोन करने से पहले ही फ़ोन के स्क्रीन पर संयोजक जी का सन्देश चमक उठा—

—कुन्तल जी, मेरे साइन करने से पहले आपकी इस फ़ाइल को श्री मलखान सिंह देखेंगे। वे देखना चाहते हैं। फ़ाइल उनको दिखा दीजिए।

'अगर मलखान सिंह इस फ़ाइल को ओके कर देंगे और अपने साइन कर देंगे तो मैं इसे बिना पढ़े ही इस पर साइन कर दूँगा।'

कुन्तल को अपने मोबाइल फ़ोन पर आए इस सन्देश पर विश्वास नहीं। एक बार नहीं उन्होंने संयोजक जी का सन्देश बार-बार पढ़ा। पढ़कर हर बार विश्वास करना चाहा। बावजूद इसके विधायिका में छपे उस नियम की अवहेलना संयोजक जी कर सकेंगे जिसके अनुसार मलखान सिंह या किसी अन्य के हस्ताक्षर वहाँ चाहिए ही नहीं। मलखान सिंह की इस मामले में क्या हैसियत है?

'सर, आपके हस्ताक्षर ही चाहिए, बाक़ी किसी के नहीं।'

'नहीं, पहले मलखान सिंह फ़ाइल देखकर साइन करेंगे, इससे पहले कुछ नहीं।'

अब? इस बात को सार्वजनिक भी कैसे किया जाए? लोग तमाम तरह के अनुमान लगाएँगे। संयोजक जी की इज़्ज़त पर सवालिया निशान लग जाएगा।

यों तो कुन्तल शान्त दिख रही थीं लेकिन उनका मन ऊबड़-खाबड़ रास्तों पर चलते हुए झटके खाने लगा। वे सँभलने की कोशिश करते हुए भी दिली अस्त-व्यस्तता को सँभाल नहीं पा रही थीं।

अब कुन्तल को संयोजक जी का यक़ीन नहीं...माना कि हर कोई अपने

दोस्तों, रिश्तेदारों और नज़दीकियों को चाहता है लेकिन इस तरह किसी अवांछित को संस्था पर लाद तो नहीं सकता। संस्था के नियमों की अवहेलना तो नहीं कर सकता। रिश्ते-नाते और दोस्ती-दुश्मनी से बचकर काम करना ही तो ज़िम्मेदारी निभाना है।

कुन्तल को अब आश्चर्य नहीं, गहन दुख था कि अपने संयोजक जी ऐसा भोलापन दिखाएँगे कि संस्था को ही किसी दूसरे को सौंप देंगे।

कुन्तल ने कहा भी था, "सर, ऐसा करिए, मलखान सिंह को ही संयोजक बना दीजिए और आप इस ज़िम्मेदारी से इस्तीफ़ा दे दीजिए। सर, इस संस्था के लिए फ़ाइनल अधिकार संयोजक को ही दिए गए हैं जो सर्वसम्मति से चुना गया है।"

आख़िर में कुन्तल ने समझ लिया, संयोजक जी मलखान के दलन से पीड़ित हैं। ऐसे लोग भी तो दलित होते हैं, जो जाति से नहीं, दादागीरी से दबाए जाते हैं। हो सकता है कि संयोजक जी के प्रति मेरी अन्धभक्ति ही रही हो।

मगर अब तो यह बात साफ़ हो गई कि चारों ओर से संस्था को राजनीति घेर रही है। पेशतर यहाँ सब कुछ उनका है जो राजनैतिक आका हैं। नहीं तो सारी संवैधानिक नीतियाँ मुँह ताकती रह जातीं? बेशक राजनैतिक ताक़तों ने पाँसा पलट दिया। संयोजक जी की क्षमता पर किसी को भी सन्देह नहीं था।

ग़ुस्सा बहुत था कुन्तल को।

दिन बेचैन और रात बेनींद...अपने ही भीतर तो तौहीन की रागिनी झनझना रही थी। अब संयोजक जी क्या, किसी से भी कहने-सुनने को कुछ नहीं रह गया। कोई मनोबल समेटे तो कैसे समेटे? यह बिखरा हुआ बाजरा तो नहीं है कि किसी तरह सकेर लिया जाएगा।

किस-किस तरह सवेरा हुआ। सवेरे के दस बजे और कुन्तल पहुँचीं जाकर संयोजक जी के कमरे में। वे पहुँचीं कि उनके भीतर उठता आक्रोश पहुँचा!

संयोजक के सामने कुर्सी पर बैठ गई थीं। अभिवादन में झुकी भी थीं। लेकिन मन में एक धारा आदर के विपरीत बह रही थी—

'यह आदमी आदर के योग्य क़तई नहीं है। इसे अपने पद की गरिमा का लिहाज़ नहीं। इसे इस कुर्सी के महत्त्व की रक्षा की परवाह नहीं। इसे न्याय-अन्याय

का भी कोई विचार नहीं...यह गूँगा-बहरा आदमी इस स्वायत्त संस्था के लिए कठोर-से-कठोर फ़रमान जारी कर देता है! यह निजी इच्छाओं-आकांक्षाओं की ख़ातिर सहयोगी जुटाता है और नाइंसाफ़ी करने वालों से हाथ मिलाकर चलता है। यह घोर 'राजनैतिक' आदमी है।'

कुन्तल ने कहना शुरू किया कि जीभ पर उगे काँटों पर शहद लगाया, "सर, मैं ज़्यादा कुछ नहीं, थोड़ा ही कहने आई हूँ। आप हमारे लिए आप हैं। इंसाफ़ और ईमानदारी के पक्षधर। आपसे न्याय की उम्मीदें हैं।"

संयोजक जी अपनी जानी-पहचानी अदा के साथ मुस्कराए।

"क्या हुआ कुन्तल जी? आपका काम तो अच्छा चल रहा है।"

"आपको सब तो पता है सर। मलखान सिंह..."

संयोजक जी बराबर मुस्कराते रहे। वे बुरा मानना जानते ही नहीं।

*

मास्साब का सन्देश मोबाइल फ़ोन के स्क्रीन पर तैर रहा था—'मैं एक काम से समथर आ रहा हूँ।'

कुन्तल ने इसे पढ़ा और गहरी साँस लेकर रह गईं।

'मेरी त्रासदी के साथ यह काव्यात्मक न्याय!'

मास्साब का सान्निध्य कितनी सांत्वना देगा? कुन्तल नाम की स्त्री तो जैसे इस प्रेमिल नाते का विस्मरण ही कर चुकी थी। सोच चुकी थी कि जीवन केवल प्रेम ही तो नहीं है। प्रेम के सिवा इस जीवन-जगत के तमाम भाव-अनुभाव होते हैं। मगर जब एक ही भाव तुमको सुख-शान्ति और सन्तुष्टि दे तो लगता है यह प्रेम है और यही जीवन का आधार भी है। इसी सुख को स्थायी बनाने के लिए हम कहाँ-कहाँ से नहीं गुज़र जाते।

'अरे! मैं कहाँ भटक रही हूँ! अब तो यह पवित्र-सी स्मृति भी दुख ही देगी। मास्साब क्यों आना चाहते हैं, मैंने तो बुलाया नहीं। उनको नज़दीक पाकर एक दबी-छिपी विरोध की चिनगारी अनजाने ही भड़क उठती है। यदि इस चिनगारी को मास्साब के विवाह के वक़्त लहका दिया होता तो यह भयानक रूप से दहक

उठती लेकिन यही मेरी हार होती, मेरे प्रेम की नैतिक हार। यहीं तो मनुष्य पशुओं से अलग हो जाता है क्योंकि उसे समय और कर्तव्य का ज्ञान होता है। जिनको यह ज्ञान नहीं रहता, वे ही पशु की श्रेणी में गिने जाते हैं।'

बहुत कुछ सोचा कुन्तल ने लेकिन ख़ुशी तो हो रही थी। पुराने प्रेम की नई तसवीर तो बन रही थी। यह सब मनोवैज्ञानिक प्रक्रिया है। सच यह भी है कि हम प्रेमी की तरह अविवाहित रहें या विवाहित, प्रेम यादों के सिवा कहीं बसर नहीं कर पाता।

बहरहाल...मास्साब कुछ सुनकर ही यहाँ आ रहे हैं। वे जो कुछ पूछेंगे और कुन्तल बताने लगेंगी, वह भी दबा-छिपा नहीं है। बस दिल ही दुखाना है।

मास्साब विश्वास नहीं कर पाएँगे कि संयोजक जी मलखान सिंह के दबाव में हैं। वे सोचते हैं कि इस त्रासदी के बिना वे अधूरे हैं, राजनीति में कोरे हैं।

संयोजक जी के क्रियाकलाप देखकर किसी की भी बेचैनी बढ़ जाए। उनके लिए कोई उपाय कैसे खोजा जा सकता है?

दरअसल संयोजक जी बेचारे मलखान सिंह की दबंगई, ताक़त और कार्यकुशलता के भ्रमजाल में उलझे हुए हैं तो यह भी कोई अजूबा नहीं है। कितने शासकों और राजा-महाराजाओं के उदाहरण हैं कि उनको उनके मंत्रियों ने ही नष्ट करा दिया। राज्यों के विनाश में महामंत्रियों की भूमिका रही है, यह दबी-छिपी बात नहीं है। सर्वविदित है। राजगद्दी का मोह या पद की लिप्सा आदमी को चौकन्ना नहीं रहने देती। वह मद में चूर रहने के लिए मजबूर हो जाता है। संयोजक जी के दरबारी लोग उनको होश में नहीं आने देंगे...

'अरे...मैं भी क्या-क्या सोचने लगी! संयोजक जी बच्चे की तरह नादान तो नहीं हैं, अपना और संस्था का भला-बुरा समझते हैं। मुझे यही मानना चाहिए, जिससे मेरा मन शान्त रहे...मन में उपद्रव न उठें।'

कुन्तल ने यह सब सोच ही नहीं लिया, गाँठ बाँध ली।

एक दिन।

दो दिन।

तीन दिन।

चार और पाँच दिन...

आख़िर कितने दिन...कुन्तल कभी अपना सिर हाँ में हिलाती और कभी साफ़ इनकार में सिर दाएँ-बाएँ हिलने लगता।

अबकी बार सिर हिलाया और गहन नज़र से खोजते हुए अपने आपको ही देखा। भावावेश में अपना हाथ अपनी छाती पर रख लिया। इस समय मन में इस संस्था के प्रति हार्दिक सहानुभूति थी। साथ ही सवाल भी खड़ा कर लिया—मुझे 'भारती साहित्य संस्था' के भाग्य और भविष्य के मसलों में इतनी दिलचस्पी क्यों है? आख़िर यहाँ मैं क्या करना चाहती हूँ? अब से पहले यहाँ आने-जाने वाले ओहदेदारों की कहानियाँ क्या हैं? वे सुने-सुनाए क़िस्से हैं लेकिन अब तो आँखों देखा सच सामने से गुज़रता रहा है जिसे किसी तर्क से झुठलाया नहीं जा सकता। माना तो यही जाता है कि यहाँ जो आए और सारे नियमों को ताक पर रखकर अपने आदेश पारित कर गए, वे बड़े विलक्षण लोग थे। सचमुच उन्होंने अपनी शक्ति पर गर्व किया होगा। और यह भी सच है कि उसी शक्ति के विस्तार की कहानी इस संस्था में लिखी जाती रही है। इसी ताक़त से ईमान कुचला जाता रहा है और यह यहाँ की परम्परा बन गई है।

कुन्तल अपनी भयाक्रान्त चेतना को कैसे सँभालें कि संस्था में दबंग जैसे कई लोगों का चेहरा घृणा और बेदर्दी से भरा रहता है। कोई कैसे अपने आपको इस क्रूर माहौल को समर्पित कर दे?

रात थी और बिस्तर भी था लेकिन चैन नहीं था। भावों की उथल-पुथल के कारण अपना वजूद ही थकान ने दबोच लिया।

नींद की दो गोलियाँ लेकर सोने की कोशिश करने लगीं और नींद ने भी उनको अपने आगोश में ले लिया।

कोई कल्पना नहीं तो कोई स्वप्न भी नहीं। मास्साब को आना था, नहीं आए।

वे सपने में मास्साब को देखना चाहती थीं जो उनको बहुत दिनों से नहीं मिले थे। फ़ोन यों तो रख ही दिया था और यह भी मान लिया था कि फ़ोन पर सारी बातें हो नहीं सकेंगी। कैसे समझा पाएँगी कि लाभ-लोभ के वशीभूत होकर यहाँ के लोग कुन्तल के विरोध में मुहिम चला रहे हैं। इस मुहिम में जाने-माने साहित्यकारों का सहयोग है जिन्होंने पत्रिका से लेकर कार्यक्रमों पर घपलेबाज़ी के इल्ज़ाम चस्पाँ कर दिए हैं। शिकायतें लगातार हो रही हैं।

नहीं, इतनी बातों से स्थिति स्पष्ट नहीं हो सकती। षड्यंत्र की योजना एक ने नहीं बनाई, बहुतों ने मिलकर बनाई। फूट फैलाने का सिलसिला अलग से। नहीं तो संयोजक जी का व्यवहार इस तरह बदल जाता कि कुन्तल के सपने भी डरावने हो जाएँ। इस चीज़ को वे अपनी सत्यनिष्ठा के ऊपर लादा हुआ भय मान रही थीं। इस वक़्त मास्साब के सिवा उनको कोई याद नहीं आ रहा था।

मास्साब ने कभी सोचा होगा कि कुन्तल से वे इतने दूर हो जाएँगे कि मिलने के महूरत ही न बनें। ज़िन्दगी मिलने न मिलने की बाट कहाँ जोहती है। महूरत तो संयोग होते हैं। मास्साब ठहरे गृहस्थ आदमी, व्यस्तता के हज़ार कारण हो सकते हैं।

सुबह काफ़ी निराशा भरी हो सकती थी लेकिन कुन्तल ने रोज़ की तरह अपने लिए चाय बनाई, मास्साब की ओर से उपहार में मिले कप में डाली और उसकी ही मैचिंग प्लेट में रखकर स्टूल पर सजा दी।

चाय पीते हुए महसूस हुआ, मास्साब साथ हैं। सामने हैं कि भावों में... मगर हैं तो सही।

फिर भी सारी आशा-अभिलाषाएँ चूर-चूर थीं। धीरज रखने की कितनी कोशिश की मगर जान तो टुकड़ों में बिखरती रही।

उनकी इच्छा थी कि इस संस्था के ज़रिए साहित्य और कला की सेवा लम्बे समय तक करती रहें। यहाँ मिले मान-सम्मान से भी उनका निश्चय पक्का था। मान लिया था कि आजू-बाजू से विघ्न-बाधाएँ तो आते ही रहते हैं। कुन्तल भविष्य के लिए क्या-क्या स्वप्न सँजो रही हैं, किसी को क्या पता?

विघ्नों के आगे निकलकर वे ख़ूब काम करेंगी।

अपने आपको देखा और परखा कुन्तल ने। यहाँ के काम को पूरी लगन और साहस से करना है तो साहसी भी बनना होगा, ऐसा साहसी जैसे युद्ध का योद्धा होता है। उपसंयोजिका नहीं, उपसंयोजक भाव से प्रस्तुत होना होगा। कुन्तल संस्था की उपसंयोजक होनी चाहिए। वे जानती हैं स्त्रियों को लोग हल्केपन से लेते हैं।

कुन्तल अपनी भाषा को कमज़ोर आवाज़ या तेवर में नहीं रहने देतीं मगर

कब उस बोली की धुन स्त्री वजूद पर आ चढ़ती है, पता नहीं चलता। इसी कारण ऑफ़िस के चपरासी भी मर्दानी गालियाँ देते हुए सीडी बना देते हैं। क्या किसी पुरुष के साथ ऐसा मज़ाक़ करते? पद-पदवी से पहले कुन्तल स्त्री हैं। सोचा यह भी कि अपनी ईमानदारी और कर्मठता से अपनी अबला मूर्ति को खंडित कर देंगी। बेशक कर देंगी क्योंकि उनके अन्दर का विस्तार लोगों ने अभी नहीं देखा। और न यही मालूम है कि कुन्तल साहित्य और कला पर निछावर हैं। उनके मन को जैसा साथी चाहिए था वैसी ही वह संस्था है। माना कि नपा-तुला समय है लेकिन यह भी तो अपना दावा है कि संस्था से ही संस्था का जन्म होता है। आगे चलते जाएँगे तो साहित्य और कला भी संग-साथ हो लेंगे।

यह हमारा लोक कितनी चाहत की नज़रों से साहित्य और कला संस्कृति को देख रहा है और राजनैतिक गिद्ध बीच में ही झपट्टा मार रहे हैं!

कुन्तल को ख़ुद-ब-ख़ुद हँसी आ गई। ये लोग उनके भीतर बैठी सरस्वती को कहाँ देख पाएँगे। सच्चे जीवन को पहचानना इनके बस का नहीं क्योंकि यहाँ मलखान सिंह के रुतबे की जय-जयकार करने की लत पड़ी हुई है।

कुन्तल ने जागते हुए वह रात काटी। यह तो वे जानती हैं कि जब से यहाँ आई हैं या इस संस्था से जुड़ी हैं उनको पूरी नींद आती नहीं। कुछ रातें तो ऐसी भी जाती हैं जब जागते-जागते सवेरा हो जाता है। संयोजक जी से फ़ाइल साइन कराने की रात तो जागरण की ही होती है।

साथ ही जब सांस्कृतिक कार्यक्रम होते हैं तब भी चिन्ता-फ़िक्र का ठिकाना नहीं रहता। तमाम आशंकाओं की बाढ़ सी आई रहती है। पिछली बार के सांस्कृतिक कार्यक्रम के दरमियान शामियाने में किसी शरारती दल ने जलता हुआ लूघरा फेंक दिया था। नज़र न पड़ती तो शामियाना ख़ाक हो जाता। लोग भी जल-झुलस जाते।

छोटे-छोटे शहरनुमा क़स्बों में बड़े-बड़े दलों के नुमाइंदे विनाश का खेल खेलते रहते हैं। नाटकों को प्रदर्शित कराते हुए संस्था ख़तरों से खेलती है। जब रेणु जी की कहानियों पर ही नाटक हो रहा था तो 'तीसरी क़सम' की स्टेज पर हीराबाई की ओर पत्थर उछालकर मारा था। दूसरे पत्थर से पेट्रोमैक्स का काँच टूट गया था।

कारण? कारण बताया कि हीराबाई बना कलाकार स्टेज के पीछे बीड़ी पीता देखा गया। हीराबाई के प्रति सारी करुणा उड़नछू हो गई।

उफ़! यहाँ नाटक कैसे किए जाएँ...जिस किसी को घुसने से रोको कनात फाड़ने पर आ जाता है। अब शुरुआत वाले कार्यक्रम सपना हो गए। संस्था को लेकर वैमनस्य और दुश्मनी बढ़ चली है।

धीरज टूटता है मगर कुन्तल धीरज बाँध लेती हैं।

*

रात को अगस्त महीने की उमस थी। नींद आए तो आए कैसे? कुन्तल को मऊरानीपुर तहसील के अन्तर्गत आने वाला अपना गाँव भदरवारा याद आने लगा। घर की सीढ़ियों से चढ़ो तो ऊपर छत पर पहुँच जाओ। छत का फ़र्श सीमेंट का था मगर चिकना। कुन्तल आज भी उन दिनों को अनुभवों के ज़रिए यादों में ले आती हैं कि उमस कितनी भी हो, हवा का झोंका आ ही जाता जैसे यह मनभावन हवा उमस को चीरती हुई छत से गुज़री हो। और सामने वाले ऊँचे पीपल के पत्ते खड़बड़ा उठते हों। कुन्तल के मन में बचपन का एक गीत बज उठता—

*आँधी आई मेह आया / बड़ी बहू का जेठ आया*

तब कुन्तल को ज्ञान नहीं था कि वर्षा के मौसम की आहट जेठ मास में ही आने लगती है। वे अगस्त को ही जल वृष्टि का महीना मानती थीं।

कहते हैं कि किताब पढ़ो तो जल्दी नींद आ जाती है, कुन्तल ने इस बात को ऐसे सोचा जैसे किताब नींद की गोली हो।

कुन्तल ने अपनी बुक रैक से प्रसाद की लिखी पुस्तक 'आँसू' निकाल ली। अब अपने बिस्तर पर लेटकर इत्मीनान से पढ़ने लगीं—

*परिरम्भ कुम्भ की मदिरा विश्वास मलय के झोंके*
*मुख चन्द्र चाँदनी जल से मैं उठता था मुँह धो के*

कुन्तल क्या यह पढ़ना चाहती थीं, उन्होंने ख़ुद से ही सवाल किया।

'नहीं, इसे पढ़कर तो मेरा मन उदास होने लगा। मन में बार-बार उसी युवक की छवि उमड़ने लगी जिसका नाम कृष्ण बिहारी श्रीवास्तव था। क्या वह भी बिजली और बादलों को देख रहा होगा और किसी यक्ष की तरह मुझे याद कर रहा होगा? मन में यह कैसी पुरानी व्यथा जागी? तो क्या अपनी व्यथा कभी पुरानी नहीं होती?'

'अगर आज कृष्ण बिहारी श्रीवास्तव उर्फ़ मास्साब से अपनी भावनाएँ उजागर करूँ तो वे हँसकर रह जाएँगे, शायद बात टालने के लिए। या फिर ऐसे उदास हो जाएँगे जैसे वे कुन्तल के प्रेम के अपराधी हैं। ये दोनों स्थितियाँ उनको रास नहीं आने देतीं। दोनों स्थितियाँ कुन्तल को असहज करती हैं।

नहीं, कुन्तल के लिए ये भावनाएँ हैं तो सही लेकिन इनके साथ बहते जाने का समय नहीं है। ज़िन्दगी में प्रेम होता है तो कुछ अधिकार भी होते हैं और उन अधिकारों को लेकर हमें सजग और दृढ़ रहना होगा—ये पंक्तियाँ...

यह जो भी किताब उनके हाथ में थी उसका नाम 'चित्रलेखा' था जिसमें लिखी कुछ बातों से कुन्तल असहमत हुईं कि स्त्री में सौन्दर्य बल नाम की कोई शक्ति नहीं है...

और कुन्तल इस वाक्य पर ठहर गईं—'मनुष्य अनुभव प्राप्त नहीं करता, परिस्थितियाँ मनुष्य को अनुभव प्राप्त कराती हैं।' आगे—

—कभी विरोध की स्वाभाविक आग मेरे डर को प्रज्वलित कर देती है। उस समय विरोध की आग को प्रकट करके कलह उत्पन्न कर लेना उचित होगा या आग को दबाकर कर्तव्यरत हो जाना उचित होगा? चित्रलेखा का यह वाक्य कुन्तल का हो जैसे।

क्या-क्या पढ़ें कुन्तल, क्या-क्या सोचें और क्या-क्या करें? मन में कभी अँधेरा होता है तो कभी आँखों को दलदल दिखाई देने लगता है। क्या दुनिया ऐसी सुरंग है जिसकी गन्दगी का ओर-छोर नहीं...

ये सारी बातें किससे कहें? अपना अन्तर्द्वंद्व किसको बताएँ? बताएँ भी तो समझेगा कौन कि यहाँ डाल-डाल और पात-पात का खेल चल रहा है। क्या कोई कुन्तल की तरह ऐसे द्वंद्व में छटपटा रहा है? या किसी-न-किसी तरह

सब लोगों में दुविधाओं भरे तूफ़ान चलते हैं?

कुन्तल क्या कहें क्या न कहें, मन में चरखा चलता है और यह बात कोमल तार की तरह उनके वजूद से लिपटने लगती है कि ज़िन्दगी में अन्धकार, दमन और कीचड़ ही तो नहीं, दूसरा पक्ष भी तो खुला पड़ा है जहाँ फ़सलों वाली धरती है, आकाश चूमते पहाड़ हैं, फूलों वाले बग़ीचे हैं, प्यार भरे संवादों वाला सम्बन्ध है।

पवित्र-अपवित्र वाली बात नहीं मानतीं कुन्तल। ऐसा होता भी है, उनको संशय है। बस अंधकार है तो रोशनी भी है। अपने भीतर की रोशनी!

इस समय उनको मास्साब इस क़दर याद आए कि पास हों तो उनसे प्यार के दो बोल सुनें। उनके बोल ही बादल और बारिश बनकर उनके आकाश पर छा जाएँगे। उमस मिटेगी। दुश्चिन्ताएँ विलीन हो जाएँगी।

कितना कुछ सोचा, ऋतुओं के धरती-आकाश को लेकर रंग-बिरंगी भावनाएँ जोड़ीं। मगर महसूस तो यही हुआ कि फूलों की गलियों से गुज़रकर व कँकरीली-पथरीली ज़मीन पर खड़ी हैं और ऊबड़-खाबड़ ज़मीन पर गिर न पड़ें इसी कोशिश में लगी हैं। गिर जाने के यहाँ कई अर्थ होंगे।

इस क़स्बेनुमा शहर समथर में ऐतिहासिक क़िले के नज़दीक ही स्थित इमारत में चल रही 'भारती साहित्य संस्था' चित्त से हटती नहीं। समय का चक्र ऐसा घूमा कि यह संस्था ही 'सफ़र' और यही मंज़िल लगने लगी! यही सोचा था क्योंकि कहीं पढ़ा था—'इस परिवर्तनशील संसार में किसी भी चीज़ का बदल जाना अस्वाभाविक नहीं है।'

मगर हमारे बड़े विद्वान लेखक तो लिखकर दे गए हैं—'स्त्री अबला है। प्रत्येक पुरुष का यह कर्तव्य है कि वह एक अबला को आश्रय दे। विवाह द्वारा ही पुरुष अबला स्त्री को आश्रय देता है। यदि पुरुष स्त्री को आश्रय न दे तो स्त्री की दशा शोचनीय हो जाए।'

कुन्तल ने 'उफ़!' कहते हुए गहरी साँस ली।

तभी तो यहाँ कुन्तल को अबला नारी मानकर पुरुष तरह-तरह से आश्रय देने के रास्ते निकालते हैं क्योंकि उनको यह लाइसेंस हमारे धार्मिक और सामाजिक ग्रन्थ ही देते हैं—वे मनुष्य नहीं अबला हैं क्योंकि स्त्री हैं...

*

मास्साब ने कितने दार्शनिक भाव से लिख भेजा था, भेजा था फ़ोन के मैसेज बॉक्स में!

*दिन के बाद रात, और रात के बाद दिन,*
*सुख के बाद दुख, और दुख के बाद सुख।*

"यही परिवर्तन का नियम है और संसार परिवर्तनशील है। मनुष्य इसी संसार का एक भाग है।"

कुन्तल इस सन्देश को पढ़कर मुस्कराने लगीं। उनके होंठों पर रह गया— वाह रे कृष्ण बिहारी श्रीवास्तव उर्फ़ मास्साब! बड़ा गूढ़ दर्शन बताया जैसे इसके लिए कुन्तल अनाड़ी हो। यह नहीं सोचा कि आप आख़िर कुन्तल को समझाने वाले होते कौन हो? उसके सुख-दुख की व्याख्या कैसे कर सकते हो तुम गृहस्थ के सिरमौर पुरुष?

कुन्तल सोचती हैं—'मैं रातोंरात जागती रही हूँ, इस संस्था के कठघरे में जकड़ी अपने ऊपर कसावट झेलती रही हूँ। मुझे अपने लिए या संस्था के लिए क्या निर्णय लेना है, मैंने किसी को बताया नहीं। किसी से सलाह नहीं माँगी क्योंकि अभिन्न पुरुष मित्र भी मुझे अबला स्त्री मानकर ही सलाह देगा, क्योंकि उसका संस्कार ही ऐसा है। वह मेरी शक्तियों में विश्वास नहीं करता क्योंकि उसका संस्कार ही ऐसा है और वह मेरे निर्णय को भी तर्कसम्मत नहीं मानेगा क्योंकि उसका संस्कार ही ऐसा है।

'वह कड़े निर्णय और मुकम्मल फ़ैसले देने वाली स्त्री को हंटरवाली तो मान सकता है, न्यायप्रिय और वैज्ञानिक चेतना से लैस नहीं मानता।'

न जाने कितनी तार्किक बहसें कुन्तल के मन में चल रही थीं। किताबें पढ़कर वही उद्विग्नता दोगुनी हो गई जिसे वे शान्त करना चाहती थीं।

द्वंद्व जो अब तक निर्णय के अन्तिम चरण पर पहुँच चुका था, फिर से जाग्रत् हो उठा। करें या न करें के फेर में सुबह होने को आई।

बेचैनी ने कुन्तल को बुरी तरह घेर लिया। चाय पीकर नहाना-धोना था मगर यह सब कुछ हो रहा था यंत्रवत्।

न ड्रेस का चुनाव न नाश्ते का होश। रात में नींद न आने के कारण आँखें बुरी तरह चुनमुना रही थीं। संस्था पर उतरता राजनैतिक राजाओं का मिज़ाज मन में खुरखुन्द मचा रहा था। कुन्तल रीडिंग टेबल के साथ लगी कुर्सी पर रात की छटपटाती पीड़ा से गुज़रती रहीं, कानों से लेकर हृदय तक। धैर्यशाली वृत्ति ग़ायब हो गई। संस्था में आते हुए महसूस हुआ था, ऊँचा नाम होगा मगर आज अपने वजूद पर भीतर-ही-भीतर टूटन पड़ रही है। साहित्य में रहकर जो कुछ कमाया था, यहाँ आकर सब बहा दिया। यह सब किसकी करनी से हुआ है? अब दो-चार केस भी लग जाएँ तो अचरज नहीं। हुनर की दौलत खोकर कौन धनवान हुआ है?

सारा कलुष गले में रोककर कुन्तल शान्त बैठी रहीं। यह भी कैसी बेबस दशा है जैसे इन राजनैतिक लोगों के हाथों ख़ुद को बेच दिया हो।

अपने ऊपर आँधी की तरह झुँझलाहट ने धावा बोला। थपेड़े-पर-थपेड़े झेलती रहीं। महसूस हुआ कि बाहरी दुनिया के मुक़ाबले मन में होती प्रलय महाविनाश कर डालती है...

सोच में डूबे-डूबे दिन चढ़ आया।

लकड़ी की अलमारी में पर्स रखा था, हिम्मत करके वह उठा लिया। वैसे शरीर में किसी हरकत के लिए दम न था। इसके लिए भी साहस...!

'मेरा जो बिगड़ा सो बिगड़ा मगर अभी भी साहित्य में अपनी कथा खड़ी कर सकती हूँ। अपने अनूठे पात्रों को बाहर ला सकती हूँ। मैं रचनाकार हूँ, इनके हुकुम से ख़त्म नहीं हो सकती।'

कुन्तल यकायक उठीं और आईने के सामने खड़ी हो गईं। अपने ही चेहरे पर दो आँखें, आँखों में भविष्य की करवट जिन्हें देखकर निराशाएँ भी तिरोहित होने लगीं।

*

क्या लिखा था रात में...

'आदरणीय संयोजक जी,

भारती साहित्य संस्था, समथर

निवेदन यह है कि मैं कुन्तल आपकी 'भारती साहित्य संस्था में उपसंयोजिका के पद पर नियुक्त होकर काम कर रही हूँ। यहाँ काम करने का उत्साह मुझमें शुरू से ही रहा है क्योंकि मैंने संकल्प लिया था कि इस संस्था के ज़रिए साहित्यकारों, कलाकारों और पत्रकारों के भविष्य को उज्ज्वल बनाने का प्रयत्न करूँगी। उन उपेक्षित रचनाकारों का भी ध्यान रखूँगी जो बेहतरीन काम करते हैं लेकिन अपने लिए सिफ़ारिशों और चापलूसियों के द्वारा कुछ लाभ चाहते नहीं।

इस संस्था में काम करते हुए कई बार ऐसी स्थितियाँ मेरे सामने आईं कि मैं वहाँ अपने पद का दुरुपयोग हो जाने के लिए सहमत नहीं हुई और राजनैतिक आकाओं की आँखों का काँटा हो गई। तरह-तरह से मेरी जवाबतलबी होने लगी। साथ ही मैं महिला होने के नाते यहाँ के स्टाफ और संस्था के सदस्यों के नकारात्मक रवैये की शिकार रही हूँ तो यहाँ महिलाओं के लिए साहित्यिक और सांस्कृतिक उत्थान की उम्मीद कैसे रखूँ?

आज आपके यहाँ अपना त्यागपत्र प्रस्तुत कर रही हूँ। यहाँ जो सदस्यता मुझे मिली है, उपसंयोजिका के पद के साथ उसे भी छोड़ती हूँ। अन्त में इस संस्था की उन्नति की कामना करती हूँ।

आप मेरे त्यागपत्र को स्वीकृत करने की कृपा करें और मुझे यहाँ से मुक्त करें।

भवदीय

कुन्तल।'

*

आज...

अपने ही त्यागपत्र को पढ़कर कुन्तल का दिल धड़क रहा था। अपने लिखे को देखकर जितना सुकून था उतनी ही चौंक भी रही थीं। कैसी दुविधा थी, बेशक उनको आनन्द की अनुभूति हुई और लगा कि किसी पद-प्रतिष्ठा का त्याग अनिर्वचनीय सुख देता है।

काश! मास्साब ने यह सब देखा होता।

मगर यह क्या कि मास्साब की याद आते ही कुन्तल को बेचैनी ने घेर लिया। यह निश्चय-अनिश्चय का द्वंद्व था या नहीं, लेकिन यह तय था कि यह जगह रहने लायक़ नहीं।

ऐसा कुछ सोचते ही उनकी नज़र मेज़ पर रखी सरस्वती की प्रतिमा पर पड़ी।

विद्या और कला की देवी...कुन्तल ने सिर झुका लिया।

फिर भीतर घिरे अँधेरे की गहनता को चीरती हुई रोशनी और अपने ही विश्वास से जुड़ी अडिग आस्था मगर कहीं आत्मविश्वास लड़खड़ा न जाए, उथल-पुथल मन को शिथिल न कर दे! क्या अपना सोचा हुआ और किया हुआ कुछ असाधारण होगा? सरस्वती की वीणा-ध्वनि पर कुन्तल के भीतर का रचनाकार नाचने क्यों लगा?

कुन्तल को पसीना आ गया ज्यों थककर पस्त हो गई हों। यह ग़लत रास्ता नहीं, सही राह ही आदमी को थका देती है। फिर अपनी हिम्मत को किस जगह रखें कुन्तल?

उनके पास कोई और होता तो उनको देखकर घबरा जाता। इस निपट नए संसार की कल्पना उन्होंने भी नहीं की थी।

कुन्तल...कब अपने रोज़ के रास्ते पर चली आईं, न चाल पर नियंत्रण न सड़क का होश। संस्था और कुन्तल का संघर्ष लगातार ठना हुआ था। मास्साब का कथन कानों में झनझना रहा था—कोई व्यक्ति, जो असलियत का साथी होता है, उसे लोग कुछ भी मानते रहें लेकिन वह ग़लत नहीं होता।

चाभी भरी गुड़िया-सी संस्था के द्वार तक चली आईं। कब बस में चढ़ी थीं, कौन सी सीट पर बैठीं, कुछ याद नहीं। हाँ, अपने कार्यालय में घुसने से पहले पर्स खोलकर वह काग़ज़ टटोल लिया था जिसको वे त्यागपत्र के रूप में लाई थीं।

आकर अपनी मेज़ को आत्मीयता से छुआ। जिस कुर्सी पर बैठी थीं, वह भी बहुत निजी लगी। वे अपनी किताबें यहाँ से उठाने की बात सोच रही थीं और कमरे की दीवार से कुछ तसवीरें उतरवाने के लिए चपरासी को बुलाया था।

मगर...यह चित्र! मास्साब की दी हुई तसवीर...तसवीर में कृष्ण का सारथी रूप। अर्जुन के लिए सन्देश—

*मर जाने पर स्वर्ग मिलेगा, जय होने पर भूतल राज*
*इससे ही निश्चय भारत तू हो जा खड़ा युद्ध को आज*

मास्साब का चेहरा कृष्ण के चेहरे में समाहित होने लगा। कुन्तल ज्यों-का-त्यों उस तसवीर के आगे खड़ी रह गईं, चुपचाप, मौन, बेहरकत।

मेरा सारथी कौन है? मास्साब? या बीते दिनों की कड़ुवी-मीठी स्मृतियाँ पीछा नहीं छोड़ रहीं? ये यादें अपने यादगार स्वरों में यहाँ नवाजी जाने वाली गालियों और बदनामियों के ऊपर सरस्वती की वीणा-सी बजती हैं।

ये लोग!

नादान लोग...

नहीं जानते कि कुन्तल कौन हैं? समझते हैं कि संस्था में आई एक स्त्री है जिसके पाँवों में पितृसत्ता के दिए हुए घुँघरू बँधे हैं। अत: यह स्त्री की तरह ही नाचती रहेगी। नियति यही है।

मगर यह स्त्री, माना कि आप लोगों द्वारा पैदा की गई स्थितियों की बदौलत जब न तब भयंकर घबराहट की शिकार हो जाती है मगर फिर कुछ पल बीतते ही याद आता है कि—

'यह भी युद्ध है और युद्ध छोटे या बड़े नहीं हुआ करते, हर हालत में लड़ने होते हैं।'

'मेरे आसपास प्रतिहिंसा से भरे लोग हैं लेकिन कुछ ऐसे भी तो हैं जो मेरी तरह ही अन्यायों और अत्याचारों का सामना करने के लिए तत्पर हैं।'

अपने कमरे में उपस्थित कुन्तल अपनी मेज़ की ओर बढ़ीं और साथ रखी कुर्सी पर बैठ गईं। सामने वही तसवीर टँगी थी जिसमें अर्जुन-रथ के सारथी श्रीकृष्ण। दोनों युद्ध की ओर बढ़ते हुए!

गीता की पंक्तियाँ याद हो आईं—

'न दैन्यं न च पलायनम्' कुन्तल के होंठों पर आ गया। वे बराबर बुदबुदाने लगीं।

वह काग़ज़ कब पर्स से निकाला कब फाड़ दिया, जिसे त्यापगत्र बनाकर लाई थीं। मेज़ पर ही त्यागपत्र टुकड़ों में बिखरा पड़ा था।

✪✪✪